KB145180

효율적인 디지털로의 전환

Sooner Safer Happier
Copyright © 2020 by Jonathan Smart
Korean Translation Copyright © 2023 by acorn Publishing Company
Korean edition is published by arrangement with Fletcher & Comapny LLC through Duran Kim Agency.

이 책의 한국어판 저작권은 듀란킴 에이전시를 통한 Fletcher & Co.와의 독점계약으로 에이콘출판(주)에 있습니다.
저작권법에 의하여 한국 내에서 보호를 받는 저작물이므로 무단전재와 무단복제를 금합니다.

SOONER SAFER HAPPIER

효율적인 디지털로의 전환

피해야 할 것과 해야 할 것

김성준 옮김 조나단 스마트 · 마일스 오길비 · 졸트 베렌드 · 사이먼 로러 지음

에이콘

케이트Kate, 애너벨Annabelle, 오스카Oscar에게
이 글을 짧은 시간에, 더 안전하게,
더 행복하게 쓸 수 있도록 도와준 여러분의
사랑과 지원에 감사를 표합니다.

– JS

탐신Tamsin, 루퍼스Rufus, 피비Phoebe,
능력있고 뛰어난 나의 가족에게

– MO

브론윈Browyn과 작은 벌레에게
그리고 런던의 로러Rohrer 가족에게

– SR

수자Zsuzsa, 소피Zsofi, 다니Dani에게

– ZB

이 책에 쏟아지는 찬사

이 책은 많은 리더가 간과하는 '혁신 자체는 가치 있는 목표가 아니라 비즈니스 성과를 최적화하기 위한 수단'이라는 점을 지적한다. 애자일 조직을 운영하려는 리더에게 없어서는 안 될 가이드를 제공하며, 대부분 이슈를 다룬다. 이 책의 저자인 스마트Smart, 베렌드Berend, 오길비Ogilvie, 로러Rohrer는 오늘날 많은 조직의 잠재력을 방해하는 리더십 문제, 문화적 장벽 그리고 피해야 할 것이 무엇인지 설명한다. 또한 비즈니스의 성과를 바꿀 수 있는 특별하고 바로 사용 가능한 기법들과 장기적으로 지속적인 개선을 강화하는 문화를 제공한다. 디지털 시대에 성공을 목표로 삼은 비즈니스 리더라면 반드시 읽어야 할 책이다.

– **데이비드 실버먼**David Silverman,
『팀 오브 팀스』(이노다임북스, 2016)의 공저자, 크로스리드CrossLead의 CEO

저자가 성취한 것은 다른 사람의 성공을 도와주는 것이며, 그 결과는 상상을 뛰어넘었다. 이를 얻으려 부단히 노력한 흔적이 보이며, 그 결과물은 실용적이고 현실적이며 빠르고 안전하며 모두를 만족시키고 있다.

– **배리 오라일리**Barry O'Reilly,
비즈니스 자문이자 기업가, 『Unlearn』(McGraw-Hill Education, 2018)의 저자,
『Lean Enterprise』(O'Reilly Media, 2020)의 공저자

애자일은 해법이 아니며, 각자의 문제에 집중하라는 내용을 읽으면서 크게 공감했다. 이는 여러분의 조직에 애자일을 적용하기 위한 (또는 적용하지 않기 위한) 현실적인 접근법이다. 이론은 충실하고 사례는 다양하다. 강력하게 추천한다.

– **데이브 스노든**Dave Snowden,
코그니티브 엣지Cognitive Edge, 커네빈Cynefin의 창립자이자 CSO

저자가 비즈니스나 기술 리더십에 미친 영향을 단언하기는 어렵다. 하지만 BVSSH로 요약되는 그의 철학은 많은 조직에 빠르게 퍼지면서 얼마나 효과적이고 설득력 있으며 논리적인지를 보여주고 있다. 이 책은 조직 학습 영역에 중요한 기여를 한 것으로 여겨질 것이다. 그와 공저자들의 관찰력, 그들이 주는 교훈은 수십 년간 많은 서적이 담지 못했던 영역을 간결하게 요약하고 있다.

– **진 킴**Gene Kim,
『The Unicorn Project』(IT Revolution, 2019), 『피닉스 프로젝트』(에이콘, 2021)의 저자,
연구원 및 멀티풀 어워드위닝Multiple Award-Winning CTO

몇 년 전 바클레이즈Barclays 내부 감사 부서에서 일할 때 더 빠르고 안전하고 모두 만족하는 가치를 제공하기 위한 노력에 착수한 적이 있었다. 그때 이 책을 읽었더라면 얼마나 좋았을까. 이 책은 개선의 여정을 시작하는 데 도움이 되는 훌륭한 안내서일 뿐만 아니라 읽기도 편하다.

– **샐리 클라크**Sally Clark,
경영 코치이자 전략 조언가, 열렬한 애자일리스트

비즈니스 애자일 학습의 모든 것을 다루는 책이다. 저자는 이를 실행하는 데 함께하고 싶은 가이드다. 솔직히 지난 5년간 상당한 진전을 이뤘다면, 그 공로를 인정해야 할 사람이다. 매력적인 책이다.

– **패트릭 엘트리즈**Patrick Eltridge,
NBS 벤처 매니지먼트NBS Venture Management 이사Director

훌륭한 회사들이 '어떤' 것을 수행했고, 현재 '어떤' 것을 수행 중인지에 대해 보여주는 책은 많다. 이런 책은 가끔 여러분이 해야 할 일이 '무엇'인지 말해준다. 이 책이 다른 책과 다른 점은 더 나은 '어떻게'의 가치를 더 빠르고 안전하게 그리고 고객, 동료, 리더, 중요 스태프들이 모두 만족하도록 전달하는지를 이야기한다는 점이다.

– **마이클 하트르**Michael Harte,
유나이티드 벤처스United ventures 수석 연구원Lead Resercher

지금까지 우리는 협업이 필요한 곳에서 애자일이 잘못 사용되는 사례를 얼마나 많이 접했는가? 저자가 엮은 이 책은 점점 혼돈이 만연하고 도전에 직면한 디지털 시대에 정해지지 않은 성과를 전달하기 위한 실용적 가이드를 제공한다.

– **이안 뷰캐넌**Ian Buchanan,
바클레이즈, 소시에테제네랄Société Générale 사외 이사 및 고문,
노무라Nomura CIO · COO 역임

조직 대상 애자일에 관한 책은 많다. 하지만 이 책만큼 포괄적이거나 생각을 자극하는 것은 없다. 저자는 애자일 운동의 최전선에서 30년 가까이 활약해 왔으며, 그의 경험과 조직 변화 이론을 접목하는 데 놀라운 업적을 세웠다. 어떻게 조직의 업무를 개선할지 모르겠다면 이 책을 읽어라.

– **줄리언 버킨쇼**Julian Birkinshaw,
런던경영대학원London Business School 교수

디지털 트랜스포메이션의 관점에서 문화와 기술의 접목을 원하는 리더들에게는 필독서다. 저자는 워터폴과 프로젝트의 콘셉트에서 혁신과 제품 영역으로의 전환해야 할 것과 피해야 할 것들의 핵심 세트를 구축했다.

– **믹 커스텐**Mik Kersten,
태스크톱Tasktop CEO

디지털 트랜스포메이션에 대한 진정한 비즈니스 전반에서 바라보는 관점이며 비즈니스 애자일의 모든 것에 대한 요구 사항을 알려준다.

– **애덤 뱅크스**Adam Banks,
AP 몰러 머스크AP Møller Maersk 사외 이사 및 CTIO 역임

'더 안전하고 빠르며 모두 만족하는 조직'을 향한 여정 중이라면 꼭 봐야 하는 책이다. '해야 할 것과 피해야 할 것'의 정리는 자칫 잘못 진행될 수 있을 곳을 미리 표시해 두는 것이며 이의 개선을 위해 해야 할 것들을 알려줄 것이다. 이 책처럼 필드에 밀접하고 실질적인 경험을 토대로 하는 가이드는 본 적이 없다.

– **데이비드 올리버**Dawie Olivier,
웨스트팩Westpac 총괄 매니저General Manager

비즈니스 애자일의 이론과 사례에 관심 있는 모든 이에게 보물 창고와 같은 책이다. 조나단 스마트와 공저자들은 변화의 요구에 '왜'라는 화두를 던지며, 실제로 피해야 할 것과 이에 대응하는 해야 할 것을 명확히 한다. 그는 우리 조직의 판도를 바꾸는 사람이며, 다른 조직에서도 마찬가지일 것이다.

– **리처드 제임스**Richard James,
네이션와이드 빌딩 소사이어티Nationwide Building Society 리더

일련의 해야 할 것과 피해야 할 것을 기술하는 책이다. 이는 놀라운 기술이며 팀이 '빠르고 안전하고 모두 만족하는' 전달을 멈추면 어떤 일이 벌어지는지, 왜 벌어지는지에 대해 설명한다.

– **제니 우드**Jenny Wood,
고객 가치 제공자Delivering Customer Value

저자는 큰 목표를 달성하기 위해 어떻게 팀을 구성해야 하는지에 대해 설득력 있고 신뢰할 수 있는 조언을 한다. 그리고 모든 조직의 효율적이고 성공적인 전환을 도와주는 핸드북을 우리에게 전달한다. 이 책을 항상 가까이할 것이다.

– **베르너 루츠**Werner Loots,
US 뱅크U.S. Bank의 EVP

이 책을 추천하는 이유를 말로 다 표현할 수가 없다. BVSSH는 메타 프레임워크의 일종인데, 유연하면서도 간결하며 현실적이면서도 효과를 단계적으로 변경할 수 있다. 저자는 가이딩과 코칭의 대가다. 반복해서 읽고 공유하라.

– 존 컬터 John Cutler,
앰플리튜드Amplitude의 프로덕트 에반젤리스트

변화를 이끄는 비즈니스 리더들이 봐야 할 필독서다. 조나단과 졸트, 마일스, 사이먼을 실제로 봐 왔고, 이 하나의 결과물에 단순한 정보가 아닌 그들의 값어치 있는 경험들이 집약된 것을 알았다. 가치 전달 프로세스의 개선을 생각하는 소프트웨어 리더들에게 유용한 정보를 제공하는 책이다.

– 브리제시 암마나스 Brijesh Ammanath,
바클레이즈 트레이드 앤 워킹 캐피털Barclays Trade & Working Captital CIO

조나단 그리고 그의 팀원들과 이야기를 나누고 비즈니스 애자일에 대한 우리 생각이 흔들리기 시작했다. IT를 비용 중심적으로 바라봤던 전통적 조직에서 진정한 엔터프라이즈 크기의 회사로 나아가기 위한 힘의 원천으로 생각하기 시작했다. 더 나은 가치를 빠르고 안전하고 모두 만족하도록 전달하는 일은 우리 여정의 기초가 됐으며, 리더십에 집중하게 했고, 개인적인 경험에 반향을 주게 됐다. 여러분이 시장에 계속 머물며 전향적 사고의 조직을 운영하고 싶다면 이 책은 필독서다.

– 크리스티안 메트너 Christian Metzner,
폭스바겐 파이낸셜 서비스 UKVolkswagen Financial Services UK CIO

대부분 조직은 그들만의 확고한 전략이 있다고 말하며, 일부는 이 전략의 달성을 위해 새로운 방식을 수행한다. 하지만 그 방식이 항상 적절한 것은 아니다. BVSSH는 닫힌 조직을 열어주며, 이 책은 이기는 방법에 대한 실효적 가이드가 돼 준다.

– 커트니 키슬러 Courtney Kissler,
나이키 글로벌 테크놀로지Nike Global Technology VP

마치 대형 금융 서비스 조직에서 일해 본 것처럼, 이 책에서 언급된 많은 부분에 공감했다. '피해야 할 것 vs 해야 할 것'의 구도는 삶의 원칙이 되며 다양한 '팁'을 통해 실제 협업 문화에 투영되고 변화를 주도한다. 이 책은 비즈니스 도메인에 상관없이 누구나 볼 수 있으며 내 비즈니스 및 테크니컬 파트너들에게 자신 있게 권할 책 중 하나다.

– **크리스 오슨**Chris Orson,
HSBC 시큐리티 서비스HSBC Securities Service 디지털 데이터 책임Digital & Data Head

많은 이가 애자일을 시도할 때, 경험이 풍부한 리더인 저자는 그들이 놓치는 포인트를 찾아주며 팀과 회사에 올바른 방향을 구체적으로 제시한다. 그의 책은 논리적이고 깊이 있는 가이드를 제공한다. 그는 자신이 목격해왔던 피해야 할 것들의 수많은 함정을 미리 알려주며 우회 방법 및 더 나은 작업 방식도 알려준다. 특히 애자일에 대한 많은 가르침은 MBA 과정에서 사용할 수 있을 정도다. 내가 10여 년 전 애자일의 여정을 시작했을 때 이 책이 있었다면 시간과 노력을 낭비하지 않을 수 있었을 것이다.

– **린 호아킴**Leah Jochim,
마이크로소프트Microsoft 프로그램 매니저Principal Program Manager

우리 모두 문제점으로 지적되는 상황들을 본 적이 있다. '원 사이즈 핏'을 외치면서 애자일에 태클을 거는 조직, 도구를 맹신한 나머지 사람들의 활동 대신 모든 것의 프로세스화를 외치는 사람들 등등. 저자는 이런 상황에 대해 이론과 실제 경험을 토대로 처방전을 제시해 더 나은 가치를 빠르게 모두가 만족하도록 전달한다. 이 책은 애자일 관계자, 리더, 변화 관리자에게 꼭 필요한 책이다.

– **아미드 시드키**Ahmed Sidkey,
박사, IC 애자일ICAgile 수장, 라이엇 게임즈Riot Games
비즈니스 애자일리티 책임Head of Business Agility

'더 나은 가치를 빠르고 안전하며 모두 만족하도록'이라는 문장은 모든 것을 변화시킬 수 있다. 이 책은 인사이트 및 실천적 조언을 줄 수 있는 걸작서다. 서두부터 빨려 들어갔으며, 복잡한 개념들이 실무적인 콘텐츠를 통해 명확하고 알기 쉽게 차례대로 다가왔다. 해야 할 것과 피해야 할 것들의 조합으로 구성돼 있어 누구라도 비즈니스 성과의 빠른 개선을 위해 중간 장부터 읽어도 쉽게 이해가 된다.

– **에반 레이본**Evan Leybourn,
비즈니스 애자일리티 연구소Business Agility Institute 공동 창업자이자 CEO

특정 프레임워크나 다른 메서드를 따르는 것만으로 진정한 조직 애자일이 실현되지는 않으며, 업무 방식의 개선에 대한 인정된 책임을 둠으로써 실현된다. 이 책은 도전적인 비즈니스 환경에서 살아남으려는 변화 관리 부서에 아주 귀한 책이다.

– **마크 리네즈**Mark Lines,
디스플린드 애자일Disciplined Agile 공동 창업자

세계적 규모의 기업에서 성공적으로 트랜스포메이션에 성공했으며 지금도 다른 조직에서 경영진의 멘토와 코칭 역할을 하는 저자의 알찬 경험을 담은 책이다. 여기에서의 조언들은 실전에서 우러나왔으며, 실무에서 그 가치가 증명된 것들이다. 여러분의 성공적인 트랜스포메이션 전략을 위해 이 책을 읽고 또 읽어라.

– **스콧 앰블러**Scott Ambler,
디스플린드 애자일 부사장이자 수석 과학자

새롭게 떠오르는 디지털 기반 휴먼 중심 환경에서 살아남고 발전하려는 조직에 시기적절한 행동 지침을 제시한다.

– **매튜 스켈톤**Matthew Skelton,
『팀 토폴로지』(에이콘, 2021) 공동 저자

사람과 팀을 교환 가능한 단위로 보는 확장 프레임워크로 씨름하는 조직에 이 책은 필수다. 주의 깊게 읽어야 하는 책이며 진정한 조직 애자일에 대해 해야 할 것과 피해야 할 것들로 이뤄진 패턴에서 조직에 맞는 적절한 결론을 도출해야 한다. 그게 그들이 살아남기 위해서 해야 할 일이다.

– **마누엘 페이스**Manuel Pais,
『팀 토폴로지』(에이콘, 2021) 공동 저자

옮긴이 소개

김성준

삼성 SDS의 그룹통합PJT추진팀에서 워크플로 제작 업무로 IT를 시작했다. 이후 CJ올리브네트웍스, NHN Japan(현 LINE) 등을 거쳤다. 지금은 삼성 청년 소프트웨어 아카데미SSAFY에서 프로젝트 컨설턴트로 활동하고 있다.

애자일 진영의 책을 보면 '애자일스럽게 해야 하는 이유'에 대한 애기는 별로 없고 애자일이 '목적'이라는 전제하에 내용을 전개해 나간다. 여러분이 애자일 컨설턴트 또는 애자일 코치라면 고객에게 어떻게 '애자일'을 도입하도록 설득할 것인가? 애자일이 꼭 목적이 돼야 하는가? 워터폴은 무조건 틀렸을까?

조나단 스마트의 책을 읽으면서 나는 무릎을 쳤다. 이 책에서는 역시 애자일을 목적이 아닌, 여정을 위한 하나의 수단으로 본다. 그렇다면 우리는 어떤 목적을 가져야 할까? 이 책에 그 해답이 있으며, 이를 위한 풍부한 사례가 이들에 대한 실용적인 접근을 제공한다.

더 나은 가치를 더 빨리, 안전하게 전달해야 하며 결과적으로 모두(고객, 동료, 회사 등)가 만족해야 한다. 이 원칙을 염두에 둔다면 조직 개선, 문제점 해결 등에 쉽게 한 발짝 더 다가갈 수 있을 것이다.

지은이 소개

조나단 스마트 Jonathan Smart

투자 은행의 트레이딩 부서에서 개발자로 시작해 거의 30년 동안 비즈니스 기술 전문가로서 변화에 대한 애자일 접근 방식을 주도해 왔다. 현재 딜로이트Deloitte의 비즈니스 애자일 부서를 이끌며 조직 전체에 애자일, 린, 데브옵스 원칙과 관행을 적용해 조직이 더 나은 가치를 짧은 시간에, 더 안전하고, 모두 만족하게 제공할 수 있도록 지원한다.

이전에는 바클레이즈 뱅크Barclays Bank에서 전 세계적으로 업무 방식을 리딩했다. 4년 후 팀은 평균적으로 1/3의 시간에 3배의 성과를 달성하고 생산 인시던트는 20배 감소했으며 직원 참여도 점수는 역대 최고를 기록했다. 그와 그의 팀은 2016년 애자일 어워드에서 최고의 내부 애자일 팀 상을 수상했다.

또한 엔터프라이즈 애자일 리더 네트워크Agile Leader Network의 창립자이자 데브옵스 엔터프라이즈 서밋 프로그래밍 위원회Programming Committee for the DevOps Enterprise Summit 위원, 비즈니스 애자일 연구소 자문 위원회Business Agility Institute Advisory Council 위원, 런던 비즈니스 스쿨London Business School의 초청 연사로 활동하며 매년 수많은 콘퍼런스에서 연설하고 있다.

마일스 오길비 Myles Ogilvie

25년 이상 대기업과 중소기업에서 변화 이니셔티브를 주도하고 지원하며 코칭해 왔다. 말도 안 되는 문제 해결을 옹호하는 그는 투명성을 구축하고, 협업을 개선하며, 더 나은 가치를 짧은 시간에 더 안전하고 모두를 만족시키는 결과를 실현하기 위해 노력한다. 2016년 영국의 주요 투자 은행에서 규제 및 통제 조사가 강화되는 시기에 업무 방식을 주도하면서 제품 개발 프로세스의 리스크 관리에 린 및 애자일 원칙을 적용했다. 현재 더 안전하고 간결하며 혁신적인 제어 문화를 조성하는 데 도움이 되는 패턴을 열정적으로 옹호하고 있다.

졸트 베렌드 Zsolt Berend

비즈니스 애자일 실무자이자 코치, 트레이너다. 글로벌 조직이 더 나은 가치를 짧은 시간에 더 안전하고 모두를 만족시키도록 달성하기 위한 여정을 돕고 있다. 천문학 연구원으로 초기 경력을 시작한 후 20년 동안 주로 통신, 의료, 금융 서비스, 컨설팅 등 다양한 산업 분야에서 애자일 및 린 프랙티스를 적용하는 다양한 역할을 해 왔다. 2천500명 이상의 회원을 보유한 바클레이즈에서 애자일 활동 커뮤니티Agile Community of Practice의 글로벌 의장을 역임했으며, 업무 방식 지원 센터WoW CoE 팀과 함께 2016년 애자일 어워드에서 '최고의 내부 애자일 팀' 상을 수상했다. 미디엄Medium에 글을 기고하고 콘퍼런스 및 밋업에서 연사로 활동하고 있다. 데이터, 측정, 인사이트, 학습 조직을 만드는 데 열정을 쏟는 중이다.

사이먼 로러 Simon Rohrer

소프트웨어 엔지니어링과 엔터프라이즈 아키텍처 분야에서 실무자로 26여 년 동안 일해 왔으며, 1999년에 익스트림 프로그래밍 백서를 접한 이후 애자일 소프트웨어 개발에 관심을 갖기 시작했다. 린, 애자일, 시스템적 사고, 데브옵스 및 기타 원칙과 관행을 적절한 속도와 기업 내 인간적인 맥락에서 통합하는 현대적인 작업 방식에 대한 절충적이고 실용적인 접근 방식에 관심이 많으며, 일반적으로 기존 기술의 유산과 더 나은 작업을 수행하려는 추진력이 있다.

감사의 글

지난 수년간 나와 함께 여러 조직에서 일하고, 대화하고, 배웠던 많은 용기 있는 분들께 감사의 말을 전한다. 이들은 용기와 취약성을 발휘하고, 기꺼이 실험하고, 다시 배울 수 있는 스펀지처럼 열려 있고, 방향을 기꺼이 바꾸고, 실용적이고, 현상 유지에 도전하고, 선의의 힘이 되고, 보다 인간적이고 매력적인 업무 방식을 만들어내는 동시에 그 여정을 즐기는 사람들이다. 직급과 관계없이, 자신의 영향력 범위 안에서 더 나은 변화를 위해 무언가를 실천하고, 심리적 안정감을 조성하며, 다른 사람들이 따를 수 있도록 영감을 주는 사람들. 우리는 열정적인 사람들을 많이 만나고, 때로는 실패하고 때로는 성공하면서 배움을 나누고, 계속 나아갈 수 있는 개인적인 회복 탄력성을 갖게 된 것에 감사한다. 직장 생활에서 일생에 한 번뿐인 새로운 표준으로 일하는 방식을 전환하는 과정에서 항상 배우고 있는 수많은 훌륭한 사람으로 둘러싸여 있다는 사실이 감사하다. 이 책은 지금까지의 지속적인 여정에서 알게 된 많은 이에게 얻은 배움과 통찰을 반영한 것이다.

특히 원고 초안이나 개별 챕터의 검토에 많은 시간과 노력을 기울여 주신 다음 분들께 깊은 감사를 표한다. Barry O'Reilly, Courtney Kissler, Fernando Cornago, Gene Kim, Jenny Wood, John Cutler, Leah Jochim, Maria Muir, Mik Kersten, Richard James.

원고를 읽고 피드백, 인용문 또는 사례 연구를 제공해 주신 다음 분들께도 감사의 말을 전한다. Adam Banks, Ahmed Sidkey, Amanda Colpoys, Brijesh Ammanath, Chris Orson, Christian Metzler, Daniel Cahill, Dave Snowden, Dave Whyte, David

Marquet, David Silverman, Dawie Olivier, Dean Leffingwell, Ellie Taylor, Evan Leybourn, Ian Buchanan, Prof. Julian Birkinshaw, Mark Lines, Manuel Pais, Matthew Skelton, Michael Harte, Nick Higginbottom, Patrick Eltridge, Pete Jarvis, Ralf Waltram, Russ Warman, Sally Clarke, Scott Ambler, Scott Prugh, Steven Sanders 및 Werner Loots.

인내심과 믿음으로 책 집필 과정을 안내해 준 IT Revolution의 팀원들, 특히 Anna Noak과 Leah Brown에게 특별한 감사를 표한다. IT Revolution의 Devon Smith와 책 디자인을 담당한 Tamsin Ogilvie에게도 감사드린다. 그리고 같은 생각을 지닌 사람들로 구성된 '시니우스Scenius(뮤지션 Brian Eno가 만든 용어)'를 겸손한 태도로 공동의 학습 중심으로 끌어모으고 조직해 준 Gene과 Marguritte Kim에게도 특별한 감사를 표한다.

바클레이즈에서 함께 일했던 열정적인 직원들에게 감사의 말을 전한다. Adam Furgal, Alex Brown, Allan Southward를 비롯해 (우리가 놓친 많은 분께는 사과의 말을 전한다) 더 나은 결과를 얻기 위해 현상 유지에 도전하는 용기를 보여준 다음 분들께 감사한다. Amol Pradhan, Andy Clapham, Andy Smith, Andy Spence, Angie Main, Barry Chandler, Brijesh Ammanath, Graham Zabel, Hardeep Bath, Derek White, Donal Quinn, Ian Buchanan, Ian Dugmore, James Foster, Jess Long, Jessica Edwards, John Stinson, Kate Mulligan, Kamila Sledz, Li Chung, Manoj Kulkarni, Mark Williams, Martin Craven-Wickes, Martin Mersey, Michael Harte, Mike Webb, Milan Juza, Morag McCall, Nej D'jelal, Nick Funnell, Owen Gardner, Paulo Dias, Paul Cavanagh, Richard Chester, Sally Clarke, Samantha Randall, Shweta Chawla, Simon Birch, Simon Pattinson, Simon Paynter, Simone Steele, Sonali Barat, Stephen

West, Susan Scott, Tracy Norris 및 Tony Caink.

존: 책이 짧은 기간에, 더 안전하고, 모두가 만족하도록 전달될 수 있게 사랑과 지원을 해준 아내이자 소울메이트인 Kate에게 감사의 말을 전하고 싶다. Kate가 없었다면 책은 더 늦어졌을 것이다. 또한 내가 고개를 숙이고 산책을 망설일 때 지지와 격려, 이해를 베풀어 준 우리의 어른인 Annabelle과 Oscar에게도 감사의 마음을 전하고 싶다. 또한 글쓰기 요령에 관한 대화를 통해 글쓰기에 대해 배운 교훈을 주고, 이 책이 현실이 될 수 있게 해준 Gene Kim에게도 감사의 말을 전하고 싶다. 글쓰기에 대한 아이디어의 씨앗은 런던 카나리 워프에서 Barry O'Reilly와 함께 아침 식사를 하면서 시작됐다. 영감을 주고 지원해 준 Barry에게 감사를 전하고 싶다. 기회를 주고, 공유 학습과 심리적 안정을 통해 익숙한 영역에서 벗어날 수 있게 해준 Michael Harte와 Ian Buchanan에게도 감사하다. 마지막으로, 여행과 팀워크를 함께 즐겁게 해준 공동 저자인 Myles, Simon, Zsolt에게 매우 고맙다는 말을 전하고 싶다. 브레인스토밍과 배움의 여정을 함께 떠날 수 있다는 것에 정말 감사드린다.

마일스: 지난 몇 년 동안 영감을 주고 제가 성장할 수 있도록 도와줬으며 이 책에 제 기고를 초대해 주신 Jonathan에게 진심으로 감사드린다. 이 책은 긍정적인 피드백 루프가 확립되고 더 행복한 결과에 올바르게 집중할 때 어떤 일이 일어날 수 있는지를 보여주는 또 하나의 예다. 수년 동안 지혜와 우정을 나눈 사이먼과 졸트, 그리고 위에 언급한 많은 동료에게도 똑같이 따뜻한 감사를 전한다. 또한 자신의 전문지식을 투자해 IT Revolution과 협력해 오늘날 여러분이 손에 들고 있는 제품으로 책 디자인을 반복해 준 Tamsin Ogilvie에게도 감사의 말씀을 전하고 싶다.

사이먼: 제가 20년 동안 열정을 쏟아온 분야에 대해 Jon과 함께 일하고 기여할 기회를 준 것에 감사하다. 특히 Zsolt, Myles를 비롯한 매우 고무적인 사람들과 함께 일할 수 있어 기뻤다. 또한 교훈을 얻고 영감을 주는 회사가 더욱 발전할 수 있도록 도울 기회를 준 Saxo Bank의 팀원들(Ashok Kalyanswamy, Ashish Kurana, Jimmy Casey 등)에게도 감사의 말씀을 전하고 싶다. 끝없는 인내와 지원을 아끼지 않은 Brownyn에게도 항상 감사하다.

졸트: 저를 이 여정에 함께하게 해주고, 책에 대한 헌사를 부탁하고, 수년 동안 멘토이자 영감이 돼주고, 모든 배움에 관해 이야기해준 Jonathan에게 감사의 말을 전하고 싶다. 또한 함께 작업하며 모든 피드백과 대화, 즐거움을 선사해준 Simon, Myles에게도 감사를 표한다. 마지막으로 무조건적인 지지를 보내준 아내 Zsuzsa, 그리고 두 자녀 Zsofi와 Dani에게 진심으로 고맙다고 말하고 싶다.

차례

에이콘출판의 기틀을 마련하신 故 정완재 선생님 (1935-2004)

#BVSSH

긴박감 넘치는 상황

2018년 6월 28일은 다우존스 산업 평균의 원년 멤버인 제너럴 일렉트릭General Electic(이하 GE)이 다우존스 지수에서 제외된 날이었지만, 당시에는 아무도 이에 주목하지 않았다.[1]

GE는 찰스 다우Charles Dow가 1896년에 작성한 다우 지수 목록에 포함됐다. 아메리칸 토바코American Tobacco, 아메리칸 슈거 리파이닝 컴퍼니American Sugar Refining Company, 테네시 석탄 철강Tennessee Coal and Iron 같은 거대 기업과 함께 등장한 회사다. 기술이 사회경제 발전에 미치는 영향과 관련해 많은 연구를 한 카를로타 페레즈Carlota Perez는 이 시대를 일컬어 '전기 및 엔지니어링의 시대'라고 했다.[2]

1 Phillips, 'G.E. Dropped From the Dow'

2 『기술혁명과 금융자본』(한국경제신문사, 2006)

하지만 시간이 지나고 석유와 대량 생산의 시대가 도래함에 따라 설탕 독점권은 상실됐고, 건강에 관한 관심이 증가하면서 담배 산업은 위축됐다. 이 같은 상황에도 GE는 승승장구했다. 날로 성장하는 미국 경제에 전기를 공급하면서 산업계에서 금융 거물로 변모하고 변화를 이끌었다. 2004년 GE는 시가 총액 3천 820억 달러로 세계에서 가장 큰 기업이 됐다.[3]

2016년만 해도 GE는 세계 10대 기업 중 하나로[4] 오랜 연혁에 걸맞은 전문성을 과시하며 얼마나 안정적으로 성장할 수 있는지를 보여줬다. 하지만 2년 후, 시장 가치는 610억 달러를 찍으며 고점 대비 15%로 떨어졌으며 다우존스 가치 기여도는 0.5% 미만으로 강등됐다. 뭔가 변한 것이다.

GE가 쇠퇴한 이유에는 여러 가지가 있었지만(석유, 정크 모기지, 2008년 신용위기[5]로 이어진 GE캐피탈의 단기 차입 등), 이유가 무엇이든 GE는 더 이상 리더가 아니며 존경받는 회사도 아니게 돼 버렸다.

창조적 파괴의 속도는 눈에 띄게 빨라졌다. 1964년 S&P500 지수에 상장된 기업의 예상 존속 년수는 33년이었지만, 2016년에는 24년으로 줄었으며 2027년에는 12년으로 더 떨어질 것으로 보인다. 2018년과 2028년 사이에 현재 변동률로 볼 때 절반 이상의 인덱스가 바뀔 것이다.[6] 기업의 성장과 쇠퇴 주기가 어느 때보다 가속화된 상황에서 살아남으려면 변화의 올바른 편에 서야 한다.

현재 다우존스에 상장된 회사를 살펴보면 S&P500의 극적 변화에 대한 단서를 찾을 수 있다. 주요 기업으로는 엑손 모빌ExxonMobil, 프록터 앤드 겜블Procter & Gamble, 버라이즌Verizon, 시스코CISCO, IBM, 인텔 그

3 Glassman, 'World of Investing'

4 PWC, 「Global Top 100 Companies」

5 Eavis, 'The Lessons for Finance in the GE Capital Retreat'

6 Anthony et al., 「2018 Corporate Longevity Forecast」

리고 최대 시가 총액을 자랑하는 애플 및 마이크로소프트 등이 있다. 세계 최대 10대 기업 중 7개 기업이 IT 기업(애플, 마이크로소프트 포함)이며 구글의 모기업인 알파벳, 메타, 아마존, 중국 텐센트, 알리바바가 차지하고 있다.[7] 석유와 반복적인 대량 생산이 지배하던 경제에서 정보 기술의 혁신과 독특한 제품 개발이 지배하는 경제로 주도권이 넘어간 것이다.

기술 회사들이 주목받는 이유가 무엇을 만드느냐에만 있지 않다. 오늘날 가장 높이 평가되는 부분은 이 기업들의 결과 자체가 아닌 결과를 어떻게 만드느냐다. 이들 기업의 행동 규범과 업무 체계는 이전과는 분명히 다르며 각각 업무 특성에 맞는 방식으로 가치를 전달하려 새로운 방식을 연구하고 적용하고 있다. 우리는 디지털 시대에 있다.

이 새로운 시대의 기업은 모두 디지털 기업이다. 오늘날 제품 개발(새로운 담보 대출, 새로운 백신, 새로운 자동차 모델 등)에는 대부분 IT가 포함된다. 일례로 자동차 산업은 2030년까지 소프트웨어 비용이 신차 가격의 절반을 차지할 것으로 예상되기도 한다.[8] 발전하는 조직은 IT를 활용하고, 소프트웨어를 주된 비용보다는 비즈니스 가치를 창출하는 핵심으로 바라본다.

결정적으로 반복 대량 생산의 시대(예를 들어 1,500대의 자동차를 매일 1분에 1대씩 생산하는 시대[9])와는 달리 디지털 시대에서는 동일한 소프트웨어를 수천 번 작성하지 않는다. 소프트웨어는 한 번 작성되고, 개선을 위해 여러 번 재작성된 후에 수천 번 실행된다. 하지만 사람들은 소프트웨어를 실제로 받기 전까지는 그들이 무엇을 원하는지 모른다. 여러분 역시 소프트웨어를 작성할 때 어떤 방향으로 작성할지 모른다. 사용자에게서 피드백을 받기 전까지는 뭘 모르는지도 알 수 없다.

---

7 Wikipedia, 'List of Public Corporations by Market Capitalization'

8 Wagner, 'Automotive electronics cost'

9 Shih, 'Inside Toyota's Giant Kentucky Factory'

컴퓨터가 도입된 초기에는 사용자에게 피드백을 받는 데 별문제가 없었다. 시간이 지나고 컴퓨팅 파워가 증가함에 따라 느린 피드백 루프를 가진 펀치 카드와 밸브 기반 컴퓨팅에서 마이크로프로세서로 전환되고, 즉각적인 피드백 루프를 갖게 되면서 순차적 게이트 프로세스가 '무거움'을 느끼기 시작한다. 당시 소프트웨어 개발 방식은 디지털 지식 작업 영역에 최적이 아니었다.

전문가들은 이런 문제를 해결하려 했다. '새롭고도 새로운 제품 개발 게임The New New Product Development Game'[10] 같은 기사를 통해 소프트웨어 개발자들은 토요타나 혼다, 제록스 등의 제조 기업에서 실행 중인 권한이 이양된 소규모 팀과 잦은 이터레이션이라는 새로운 작업 방식에 주목한다. 이는 제품 개발에 주로 적용됐으며 애자일과 린의 대부godfather로 불리는 에드워드 데밍W. Edwards Deming의 영향을 강하게 받았다. 이와 같은 '경량lightweight' 소프트웨어 개발 프로세스는 급속도로 인기를 얻었으며, 좀 더 디지털 작업에 맞도록 변화한다. 이 방식은 2001년도에 애자일 헌장Agile Manifesto이라는 이름으로 정리된다.

이런 애자일 원칙에 입각해 프로덕트 개발을 진행하면서 사람들은 가치의 조기 전달이 가능해졌고 팀의 권한이 강화되는 것을 경험했다. 그리고 궁극적으로는 결과물의 향상으로 이어졌다. 독특하고 돌발적인 프로덕트 개발에 맞는 애자일 업무 방식은 일의 유형에 대한 접근법을 적절하게 개선함으로써 모든 것을 바꿨다. 이런 작업 방법은 **더 나은 가치를 더 빠르고 더 안전하며 모두 만족하도록**Better Value Sooner Safer Happier 전달하게 한다.

전통적이면서 오래된 기업은 기존 업무 방식에 사로잡히지 않는 '타고난 애자일 방해꾼'을 따라잡을 목적으로 조직 전체에 애자일을 발휘시키려 한다. 디지털 시대에서 이런 의지는 반복적 생산 영역에서

10 Takeuchi and Nonaka, 'The New New Product Development Game'

독창적인 제품 개발 영역으로 점차 옮겨가고 있다. 또한 동일한 기술 혁명에 힘입어 변화의 속도는 더욱 빨라졌다.

성공하고자 하는 조직들은 늘어나는 새로운 업무 특성과 지속적인 변화의 속도에 맞는 작업 방식의 필요성을 인식하기 시작했다. 이들은 또한 비즈니스의 애자일을 발휘할 필요성을 인식하고 있으며, 이는 IT 분야에 국한되지 않는다. 이런 인식들은 디지털 시대에서 살아남기 위한 필수 요소다.

디지털 시대의 전환기를 살아가기

카를로타 페레즈의 저서를 보면 큰 그림을 이해하는 데 도움이 된다. 페레즈가 2002년에 저술한 『기술혁명과 금융자본』(한국경제신문, 2006)에는 금융 버블과 기술 변화의 관계에 관한 분석이 실려 있다. 페레즈에 따르면 첫 번째 산업혁명 이후로 대략 40~60년마다 패러다임을 바꾸고 사회적 충격으로 새로운 경제를 일으키는 기술 주도 혁명이 일어났다. 이 주기 동안에는 과대평가에 의한 금융 버블이 생겼다가 터지고, 정체기를 지나 다시 황금기가 온다.[11] 이때 정체기가 바로 전환기다. 2000년 닷컴 버블이 꺼지기 시작한 때 우리는 디지털 시대의 전환기를 통과하고 있었다.

시대별로 일의 발전 방식은 상황에 맞게 변형됐다. 조직적이면서 진화된 인간의 노력은 생산성을 높였다. 공장 시스템에서 테일러리즘Taylorism(과학적 경영관리 제도) 및 포디즘Fordism(포드사에서 만든 분업화 방식)하의 계약 시스템으로 이동했고 이후 석유와 대량 생산 체제에 의존하게 됐다. 이제 우리는 디지털 시대에서 비즈니스 애자일의 시대로

11 Perez, 『Technological Revolutions and Financial Capital』

나아가고 있다.

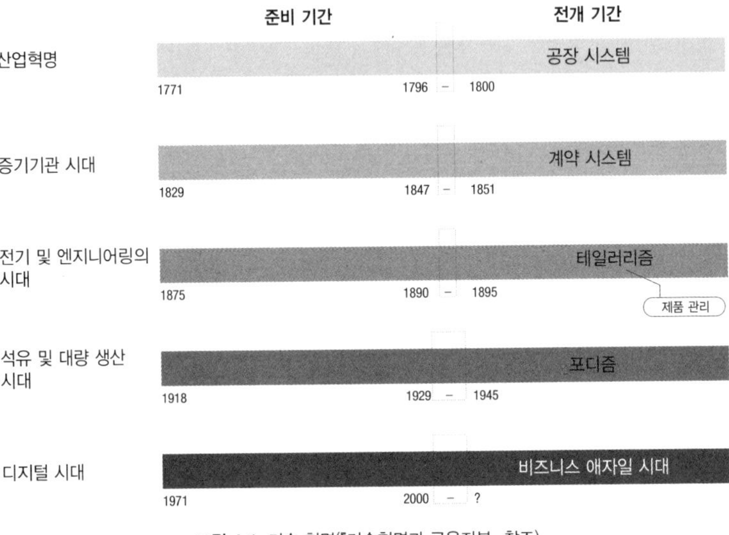

그림 A.1 기술 혁명(『기술혁명과 금융자본』 참조)

프로젝트 관리 및 간트 차트는 전기 및 엔지니어링의 시대Age of Electricity Engineering 이전에 탄생했다. 당시로서는 반복 가능하고, 알기 쉬우며 물리적인 작업에 최적화된 방법이었다. 시간 연구를 통한 일하는 방식의 진화는 명령과 통제, 행동 규범을 통해 관리자 대 근로자의 개념을 강화했다. 이로써 생산성은 개선됐지만 인적 비용에서 작업자들은 기계 부품처럼 취급됐다.

오늘날에도 일부 조직은 여전히 100여 년 전의 방식을 창발적이며 한 치 앞을 알 수 없는 지식 업무에 잘못 적용하고 있다. 이런 지식 업무들은 **더 나은 가치를 더 빠르고 더 안전하며 모두 만족하도록** 전달하려는 노력을 통해 조금 다른 방식으로 접근해야 한다.

이 책에 대해

이 책은 디지털 시대에 좀 더 나은 성과를 내기 위한 방법을 찾으려는 여정을 돕는다. 총 8개 장으로 구성했으며 각 장에는 적용해야 할 것과 피해야 할 것들을 담았다.

제시하는 내용은 현장을 바탕으로 정리한 것이며 잠재된 함정을 피하도록 도와줄 것이다. 각기 다른 상황에서 벌어지는 작업에 완벽하게 들어맞는 개념은 없다. 이 책에서 소개하는 것은 100여 개 기업을 대상으로 실시한 컨설팅을 통해 경험한 접근법이다. 이는 성과 개선에 역풍(피해야 할 것)으로 작용하기도 하고 순풍(해야 할 것)으로 작용하기도 한다. 여기서 언급하는 다양한 사례는 예시일 뿐이다. 개개인의 상황은 모두 다르며 여러분의 조직과 똑같은 문제점, 역사, 문화를 가진 조직은 없다. 이 새로운 업무 영역에 새로운 마인드셋이 필요하다. 빠른 학습을 위해 여기서 배운 내용을 적용해 보고 각자 상황에 맞게 최적화해야 한다. 효과가 있으면 내용을 확대하고, 효과가 없으면 접어야 한다.

이 책은 성과에 초점을 두며 애자일 활동을 위한 애자일, 린 활동을 위한 린은 다루지 않는다. 이 성과들은 **더 나은 가치를 더 빠르고 더 안전하며 모두 만족하도록**Better Value Sooner Safer Happier(이하 BVSSH)으로 표현할 수 있다.

- **더 나은**Better: 품질을 말한다. 품질은 나중에 따로 제공되는 게 아니라 처음부터 내재한 것이다. 전달할 가치가 잘게 세분화돼 있고 주도하는 팀들이 여러 분야에 전문적이라면 변화는 팀의 인지 범위 안(복잡도가 머릿속에서 정리될 수준)에 있을 것이고 '충격의 범위'는 제한적이다. 사건 · 사고가 적게 일어나며, 필요한 재작업이나 실패는 줄어들고 더 많은

시간이 능동적으로 소비된다.

- **가치를**Value: 가치는 고유하다. 무엇을 하든 간에 각자 가치를 두는 목적이 있다. 어떤 이는 금융에, 또 어떤 이는 공공 안전 유지에 가치를 둘 수 있다. 가치는 다양하다.
- **더 빠르고**Sooner: 시장 출시 시기나 학습, 전환에 걸리는 시간, 리스크를 줄이는 데 걸리는 시간, 실패 비용을 피하는 데 걸리는 시간, 진행을 멈추고 가치를 빠르게 전달하는 데 걸리는 시간 등의 단축을 의미한다.
- **더 안전하며**Safer: 전반적인 거버넌스Governace, 리스크Risk, 규정 준수Compliance(이하 GRC), 정보 보안, 데이터 보호, 규제 조정, 혼란의 복원, 사이버 공격 및 글로벌 이슈가 될 수 있는 모든 것의 안전을 말한다. 여러분의 조직을 신뢰하는 주체는 고객들이다. 안전함은 약함이 아니라 기민함이다. 안전함은 속도와 통제를 의미하며 둘 중 하나에 만족해서는 안 된다. 진행 중인 리스크에 관해 의견을 나누는 것도 통제 활동일 수 있다. 자고로 브레이크를 적절히 밟아야 목적지에 더 빨리 도달하는 법이다.
- **모두 만족하도록**Happier: 만족의 대상은 '적은 비용으로 더 큰 효과'를 내는 것을 넘어 고객, 동료, 시민, 여론 모두를 포함한다. 우리가 사는 이 행성에 긍정적인 영향을 미치는 높은 수준의 고객 옹호와 동료의 참여, 더욱 인도적인 작업 방식을 의미한다.

다섯 가지는 서로 균형을 이룬다. '빠르게'에 힘을 더 싣는다면 '더 나은'과 '만족하도록'이 감소한다. BVSSH는 규범이 아니다. 척도는 절댓값이 아닌 벡터에 근접하며 시간이 지남에 따른 개선 측정은 상대적일 수 있다. 개선 작업에는 모두가 참여해야 한다. 가이드라인 안에서 팀의 권한은 강화되고 BVSSH를 통한 지속적인 개선의 DNA를 팀에 주입할 수 있다. 때때로 이것은 애자일이나 린보다 강력하며, 작은 워터폴의 형태나 공포의 지시 및 통제 형태 또는 정신적 스트레스로 다가오기도 한다. 이는 여러분 고유의 문화, 역사, 상황에 달려 있다.

이 책의 핵심 프레임은 '빨리 가려면 서두르지 말 것'이다. 이에 대한 세부 내용은 2장과 7장에서 기술한다. 빨리 이기는 게 가능하대도 너무 잦으면 실패로 귀결된다. 사람들의 망각과 재학습 속도는 한계가 있다. 크누테 왕King Canute이 조류를 막을 수 없는 것처럼[12] 동일한 방법으로 페이스를 강제할 수 없다. 변화의 페이스를 강제하는 것은 더 오래 걸리고 위험을 수반하는 변화로 이어지거나, 아예 변화가 일어나지 않게 할 수 있다. 지속적인 행동 변화 활동은 이를 무시하거나 강요하거나 방해하기 위한 행동만큼 오래 걸리며, 순풍과 역풍 둘 다 될 수 있다. 여러분에게 이 책이 순풍이 되길 바란다.

이 책에서 각각의 지식 체계를 다루지는 않을 것이다. 지식의 체계는 매력적인 주제이면서 도서관을 가득 채울 정도로 방대하다. 특히 애자일, 린, 데브옵스DevOps 관련 자료가 대부분인데, UX, 엘리 골드랫Eli Goldratt의 제약 이론, 에드워드 데밍의 심오한 지식 시스템System of profound knowledge 등에 대해서는 눈에 띄는 자료가 아직은 드물다. 이런

12 크누테 왕은 1016년에 잉글랜드 왕위에 올랐고 1018년에는 덴마크 왕을 겸했으며, 1028년에는 노르웨이 왕으로 추대돼 '북해 제국(앵글로-스칸디나비아 제국)'을 구축하기에 이르렀다. 크누테 왕과 관련해 유명한 일화가 있는데, 그의 주위에는 아첨하는 신하가 많았다. 신하들이 "위대한 왕이시여! 명령만 내리소서! 파도는 폐하의 말을 들을 겁니다"라고 소리 높여 외쳤다. 왕은 "그렇다면 좋다. 바다야! 더 이상 다가오지 말 것을 명한다. 더는 밀려들어 오지 마라! 파도야! 내 발을 건드리려 하지 마라!"라고 소리친 다음에 조용히 기다렸다. 이윽고 조그만 물결이 왕의 발끝을 건드리기 시작했고, "바다야! 지금 당장 뒤로 물러서라!"라는 왕의 명령에도 파도는 더 밀려와 왕의 발을 건드렸다. 바닷물은 점점 더 차올랐다. 급기야는 왕좌까지 차올라 왕의 발은 물론 어의까지 적셨다. 신하들은 왕의 옆에 서서 왕이 미친 건 아닌지 걱정하기 시작했다. 왕의 신력을 바라기도 하고 믿기도 했지만 정작 현실을 보고는 당황한 것이다. 마침내 왕은 왕좌에서 몸을 일으키며 신하들에게 말했다. "친구들이여! 봐라! 너희들이 바라는 만큼의 힘이 내겐 없는 듯하다. 너희는 오늘 하나를 배웠을 것이다. 이 세상에는 단 하나의 강력한 왕이 있어 그만이 바다를 지배할 수 있다는 걸 너희가 기억하리라 믿는다. 바다를 비롯한 온 세상을 손안에 거머쥔 단 하나의 왕, 우리들의 신 말이다. 나는 너희가 그에게만 칭송을 바쳤으면 한다." 그러자 신하들은 고개를 숙이고 부끄러워했다. 크누테 왕은 왕관을 벗어 십자가에 건 다음 절대자에 대한 존경의 표시로 다시는 왕관을 쓰지 않았다.(출처: 주간조선) – 옮긴이

주제를 하나 선정해 여러분이 기여한다면 아름답고 끝없는 배움의 여정이 될 것이다.

이 책은 여러분의 작업 방식 개선에 도움을 주려고 엮었다. 애자일이나 린에 관한 내용뿐 아니라 디지털 시대에 더 나은 성과를 위한 작업 방법을 보여준다.

글쓴이에 대해

나는 1990년대 초에 투자 뱅킹 시스템 중 트레이드 시스템 개발로 개발자를 시작했다. 당시 10명 미만의 팀원이 다양한 분야를 아우르는 팀에 속해 있었고, 다 같이 모여 일하며 강한 단결력을 자랑했다.

우린 전문성과 거리가 먼 '비즈니스' 그 자체였다. 하루에도 수차례씩 기술 기반 가치를 배포하면서 자연스럽게 애자일 방식을 따랐다. 또한 오늘날 애자일과 린으로 불리는 '경량' 프로세스를 따랐다. 이는 '빌드하고 실행하는' 프로세스였으며, 탄력적이고 가치 전달적인 소프트웨어 구현을 장려했다. 참 재밌고 매력적인 작업이었다.

시간이 지남에 따라 나는 금융 서비스 산업에서 최적의 결과를 얻기 위한 더 나은 작업 방식으로 여러 분야의 팀을 이끌었다. 나는 애자일 및 린의 실무자로서, 그리고 비즈니스 가치를 생성하는 소프트웨어를 만드는 '비즈니스 기술자'로서 약 30년 동안 성공과 실패를 모두 경험했고 전환점을 맞이하기도 했다. 이 활동들을 통해 현장의 교훈을 얻었다.

최근엔 1690년 창업해 전 세계 다양한 비즈니스 유닛 형태로 약 8만여 명의 직원을 두고 있는 바클레이즈 유니버설 뱅크Barclays Universal Bank에서 업무 방식 개선 작업을 리딩하고 있었다. 거대하고 타이트하게 비즈니스 관리를 하는 이곳에서 내 역할은 애자일을 전파하고 이

곳 직원들로 하여금 바클레이즈 고객들에게 더 나은 서비스를 제공하는 것이었다. 또한 가치를 짧은 시간에 릴리즈하고, 변화는 결코 불안하거나 힘든 게 아니라는 것을 확신시켜 고객과 동료들이 만족하도록 만드는 것이었다. 이에 대한 성과는 0장에서 언급한다. 현재는 산업에 상관없이 작업 방식을 개선하고, **더 나은 가치를 짧은 시간에 더 안전하고 모두 만족하도록** 원칙들을 상황에 맞게 적용 중이다.

이 책은 팀 활동의 산물이며, 같은 여정에 참여한 세 명의 공유 경험이 담겨 있다. 친구이자 동료인 졸트 베렌드, 마일스 오길비, 사이먼 로러는 우리 경험에서 그려낼 수 있는 일하는 방법의 개선에 대한 모든 지혜를 독자와 공유한다.

졸트, 마일스, 사이먼 그리고 나는 애자일 및 린 실무자로서 작업 방식을 개선하면서 얻는 성과를 많이 봐왔다. 우린 결정론적 사고방식을 가진 이니셔티브(주도권자), 사일로에 갇힌 업무 진행, 막대한 비용을 낭비해 버린 '크게 생각하고 크게 시작하며 천천히 학습하는' 업무 방식을 봐 왔다. 하지만 우린 수천 개의 작고 권한이 이양된 팀, 팀들로 구성된 또 다른 팀이 전략적 조정, 내재적 동기 부여, 함께 자라기, 참여 및 만족도 향상, 정기적인 가치 제공, BVSSH 결과의 개선을 통해 가드레일 안에서 작업 방식을 개선하는 것도 봤다. 또한 조직을 통해 더 인도적인 작업 방식이 채택되는 것도 봤고, 결과를 개선하는데 역풍이 되는 장애물과 이를 완화하는 방법도 경험했다.

우린 범위 및 일정의 고정, 제시간에 맞추지 못하면 비즈니스 활동을 중단해야 할 필요성을 통해 많은 필수 규제 이니셔티브를 구현했다. 모두 애자일과 린 원칙을 도입했으며 조기에 성공했다. 이런 상황에서 워터폴 접근 방식은 더딘 학습과 위험의 역전가back-loaded로 리스크가 너무 컸다. 우린 빠른 학습 시간과 민첩성 덕분에 이 활동들에서 가장 취약하고 파악이 안 되는 부분을 찾아냈다. 결과적으로 영국 규제 기관UK regulator에 가서 글로벌 경쟁의 이점을 위한 입법에 대한 수정을 제시할 수 있었고 결국 수정을 이뤄냈다. 규제 법안도 충분히 빠르게 대응한다면 언제나 불변은 아니다.

이 책은 누구를 위한 것인가?

디지털 시대를 재탄생시킬 여정을 수행 중인 크고 복잡한 조직의 모든 계층, 모든 역할의 리더들이 이 책의 대상이다. 여러분의 기대에 미치지 못하는 결과가 나올 수도 있으며, 이슈가 있을 수도 있고 전문가와 함께 여정을 보내고 싶을 수도 있다.

이 책은 일이나 조직 변화에 대한 애자일 또는 린의 경험 여부를 떠나 다양한 경험의 스펙트럼을 가진 사람들을 대상으로 한다. 더닝 크루거Dunning Cruger 효과(3장 참조)를 통해 이런 사람들에 대해 여러분이 얼마나 많이 배워야 하는지 깨달을 것이다. 이는 커다란 전환점이고 사람들이 함께 일하는 방법이다. 재무, HR, 규정, 내부 감사, 부동산에 대한 산출물보다 성과에 맞춘 사고방식의 전환이 중요하며, 인간의 노력이 조직되는 방법에 있어서 생애 한 번 있을까 말까 한 전환점이다. 따라서 현재까지의 모든 지식 체계를 기반으로 하는 이 문제는 아직 조기 단계이며 배울 것이 많다. 이 책의 내용도 여기서 멈추는 것이 아니라 지속적으로 업데이트돼야 한다.

대상 독자의 영역은 IT뿐만 아닌 모든 영역이다. 그리고 **더 나은 가치를 짧은 시간에 더 안전하고 모두 만족하도록** 전달하는 데 장애가 된다면 모두 분석의 대상이 된다. 마케팅, 영업, 법무, 규정, 내부 감사, HR 등 모든 영역에서 이 책을 통해 해야 할 것과 피해야 할 것을 얻어갈 것이다.

만일 피해야 할 것들에 갇혀 허우적대는 이가 있다면, 이 책은 각자의 사례를 상사, 동료, 이해관계자들에게 제시하고 더 나은 결과를 위한 작업 방식을 발견하도록 돕는 역할을 할 수 있을 것이다.

이 책의 구성

'해야 할 것'과 '피해야 할 것'

조직은 유동적이면서 복잡한 특징을 갖는다. 모든 정황에 대응 가능한 작업 방식은 없다. 변화는 바로 일어나야 한다. 변화하는 방법을 바꾸는 것도 시급하다. 조직화도 해야 하는데, 이는 변화보다 세 배는 더 시급한 일이다. 조직화가 성과로 이어지게 하는 방법은 경험을 쌓고 빠른 피드백 루프를 통해 상황에 민감하게 반응하며, 이로써 무엇을 배울지 알아내는 환경을 구축하는 것이다. 여기에 '모범 사례' 같은 것은 없으며, 모든 상황에 딱 떨어지는 원 사이즈 핏one-size-fits도 없다.

애자일, 린, 데브옵스 커뮤니티를 통해 학습 및 공유 활동을 하면서 배운 것은 통상적인 해야 할 것pattern과 피해야 할 것anti-pattern이 있다는 점이다.

피해야 할 것은 생산성에 크게 반하는 리스크 및 비효율적인 상황에 대한 통상적인 반응을 의미한다. 이는 성과에 최적화되지 않은 접근법이며, 때로는 조직을 수년 전의 상태로 되돌려 놓거나 지워지지 않는 흉터를 내기도 하고 강한 역풍이 되기도 한다. 주요 조직에 대해 피해야 할 것이 어떤 조직에서는 해야 할 일이 될 수 있다. 예를 들어 현금 흐름이 부족하고 리스크가 높아진 조직에서는 (피해야 할 것 중 하나인) '두 오어 다이do-or-die' 전략을 써야 한다.

해야 할 것은 종종 효과적이며 원하는 결과를 개선하는 상황에 대한 통상적인 반응을 의미한다. 모든 사람과 관련된 것이 그러하듯, 해야 할 것은 높낮이가 있고, 장단점이 있으며, 흔들리기도 하고 빙빙

돌기도 한다. 해야 할 것은 순풍을 일으키는 데 도움을 준다. 또한 반복적으로 결과물을 개선하고 이런 과정을 '정착'시킨다. 피해야 할 것과 마찬가지로 진척도는 상황에 따라 다를 수 있다. 때때로 해야 할 것은 피해야 할 것이 되기도 한다. 이럴 때는 명령과 통제, 결정론적 사고방식으로 인해 의도적으로 피해야 할 것으로 치부하지 않도록 주의를 기울일 것이다. 해야 할 것으로 시작을 하며, 빠른 피드백을 경험해 보는 것을 강력히 추천한다.

이 책은 피해야 할 것을 먼저 보여주고 거기에 맞게 해야 할 것을 보여주는 형식으로 구성했다. 여러분이 피해야 할 것을 보고 정말 문제라고 느낀다면, 거기에 맞게 제시된 해야 할 것을 찾아볼 수 있다.

각 장은 (특정 상황에 대해) 해야 할 것과 피해야 할 것을 제시한다. 우리 의도는 여러분의 끝없는 여정을 위한 가이드로 이 책을 활용하는 것이다. 여러분은 다른 이들에게서 교훈을 얻고, 함정을 피하며 일의 속도를 올릴 것이다. 이 책은 매뉴얼이나 쿡북이 아니다. 책 자체가 여러분을 대신해 일할 수는 없기에 여기서 소개하는 해야 할 것과 피해야 할 것을 각자의 상황에 맞게 재해석해야 한다. 이는 스키를 배우는 것과 비슷하다. 스키 강사는 다양한 기술을 시연할 수 있고 사람들이 스키를 배울 수 있도록 도와주지만 결국 소화하는 것은 배우는 사람의 몫이다.

우리가 소개하는 해야 할 것과 피해야 할 것은 유니콘으로 불리는 기업들보다는 관료적 기업이나 대기업에서 적용 가능할 것으로 생각된다. 하지만 유니콘이 성장하면서 기존의 관료적 대기업에서 일하던 많은 사람이 유니콘으로 이동하고, 이 유니콘이 오히려 더 관료적으로 변한 사례도 본 적이 있다. 여러분은 항상 탐지하고 감지해야 한다.

원칙

장章마다 많은 원칙이 있다. 원칙들은 이를 따르기 위한 가이드 형태로 각 장을 요약해 주는데, 여기서 가이드는 매일 일어나는 행동과 마일스톤에 대한 가이드를 의미한다. 예를 들어 '강제가 아닌 권유를 해야 한다', '원 사이즈 핏은 없다'와 같은 원칙이 있으며, 이것은 대부분 상황에 적용된다.

이러한 원칙을 고유한 상황에 적용하고 코칭과 경험을 활용하면서 실천은 일어나며, 이 사례들은 지식 체계를 업그레이드한다. 댄 터호스트 노스Dan Terhorst-North에 의하면 '사례=원칙+상황'[13]이다. 가장 이상적인 패턴은 여러분의 조직 전반에 걸쳐 가장 중요하다고 느끼는 원칙 중 상위 10개 정도를 정의하고, 이를 조직원들과 같이 인식하는 것이다. 이 원칙들은 행동에 대한 가이드라인 역할을 한다.

이 책에서 의도적으로 제공한 긴 목록은 여러분이 여정을 시작하는 데 도움을 주기 위해 만든 것이다. 각 원칙은 자기 참조적self-referential이다. 여기에 원 사이즈 핏은 없다. 여러분의 상황과 장애물이 어떤 원칙에 더 집중해야 하는지를 결정한다.

이 책을 읽는 법

모든 것을 만족시키는 원 사이즈 핏이 없는 것처럼, 이 책을 읽는 특별한 방법은 없다. 처음부터 한 줄씩 읽는 방법도 있고, 특정 부분을 집중적으로 파고드는 방법도 있다. 관심 영역을 찾아보고, 관련된 해야 할 것과 피해야 할 것을 읽어보는 것이다.

13 Terhorst-North, 'Microservices'

이 책은 크게 세 개 파트로 구성돼 있다.

- **0장**: 우리가 여기까지 오게 된 과정과 애자일, 린, 데브옵스를 자세히 알아본다.
- **1~8장**: 해야 할 것과 피해야 할 것에 대한 구체적 사례를 살펴본다.
- **9장**: 진행 방향에 대한 조언으로 채워졌다.

1장부터 8장까지 좀 더 자세히 들여다보자.

1장에서는 애자일과 린이 어떻게 '목적'이 아닌 '이유'가 되는지 알아보고, '성과'에 초점을 맞추는 게 얼마나 중요한지 살펴본다.

2장에서는 '작은 것 을 통해 큰 것을 달성하는 것'에 관해 이야기한다. 이는 관료 조직에서 이야기하는 스케일링 애자일에 관한 게 아니다. 오히려 이런 조직에서 애자일을 달성하려면 규모를 넓히기(스케일링)가 아닌 규모를 줄이는 것이 필요함을 이야기할 것이다.

3장에서는 원 사이즈 핏은 없으며, 이에 대응하기 위한 변화 방법을 이야기한다. 이 책의 핵심 중 하나는 어떤 상황에 잘 맞는 사례라고 해서 다른 상황에도 맞는 건 아니라는 점이다. 또한 사람들에게 일하는 방식을 강요하는 것은 인센티브를 주면서 초대를 유도하는 것보다 덜 성공적이라는 것도 있다. 여기서 우리는 VOICE라고 불리는 접근법을 알아본다.

4장에서는 바람직한 행동의 롤 모델링을 포함한 리더십의 중요성 및 경험으로부터 학습이 보상받을 수 있는 심리적 안전성을 만드는 문화에 관해 이야기한다. 이 문화는 덜 권위적이면서 서번트 리더십을 지향하고 높은 자율성과 조절 능력이 있다.

5장에서는 올바른 것right thing을 구축하는 방법을 논의하고 흩어져 있는 결과를 어떻게 연속적으로 이어가는지 설명한다. 이것은 프로젝트에서 제품으로, 산출물에서 결과로의 전환점이 된다.

6장에서는 마일스 오길비가 '제대로 구축하기building the thing right'에 대해 이야기한다. 즉 지속적인 규정 준수를 통해 팀이 지속적으로 혁신하고 대응하는 방법을 설명한다. 이는 최소한의 자율성 및 권한 분산에 관한 가드레일이다.

7장에서는 사이먼 로러가 기술적 우위에 대한 지속적인 주목이 왜 애자일 및 더 나은 결과의 전달에 대한 핵심인지를 보여준다.

8장에서는 졸트 베렌드가 학습하는 조직이 되는 법에 관해 이야기한다. 이 장은 해야 할 것과 피해야 할 것에 대한 마지막 장이다. 학습하는 조직은 어느 조직에서든 지향하려는 모습이며, 전보다 더 나은, 나아가 최고가 되기 위해 과거의 지식을 파괴하고 다시 배우는 특성이 있다.

이 책은 다양한 산업군에 걸친 사례와 시나리오를 소개한다. 여러분을 변화의 올바른 길로 인도하고, 순풍을 만들고, **더 나은 가치를 짧은 시간에 더 안전하고 모두 만족하도록** 전달하는 데 도움을 줄 것이다.

0 우리가 어떻게 여기까지 왔는가?

1992년도에 중국 전국인민대표대회 대표들은 양쯔강 삼협三峽 부지에 수력 발전 댐을 건설하기로 결의했다. 엔지니어들은 계획을 세웠고 작업은 진행됐다. 중국에서 가장 강력한 강의 흐름을 전환할 수로를 만들기 위해 작은 가물막이 댐들이 건설됐고, 댐 왼편 둑에는 새로운 갑문을 세워 선박이 계속 운항하도록 했다. 이 결의 후 5년이 지나자 양쯔강의 흐름은 완전히 막혔고 두 번째 가물막이 댐은 댐 자체를 발전소와 함께 건설하는 데 사용됐다. 영구적으로 쓸 갑문이 만들어지고 이것이 이전의 갑문을 대체했다. 결의 후 10년이 지났을 때는 두 번째 가물막이 댐이 제거되고 양쯔강은 다시 흘러 저수지를 채웠다.[1]

이 건설 과정에서 중국 정부는 130만 명 이상의 주민을 이주시켰고 1천 곳 넘는 마을이 물에 잠겼다. 댐이 오픈할 때까지 든 비용은 약 240억 달러로 추산되며, 인력은 최대 2만 6천 명이 동원됐다. 댐의 높이는 약 185m, 폭은 약 2km였다. 댐의 발전용 터빈 26개는 후버 댐 발전 용량의 20배 이상의 전력을 생산할 수 있었다. 지금은 32개로 늘었으며 세계 최대 댐 발전량을 자랑한다.[2]

중국처럼 빠른 경제 성장을 하려면 새로운 에너지원이 필요했고, 수력 발전은 화력 발전보다 이상적으로는 더 청정한 에너지원임이 분명했다. 건설 과정을 하나씩 달성할 때마다 중국은 이제껏 하지 못한 가장 복잡한 엔지니어링 과제들을 성공적으로 완료해 나갔다.

중국이 세계 최대 댐을 건설할 동안 영국 정부도 원대한 계획을 세우고 있었으니, 우체국의 급여 지급 개선을 위한 전산화 계획이었다. 대상자 1천 700만 명에게는 특별 '스와이프 카드'가 제공된다. 이 시스템은 청구 사기를 방지하고 비용을 낮춰 정부와 청구인 모두에게

1 Handwerk, 'China's Three Gorges Dam'

2 Handwerk, 'China's Three Gorges Dam'

편리함을 제공할 목적이었다.

카드는 1996년도에 발족됐다. 이 프로젝트는 사회 안전부Department of Social Security, DSS와 우편국 주도로 진행됐으며 ICLInternational Computers Limited의 자회사인 패스웨이Pathway가 기술 개발 및 설치 계약을 수주했다. 하지만 3년 후인 1999년도에 프로젝트가 취소되면서 우편국은 5억 7천 100만 파운드, ICL은 1억 8천만 파운드, DSS는 1억 2천 700만 파운드의 손실을 입었다. 이 시스템을 활용해 청구 사기 방지에서 1억 파운드가량 절약할 것으로 기대했으나 실제 효과를 얻지 못함에 따라 실패한 프로젝트가 납세자에게 든 총비용은 10억 파운드에 달했다.[3]

이 프로젝트 취소 이후, 25개의 정부 주도 프로젝트를 소개하는 보고서에서 '시민들에게 지연, 혼란, 불편함만 줬으며, 납세자들에게는 그들의 가치를 떨어트린' 프로젝트로 소개됐다. 보고서는 "20년 동안 IT 시스템의 성공적 구현이 어렵다는 게 증명됐다"라고 언급하면서 이 문제는 "과거에 권장 사항이 많이 만들어진 분야에서 계속 (IT 시스템의 구축) 문제가 발생한다"라고 설명한다.[4]

이와 같은 문제는 IT 업계에서 그리 낯설지 않다. 미국 정부는 2013년도에 HealthCare.gov를 론칭했는데, 미국인들이 이를 통해 새로운 '환자 보호 및 부담 적정 보호법Affordable Care Act'을 활용하게 했다. 개발 과정에서 사이트 예산이 9천 370만 달러에서 17억 달러로 급증했음에도 관리자들이 사이트 서버 용량이 너무 적다는 것을 알게 된 것은 오픈 4일 전이었다. 사이트는 (당연히) 열리자마자 다운됐다. 그날 온종일 사이트 접속을 시도한 25만 명 중 6명만 보험 플랜을 선택하고 신청서를 제출할 수 있었다.[5]

이 사례는 크게 생각하고, 크게 시작하지만, 느리게 학습하는Think

---

3 National Audit Office, 『The Cancellation of the Benefits Payment Card Project』

4 『Improving the Delivery of Government IT Projects』

5 Wikipedia, 'Healthcare.gov.'

Big, Start Big, Learn Slow 방식이었다. 문제가 발생했을 때는 이를 위한 학습이 거의 돼 있지 않았고 이론적인 종료를 전후할 때도 학습이 불충분했다. 이는 시작에 불과했다. 가치와 학습의 분할이 조기에 이뤄지지 않았으며 결정론적 사고방식이 새로운 업무 영역에 반복적으로 적용됐다. 결과적으로 영국의 사례와 유사하게 나쁜 성과가 도출됐다.

중국 정부가 영국이나 미국 정부보다 잘했다는 게 아니다. 댐 건설은 과정이 눈에 보이는 작업이다. 전 세계적으로 5만 7천 개 이상의 댐이 있으며,[6] 중국에만 2만 3천 개 이상의 댐이 있다. 댐 건설은 전문가가 필요하다. 댐은 2만 2천 900배 이상의 물의 압력을 견뎌야 하며, 어떤 문제가 발생할지, 어떤 것이 요구되는지 이미 알려져 있다. 알려진 정보들이 모든 문제를 커버할 수는 없겠지만 지연이 어디에서 왜 발생하는지 정도는 예측해 준다. 여기에는 알려진 무지known-unknown가 있다. 이전의 많은 수행 경험을 통해 사람들은 무엇을 모르는지 안다.

모든 우체국과 1천 700만 명 직원 급여의 디지털화는 첫 시도였다. HealthCare.gov도 마찬가지다. HealthCare.gov는 이 시스템을 자체 거래소 구축을 거부한 36개 주州에서 오픈할 예정이었다. 사용자 제로에서 25만 명으로 급증하는 '크게 생각하고 크게 만들고 빅뱅으로 릴리즈'였던 것이다.

이 작업을 수행한 사람들은 이전에 경험이 없기 때문에 스스로 놓치는 게 무엇인지 알 수 없었다. 이것이 소위 '무엇을 모르는지 모르는 것'이다. 영국과 미국이라는 두 주도권자는 결정론적 업무 방식을 새로운 업무 영역에 억지로 끼워 맞췄지만, 아쉽게도 마술처럼 작동하지는 않았다. 알버트 아인슈타인은 "광기의 정의는 같은 일을 반복하면서 다른 결과를 기대하는 것이다"라고 말한 바 있다.

대신에 고객과 소비자들은 실제 환경에서 일찍 학습하도록 최적

---

6 'Questions and Answers About Large Dams', InternationalRivers.org

화하는 것이 필요하다. 이는 전달의 위험을 줄이고 가치를 조기에 창출할 수 있다. 또한 가치를 극대화할 전환을 가능케 하며 극대화한 가치를 수행 과정에 내재화한다. 가장 좋은 점은 부으면 굳어버리는 콘크리트 작업과는 달리, 소프트웨어와 같은 지식 기반 제품과 서비스를 통하면 작업하기가 쉽다는 것이다.

오늘날 대다수의 대규모 조직이 변화의 상황에서 일하는 전통적 방식을 이해하려면 우리가 어떻게 여기까지 왔는지 이해하는 것이 도움이 된다.

반복적인 노동에 최적화된 이전의 작업 방식

효율성 운동Efficiency Movement의 지도자 중 한 명인 프레더릭 윈슬로 테일러Frederick Winslow Taylor는 산업 공정 개선을 위해 많은 일을 했다. 처음에는 기계공으로 일하다가 1890년부터 컨설턴트로 일하면서 철광석의 삽질이나 볼 베어링 검사와 같은 반복적인 작업을 분석하기 위해 스톱워치를 사용해 과학적으로 작업 분석에 접근했다. 그 결과 탄생한 테일러리즘Taylorism은 위 · 아래top-down, 우리 · 그들us-and-them, 명령 · 통제command-and-control를 관리하는 시스템이다. 작업자는 항상 언제 일을 시작하고 언제 멈춰야 할지 명령을 받으며, 관리자들은 작업자들의 페이스에 맞추는 것이 아닌, 일정 할당량을 제공해 마치도록 한다. 작업은 더 분화됐다. 관리자는 작업자를 관찰하고 성과를 측정하며 변경 사항을 주문한다. 한마디로 관리자가 계획하고 작업자가 일하는 시스템이었다. 직원들은 시키는 대로 했으며, 이에 대해 테일러는 다음과 같이 말했다.

작업자의 환경은 적어도 하루 전에는 관리자에 의해 완전히 계획되며 대부분의 경우 각 작업자는 수행해야 할 작업과 작업에 사용할 수단에 대한 설명이 있는 완전한 서면 지침을 받는다. 이 작업은 수행할 작업뿐만 아니라 수행 방법, 수행에 허용되는 정확한 시간까지 지정한다.[7]

테일러의 방식은 생산성은 높였으나 작업장에 있는 모두를 만족시키지는 못했다. 기본적으로 테일러는 작업자들을 경시했던 게 분명했다. "선철pig iron을 잘 다루는 남자…너무 어리석다…그의 정신 구조는 황소와 가장 비슷하다."[8]

간트 차트를 창안한 헨리 간트Henry Gantt는 1900년대 초 테일러와 같이 일했다. 윌리스 클라크의 『The Gantt Chart』(Creative Media Partners, 2018)에 따르면 우리가 말하는 간트 차트는 작업자 기록 차트Man Record Chart라고 불렸다. 가로막대는 관리자의 (합리적으로 간주되는) 할당량 대비 실제 작업자가 한 일을 나타냈다. 이를테면 여러분은 오늘 충분히 조철crude iron을 옮겨야 집에 갈 수 있다. 작업량이 남았다면 계속 일해야 한다. '가로선이 긴 사람'은 승진했으며 '가로선이 짧은 사람'은 열등감을 감추려 어떤 일이든 하는 경향이 있었다.[9]

작업자 기록 차트의 전제는 작업자들을 감시하고 이들의 태만을 인지하는 것이었는데 이것이 테일러리즘에서 이야기하는 지속적인 명령과 통제였으며, 이를 통해 관리자들은 작업자들에게 정확히 무엇을 해야 하는지 지시할 수 있었다. 그 성과는 더 큰 효율로 나타났지만 '우리끼리만 아는 것, 관리자 vs 작업자'의 구도를 만들었으며 이는 노조의 큰 반감을 샀다.

테일러가 옹호한 시간 분석 접근 방식은 다른 사람들에 의해 개선돼 포드 모델 TFord's Model T의 특수 생산 라인과 현재 자동차 공장의 기

7 Taylor, 『Principles of Scientific Management』, 39.

8 Taylor, 『Principles of Scientific Management』, 59.

9 Clark, 『The Gantt Chart』

반을 구축한 토요타Toyota의 수요 기반 적시 공급 방식pull-based, just-in-time supply method으로 이어졌다.

테일러리즘이 작업자들을 기계의 부품처럼 만들었지만, 기술의 발전은 기계의 업무 능력을 향상시켰다. 자동 방직기가 수동 방식을 대체했으며, 내연 기관은 이동 및 배송 시간에 혁명을 일으켰다. 전화 및 전보는 정보 전달 속도를 증가시켰고 지게차와 자동화는 테일러의 철강 노동자들을 대체했다. 결국 마이크로프로세스의 발명과 디지털 시대의 도래는 노동의 비교 우위를 지시에 따라 철 덩어리를 옮기는 것에서 고객에게 결과를 제공하는 고유의 제품과 서비스를 만드는 능력으로 바꿔버렸다. 생산 수단이 힘에서 두뇌로 옮겨간 것이다.

반복적인 제조업무에서 고유의 제품 개발로

테일러의 시대에서 작업은 대부분 반복적이었으며 수작업이었다. 오늘날 사람들은 수작업이 아닌 머리를 써서 작업하며, 반복되는 일은 자동화로 해결한다. 오늘날 가장 활발한 산업 현장은 제철소나 고철 처리장이 아니다. 에스프레소 머신과 공유 테이블이 있는 힙스터 카페가 더 활발하게 돌아간다. 많은 도시에서 물리적으로 상품을 보관하던 창고가 이제는 정보 기술 혁신의 온상이 됐다. 작업은 반복적 수작업을 통한 대량 생산(결정론적이며 무엇을 모르는지를 아는)에서 새롭고 알려지지 않은 것으로 가득한 독창적인 지식 기반 산업으로 이동했다.

석기 시대에서 청동기 시대로 넘어가는 것이 도구뿐만 아니라 새로운 생활 방식, 조직화, 작업 방식으로의 전환을 의미하는 것처럼, 오늘날 디지털 시대로의 전환도 사회, 경제 전반에 영향을 미쳤다.

2011년도에 최초의 범용 브라우저Mosaic 공동 제작자이자 벤처 캐피털 안드레센 호로위츠Andreessen Horowitz의 공동 창립자인 마크 안데르센Marc Andressen은 「월 스트리트 저널」에서 다음과 같이 이야기했다.

> 소프트웨어가 세상을 삼키고 있다. 60년 전 컴퓨터 혁명, 40년 전 마이크로 프로세스의 탄생, 20년 전 인터넷의 탄생…. 이 모든 기술은 소프트웨어를 통한 산업의 변형을 요구하고 있으며, 결국 작업은 국가에 한정되지 않고 글로벌 단위로 일어날 수 있다.[10]

업무 영역에 맞는 업무 방식을 적용한 조직은 단순히 살아남은 게 아니라 이전에는 보기 힘든 수준으로 성장했다. 알파벳(구글의 모기업), 아마존, 애플 및 마이크로소프트는 모두 1조 달러 이상의 가치로 평가됐다. 애플은 2018년 8월에 1조 달러 가치를 달성한 최초의 상장 기업이 됐으며, 나머지 3개 기업은 18개월이 채 못 돼서 이 가치를 넘어섰다. 알파벳과 아마존은 불과 20년 만에 1조 달러 평가를 달성했다. 시간을 거슬러 올라가 이전의 기술 혁명 및 작업 유형에 맞는 작업 방식을 가진 조직이 어떻게 존재하는지 살펴보는 것도 흥미롭다. 디지털 시대의 시작인 1987년 최초의 1천억 달러 기업은 IBM이었으며, 제너럴 모터스는 1955년 석유 및 대량 생산 시대에 100억 달러 기업이 됐다. 미국 철강US Steel은 전기 및 엔지니어링 시대인 1901년에 최초로 10억 달러 기업이 됐다(2014년 S&P 500에서 제외됨).[11]

이는 기업이 새로운 디지털 시대에 새로운 작업 방식을 도입해야 한다는 의미는 아니다. 기업은 적응에 역행할 수도 있다. 에드워드 데밍W. Edward Deming은 "바꿀 필요는 없다. 생존은 필수가 아니다"라고 말했다.

예를 들어 2010년 시작된 소매업의 쇠퇴를 보면 COVID-19가 발생하기 전인 2019년 미국에서 1만 개, 영국에서 1만 6천 개 매장

---

10 Andreessen, 'Why Software Is Eating the World'

11 Mindock, 'Apple is the first trillion dollar company'

이 문을 닫았다.[12] (이 글을 쓸 당시까지) 매주 500개 매장이 문을 닫은 셈이다. 언급된 주요 요인은 전자상거래로의 전환이었다. 토마스 쿡Thomas Cook, HMV, 데벤함스Deben-hams, 본마르세Bonmarche, 마더케어Mothercare, 클린턴스Clintons, 카렌 밀렌Karen Millen, 잭 윌스Jack Wills, 배쓰스토어Bathstore, 세어스Sears, 보더스Borders, 탑숍USTopshop US, 바니스Barneys 등은 지난 몇 년 동안 상점을 폐쇄했거나 지원이 필요했던 소매업체의 하나일 뿐이다. 팬데믹은 2020년 미국에서만 2만 5천 개 매장의 문을 닫게 했고 그 추세는 가속화되고 있다.[13] 반면 디지털 세대들은 '클릭 투 브릭click to brick'[14]이라는 운동 아래 2023년까지 850개 매장을 열 계획이다.[15] 이 세대가 선택할 수 있는 빈 상점은 많다.

무엇을 위한 최적화인가?

여러분은 조직에서 무엇을 위해 최적화하고 있는가? 빠른 업무 흐름을 위해 높은 수준의 고객 지원 및 동료들의 참여로 가치를 안전하고 빠르게 최적화하고 있는가? 아니면 역할 기반 사일로에서 각 사일로의 벽을 넘어 다음 역할 기반 사일로로 전달하기 위해 최적화하는가? 가치와 가치 실현에 걸리는 시간을 최적화하는가? 수년간 끝없는 관문과 위원회를 통해 '미래 솔루션에 대한 약속'을 추진하고 있는가? 가능한 한 최단 시간에 최소한의 노력과 리스크로 최대 결과를 얻기 위해 빠른 학습 및 전환을 최적화하는가? 학습과 리스크는 제일 끝으로 미뤄둔 채 빅뱅 방식의 구현 예정인 프로젝트 계획을 따르려고 최

12 Thomas, '25,000 Stores Are Predicted to Close'

13 Centre for Retail Research, 'The Crises in Retailing'

14 Click to brick은 온라인과 오프라인 방식을 혼합한 비즈니스 모델로, 별도의 판매 웹 사이트가 있어 구매자들을 유도한 뒤 실제 구매는 오프라인 매장에서 이용하도록 하는 방식이다. – 옮긴이

15 Howland, 'Digitally native brands'

적화하는가? 지속적인 개선이나 주문을 따르기 위한 안전한 학습 실험 실행에 머리를 쓰는 모든 이를 위해 최적화하는가?

앞서 살펴봤듯이 일하는 방식을 업무에 맞춰 최적화한 조직은 번성했다. 이는 고객의 높은 기대치를 충족했고 기준도 높아졌다. 여기에는 COVID-19로 인한 팬데믹에 힘입어 디지털 시대가 가속화된 것도 한몫했다.

작업 유형에 대한 최적의 접근 방식 적용의 중요성을 감안할 때 애자일, 린, 데브옵스 및 워터폴은 무엇이며, 그 역사를 이해하는 게 중요하다. 이 책의 대상은 범용적인 조직 및 리더들이므로 사전 지식이 거의 없다고 가정한다. 이제부터 설명할 내용은 내가 직접 발견한 것들이다. 예전부터 사람들은 자신이 하는 일을 어떻게 수행하는지에 대해 생각하거나 개선하는 데 시간을 들이지 않았다.

애자일이란 무엇인가?

애자일(린도 마찬가지)은 일본 제조업에서 기원한다. 여기에는 에드워드 데밍의 영향이 지대했다. 이 책 앞머리의 '긴박감 넘치는 상황'에서 봤듯이 1986년 「하버드 비즈니스 리뷰」에 실린 '새롭고 새로운 제품 개발 게임The New New Product Development Game'은 토요타, 혼다, 제록스 등의 생산 현장에서 더 나은 작업 방식이 가져다주는 이점을 언급했다. 이 기사는 지금도 시사점이 크다. 이 조직들은 신제품 개발의 맥락에서 소규모 반복 작업과 명확한 북극성 프레임워크North-Star Framework[16]로 작업하는 소규모 다분야 팀을 보유했다. 그들은 높은 수준의 실험을

16 단 하나의 의미 있는 지표(북극성 지표)와 이에 기여하는 몇 가지 인풋(input)을 정의하는 프레임워크다. 프로덕트 개발 시 고객 언어와 프로덕트 언어, 비즈니스 언어가 각각 다르기에 이를 일치시키고 관점을 연결하는 데 도움을 준다. 스포티파이(Spotify), 트위터, 슬랙 등의 기업에서 사용된다. – 옮긴이

통해 가이드라인 안에서 임무를 달성하도록 권한을 받았다. 기사 게재 당시 제록스는 이전의 순차적 스테이지 게이트 공정 대비 절반의 인원 및 시간으로 신제품을 개발하고 있었다.[17]

기사에서는 럭비 게임을 비유로 들었다. 럭비공을 던지려면 팀이 같이 움직여야 하는데 이것이 기사 작성자인 켄 슈바버Ken Schwaber와 제프 서덜랜드Jeff Sutherland에게 영감을 줬다. 점진적으로 증가하는 접근 방식의 소프트웨어 제품 개발 방식인 스크럼은 이때 만들어졌으며 럭비의 스크럼에서 따왔다.[18]

동시에 소프트웨어 개발에 종사하는 다른 사람들(나를 포함해)은 '경량화 프로세스'를 실험(중량, 시퀀스, 스테이지 게이트 프로세스와 비교하는 실험)하고 있었는데, 더 높은 참여 수준 및 더 적은 전달 리스크로 더 많은 가치가 '매몰 비용 오류' 없이 더 빨리 전달됨을 발견했다. 경량화 프로세스는 실험과 경험을 통해 점차 대중화되면서 디지털 작업의 새로운 특성에 적합해졌다. 『Unlearn』(McGraw-Hill Education, 2018)의 저자인 베리 오라일리는 '크게 생각하고 작게 시작하며 빠르게 배워라'라고 정리했다.[19]

2001년에 17명의 소프트웨어 개발자들이 유타Utah주 스노우버드Snowbird에서 만나 새롭고 가벼운 소프트웨어 개발 방법을 논의했으며, 애자일 헌장Agile Manifesto[20]이라고 알려진 것을 발표했다. 이 선언문은 작업 유형이 고유한 제품 개발의 경우, 결과를 최적화할 수 있는 4가지 가치와 12가지 원칙으로 구성됐다. 이러한 원칙을 따르는 조직은 제품 개발 후반부에 요구 사항 변경을 기꺼이 받아들이고, 동기 부여가 된 구성원들의 작업 완료를 신뢰한다. 최고의 아키텍처, 요구 사항 및

---

17 Takeuchi and Nonaka, 'The New New Product Development Game'

18 Schwaber, Ken, 『SCRUM Development Process』

19 O'Reilly, 『Unlearn』

20 Beck 외, 『Manifesto for Agile Software Development』

설계가 이런 조직에서 나온다고 믿는다. 그리고 더 큰 효과를 내기 위해 규칙적으로 행동을 조정한다. 선언문은 소프트웨어 개발자에 의해 작성됐지만, 가치와 원칙은 소프트웨어뿐만 아니라 다른 유일무이하고 새로운 유형의 작업에도 적용된다.

선언문에 제시된 원칙들은 테일러리즘에서 발전된 하향식 관리 방법과 정반대다. 감독자가 명령을 내리는 대신, 여러 분야의 팀이 비즈니스 전략에 맞는 명확한 결과를 도출하기 위해 협력한다. 이들은 결과 가설을 테스트하고(조사), 그 결과를 측정하고(감지), 그에 따라 반응(응답)하기 위한 안전한 학습 실험을 어떻게 할지 결정한다. 팀은 최소한의 실행 가능한 가이드라인(규정 준수, 표준, 규제 등) 범위에서 권한을 부여받는다. 피드백 시스템을 기반으로 변경과 변경 방법을 바꾸는 것은 결과를 최적화하는 데 필수적이다. 원칙은 새로움을 활용해 위험을 조기에 줄이고 더 많은 가치를 더 빨리 실현하도록 전환한다.

애자일 헌장은 원칙의 적용 방법을 의도적으로 사람들에게 맡기는데, 조직은 복잡한 유기적 시스템이고 각각의 상황이 고유하기 때문이다. 원 핏 사이즈(일률적인) 활동이 없다는 것을 전제로 하는 것이다.

원칙 가운데 '단순성은 필수다. 단순성은 아직 하지 못한 일의 양을 최대화하는 기술이다'라는 것이 있다. 여기서 핵심은 산출물이 아닌 성과다. 즉 가장 적은 노력으로 최대 가치를, 최소한의 산출물로 성과를 극대화하는 것이다. '생산성'의 정의는 각 입력 단위에 대한 산출 단위를 나타내며, 새로운 일에 적용하기에는 맞지 않는 지표다. 대신에 '가치 향상'에 초점을 맞춘다. 이는 최소 산출 대비 최대 성과치를 의미한다.

우리가 디지털 시대의 전환점을 통과할 때, 댄 메직Dan Mezick은 '애자일 산업 단지Agile Industrial Complex'라는 것을 언급했다.[21] 이는 팀에 대한 권한 부여 없이 애자일 활동과 획일적인 프로세스를 하향식으로 부과하는 것이다. 다시 말하면 앞에서 끌어주는 게 아니라 뒤에서 밀어내는 방식이다. 규범적이고 틀에 맞췄으며, 새롭거나 권한 부여가 되지 않았다. 그리고 해당 상황에서 원하는 성과에 대한 최적화도 거의 없다. 즉 전통적인 결정론적 사고방식을 새로운 작업 방식의 수행에 억지로 밀어 넣는 것이며, 판에 박힌 엉터리 애자일을 하려는 것이다. 설치만으로 애자일을 한다고 여기는 것은 애자일이 목적인 애자일이다. 이렇게 되면 '우리는 얼마나 애자일스러운가'를 지표로 삼는다. 이런 목표는 성과 개선에 전혀 도움이 되지 않는다.

'애자일'이라는 단어가 처음 등장했을 때부터 많은 기대를 모았고, 예전에는 애자일에 지나치게 몰두해 피해를 본 사람이 많았다. 결국 애자일이라는 단어는 많은 저항을 받았다. 『제5경영』(세종서적, 1996)의 저자 피터 센게Peter Senge의 말을 인용하면 '시스템을 더 세게 밀어붙일수록 이에 대한 반발력도 더 커진다.'[22] 애자일 역량Agility을 증가시키거나 성과, 이력, 문화 등을 최적화하려면, 때로는 애자일이 최선의 접근법이 아닐 수도 있다.

이 책에서 '애자일'이라는 단어는 어떻게 보면 애자일 역량을 의미한다. 애자일 역량은 애자일을 수행하는 동안 나타나는 제품, 프로세스, 사례 등을 의미하는 명사다. 나는 '애자일'보다는 애자일 실행을 더 선호하는데, 이는 애자일 역량을 나타내는 활동이며 행동, 문화, 원칙 등을 참조해 수많은 결정을 전달한다. 여러분의 상황이 각기 다른 것처럼 발현도 각각 얼마나 다른지 이 책을 통해 알게 될 것이다.

---

21 Mezick, 'The Agile Industrial Complex'

22 Senge, 『The Fifth Discipline』

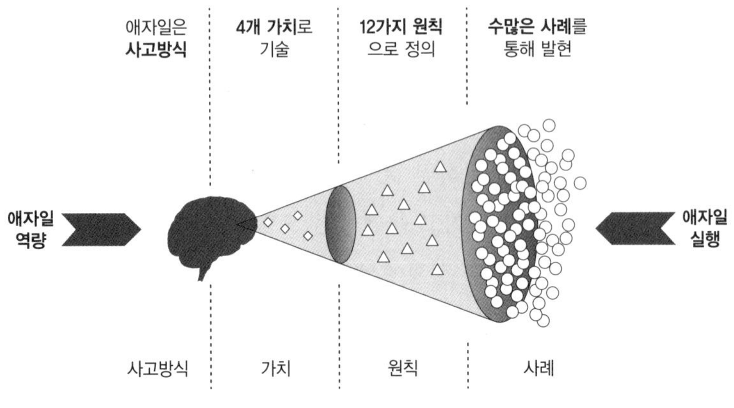

그림 0.1 애자일 역량 vs 애자일 실행

특정 상황에서 나는 애자일 대신 '님블nimble'이라는 단어를 사용한다. 예를 들어 우리는 님블을 실행(빠르게 학습, 지속적인 개선 및 전환)하길 원하지 애자일스러워지는 것(스타트업처럼 하기, 스토리 포인트 카운트, 필요항목 실행, 하향식, 2주짜리 스프린트 등. 하지만 개선이 필수는 아니며 여전히 결정론적 사고방식에서 작업이 진행됨)을 원하지는 않는다. 마찬가지로 우리는 '님블스러운' 것을 원하지 않는다. 우리가 원하는 것은 성과의 최적화를 위한 우리만의 상황에 맞는 작업 방식의 개선이다.

조직은 복잡하고 유기적이기 때문에, 최고의 방법에도 여러 가지가 있다. 애자일의 대부분은 프로세스나 도구가 아니라 행동 규범, 문화에 관한 것이다. 중요도를 매긴다면 사람, 프로세스, 도구 순이 될 것이다.

대량 생산 방식에서 린 생산 방식으로

'린 생산Lean Production'은 토요타와 제너럴 모터스의 합작 회사인 NUMMINew United Motor Manufacturing, Inc의 최초 미국인 엔지니어 존 크라프칙John Krafcick이 만든 용어다. NUMMI에서 크라프칙의 커리어는 이전에 일본 토요타 공장에서의 오랜 이력도 포함돼 있으며, 그곳에서 존은 린 생산의 기초를 배웠다. 이 용어는 『The Machine that Changed the World』(Simon & Schuster UK, 2008)라는 책에서 처음 등장했다.[23] 이 책의 설명에 따르면 '린 생산은 대량 생산이 비해 모든 것을 덜 사용하기 때문에 린 생산이라는 이름을 붙였다. 인력도 절반, 제조 공간도 절반, 도구 투자도 절반, 공정 시간도 절반, 모든 게 절반'이다.[24] 여기서 핵심 아이디어는 낭비를 최소화하면서 고객 가치를 극대화하는 것이다.

린 생산은 1950년대 경제적 문제로 미국이나 유럽보다 적은 양과 제한된 자본으로 토요타 생산 시스템에서 시작됐다. 토요타의 수석 생산 엔지니어인 다이치 오노Taiichi Ohno는 기계 스템핑 다이를 교체하는 방법을 고안했는데, 기존에는 하루가 걸렸지만 이 방법으로는 3분 만에 가능했다. 이를 통해 그는 많은 양을 생산하는 것보다 작은 배치를 만들어 돌리는 게 부품당 비용이 더 적게 든다는 것을 발견했다. 우선 대량 재고 처리 비용이 들지 않았고, 모든 스탬핑의 실수가 최소한의 데미지로 즉시 나타나 시정 조치가 가능했다.

사키치 토요타Sachiki Toyota(토요타의 설립자)와 그의 아들인 키이치로Kiichiro가 세운 개념을 바탕으로 오노는 개선에 기존 산업이나 테일러리즘과 같이 별도 담당자를 할당하는 것이 아닌, 모든 작업자와 함께

23 Womack, Jones, and Roos, 『The Machine That Changed the World』

24 'What is Lean?' Lean Enterprise Institute

지속적 개선의 카이젠kaizen 프로세스를 촉발시켰다. 마지막으로 오노는 공급망에서 부품 공급을 조정하는 새로운 방법을 개발해 적시Just-In-Time 수요 주도Pull-based로 시스템을 전환함으로써 값비싼 재고와 낭비를 제거하고 흐름을 최적화했다. 그 결과 2008년 토요타는 78년 만에 처음으로 제너럴 모터스를 제치고 세계 1위 자동차 제조업체가 됐다. 현재 토요타는 제너럴 모터스의 4배, 포드보다 7배 이상 높은 시장 가치를 보유하고 있다.

『Lean Thinking』(Simon & Schuster UK, 2013)이라는 책에서 다니엘 존스와 제임스 워맥은 다섯 가지 원칙을 이야기한다.[25]

1. **가치**Value: 고객의 관점에서 가치를 특정한다.
2. **가치의 흐름**Value Stream: 가치의 흐름 및 개념부터 현금까지 모든 단계를 확인한다.
3. **작업 흐름**Flow: 진행 중인 작업을 제어한다. 작업 흐름 안정화, 리드 타임, 처리량 및 작업 흐름의 효율성에 중점을 둔다. 작업 흐름을 방해하는 요소를 완화한다.
4. **수요**Pull: 우선 생산 시스템push-based system에서 수요 주도 시스템pull-based system으로 전환한다. 작업 시스템의 한계에 맞게 설정하고 과도한 생산은 피한다.
5. **완벽**Perfection: 완벽을 향한 끊임없는 추구

린과 애자일은 둘 다 제2차 세계대전 이후의 일본에 뿌리를 두고 있으며, 품질과 가치, 작업 흐름, 사람에 대한 존중, 요구 기반 업무 시스템 및 지속적인 개선 및 작업 시각화 작업을 위한 카이젠 프로세스 구축에 초점을 맞춘다. 둘의 다른 점은 핵심 영역이다. 린은 '표준화된 작업'에 중점을 둔다. 대량 생산은 '충분히 좋은' 것을 추구하고 린

25 Jones and Womack, 『Lean Thinking』

생산은 '완벽'을 추구한다. 이는 반복 생산에는 바람직하지만, 제품 개발에서의 독특하고 알 수 없는 새로운 영역에 대해 볼테르의 말을 인용하자면 '완벽함은 선善의 적'이다. 린 생산(예측 가능하며 반복적인 생산에 적합)은 가변성을 최소화해 완벽을 추구하며, 어떤 때엔 식스시그마6-sigma 수준의 완벽을 목표로 한다. 애자일(예측이 어려운 고유 작업에 적합)은 결과를 최적화하기 위해 최소한의 실행 가능하고 안전한 실험을 통해 가변성을 찾고 거기에서 이점을 얻는다.

데브옵스란 무엇인가?

데브옵스는 개발Development과 운영Operation의 조합어로, 제품 개발을 담당하는 팀과 제품 배포 및 운영을 담당하는 팀 간의 장벽을 허무는 데 중점을 둔다. 2009년 패트릭 드부아Patrick Debois가 벨기에 겐트에서 데브옵스데이DevOpsDays 콘퍼런스를 만들면서 이 용어를 사용하기 시작했다. 소프트웨어 개발의 애자일은 고객, 비즈니스 애널리스트, 개발자, 테스터들 사이의 흐름을 방해하는 요소를 완화했지만, 여전히 많은 전통 조직에서는 이해의 공유, 책임 또는 종단 간 흐름의 통합이 부족해 소프트웨어를 구축하는 사람과 실행하는 사람 사이에 은유적인 벽이 있었다.

개발자들은 점진적으로 제품을 만든 후 프로덕션 배포 및 지원 등 다른 역할의 담당자에게 전달하는데, 때로는 어떠한 지원 및 주의도 없이 전달되기도 한다. IT 운영 팀은 개발 팀과의 소통 없이 프로덕션 문제를 반복적이고 수동적으로 해결하는 경향이 있어 많은 문제가 완전히 해결되는 일은 거의 없다. 이는 IT 운영 비용을 계속 증가시켜 임의적 지출 비용을 늘릴 것이다. 일반적으로 IT 구축과 IT 실행은 동시에 진행되지 않기 때문에 협업이나 직접 처리하는 능력은 제한

될 수밖에 없다. 당연히 '여러분이 만들었으므로 여러분이 실행시킨다'라는 원칙에 가까워지는 것, 여러 분야의 팀 인력과 함께 배치되는 것, 테스트 및 배포를 자동화하고 실패한 요구, 지원 가능성, 조직의 탄력성, 관찰 가능성에 초점을 맞추는 것 모두 더 나은 성과로 이어진다. 자신의 제품을 지원해야 한다는 의무감은 높은 품질과 지원 가능성을 유지하는 데 강력한 동기가 된다. 기본적인 팀의 정체성은 직무 역할이 아니라 고객, 가치 흐름, 제품에 맞춰져 있으며, 이런 팀은 성공하고 함께 배운다.

책 『Unicorn Project』(IT Revolution, 2019)에서 진 킴Gene Kim은 아래와 같이 다섯 가지 DevOps의 나아갈 방향을 언급했다.[26]

1. **부분성Locality과 단순성**: 팀과 컴포넌트 간의 의존성을 완화한다.
2. **집중, 업무 흐름, 즐거움**: 원만한 업무 흐름은 집중을 가능케 하고 즐거움을 준다.
3. **일일 업무 개선**: 지속적으로 개선하고 기술 부채를 줄인다.
4. **심리적 안전**: 팀 성과의 좋은 예측자이며, (업무) 개선을 도와준다.
5. **고객 중심**: 업무 기반 사일로가 아닌, 고객 가치에 맞춰 최적화한다.

내 경험상 데브옵스는 좁은 의미는 IT 개발과 IT 운영, 엔터프라이즈 데브옵스일 수 있다. 넓은 의미는 **더 나은 가치를 짧은 시간에 안전하게 모두 만족하도록** 전달하는 것이며, 애자일 및 린을 포함한 다양한 지식 체계를 활용해 비즈니스 및 고객 가치를 제공하기 위해 종단 간 더 나은 작업 방식을 적용하는 것이다. 더 나은 성과 및 업무 흐름에서 가장 큰 장애물은 행동 규범, 리더십, HR, PMO, 부동산, 거버넌스 위원

26 Kim, 『The Unicorn Project』

회 등에 있을 수 있다. 여러분의 상황에서 데브옵스가 좁은 IT 개발의 의미일 때는 부분 최적화에 주의해야 한다. 체인에서 가장 약한 부분이 더 이상 약한 부분이 아니라면 이를 강화해서 얻을 수 있는 가치는 거의 없다. 프로젝트에서 가장 약한 부분(프로젝트를 위한 자금조달 등)을 식별하고 이를 완화한 후 이 과정을 계속 반복하라.

애자일, 린, 데브옵스 및 기타 지식 체계는 모두 목적 자체가 아니라 목적을 위한 수단이다. 이들은 인간의 욕망을 바탕으로 성과를 개선하고 **더 나은 가치를 짧은 시간 안에 안전하며 모두 만족하도록** 전달하기 위해 사용할 수 있는 공유된 학습 결과다.

워터폴이란 무엇인가?

대부분의 크고 오래된 전통적 조직은 독특한 변화의 상황에서 워터폴 방식을 취했거나 지금도 이 방식을 유지하고 있다. '워터폴waterfall(폭포)'이란 단어는 한 단계에서 작업이 완료돼 다음 단계로 넘어가는 순차적인 관문이 있기에 붙여졌다. 이는 일방통행이며 많은 작업이 역할별로 전달된다. 프로젝트 초반에 시간, 비용, 범위 및 품질을 예측하는 대규모 사전 계획 및 설계가 있고, 이 시점에서 실제 학습되는 것은 매우 적으며, 애자일 역량을 방해하는 변경 통제 계획이 있다. '스코프 크리프Scope creep'[27]가 발생하고 (진행하면서 사람들은 미처 생각지 못한 것을 발견하게 되므로) 관련된 변경들은 억제된다. 가치 실현에 걸리는 시간은 보통 연年 단위로 측정되는데, 워터폴에서 주로 보는 것은 미리 결정된 계획에 얼마나 도달했느냐다. 가치나 성과의 극대화 또는 작업 중단을 통한 실패 비용의 최소화 등은 관심 밖이다.

27 프로젝트 진행 중 범위 변동, 무분별한 확대를 의미한다. 요구 사항 변경(requirement creep), 싱크대 증후군(kitchen sink syndrom)이라고도 한다. – 옮긴이

여기에는 매몰 비용의 오류가 있다("우리는 이미 1억 달러를 투자했습니다. 이를 손해 처리할 수 없습니다. 계속 전진합시다"). 커지는 부담, 빅뱅 방식 구현, 넓은 영향 반경 때문에 학습은 늦어진다. 지연된 학습은 가치 실현을 늦추고 가치 극대화의 기회를 줄여버린다. 또한 전달 리스크를 크게 증가시키고, (대처할 시간이 없다면) 이 리스크는 이전 단계로 전가된다. 결국 사람들은 억지로 데드라인을 통과시키려고 모서리를 깎거나 계획을 미루게 되며(이것이 알 수 있는 것과 알 수 없는 것의 실제 차이다), 이로써 사기는 떨어진다. 학습이 늦어질수록 틀릴 확률은 높아지고 이에 대한 수정 비용도 증가한다. 무언가가 전달돼야 업무가 움직인다. "IT는 비즈니스만큼 빠르게 움직이지 않는다"라는 말은 워터폴에서 변경 전달 속도와 관련해 자주 등장하는 말이다.

직원들은 운이 좋아야 나중에 가치를 전달하는 노력의 결실을 확인하기 때문에 프로젝트 참여도가 낮을 수밖에 없다. 사람들은 역할 기반 사일로에 갇혀 있고 실제 종단 간에서의 책임 의식은 없다. 이 사일로 안에서 사람들은 승진하고 보상받지만, 나중에 지적을 받으면 이런 변명을 하게 된다. "그건 내 문제가 아니다. 나는 내 할 일을 했다. 배의 구멍은 다른 곳에 있다." 빅뱅, 폭포수의 실패 문제는 '애플리케이션 개발 위기'로 설명된다.[28]

각각의 변화 상황에 워터폴 접근 방식을 적용하는 것은 잘못된 선택이다. 이는 새로운 작업(아직 알 수 없는)을 결정론적(알 수 있는) 상황으로 잘못 분류하는 것이다. 비유하자면 철광석을 삽질하거나 5만 7천 1번째 댐을 건설하는 작업(충분한 시간을 거쳐 어떻게 될지 알 수 있는)에서 나온 접근법을 유일무이한 제품 개발(이전에 수행한 적 없어서 예상할 수 없는 작업)에 적용하려는 것과 같다.

28 Varhol, 'To Agility and Beyond'

워터폴과 비슷한 것으로 워터스크럼폴Water-Scrum-fall이 있다. 스테이지 게이트 프로세스에서 약간의 개선은 있지만, 애자일이 아니다. 이는 일반적으로 크고 전면적인 계획과 전면적인 설계가 존재하는 워터폴 프로젝트로 나타난다. 간트 차트 사이사이에 '스프린트'가 10번 정도 표시되고, 각 '스프린트'에 대한 작업이 미리 계획된다. 그런 다음 빅뱅 테스트 및 구현으로 늦은 학습이 진행된다. 이는 애자일스럽지 못하며 성과의 최적화도 이뤄지지 않는다. 이것도 여전히 새로운 작업 영역에 결정론적 사고방식을 적용하고 있다.

워터폴 프로세스를 최초로 문서화한 사람 중 한 명인 윈스톤 로이스Winston Royce도 1970년에 "미리 기술된 내용만 구현하는 것은 위험하며, 프로젝트 실패를 불러온다"[29]라고 했다.

작업 유형에 최적의 접근법을 선택할 때 고려할 선택지는 애자일 vs 워터폴이 되면 안 된다. 애자일(각기 다르며, 사전에 알 수 없는 경우) vs 린(사전에 알 수 있으며, 반복적인 경우)이 돼야 한다. 워터폴은 '크게 생각하고 크게 시작하며, 천천히 배운다'이며, 내 생각으로는 여기에 변명의 여지는 없다. 왜 위험을 줄이고 더 많은 가치를 더 빨리 실현하고 성과 개선을 위해 조기에 자주 학습하고 지속적으로 개선하며 유일무이한 변화를 위한 전환의 최적화를 하지 않는가? 건설업에서도 애자일 및 린의 원칙과 사례가 채택되고 있다.[30]

지금까지 살펴본 바와 같이 **더 나은 가치를 짧은 시간에 안전하며 모두 만족하도록** 전달하려면 작업 유형에 따라 최적의 접근 방법을 취하는 것이 중요하다. 다음 절에서는 이 질문에 유용한 커네빈Cynefin 프레임워크를 살펴본다.

---

29 Royce, 'Managing the Development of Large Software Systems'

30 Wikipedia, 'Agile Construction'

업무 영역 기반의 접근법

지금까지 살펴봤듯이 제품 개발과 각기 다른 변화는 예측이 어려우며 결정론을 따르지는 않는다. 일은 무엇을 모르는지도 모르는 상황으로 가득 차 있으며 활동하는 공간은 다르게 바뀔 수 있다. 반대로 조립 라인에서 온종일 바퀴를 만드는 작업자는 바퀴가 만들어지는 때와 그렇지 않은 때를 잘 알고 있다. 이와 마찬가지인 조직에는 하루에 천만 건의 결제 거래를 처리하는 조직이 있다. 여러분이 이런 상황에 있다면 다양성이 아니라 표준화의 도입을 원할 것이다.

결과물이 유일무이하다면 이는 더 어려워진다. 결과물이 만들어져야 이후에 어떻게 개선할지를 알게 되거나 전혀 다른 방향의 결과물이어야 고객의 요구에 부합한다는 것을 알게 된다. 이처럼 예측하기 어려운 영역에서 여러분은 가변성을 학습한 다음 원하는 성과에 맞게 최적화하는 실험을 확대하기를 원할 것이다.

일률적으로 적용되는 방식은 없다. 이는 오로지 애자일에 대한, 린에 대한, 데브옵스에 관한 이야기가 아니다. 작업 유형과 각기 다른 상황에 따른 작업 방식의 최적화에 관한 것이다.

커네빈 프레임워크

1999년 데이브 스노든은 IBM 글로벌 서비스관리 컨설턴트로 일하면서 업무가 발생하는 다양한 영역을 분류하기 위해 '커네빈 프레임워크'라는 것을 만들었다. '서식지'라는 뜻의 웨일즈어를 따서 명명한 이 프레임워크는 문제 해결 및 의사 결정을 위한 5개 영역으로 구성된 모델을 제시한다(그림 0.2 참조). 이는 접근 방식으로 애자일, 린, 또는 둘 다 취할 시점을 결정하는 데 매우 유용하다.

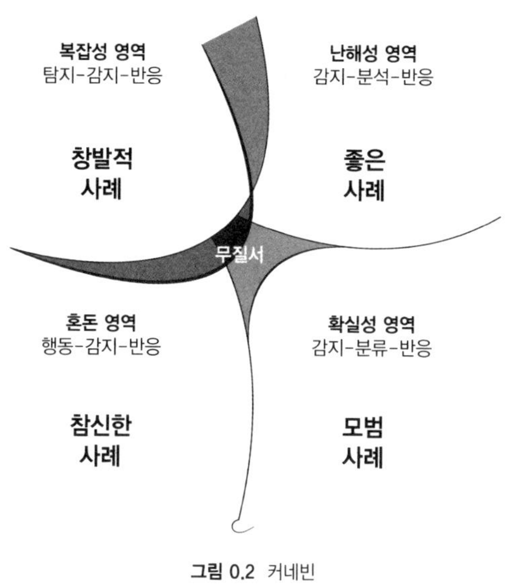

그림 0.2 커네빈

확실성 영역: 식은 죽 먹기

커네빈 프레임워크 중 '확실성clear' 영역은 간단하고 예측하기가 쉬워서 프로젝트의 계획이나 스프린트, 백로그 등이 필요 없다. 아이가 등굣길을 기억하는 것과 같다고 보면 된다. 매일 그 길을 가고, 결과는 똑같이 학교에 도착하는 것이다. 이 영역은 무엇을 알고 있는지 아는 영역이며 최고의 사례가 될 수 있다. 영국에서는 왼쪽 차선으로 주행하고 미국에서는 오른쪽에서 주행하는 시스템인데, 이런 상황에서 원인과 결과의 관계는 명확하다. 확실성 영역에서는 상황과 환경을 감지하고(예를 들어 영국에 있다면), 알고 있는 것을 기반으로 분류하고(이 나라에서는 왼쪽으로 운전함) 규칙을 따르거나 모범 사례로 적용해 대응할 수 있다(출발 시 왼쪽으로 운전함).

난해성 영역: 린을 적용하기 좋은 영역

난해성complicated 영역은 판단이 좀 더 필요하다. 이 영역과 관련해서는 예전부터 여러 상황을 겪었기에 이미 학습돼 있다. 그렇다고 식은 죽 먹기로 여겨서는 안 된다. 전문성이 필요하며 '무엇을 모르는지 아는' 영역이다. 원인과 결과의 관계는 분석이나 사전 지식이 필요하다. 감지하고, 분석해 반응하며, 적절하고 좋은 사례들을 적용해야 하지만, 모범 사례는 없다. 이 영역은 중요하므로 개선을 진행해야 한다. 낭비를 제거하고 품질을 개선하며 업무 흐름을 최적화해야 한다.

예시로는 IT 회사가 자체 서버를 데이터센터에 설치한다든지, 자동차 제조회사가 차를 만든다든지, 투자 은행에서 주식 거래 처리를 한다든지, HR 부서에서 신입 사원을 온보딩하는 일들이 있다. 이런 활동은 이전에 자주 했기 때문에 잘 알고 있다. 하지만 이 영역의 일은 전문성이 필요하며, 특히 중간에 이상 상황이 발생했을 때는 더욱 그렇다. 이전 실패 패턴은 경험으로 축적돼 있어 반복적이며 순서가 있다는 것을 알고, 어떻게 처리할지도 알고 있다. 이는 린에 맞는 영역이다.

복잡성 영역: 애자일을 적용하기 좋은 영역

고유 제품 개발은 복잡성complex 영역에서 발생한다. '뭘 모르는지 모르는' 영역이고 이곳에서의 행동이 공간을 변화시킨다. 원인과 결과는 회고를 통해서만 유추할 수 있다. 앞의 두 영역이 **정리된**ordered 영역이라면, 이 영역은 **어질러진**unordered 영역이다. 이 영역의 활동은 언제 바뀔지 모르기 때문에 모범 사례나 좋은 사례 같은 것은 없다. 가장 좋은 접근 방식은 안전한 학습 및 실험을 수행해 가설을 테스트하고 결과를 감지한 다음, 실험을 확대하거나 축소해 반복하는 것이다.

디지털 시대에서 소프트웨어 개발은 각각 다르다. 같은 코드를 다시 쓰지 않는다. 사람들은 스스로 뭘 원하는지 결과물을 보지 않으면 모른다. 여러분도 어떻게 작성해야 할지 작성해보지 않으면 모른다. 작성한 후 결과물은 리팩토링이 필요하며, 이를 통해 어떻게 더 가치 있고, 유연하며, 유지가 가능하도록 작성할지 학습한다. ERP 시스템처럼 제3자 제작 애플리케이션을 가져다 쓰는 것도 동일한 경우의 반복이 아니다. 해당 애플리케이션도 이전과는 다른 환경, 사람, 데이터, 프로세스상에서 동작하는 것이기 때문이다. 학습을 위한 시간을 줄이는 게 관건이며, 빠른 피드백이 전달상 리스크를 줄이고 성과의 최적화를 가능하게 한다. 이는 애자일에 맞는 영역이다.

혼돈 영역: 행동 우선

때때로 '혼돈chaotic' 영역에서 결정해야 할 일이 있다. 여기에서는 지식보다 정리를 위한 빠른 행동과 그 결과가 더 중요하다. 우리는 혼돈을 정리하고 출혈을 막으며, 안정성이 어디에 있는지 감지하고 혼란을 복잡성 영역으로 바꾸기 위해 대응한다. 복잡성 영역과 마찬가지로 여기도 어질러진 영역이다.

COVID-19 팬데믹이 좋은 예다. 강제 록다운이 전 세계적으로 시행됐고 사람들은 집에만 머물러야 했으며 조직들은 놀랄 정도로 빠르게 조치했다. 더 많은 네트워크 연결을 통해 많은 사람을 재택근무로 전환하고, 항공, 자동차, 숙박업은 운영을 중단하고 슈퍼마켓과 공급업체가 (재택근무, 자동차, 항공의 운영 중단에도 불구하고) 공급망을 계속 운영하게 했다. 당시 수 개월간의 계획 수립, 여러 위원회의 승인 등을 거칠 시간적 여유가 없었다. 조직들은 종종 직무나 부서와 관계없이 함께 모여 문제를 신속하게 해결하기 위한 팀으로 일하는 이런 상황을 동해 최선을 다한다고 말하면서 얼마 후엔 다시 원래 구성 및 작업 방식으로 돌아간다. 혼돈 영역에서 우연히 발견한 기술은 복잡성 영역이나 확실성 영역에서 새로운 좋은 사례 또는 모범 사례가 될 수 있다.

무질서

커네빈 프레임워크에서 마지막 영역은 '무질서Confused'이며, 여기는 어떤 영역을 적용해야 할지 모호한 것이 특징이다. 이 영역은 진짜 무질서(상황을 잘게 나눠봐도 잘 모르는 경우)일 수도 있고 아닐 수도(상황을 무시하는 경우) 있다.

일은 영역을 따라 움직인다

일이 하나의 영역에만 머무는 일은 드물다. 신모델 자동차를 만드는 것과 같이 새로운 제품을 만들 때는 먼저 복잡성 영역에서 시작할 것이다. 애자일 관점에서 일을 나눠보면 포커스 고객 그룹이 있을 것이고, 디자인 스케치, 캐드 설계, 소형 프로토타입, 비용 매몰을 피하고 빠르고 저렴한 학습 비용을 위한 풍동 실험 같은 것이 있다. 어느 시점에 다다르면 실물 프로토타입이 만들어지고 결국에는 사하라 사막과 알래스카의 극한 지역에서의 테스트를 거쳐 원하는 성과를 최대화하기 위해 끊임없이 업데이트를 수행할 것이다. 시간이 지나 해당 모델에 대해 매년 10만 개의 인스턴스가 만들어지면 이때부터 도메인은 난해성 영역으로 진입하게 된다. 그러다가 결함으로 일부 모델에 리콜이 발생하면 혼돈 영역으로 발을 담그게 되고, 일부는 복잡성 영역으로 이동하고 수정이 되면 다시 난해성 영역으로 돌아가 린을 적용받는다.

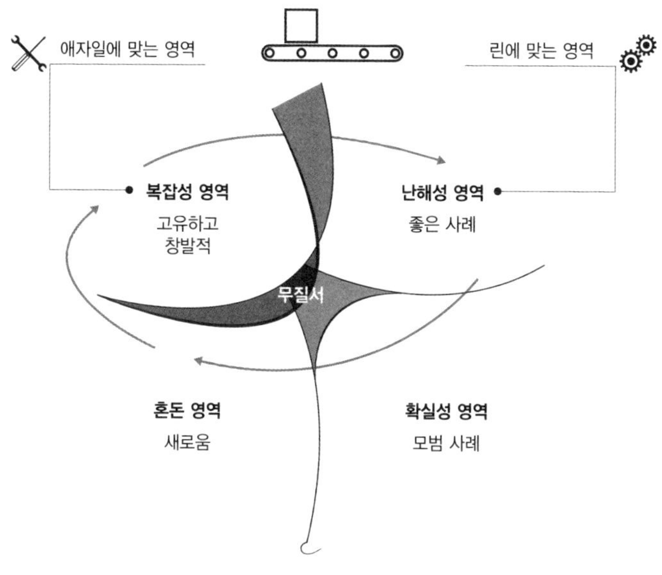

그림 0.3 영역을 따라 움직이는 일

소프트웨어는 애자일과 린 접근 방식 모두에서 이점을 얻는다. 소프트웨어의 실행 결과물은 애자일 방식으로 얻고 결과물이 제품화되는 경로는 빌드, 테스트, 배포 프로세스가 하루에도 여러 번 높은 수준의 자동화로 반복 실행돼야 하므로 린 방식이 적합하다. 주기적으로 제품화되는 경로에서 단계적 변화에 대한 애자일 실험이 있을 것이고 다시 린으로 돌아간다. 소프트웨어는 린 컨베이어 벨트에서 애자일하게 생성된 상자로 보면 된다(그림 0.3 참조).

디지털 시대에서 살아남고 번영하기

최신 기술 혁명을 활용하고 오늘날 작업의 특성에 맞는 작업 방식을 채택하기로 한 사람들이 얻을 이점은 매우 분명하다. 「The State of DevOps Report 2019」에 따르면 성과가 우수한 기업은 성과가 낮은 기업에 비해 기술을 사용해 비즈니스 가치를 208배 더 자주 제공하고, 문제 발생 후 복구 속도가 2천 604배 더 빠르며 변경 실패율이 7배 더 낮다.[31] 여기에는 성과를 극대화하기 위한 더 빠른 학습과 피드백, 가치, 전환이 뒷받침된다. 그리고 회복력과 안정성이 향상돼 고객과 동료의 만족도가 높아진다. 심리적 안전과 함께 이러한 요소는 전체 조직의 성과와 상관관계가 있다.

예전에 나는 바클레이즈 뱅크 전체를 대상으로 더 나은 작업 방식에 대한 서번트 리더로 활동하면서 수년 동안 고유한 제품 개발의 리드 타임, 즉 작업 시작부터 고객에게 전달될 때까지의 시간, 학습에 걸린 시간, 전환 시간, 리스크 완화에 걸린 시간을 측정한 결과, 평균 2/3 감소한 것을 발견했다. 가치 전달 후 피드백까지 걸린 시간은 이전보다 3배 빨라졌다. 수천 개의 제품 개발 팀에서 가치 항목의 평균 처리량이 300% 증가했다. 사건 · 사고는 1/20로 줄었고 독립적으로 조사한 동료 참여 점수는 역대 최고였다. 가장 많은 진전을 이룬 팀은 실현 시간을 1/20로 줄였으며 처리량은 비슷한 수준으로 증가했고 학습은 20배 더 빨랐으며 위험 완화, 전환하기, 피드백의 응답, 멈추기도 마찬가지였다. 「The State of DevOps Report 2019」의 고성과자와 비슷하게 내가 리딩한 팀은 **더 나은 가치를 빠르고 안전하고 모두가 만족하도록** 제공하고 있었다.

어렵게 학습하고, 많은 퀴블러로스Kübler-Ross 곡선(기쁨의 정점, 좌절의 구렁텅이 그리고 마침내 전문가의 정상에 오르는 단계를 거침. 3장 참조)을 관찰해 얻어진 결과물이다. '긴박감 넘치는 상황' 장에서 언급한 데 이어 앞으로도 계속 강조하겠지만 유지되는 행동의 변화는 강제될 수 없다. 이는 단기적으로 할 수 있는 게 아니며, 지속적으로 이뤄진다.

31 Forsgren외, 「State of DevOps Report 2019」

새로운 생산 수단의 등장은 변화의 속도를 가속화하고 있다. 간헐적으로 이뤄지는 변화의 양상은 이제 없다. 특히 제품 개발이 프로젝트에서 제품으로 전환할 때(다음 빅뱅 빌드 전까지 프로덕트를 방치해 잡초만 무성해진다) 빅뱅 방식의 빌드는 더 이상 적용되지 않는다. 조직은 '연속적인 모든 것continuous everything'으로 이동하고 있다.

소프트웨어 시스템과 사람 모두 시간이 지나면 정보를 잃어버린다. 소프트웨어나 사람이나 혼자일 때는 효율성이 떨어지고 유지 관리는 어려워진다. 소프트웨어는 쓸모없어지고, 사람은 관료주의에 빠지며 종종 의도치 않은 결과를 만든다. 그러면 잡초는 다시 무성하게 자라난다. 우리는 정원을 지속적으로 가꿔 '상록수'로 유지하며 문화를 육성하고, 복리로 누적되는 행동, 과정 및 기술 부채를 피해야 한다. 변화와 지속적인 개선은 지속 가능한 습관이어야 하며, 성과를 최적화하기 위한 실험, 피드백, 학습 및 전환의 끊임없는 프로세스여야 한다. 결국 고객은 특정 시점의 제품이 아닌, 지속적인 혁신과 경험을 구매하게 된다. 그리고 작업자들은 업무 방식이 지속 가능하고 마음이 끌리며 인도적인 곳에서 일하기를 원하게 된다. 일부 조직은 아직도 2단계 이전의 기술 혁명 방식으로 일하는 잘못을 범한다. 반면 다른 조직은 디지털 시대에 점점 더 부상하는 업무 특성에 적합한 방식을 채택한다. 우리는 전기 및 엔지니어링 시대의 테일러리즘에서 포디즘으로, 그다음에는 석유 및 대량 생산 시대의 린 생산을 거쳐 이제 디지털 시대의 비즈니스 애자일로 이동했다. 반복적이면서 효과적으로 지속 가능하게 그리고 지속적으로 **더 나은 가치를 짧은 시간에 안전하고 모두 만족하게** 제공한다. 여기에 새로운 표준이 있다.

1장에서는 BVSSH(더 나은 가치를 짧은 시간에 더 안전하고 모두 만족하는) 원칙에 대해 자세하게 설명한다. 이는 이 책의 핵심이자 디지털 시대에 살아남아 번성하길 바라는 모든 비즈니스가 집중해야 할 중점 과제다.

피해야 할 것 1.1
애자일 전환 수행

피해야 할 것 1.2
새로운 업무 방식에 낡은 사고를 적용하기

1

성과에 집중한다: 더 나은 가치를 짧은 시간에 안전하고 모두 만족하도록

해야 할 것 1.1
성과에 집중하기

해야 할 것 1.2
'왜'로 시작하고, '어떻게'에 방점을 찍는다

여러분은 애자일, 린, 데브옵스를 하기 원하거나 현재 실행 중인가? 그렇다면 한마디만 하겠다.

"하지마라!"

대신에 여러분이 달성하려는 성과에 집중하라. 그러면 애자일에 도달할 수 있을 것이다.

하나 더! 잊지 말아야 할 원칙이 있다.

더 나은 가치를 짧은 시간에 안전하고 모두 만족하도록

이 원칙은 애자일 및 린의 주치의로 30년 이상 활동하면서 얻은 교훈이다. 오랜 기간 나는 대형 조직, 오래된 조직, 규제 조직부터 서로 다른 산업 영역에 걸친 대형 기업에 이르기까지 다양한 곳에서 일의 방식을 주도하거나 디지털 시대에서 소프트웨어를 통한 가치 전달을 했다.

애자일, 린, 데브옵스는 목표가 아니다. 어떤 조직은 더 나은 비즈니스 성과 없이 '얼마나 우리는 애자일스러운가?'에 점수를 매겨 관리하고 있었는데(이외에 '우리는 특정 애자일 프레임워크를 얼마나 따르는가', '우리는 몇 번이나 스크럼 회의를 했는가' 등이 있다), 활동하는 동안 이런 조직을 수차례 만났다. 더 나은 성과 대신에 '더 많은 산출물'에 자위적인 백 로그를 쌓는 팀은 기능을 찍어내는 공장이 될 수밖에 없다. 게다가 애자일은 IT에서만 하는 것으로 여겨져서 효과도 미미하다. 이는 전통적 접근 방식에 들러붙은 애자일 거품으로 볼 수 있거나 아니면 간판만 새로 바꾸고 제사를 지내는 화물 숭배 의식을 벌이는 것과 비슷하다.

애자일, 린, 데브옵스, 디자인 씽킹, 시스템 씽킹, 제약 조건 등은 조직이 원하는 성과를 얻는 데 사용할 수 있는 전형적인 도구다. 모두 지식 체계이며 인간의 노력이 구조화된 영역에서 요구되는 다년간의 원칙과 사례로 표현됐다. 앞서 살펴봤듯이 이들은 모두 특별한 상황(디지털 시대에서의 새로운 기준인 상황)에 적합하다. 예를 들어 과거의 취약점을 해소하지 못한 기업이 100여 년 전 업무 방식(이 방식은 1800년대 후반 전기 엔지니어링 시대에 만들어짐)에서 벗어나는 상황에 적합하다.

모든 조직은 각기 다르며 복잡한 적응체다. 문화의 변화는 갑자기 일어난다. 따라서 개입의 선택은 상황에 맞게 적용돼야 한다. 여기에 일률적인 접근법이란 없다. 아울러 마법의 탄환, 만병통치약 같은 것도 없다. 여러분이 사용 중인 지식 체계나 원칙, 사례에 바라는 효과가 있는지 확인하려면 원하는 성과가 무엇인지 파악하고 계속 집중해야 한다. 사용 중인 지식 체계는 어떤 일을 위함인가? 여러분은 결과로 무엇을 만들고자 하는가?

내가 소속돼서 일하거나 파트너로 협력한 모든 조직이 원했던 성과는 '**더 나은 가치를 짧은 시간에 안전하고 모두 만족하도록**(이하 BVSSH)'이라는 문장으로 표현할 수 있다.

BVSSH란 무엇인가?

BVSSH가 나타내는 것은 무엇이며 어떻게 측정할까? 한 가지 알아둬야 할 것은 이것이 IT 영역의 성과 및 측정에 국한되지 않는다는 점이다. 이것은 조직 간 모든 업무가 발생하고 가치가 전달되는 곳을 대상으로 한다. 일에 대한 역할과 상관없이 비즈니스는 '우리 비즈니스'가 되며 우리 · 그들 관계에서 '그 비즈니스'의 의미는 사라진다. 디지털 시대에서 모든 회사는 직 · 간접적으로 IT 회사이며, 가치 전달에는 IT 기술이 대부분 포함된다.

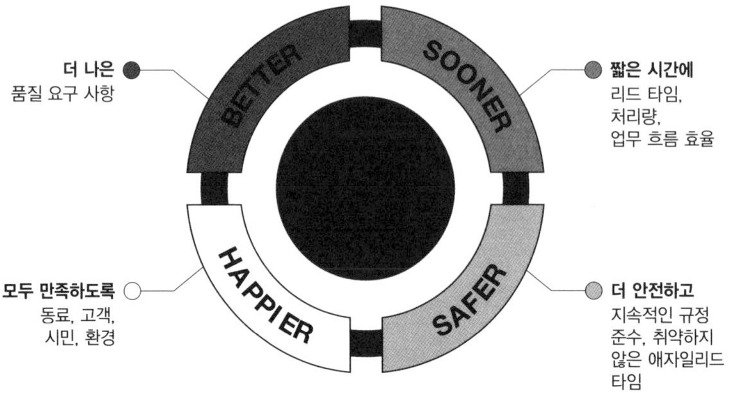

그림 1.1 더 나은 가치를 짧은 시간에 더 안전하고 모두 만족하도록

더 나은 Better은 품질을 의미한다. 예를 들어 소프트웨어 제품에서 '더 나은'은 제품에 문제가 거의 없는 것을 의미하기도 하고 짧은 평균 장애 복구 시간을 의미하기도 하며 개선된 정적 분석 측정을 의미하기도 한다. 내부 감사에서 '더 나은'은 내부 리포트 작성 시 재업무를 줄이는 것이 되고, 지불 처리나 트랜잭션, 론 애플리케이션 같은 조직 운영 영역에서 '더 나은'은 낮은 오류 발생률을 의미한다. 오류로 발생하는 요구 사항이 적을수록 가동 유지 비용은 낮아지고 새로운 부가 가치 활동에 쓸 수 있는 예산 비율은 높아진다. 품질은 나중에 검사하는 게 아니라 내재돼야 한다.

가치Value는 보는 이에 따라 달라진다. 일률적이지 않고 분기마다 비즈니스 성과(목적Objectives과 핵심 결과Key Results, 이하 OKRs)로 나타나며, 왜 여러분이 이 비즈니스에 몸담고 있는지에 대한 이유가 된다. '가치'는 시장 점유율이 될 수도 있고 수익이나 단위 판매량, 손익, 마진, 다양성, 탄소 배출, 애플리케이션 다운로드 수, 분당 스트림, 구독자 수 등이 될 수도 있다. 가치는 제작자 및 고객의 시각을 반영한다.

우리는 긴급성을 요하는 영역에 있기 때문에, 비즈니스 성과는 가설일 수밖에 없다. 긴급성을 요하는 비즈니스는 성과를 어떻게 문제 삼는지 보여준다. 또한 이것은 중첩돼 있고 조직 전체에 걸친 장기 전략과 가설(연간, 다년간)까지 계획이 세워져 있다. 고객으로의 가치 전달 릴리즈를 통한 빠른 피드백은 이 가설을 테스트한다. 테스트 시 측정값은 테스트 전후에 측정한 KR^Key Results^이 된다. 보통 분기별 측정 및 수용 대상인 비즈니스 성과는 월별 주기가 있다. 가치 릴리즈를 매일 하면 다년간 전략 가설을 매일 받을 수 있다. 이에 대한 자세한 내용은 5장을 참조하길 바란다.

짧은 시간에 Sooner는 업무 흐름을 의미하며, 애자일 및 린의 핵심이다. 인간 존중 관점에서 안전한 가치의 빠르고 효율적인 업무 흐름을 지향한다. 여기에는 조직 수준까지 집계하거나 팀 수준으로 세분화할 수 있는 세 가지 주요 측정값이 있다.

- **업무 흐름 효율성**Flow Efficiency: 업무 대기 시간이 아니라 경과된 종단 간 리드 타임 동안 업무가 진행된 시간의 백분율이다. 가장 중요한 지표 중 하나이지만, 지식 업무 흐름에 대한 효율성을 제대로 알고 있는 조직을 찾기는 어렵다. 경험에 따르면 업무 흐름 효율성은 일반적으로 10% 이하다. 이는 90% 이상이 대기 시간이라는 의미이며 여기에서 중요한 개선 포인트를 찾을 수 있다. 일이 일어나는 장소를 보지 말고 일이 일어나지 않는 장소에 주목한다. 그리고 업무자에 주목하지 말고 일에 주목한다. 대기 시간은 대부분 역할 기반 및 타임존의 핸드오프 또는 여러 위원회의 검토와 같은 업무 흐름의 방해 요소 때문에 발생하며, 업무는 대기열에 추가된다. 여기에 조직에서 너무 많은 업무를 동시에 수행하려고 한다면 대기 시간은 더 길어진다. 도로에 차가 많을수록 속도는 느려지는 법이다. 흐름을 방해하는 요소를 식별,

완화하고 진행 중인 동시 업무를 제한한다.

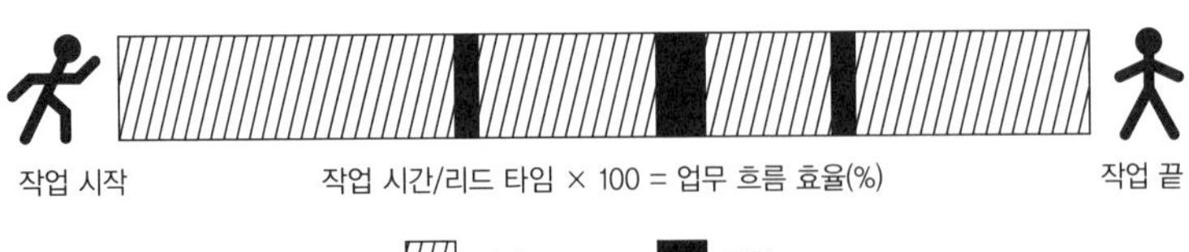

그림 1.2 업무 흐름의 효율성

- **리드 타임**lead time: 타임 투 마켓, 즉 가치가 고객의 손에 전달되기까지 걸린 시간을 의미한다. 리드 타임을 줄이면 더 빠른 피드백, 더 빠른 학습, 위험 감소, 더 빠른 수익 창출 및 성과의 최대화를 위해 더 빨리 전환할 수 있는 능력이 생긴다. 리드 타임은 왼쪽으로 치우쳐 있고 꼬리가 긴 정규 분포와 유사한 분포(일반적으로 연속 확률 분포의 한 유형인 베이불Weibull 분포)다. 여기서 권장되는 측정값은 백분위 85%의 리드 타임과 시간 경과에 따른 변화다.
- **처리량**Throughput: 지정된 기간 고객에게 전달된 가치의 수를 의미한다. 리드 타임이 줄어들면 처리량은 증가해야 하며, 그렇지 못하다면 흐름에 장애가 있다는 것이다. 이상적으로 처리량은 리드 타임 단축에 따라 직접적으로 증가하지 않아야 한다. 대신 리드 타임을 줄여서 얻은 시간 일부는 혁신, 고객과의 시간, 업무 시스템 개선 등을 위해 계속 사용돼야 하며 흐름에 장애가 되는 요소를 더 완화해야 한다. 이를 통해 우리는 최소한의 산출물로 최대 성과를 얻고자 한다.

여기서 주목할 것은 내가 '빠르게'라는 말을 언급하지 않은 점이다. '빠르게'는 부정적 의미를 지닐 수 있다. '기능(을 찍어내는) 공장'은 즉시 가동할 수도 있지만, 누구도 원치 않는 기능을 즉시 찍어낼 위험도 크다. 이건 똑똑하게 일하는 게 아니라 그냥 열심히 일하는 것이다.

- **더 안전하고**Safer는 지속적인 규정 준수, 취약하지 않은 애자일을 의미하며 6장에서 다룰 주제다. 이는 결국 어떻게 하면 고객 데이터 유출 등으로 인해 뉴스 헤드라인에 오르내리지 않을까 고려하는 것이다. 안전에 대해 고려할 점은 정보 보안, 사이버 보안, 개인 정보 보호, 일반 데이터 보호 규정General Data Protection Regulation, 고객에 대한 이해, 자금 세탁 방지, 사기 등이 있다. 넓게 보면 이는 GRC(거버넌스Governance, 리스크Risk, 규정 준수Compliance)다. 다시 말해 속도와 제어가 조화를 이루는 것으로 어느 한쪽만의 희생은 없다. 안전은 리스크에 대한 지속적인 커뮤니케이션으로 발현되는 문화다.
- **모두 만족하도록**Happier은 더 만족하는 동료, 고객, 시민, 환경을 의미한다. 일하는 방식의 개선은 인간, 사회, 환경 비용에 관한 것이 아닌, 고객을 중심으로 여러 학문에 걸쳐 권한이 부여된 팀과 함께, 보다 인간적이고 끌리는 업무 방식에 관한 것이다. 이렇게 일하려면 열심히 하는 게 아니라 똑똑하게 해야 한다. 그래야 업무 시스템을 개선하고 방해물을 제거할 수 있다. 여기서는 고객 만족(이는 단기적인 재정 조치에 초점을 두기보다 장기 수익에 초점을 맞춤)에 집착하며 사회 및 환경적 책임도 포함한다.

'더 나은', '가치', '짧은 시간에', '더 안전하고', '모두 만족하도록'은 서로 균형을 유지한다. 만일 사람들이 '짧은 시간에'를 강조하며 더욱 집중해 빨리 달성한다면, '더 나은'이나 '모두 만족하도록'은 결과적으로 줄어든다.

BVSSH에는 성과 집합이 두 개 있다. '더 나은', '짧은 시간에', '안전하게', '모두 만족하도록'은 어떻게 성과가 나오는지에 대해서다. 이것들은 업무 시스템의 개선을 측정한다. '가치'는 업무 시스템이 만들어낸 가설로 세워진 비즈니스 성과에 대한 것이며 이에 대해서는 5장에서 자세히 논의한다. 이 성과에 대한 두 개의 집합이 선순환을 형성한다. 개선으로 이끄는 방법의 향상은 더 빠른 피드백, 전환 능력, 더 높은 품질, 더 많은 고객과 동료 참여로 이어진다.

내가 '더 빠르게faster'를 언급하지 않은 것처럼 '더 싸게cheaper'도 역시 언급하지 않음에 주목하라. 일본에서 린 원칙과 사례를 채택한 조직이 배운 교훈은 '더 싸게'는 피해야 한다는 점이다. 이는 역풍을 일으키며, 사람들은 스스로 일을 하거나 동료가 같이 일하는 것을 원치 않을 것이다. 이는 행동을 촉구하는 동기가 아니다. '더 싸게'는 품질과 '모두 만족하는'에 부정적인 의미를 내포한다.

또한 눈에 보이는 비용을 줄이는 데 집중하면 흐름 효율성이 감소해 숨겨진 비용이 증가하는 경우가 많다. 비용 절감에는 숨겨진 비용이 있다. 예를 들어 더 많은 핸드오프 발생, 커뮤니케이션 경로, 시간대 문제, 서로 다른 인센티브 부여 등은 업무 흐름의 효율성을 떨어뜨리며 업무 대기 시간도 늘어난다. 결국 처리량이 줄어들고 리드 타임은 길어지며 업무 시스템의 효율도 떨어진다. 학습 및 전환 속도도 느려진다. 회사 측에서 보면 지출은 줄었지만, 일이 줄고 효율성도 떨어진다. 가치 창출 능력은 큰 타격을 입는다. 조직은 감소된 업무 흐름의 효율성으로 인해 시간이 지남에 따라 가치 생산의 단계적 변화와 시간 대비 가치 추가 기울기의 감소로 다시 병목 현상이 발생한다. 결국 수입 감소로 이어지며 더 많은 문제를 야기한다.

제품 개발을 위한 업무 방식의 개선은 '가치성valuetivity'과 연결된다. 우리는 가치와 학습 시간을 최적화하려 한다. 산출물보다는 성과에 집중한다. 우리는 가장 짧은 시간에 최대 성과를 올리고, 꼬리는 자르며 다음 가치 곡선으로 빠르게 전환하기를 원한다. 일반적으로

'더 싸게'에 중점을 두는 것은 반대 효과를 불러오며 가치 실현을 위한 시간과 학습에 걸리는 시간을 더욱 늦춘다.

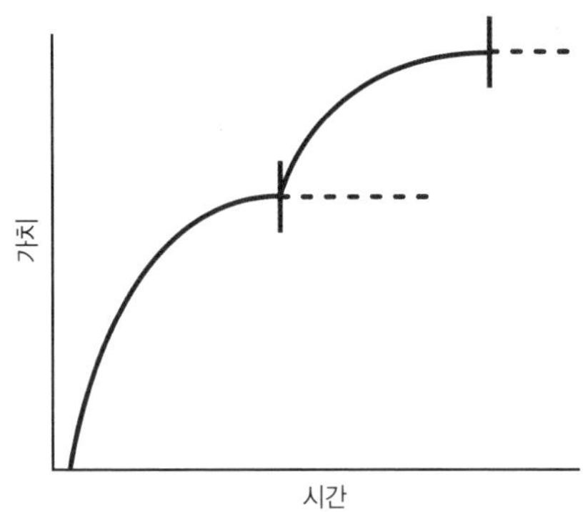

그림 1.3 시간 대비 가치의 최대화: 꼬리 자르기

'더 싸게' 대신 BVSSH스러운 성과에 중점을 두고 업무 시스템을 개선하라. 리드 타임이 단축되고 처리량이 증가하면서 최단 시간에 가장 높은 가치를 추구하며 애자일 역량을 높임으로써 비용과 소득 비율의 '소득'을 개선해야 하고, 다른 모든 것은 적어도 현상 유지를 해야 한다.

만일 조직이 개선을 위한 도움닫기나 거시적인 계기(글로벌 팬데믹과 같은)는 없지만, 비즈니스 펀더멘털을 바꾸고 더 적은 지출과 일을 강제할 수 있다면 업무 시스템을 좀 더 가까이 들여다보라. 업무 흐름의 효율 감소 및 가치 학습을 위한 시간 증가로 숨겨진 비용을 키워서는 안 되며, 업무 흐름에서의 비용을 어디서부터 쳐낼지 우선순위를 정하면 안 된다. 결과는 숨겨진 비용의 증가로 돌아올 것이다. 기존 비용에 대한 회계뿐만 아니라 처리량에 대한 회계에도 중점을 둬야 한다.

BVSSH를 더 깊이 이해하고 성과에 집중할 준비가 됐다. 이제 가장 중요하고 가장 기본적인 '피해야 할 것' 두 가지를 살펴보겠다. 이것들은 역풍을 야기하고 애자일 사고방식의 적용을 가로막는다. 이 '피해야 할 것'들은 (모든 피해야 할 것이 그렇지만) 원하는 성과를 달성할 가능성을 줄이면서, 어려운 일을 더 어렵게 만든다.

피해야 할 것 1.1

애자일 전환 수행

나는 지금까지 '애자일 전환'을 수행하고자 하는 많은 조직과 팀 리더들을 만났다. 프로세스의 시작은 보통 유사하며, 우리는 고위지도자들과 함께 앉아서 변화를 원하는 이유를 묻는다. 반응은 종종 침묵이 된다. 누군가는 허공을 바라보고 누군가는 발을 뺀는다. 그러다가 용감한 한 명이 손을 들고 이렇게 말한다.

"새로운 아이디어를 시장에 내놓기까지 시간이 너무 오래 걸립니다. 느리고 비효율적입니다."

"좋습니다"라고 말하며 나는 화이트보드에 적는다. "다른 분 의견은요?"

그제서야 하나둘씩 손을 들어 생각을 털어놓기 시작한다. 나는 이 모든 의견을 화이트보드에 적는다.

"다들 뭔가는 하고 있는데…."

"우리는 인력 감소를 막고 인재를 유치하기 위해 고군분투하고 있습니다."

"고객 만족도가 잘못된 방향으로 가고 있어요."

"우리는 뒤처지고 싶지 않아요."

"우리는 다 잘하고 있다고요." 팔짱을 끼고 눈썹을 찌푸린 사람이 말한다.

모든 답변은 합리적이고 이해하기 쉽다. 여기서 멈추지 않고 계속 변화하려는 이유를 물으면 결국 누군가는 실존적 지점에 도달한다.

"우리는 혼란을 겪고 있습니다. 여기서 일하는 방식을 바꾸지 않으면 살아남지 못할 것 같습니다."

가끔 보면 '애자일 전환'에 착수할 예정이거나, 이미 착수한 조직이 있다. 어떤 조직은 '애자일 전환'이나 식스 시그마6-sigma로 쓴맛을 봤거나 도구를 통한 '데브옵스'를 시도해 봤다. 이러면 결국 원하는 성과는 "얼마나 많은 애자일, 린, 데브옵스 팀이 존재합니까?" 외에는 명확하지 않다. 미리 결정된 솔루션, 날짜 및 지출 예측, 성과보다 산출물에 중점을 두는, 계획 및 수정에만 6개월이 걸리는 연간 상향식 재무 계획이 있는 간트 차트의 바다에는 애자일 거품이 있다. 여기에는 '최종일' 또는 '마감일'의 RAG(빨간색Red, 주황색Amber, 녹색Green)로 나타내는 상태와 변경 제어 프로세스, 20개의 필수 산출물이 있는 변경 수명 주기(대부분 자체적인 스테이지 게이트 거버넌스 위원회가 있다), 전형적인 워터폴 프로젝트 관리 부서, 60페이지 분량의 운영위원회 자료, 중간에 '스프린트'라는 단어가 10번 있는 프로젝트 계획, 심리적 안전의 부족, 평범함(과잉 전달을 하지 않는)을 장려하고 '크게 생각하고, 크게 시작하며 천천히 배우는Think Big, Start Big, Learn Slow' 접근 방식을 사용하는 성과 평가 모델이 있다. 다행인 것은 그 조직이 개선하기를 원한다는 점이다.

1. 도구함의 도구들

애자일, 데브옵스, 린은 목적이 아니다. 이들은 도구함의 도구다. 물론 도구 이상의 의미가 있으며 행동 원칙이나 사례가 추가된다. 요점은 상황에 맞게 최적으로 배포할 수 있는 지식 체계라는 점이다. '애자일 전환'과 같은 도구 변환은 성과에 대한 최적화가 아니라, 도구에 대한 최적화임을 알아야 한다.

여러분이 더 많은 사진을 벽에 걸고 싶어 한다고 가정하고, '드릴 전환'을 수행한다고 해보자. 이를 애자일의 비유로 확장하면 드릴의 제작은 특정 애자일 프레임워크를 나타낸다. 예를 들어 'Bosch 드릴 전환', 'Black & Decker 드릴 전환'이 있을 수 있다. 드릴 전환이 끝나면 여러분은 다양한 분야의 팀이 1/4인치 구멍으로 가득한 벽을 즉시 생성하도록 할 수 있지만, 그렇다고 사진을 걸 수 있는 것은 아니다. 애자일과 린의 사례, 원칙, 프레임워크는 목표를 달성하기 위한 지식 체계이지 목표가 아니다. 마찬가지로 팀의 성공이 실제 도구인 지라JIRA나 젠킨스Jenkins의 사용으로 정의되지도 않는다. 도구 주도형 전환은 애자일 역량과는 거리가 있다.

2. 화물 숭배 행동

미국은 제2차 세계대전 중 남태평양의 멜라네시아 섬들에 공군 기지를 건설했다. 이곳엔 정기적으로 비행기가 착륙해 섬 주민들이 본 적 없는 의약품, 식료품, 텐트, 무기 같은 화물을 떨어뜨렸다. 하지만 전쟁이 끝나자 비행기는 더 이상 오지 않았다. 이에 섬 주민들은 나무 관제탑을 세우고, 코코넛으로 만든 헤드폰을 쓰고, 나무 소총으로 퍼레이드와 지상 훈련을 하고, 짚으로 만든 실제 크기의 비행기 복제품도 설치했다. 전쟁 기간에 그들의 눈에 비친 미국인들의 행동과 유사한 환경을 조성하면 상품을 가득 실은 비행기가 다시 섬을 찾을 것으로 여겨서다. 섬 주민들의 이런 노력에도 비행기는 영원히 오지 않았다. 인류학자들은 이를 두고 '화물 숭배'[1]라고 부른다.

화물 숭배 행동은 애자일 전환이 진행 중인 조직에서도 일어날 수

1 Wikipedia, 'Cargo cult'

있다. 조직이 '애자일을 위한 애자일'을 수행하고 있을 때, 또는 원하는 성과보다는 '얼마나 애자일스러운가?'에만 몰두할 때 발생한다. 직원들이 코코넛 헤드폰을 쓰지는 않겠지만, 새로운 역할, 반복적 스탠드업, 회고 및 스티커 등으로 더 나은 성과를 보장하지는 않는다. 이와 같은 행동으로 열심히 의식을 치른대도 비행기는 오지 않고 화물도 도착하지 않을 것이다.

이런 상황의 발생은 조직 규모와 상관이 없다. 2010년까지 노키아는 스마트폰 시장 점유율 1위였다.[2] 노키아 개발 팀은 업무에 애자일 방식을 채택했으며, 이전 업무 방식에 대한 개선에 긍정적 의도를 갖고 스크럼 애자일 프레임워크와 관련해[3] 회사가 얼마나 애자일스러운지를 측정하는 '노키아 테스트'[4]를 적용했다. 그 결과는 2011년과 2012년 단 2년 만에 노키아 운영 체제 심비안Symbian의 운명은 최대 시장 점유율에서 소멸로 추락했다.[5] 심비안 OS를 탑재한 마지막 노키아폰은 2012년 2월에 공개됐으나 영국에서는 이를 받아들인 사업자가 전혀 없었다. 노키아는 2013년 9월 마이크로소프트에 휴대전화 사업을 매각했다.

2012년부터 노키아의 회장이었던 리스토우 실래즈마Risto Siilasmaa는 저서 『Transforming Nokia』(McGraw-Hill Education, 2023)에서 심비안 운영 체제가 컴파일만 이틀이 걸렸고 완전한 빌드에 2주가 걸린다는 것을 알았을 때의 감정을 다음과 같이 묘사했다.

> 마치 누군가가 망치로 내 머리를 때린 것 같았습니다.…수익성과 단기 성장을 책임질 플랫폼을 개발하는 방법에 근본적인 결함이 있었습니다.…나중에 알게 된 바와 같이 전체 빌드를 하는 데 2주가 걸렸습니다! 이는 재앙

2 Radtac, 「Nokia transformations their software」

3 Sutherland, 'Nokia Test'

4 Sutherland, 'Nokia Test'

5 Ahonen, 'Nokia Final Q4 Smartphones'

을 만들어내는 레시피였고 그 재앙은 우리 눈을 정면으로 바라보고 있었습니다.[6]

여기 팀들은 그들이 원하는 만큼 '애자일을 할' 수 있었다. 프로덕트 오너, 스탠드업 미팅, 스프린트 등등 할 것은 다 했으며 이것들은 개념에서 매출까지의 시간이 아주 긴 전통적인 워터폴 방식에 대한 개선 방법으로 잘 알려진 것들이다. 하지만 이것으로도 심비안 OS나 노키아를 구하지는 못했다. 실레즈마에 따르면 더 큰 문제는 심리적 안전의 부족[7]이었다. 나쁜 소식은 드러나고 논의돼야 하는데 오히려 묻히고 있었다. 아무도 전체 빌드 시간이 2주라는 것을 드러내지 않은 것이다. 애자일을 실행한다고 문제가 반드시 해결되는 것은 아니다.

내 경험상 조직에서의 행동 규범은 일하는 방식을 바꾸는 데 가장 큰 지렛대가 된다. 4장에서 설명하겠지만, 이 규범도 움직이기 쉽지 않다. 노키아가 애자일이라는 도구 대신 성과에 주목했더라면 결과는 달라졌을 것이다. '짧은 시간에Sooner'에 초점을 맞추면 심비안 기능의 학습에 오랜 시간이 걸렸을 수 있다. '모두 만족하도록Happier'에 초점을 맞췄다면 심리적 안전의 부족을 드러냈을지도 모른다. 모든 BVSSH에 초점을 맞추면 심비안이 안드로이드, iOS와 같이 경쟁할 수도 있었을 것이다.

이런 화물 숭배 행위를 직접 경험하기도 했다. 2015년 바클레이즈에서 나는 '애자일 전환'을 이끌고 있었다. 당시 '우리는 얼마나 애자일합니까?'를 묻는 4단계 자가 진단을 실시했다. 이 테스트의 의도는 긍정적이었고 누가 애자일 원칙과 사례를 따라 일하는지, 누가 낡은 워터폴 방식으로 일하는지에 대한 대략적 지표를 제공했다.

---

6 「Siilasmaa, Transforming NOKIA」, 71–72.

7 Siilasmaa, 「Transforming NOKIA」, 72.

나중에 다시 그 일을 맡으라고 하면 그렇게 안 할 것이다. 이 설문은 오래된 관행에서 라벨만 바꾼 화물 숭배 행위로 이어졌다. 애자일 원칙을 채택한 팀도 있었지만, 2장에서 설명할 여러 가지 이유로 의미 있는 성과를 얻지는 못했다. 애자일 사례에만 초점을 맞췄지 성과에는 주목하지 않았기 때문이다.

당시 더 문제였던 것은 애자일의 4개 단계에 각각의 목표를 세우고 측정 결과를 얻은 것이다. 팀들은 어떻게 이 게임을 하는지 방법을 곧 찾았고 훨씬 더 많은 화물 숭배 행위를 만들어냈다. 모든 사업부가 평가 직전에 기적적으로 믿을 수 없는 점프를 하며 '얼마나 애자일스러운가?'에 대한 목표를 달성했다. 조사 자체는 긍정적인 의도였을지 모르지만, 사후에 그것은 잘못된 것으로 밝혀졌다. 우리는 교훈을 얻고 방향을 틀었다.

피해야 할 것 1.2
새로운 업무 방식에 옛날 사고 적용하기

'애자일', '린', '데브옵스'를 수단보다 최종 목표로 중점을 두는 것은 새로운 업무 방식에 옛날 사고를 적용하는 것이다.

'애자일 전환'은 직원의 관점에서 그들이 싫든 좋든 비자발적이면서 강제적인 변화를 내포한다. '애자일'은 변경 방법을 나타내며 '전환'은 변경해야 함을 의미한다. 두 단어 모두 여러분에게 짐을 지울 것이며, 내재적 동기 부여보다는 외적 동기 부여를 제안한다.

피해야 할 것 1.2에서 '애자일'은 직원에게 프로덕트 오너, 스크럼 마스터 또는 애자일 팀 구성원이 될 것을 강요한다. 모든 직원은 스탠드업 미팅, 회고, 스토리, 스티커를 채택해야 한다. 새로운 전문 용어도 배워야 하고 속도, 스토리 포인트, 스토리 매핑, 플래닝 포커, 번업, 번 다운, 스파이크, MVP, OKR, VSM, XP, CI/CD, 스쿼드, 집단

tribe, 챕터, 길드, 도조, 카타, 카이젠, 오베야 룸Obeya Room, 누적 흐름도에 대해서도 알아야 한다. 이는 진화가 아니라 급작스런 혁명이며 직원들에게 선택의 여지는 없다. 스페인 종교 재판만큼은 아니지만 '애자일'로 엄청난 세금을 부과하는 꼴이다.

'전환'은 강제된 변화를 의미한다. 애벌레가 나비로 변태하는 것처럼 회사가 마술처럼 영구적으로 변형되는 시작 날짜와 종료 날짜가 있는 업무 프로그램이 바로 '전환'이다. 이는 결정론적 사고방식으로('시한'이 있는 대규모 사전 계획(시한이 지나면 죽음을 의미), 18개월의 카운트다운) 다른 프로젝트와 마찬가지로 하향식 명령으로 처리된다. 어떤 경우에 전환은 분대와 집단으로의 재편성, 새로운 역할, 직원 해고와 함께 큰 변화의 가면을 쓴 비용 절감 운동이 될 수도 있다. 그러면 어떤 사람들은 몇 달 동안 불확실한 상태에서 다른 일을 알아봐야 한다. 경쟁사에 바로 취업할 수 있는 당신 회사의 최고 인재들이 그 정도의 불안정성을 갖고 활동할 가능성이 있는가? 적어도 내가 아는 한 조직에서는 그렇지 않았다.

일반적으로 크고 오래된 조직의 반응은 냉소적이다. "또 왔네, 쪼그려 앉아 모래에 머리를 박고 모래가 날아갈 때까지 기다려야겠다." 나는 현 상태를 유지하는 데 있어 믿을 수 없는 기술과 숙달된 오랜 동료들을 관찰했다. 조직에서 그들의 힘은 강하다. 평생직장 세대의 말단에 있고, 현재 최종 급여 연금이 보이는 일부 사람에게 배를 흔들 동기가 없다.

필수 프로그램으로서의 전환은 새로운 업무 방식에 오래된 사고를 적용한다. 1800년대 후반 전기 공학의 시대에서 시작된 사고를 지니고 공장에서의 반복적인 육체노동에서 디지털 시대의 독특하고 새로운 변화로 발전시키려고 한다. 이는 애자일 역량에 애자일 사고를 적용하는 게 아니다. 애자일 매니페스토 서명자 중 한 명인 마틴 파울러Martin Fowler의 말을 인용하면 "애자일 방법론의 강요는 애자일 방법의 기초가 되는 가치와 원칙의 충돌을 야기한다."[8]

이 충돌은 다음에 논의하듯이 많은 감정적 반응을 일으킨다.

1. 공포와 저항

강제화된 변화는 두려움과 저항을 불러오기 마련이다. 통제력 상실, 불확실성, 습관 변화, 실패에 대한 두려움, 무능에 대한 두려움, 더 많은 일("나는 이 일을 해야 한다. 그리고 여러분은 내가 일을 해야 하는 방식을 바꿔야 한다고 말한다")에 대한 걱정, 변화에 대한 피로 등등. 이들 중 선택하라면 '더 익숙한 것'을 선택할 것이다.[9]

관리자들은 명령을 내리고 이를 확인하는 명령과 통제 문화에 익숙하며, 변화가 이런 통제력을 상실하게 할까 봐 우려한다. 리더와 이해관계자는 프로젝트의 각 단계를 사전에 계획하는 데 익숙하다(이 단계는 가장 조금 아는 단계다). 미래는 예측 가능하다고 가정하며, 지금 영역이 긴급하고 경험을 요구한다는 현실에 두려움을 느낀다. 누구나 익숙하고 편안한 습관을 바꾸는 것을 두려워한다. 이러면 자신감 넘치는 직원들도 사기꾼 신드롬(자기 의심의 감정)으로 고통받을 수 있다. 이들의 현재 업무 시스템을 변경하면 자신들의 무능력, 약점 등이 드러날 것이라는 두려움이 있어서다.

그 외의 두려움에는 이런 변화로 업무량이 증가할 것이라는 우려가 있다. 어떤 어려움이 있어도 가치를 전달해야 하는 기존의 요구로, 사람들은 이제 '속도', '스프린트', '포인트'와 같은 전문 용어를 사용해 가치를 전달하는 방법으로 바꿔 달라는 요청을 받는다. 관성도 나

8 Fowler, 'AgileImposition'

9 Kanter, 'Ten Reasons People Resist Change'

름 역할을 한다. 많은 사람에게 '그나마 익숙한' 것이 다른 것보다 더 애자일스럽거나 린스럽게 보인다.

진화론적 관점에서 보면 (변화의) 이유에 대한 메시지와 변화에 어떻게 접근하느냐에 따라, 특히 고정된 사고방식을 가진 사람들에게 변화는 생존에 대한 두려움을 유발한다. 변화가 원초적인 뇌에 이르러서는 이성적인 판단을 떨어뜨리고 저항을 불러일으킨다. 내가 변화할 수 있을까? 변화를 수용하지 못하면, 어떻게 될까? 날아오는 청구서를 모두 처리할 수 있을까?

로버트 마우어Robert Maurer가 『아주 작은 반복의 힘』(스몰빅라이프, 2023)에서 언급했듯이, 편도체와 이의 저항 · 도피 반응의 문제는 우리가 안전한 일상에서 벗어나고 싶을 때마다 경고음을 울린다.[10]

> 두뇌는 새로운 도전이나 기회가 어느 정도 두려움을 촉발하도록 설계됐다. 도전이 새로운 직업이든, 그저 새로운 사람을 만나는 일이든 간에 편도체는 각 신체 부분에 뭔가 조치하도록 경고한다. 그리고 뇌의 사고를 담당하는 피질에 대한 접근이 제한 또는 폐쇄된다.[11]

2. 손실 회피

이런 변화에 대한 진화적 두려움은 손실 회피에서도 나타난다. 사람들은 비슷한 가치의 이익을 얻는 것보다 손실을 피하는 것을 선호하는 경향이 있다. 연구에 따르면 손실은 심리적으로 이익보다 2배 더 강력하다고 한다.[12] 사실 이런 것도 진화론적 잔재일 수 있다. 생존의

10 Maurer, 『One Small Step Can Change Your Life』, 43.

11 Maurer, 『One Small Step Can Change Your Life』, 43.

12 Wikipedia, 'Loss aversion'

위기에 처한 우리 조상들에게 하루 식량의 손실은 바로 굶주림으로 연결된다. 추가로 식량을 구할 수 있으면 좋겠지만, 이 과정에서 목숨을 잃을 수도 있으므로 '살아있는 현재'를 유지하는 게 더 낫다. 설령 추가로 식량을 구했다 하더라도 저장하고 지켜야 하는 수고가 들며 이 식량으로 수명이 크게 늘지도 않을 것이다. 이 시나리오에서 손실의 의미는 이익의 획득보다 훨씬 크다. 손실을 피하고 심지어 이익을 얻으려는 이런 진화적 경향은 현상 유지에 대한 욕구를 더 고착화한다.

3. 대리인 상태

사람들에게 변화를 강요하고 어떻게 변화해야 하는지를 지시하는 것은 본질적 동기보다는 외적 동기를 생성한다. 어떤 사람들에게 이것은 명령에 복종해야 한다고 느끼는 '대리인 상태Agentic State'로 이어지는데, 이런 지침이 원하는 결과를, 심지어 도덕적으로 올바른 결과로 이어지지 않을 것으로 생각하면서도 따를 때도 있다. 이들은 명령하는 사람에게 결과에 대한 책임을 떠넘긴다.

1961년 예일대학교의 심리학자 스탠리 밀그램Stanley Milgram은 피실험자가 또 다른 피실험자에게 그 사람이 질문에 틀린 답을 할 때마다 그에게 전기 충격을 가하라는 흰 가운을 입은 지시자의 말에 기꺼이 따를 것인지 알아보는 일련의 실험을 했다. 한 실험에서 밀그램은 지원자의 65%가 치명적일 수 있다는 두려움에도 불구하고 450볼트까지 전기 충격을 전달하는 데 동의했다고 보고했다(물론 450볼트 전기 충격은 가짜였다).[13]

13 Milgram, 「Behavioral Study of Obedience」

그 이후 연구원 지나 페리Gina Perry는 밀그램의 메모를 살펴보고 참가자들을 인터뷰한 결과를 2013년에 발표했다. 페리에 따르면 일련의 실험에서 실험 참가자의 절반가량이 전기 충격을 진짜라고 믿었으며, 때에 따라 실험 참가자의 2/3가 지시받는 것을 거부했다. 하지만 나머지는 여전히 대리인 상태를 보이며 순종했다. 그들이 하는 행동이 해롭다는 것을 알면서도 시키는 대로 행동한 것이다.[14]

이런 대리인 상태를 조심해야 한다. 새로운 업무 방식이 명령과 통제, 복종에 있어 일부 국가의 문화적 차별을 두는 독재와 같은 행동 방식으로 전달되면 대다수는 그 결과가 별로라는 것을 알면서도 마지못해 따르는 일이 발생한다. 나는 변화가 실패하기를 바라면서도 변화의 명령에 따르는 몇몇을 만나본 적이 있다. 그들은 자신의 주장을 나타내기 위해 (명령을) 글자 그대로 따름으로써 이를 구체적으로 방해한다.

심리적 안전 부족과 명령 · 통제 문화로 인해 다음 명령을 기다리는 동안 사람들이 얼어붙는 '학습된 무력감learned helplessness'도 비슷한 심리 상태다. 옛날 사고방식으로 새로운 업무 방식을 수행한다면, 사람들은 스스로 생각하지 않을 것이고, 그들의 개선은 요원해진다. 단순히 명령을 수행하고 다음 명령을 기다릴 뿐이다. 나는 의무화된 애자일 업무를 로봇처럼 따르는 팀에서 이런 상황을 여러 번 봤다. 이는 성과의 최적화와 거리가 있으며, 결과적으로 애자일과 린의 가치를 살리지도 못했다.

---

14 Perry, 「Behind the Shock Machine」

4. 세 가지 동기의 제거: 자율성, 숙달, 목적

다니엘 핑크Daniel Pink는 그의 저서 『드라이브』(청림, 2011)에서 오늘날 근로자, 특히 지식 산업 종사자에게 동기를 부여하는 것은 금전적 보상이 아니라고 말한다.[15] 프레더릭 윈슬로 테일러의 모델은 육체노동자들에게 인센티브로 몇 달러 더 얹어주는 것을 동기로 사용했다. 하지만 오늘날 근로자들이 몇 라인의 코드를 더 작성케 하는 동기 부여 방법으로는 적합하지 않다. 사람들에게 더 나은 성과를 전달하게 만드는 동기는 자율성autonomy, 숙달mastery, 목적purpose 세 가지다. 우리는 스스로 삶을 제어하고, 자신의 일에 능숙하며 그 일이 중요하다고 느끼기를 원한다. 이것이 모두 내재적 동기다.

직원들이 '애자일 전환'을 한다는 얘기를 들으면 세 가지 동기 중 최소 2개는 제거되는 셈인데, 바로 자율성과(직원 입장에서는 이 일을 해야 하고 선택의 여지가 없음) 숙달이다(업무에 숙달됐대도, 애자일에서는 아직 초보다).

따라서 애자일 역량을 높이는 것은 치러야 할 대가가 큰 것처럼 느껴질 수 있다. 그렇다면 사람들은 그 가격에 무엇을 얻는가? 왜 사람들은 그만큼의 지불을 강요받는가? 그 목적이 비용 절감이나 수익성 증대의 성과로 설명된다면(변화의 이유가 회사를 위해 돈을 더 많이 벌기 위한 것뿐이라면, 동료를 해고하는 편이 더 빠를 것이다) 여기에서 목적까지 모두 없어지는 것이다.

종종 더 나은 성과를 위해 애자일 및 린을 강요받기도 한다. 피터 센게가 『제5경영』에서 얘기했듯, "(당신이) 더 강하게 밀어붙일수록 시스템의 반발력은 더 강해진다."[16]

15 Pink, 『Drive』

16 Senge, 『The Fifth Discipline』, 58.

피해야 할 것에서 해야 할 것으로

성과에 집중하고 '왜'로 시작하며, '어떻게'로 힘을 실어라

애자일, 린, 데브옵스를 비유적으로 말하면 도구함의 도구와 같다는 것을 알았다. 이것들은 목적이 아니라 목적을 위한 수단이다. 애자일스러워진다고 해서 애자일을 하는 것은 아니다. 억지로 진행하는 애자일은 화물 숭배 행동으로 이어진다. 로봇처럼 애자일 행위를 한대도 비행기는 화물을 절대로 떨어뜨리지 않을 것이다.

우리는 또 강요하는 애자일도 애자일이 아니라는 것을 알았다. 강요는 두려움과 저항으로 이어진다. 이는 힘을 실어주는 것이 아니며 강요는 자칫 생각 없이 명령에 복종하는 '대리인 상태'로 이어질 수 있다. 강요의 결과는 일의 최상위 세 가지 동기 부여원인 자율성, 숙달, 목적의 제거로 이어진다.

애자일과 린은 원칙, 사례, 사고방식 및 행동을 통해 수십 년 동안 축적된 지식 체계다. 이러한 결과와 인간, 사회적 또는 환경적 비용이 발생하지 않도록 균형을 맞추는 방법에 중점을 둬야 한다.

예를 들어 어떤 조직에서는 제품 개발에 애자일을 채택하는 게 최선이 아니었다. 그 조직은 이전에 '애자일 전환'을 여러 번 시도했으나 실패했고, 그 상처가 아직 남아 있었다. 분석 결과 이 조직은 현재의 역할과 책임을 존중하고 초기에 더 작고 전통적인 워터폴 방법과 방법의 자율성을 통한 성과에 초점을 맞추는 것이 BVSSH를 실천하는 최선의 방식이었다. 모든 것을 다 바꾸자는 전사적인 운동 같은 것은 없었기에, 여기에 두려움이나 저항이 거의 없었다. 결국 조직은 프로젝트에서 제품으로 중심을 전환했고 여러 분야의 팀과 함께 애자일 역량을 발휘하면서 출시 기간을 단축했다. 이때 애자일의 원칙과 사례가 채택은 됐지만, 애자일을 위한 행위(스크럼 등) 없이 수행됐다.

대신에 사람들은 BVSSH의 측정에 대한 지원 및 피드백 루프를 통해 현 상황에 맞는 BVSSH의 성과를 개선하는 법을 찾았다. 그 과정에서 새롭고 지속적인 기억의 근육이 형성됐으며, 조직의 능력은 어떠한 명령도 없이 저절로 향상됐는데, 이것이 바로 '학습된 자조learned self-helpfulness'다. 여러분은 바로 이것을 원하지 않는가?

원하는 성과를 명확히 하고 이러한 성과를 어떻게 할지 힘을 실어주는 것 이외에도 각각에 맞는 이유를 명확히 해야 한다. 조직은 요청받는 일하는 방식의 개선 이유를 이해해야 하는데, 구성원의 내적 동기에 호소하기 위함이다. 이유가 비용 절감(그리고 정리해고)이면 수면 아래 있는 변화가 그대로 죽어버릴 가능성이 크다. 조직이 실제 위협에 직면하지 않는다면 왜 자신이나 동료를 해고하는 데 힘을 쏟겠는가? 기관 투자자들에게 더 많은 배당을 지급하거나 이사회에서 세운 단기 재정적 약속을 충족하기 위해 희생을 감수해야 할 이유는 없다. 그 이유가 중요하다.

애자일은 애자일스럽게 나타나야 한다. 권한 부여, 실험, 인간 존중, 자기 결정, 학습 등등. 모두가 두뇌를 작동시키고 업무 방식을 지속적으로 개선하는 것은 애자일과 린 사고방식의 핵심이다. 업무 자체가 긴급성을 요하므로 해당 업무를 위한 시스템이 개선돼야 한다.

이제부터 소개할 '해야 할 것'은 성공하지 못할 때가 더 많음을 기억하라. 모든 상황이 서로 다르고 '원 사이즈 핏'은 없기에 적용 성과도 다를 수 있다.

해야 할 것 1.1
성과에 집중하기

성과에 집중하라. 성과는 BVSSH에 초점을 맞춰야 한다. 애자일, 린, 데브옵스에 맞추면 안 된다.

사회학자인 에버렛 로저스Everett Rogers는 1962년 자신의 저서 『개혁의 확산』(커뮤니케이션북스, 2005)에서 혁신이 처음에는 소수의 혁신가Innovator에게 전파되며, 이후에 얼리어답터Early Adaptor에 도달한 후 초기 다수자Early Majority와 후기 다수자Late Majority를 거쳐 혁신 지체자Laggards에 도달하는 경향이 있다고 설명했다(그림 1.4 참조).[17]

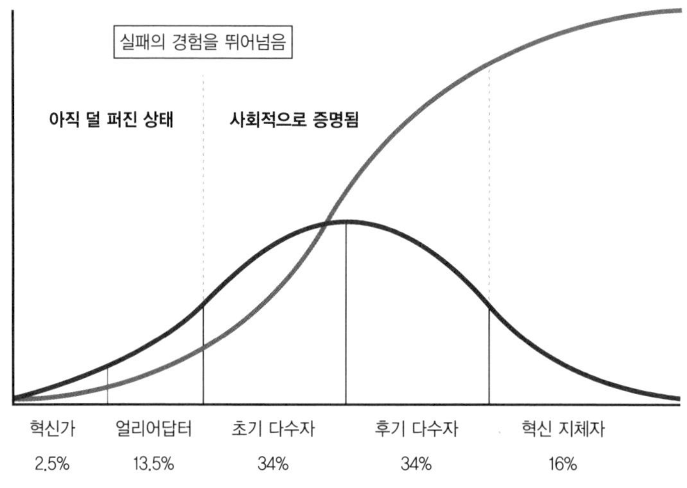

그림 1.4 혁신의 확산(Diffusion of Innovation) 곡선

내가 바클레이즈에서 일할 때 우리는 중앙점을 지나, 후기 다수자Late Majority와 혁신 지체자Laggards 사이에 있었고, 뭔가 전환이 필요함을 인식했다. 이때 애자일은 닻이었으며 추진체가 될 수 없었다. 이 상황은 자석과 같았다. 혁신가, 얼리어답터, 초기 다수자들이 한 축을 이뤘으며, 새로운 업무 방식에 흥미를 느꼈고 회사가 제공하는 지원을 받아들였다. 과거에 오랫동안 하고자 했던 일에 도움이 됐다고 생각한 것이다. 반면 후기 다수자와 혁신 지체자는 극렬하게 저항하며 반대 극을 이뤘다.

17 Rogers, 『Diffusion of Innovations』

우리는 중점을 '성과'로 전환했다. 헤드라인 포커스와 모든 눈에 보이는 문화적 이정표를 변경했다. 포스터와 현수막 교체, 팀명 변경, 내부 커뮤니케이션 등을 진행했다. 우리는 이미 BVSSH 결과를 측정하고 있었지만, 이를 헤드라인으로 만들지는 않았다. 지금에 와서 하는 얘기이지만, 다시 하라면 BVSSH상 성과에 중점을 둔 헤드라인부터 시작할 것 같다.

우리는 먼저 특정 애자일 프레임워크나 접근법의 강제를 피했으며, 팀이 상황에 따라 스스로 결정하도록 권한을 부여하려고 했고 권한을 높이고 저항을 줄이는 것에 중점을 둔 성과를 위해 5장과 6장에서 논의될 지원과 최소한의 가드레일을 제공했다. 일하는 방식을 강요하지 않았고, 특히 부담될 수 있는 방식은 더더욱 강요하지 않았다.

리더십 팀과 이야기할 때 대화 방식은 "안녕하세요, 저는 Jon입니다. 여러분의 애자일 적용을 도우려고 여기에 왔습니다. 방법은 여러분이 고르는 겁니다"에서 "안녕하세요 저는 Jon입니다. 여러분이 원한다면 당신이 더 나은 가치를 짧은 시간에 안전하고 모두가 만족하게 전달하도록 도와드리려 합니다"로 바뀌었다.

예상할 수 있듯이, 두 개 문장에 대한 반응은 상당히 다르다.

일반적으로 BVSSH 성과가 부족하다고 생각하는 사람은 거의 없다. 과거에는 권한과 목표 없이 개선에 대한 보상이 있었다. 완전한 자율성과 내재적 동기가 기회로 이어졌다. (BVSSH의 성과에 중점을 두면서) 저항할 요소가 사라졌으므로 저항은 없어졌다. 이때 나는 성과 개선 업무 시 '확신Convince'과 '저항Resistance'이라는 단어가 있어서는 안 된다는 것을 배웠다.

50년 된 코드로 메인프레임을 통해 가치를 전달하고, 새로운 모바일 애플리케이션을 출시하고, 내부 감사 보고서를 작성하고, 지불을 처리하고, 새로운 고객을 받아들이는 것 등은 중요하지 않다. 누구도 개선이나 더 나은 것을 선택하는 데 예외가 되지 않는다. 혁신 시스템인 애자일이냐, 기록 시스템인 워터폴이냐의 선택 문제가 아니다. 애자일과 린의 사고방식의 핵심은 지속적인 개선이다. 출발점 및 상황과 관계없이 모든 사람이 **더 나은 가치를 짧은 시간에 안전하고 모두가 만족하도록** 전달하기 위해 지속적으로 개선할 수 있어야 하고 또 개선해야 한다.

우리는 BVSSH의 결과 데이터를 모든 비즈니스 유닛에 투명하게 공개했다. 시간별 개선 추세(또는 개선되지 않는 트렌드)를 공개해 뒤에서 푸시하기보다는 앞에서 이끌려 했다. 목표와 애자일 역량의 레벨을 낮추고 성과 개선을 전략적 우선순위로 설정해 절대 가치보다는 시간 경과에 따른 추이를 살펴봤다. 업무 시스템의 개선에 대한 보상 행위도 있었지만, 이는 더 이상 애자일이나 린 자체를 위한 개선의 보상이 아니었다. 목표를 없애고, 얼마나 개선해야 할지, 심지어는 아예 개선을 안 할 권한까지 부여됐다. 핵심은 BVSSH 데이터를 투명하게 만드는 것이었다. 데이터 자체는 난해했고 이에 대한 논쟁도 있었지만, 인간의 본성은 반드시 '개선'을 수행하고 싶어 한다는 것이다.

후기 다수자와 혁신 지체자에서 개선의 전파가 하룻밤 사이에 급등했다. 결과 데이터를 두어 번 발표한 후 이전에 개선의 노력을 중단했던 조직들이 지원 요청하는 연락을 해왔다. 내 생각에 이는 전적으로 애자일보다는 성과 및 BVSSH에 초점을 맞춰서인 것 같다.

사례를 바탕으로 한 다양한 조직의 유사 학습, 콘퍼런스의 사례 연구 및 커뮤니티 공유회를 통해 나는 BVSSH가 디지털 시대에서의 더 나은 업무 방식을 성과로 이어가는 데 수많은 성공 케이스를 확인했다.

해야 할 것 1.2

'왜'로 시작하고 '어떻게'에 방점을 찍는다

피해야 할 것 1.2에서는 좋든 싫든 '애자일'과 '전환'이 비자발적이고 강제적인 변화를 가하는 것처럼 비치는 것을 확인했다. '애자일'은 여기서 변경의 방법을, '전환'은 의무적 변경을 나타낸다. 가끔 어떤 조직에서는 '전환'을 시작일과 종료일이 있는 프로젝트로 취급하면서 기존 사고방식을 새로운 업무 방식에 적용한다. 애자일을 강제하는 것은 애자일이 아니며, 애자일은 결정론적 프로젝트가 아니다. 또 인간은 손해를 피하려는 진화적 편견을 갖고 있다. 이 모든 것이 종합적으로 두려움, 저항, 대리인 상태를 유발할 수 있다. 강제된 변화는 업무 시에 사람들에게 중요한 세 가지 동기인 자율성, 숙달, 목적을 제거한다.[18]

원하는 성과를 명확히 하고 이런 성과를 개선할 수 있는 권한을 부여하는 것 외에도, 내재적 동기 부여 요인에 호소하는 방식으로 조직에 맞는 이유를 명확하게 설명할 필요가 있다. 비용 절감, 주당 순이익 증가, 자기자본 이익률Return on Equity 증가 및 주주의 단기 재정적 이익 우선 등이 직원에게 충분한 목적이 될 수 있겠는가?

1. '왜'로 시작하라

사이먼 사이넥Simon Sinek은 그의 저서 『스타트 위드 와이』(세계사, 2021)에서 '무엇'을 해 주는지를 파는 회사와 '왜Why' 하는지를 파는 회사를 비교했다.[19]

예를 들어, 대부분의 PC 제조업체는 마이크로프로세서, 메모리 크

18 Pink, 『Drive』

19 Sinek, 『Start with Why』

기, 하드 드라이브 크기 및 가격을 옵션으로 하는 컴퓨터를 판매한다. PC는 대부분 마진이 낮다. 이 제조사들은 무엇을 팔고 있다.

애플사의 제품은 시장의 기존 컴퓨터와 다르다. 애플 제품에는 디자인 정신, 스타일 및 컬트 추종자가 있다. 애플은 시작부터 왜에 대한 강한 이유가 있다. 이 회사는 북부 캘리포니아에서 혁명적이고 반체제적인 감정이 팽배했던 시기에 탄생했다. 애플의 공동 창립자인 스티브 워즈니악Steve Wozniak은 『스타트 위드 와이』에서 "애플은 개인이 회사 하나와 동일하게 일할 만한 힘을 줬다"라고 말했다. 또한 "처음으로 한 사람이 기술을 사용할 수 있다는 이유로 기업을 인수할 수 있었다"[20]라고도 했다. 3년 만에 애플은 1억 달러 규모의 회사가 됐다.

2009년 애플의 왜는 '우리가 하는 모든 일과 현재에 도전하는 것을 믿으며, 우리가 다르게 생각하는 것을 믿는다'였지만 오늘날의 왜는 '애플의 직원들은 지구상에서 최고의 제품을 만들고 우리가 발견한 것보다 더 나은 세상을 만들기 위해 헌신한다'[21]이다. 애플은 상장기업 중 기업 가치 평가 3위 안에 항상 들었다. 2010년 2분기 이후로 대부분 분기에서 가장 높은 평가를 받는 회사가 됐으며, 2019년에는 포브스Forbes가 선정한 가장 가치 있는 브랜드에 9년 연속 1위를 차지했다.[22]

사이넥은 "사람들은 당신이 하는 일을 구매하지 않는다. 그 일을 하는 이유를 구매한다"[23]라고 말한다. 사람들은 애플의 왜를 구매하는 것이다.

여기에서 '구매'는 제품이나 서비스의 구매를 의미할 수도 있고 변화의 구매를 의미할 수도 있다. MIT 슬론경영대학원Sloan School

20 Sinek, 『Start with Why』, 209

21 Farfan, 'What is Apple's Mission Statement'

22 Badenhausen, 'The World's Most Valuable Brands 2019'

23 Sinek, 'Start with why—how great leaders inspire action'

Management의 전 교수인 에드가 샤인Edgar Schein은 "학습은 생존 불안이 학습 불안보다 클 때만 일어난다. 학습 불안은 우리가 시도하면 어리석게 보일 것이라는 두려움 때문에 새로운 시도를 두려워하는 데서 온다. 이는 우리의 자존감, 심지어 정체성까지 위협할 수 있다"[24]라고 했다. 그 불안감은 다시 배우고 행동하는 의지를 갖기 위해 넘어야 할 문턱이다. 학습 불안이 생존 불안보다 높으면 행동하지 않는다. 이상적으로 학습 불안은 대부분의 조직이 의도 여부를 떠나 생존 불안을 증가시키는 것보다 지원과 코칭을 통해 학습할 수 있는 심리적으로 안전한 환경의 조성을 통해 낮춰야 한다.

또한 학습 불안을 극복하기 위해 행동을 촉구하는 왜를 모든 주요 동기에 호소하는 형식으로 설명해야 한다. 그러나 연구에 따르면 대부분의 변화에 대한 왜는 그렇지 못하다.[25] 리더가 관심을 갖는 것(그리고 일반적으로 최소 80%는 자신의 메시지에 기반한)의 80% 이상은 인력의 동기 부여와 거리가 멀다.

왜는 더 높은 수익성, 주주 수익, 주가, 회사의 단기 재무적 수익 등과 같이 더 높은 곳이 있어야 한다. 직원들에게 업무에서 가장 확실한 동기부여 요소가 무엇인지 물으면 보통 다섯 가지 형태로 균등하게 나뉜다.

- **사회**Society: 직원들은 자신의 일이 사회에 긍정적 영향(고용 창출 또는 보호, 불우한 사람 돕기, 지구를 위한 지속적 환경 개선 등)을 미치길 원한다.
- **고객**Customer: 직원들은 고객 만족도에 긍정적 영향을 미치고 브랜드 지지자 창출을 원한다.
- **회사**Company: 직원들은 회사와 주주들에게 영향을 미치고 싶

24 Coutu, 'The Anxiety of Learning'

25 Dewar and Keller, 'The irrational side of change management'

어 하며, 이는 다른 4가지 형태에 근본적 영향을 준다.

- **팀**Team: 더 나은 환경을 조성하거나 팀 구성원의 개선을 돕는 등 동료에게 긍정적인 영향을 미치기를 원한다. 누군가를 소중히 여긴다면 항상 얻을 수 있는 효과이기도 하다.
- **개인**Individual: 직원들은 자신에게 자율성, 목적, 숙달, 성장, 개인 계발 등의 면에서 긍정적 영향을 미치기를 원한다.

여기서 '해야 할 것'은 조직 고유의 변화에 대한 왜를 만드는 것이다. 그리고 왜를 반복한다. 여기서 팁은 업무 방식에 대해 교육할 때 내 · 외부 교육과 상관없이 시작부터 조직 고유의 왜가 있어야 한다는 점이다. 왜를 과도하게 전달할 수는 없다. 학습 불안을 극복한 사람들의 사회적 증거, 인식, 보상으로 지원해야 한다. 사람들이 물에 뛰어드는 것이 안전하며, 이미 뛰어든 사람들은 혜택을 받고 있음을 보여줘야 한다. 그러면 이미 뛰어든 사람과 합류할 동기가 발생한다.

2. 업무 방식의 개선은 긴급성을 요한다. '어떻게'에 힘을 실어라

새로운 업무 방식에 새로운 사고방식과 행동 방식을 적용해야 한다.

인간 시스템의 변화(그리고 변화하는 방식을 바꾸는 것)는 결정론적이거나 환원론적이지 않다. 변경 사항을 분해해 몇 부분을 바꾸고 재결합하는 것은 불가능하다. 전체적인 변화가 시급한 경우 '전환'을 시작과 종료가 있는 '프로젝트' 또는 '프로그램' 형태로 진행하는 업무 방식의 변경은 좋은 방법이 아니다. 이 영역에서는 모범 사례 같은 것이 없으며 변화가 일어나는 모든 상황을 최적화하는 만능 솔루션도 없다. 변화의 사례로 발표된 것들을 보면 조직 개편, 새로운 직함, 세리머니, 스포티파이 모델을 적용해놓고 유니콘으로 변신했다고 선언한다. 이는 변화의 사례가 아니다. 말 머리에 가짜 뿔을 붙였을 뿐이다.

조직은 복잡한 적응 시스템이다. 이 시스템의 행동은 긴급성을 요한다. 대기업에서는 이 행동이 복잡한 적응 시스템 일부분의 행동으로 예측되지 않는다. 행동은 변화에 대응해 변하기 때문에 조직은 적응력이 있으며, 생존 가능성을 높이기 위해 노력한다. 공간에서 행동하면 공간이 바뀐다. 복잡한 적응 시스템에서 발생하는 모든 경험은 되돌릴 수 없기 때문에 진짜 경험은 아니다.

복잡한 적응 시스템도 선형이 아니다. 이 시스템은 나비효과에 취약하다. 이를 이용하려면 커다란 긍정적 효과를 줄 수 있는 작은 변화를 찾아야 한다. 복잡한 적응 시스템은 과거가 있다. 시스템은 진화하고 그 진화는 과거와 관련이 있다. 과거와 당시 문화는 중요하다. 사람들은 과거를 잊지 않기 때문이다.

변화는 긴급성을 요하며 변화의 방법을 바꾸는 것도 마찬가지이므로, BVSSH의 성과와 조직만의 왜가 명확해지면, 가장 최적의 프레임워크는 애자일 역량을 애자일스럽게 적용하는 것이다. 이는 커네빈 프레임워크의 복잡성 영역이다. 여러분 각자의 상황에서 크게 생각하고 작게 시작하며 빠르게 배워야 한다. 조사하고, 감지하고, 반응하라. 가드레일 안에서 지원 및 코칭을 통해 안전한 학습의 실험을 해야 한다. 처음부터 모든 것을 배팅하지 말아라. 처음에는 기업 내 항체가 강력히 반응한다.

여기서 성공의 열쇠는 참여를 유도하는 것이다. 혁신 확산 곡선(그림 1.4) 맨 왼쪽에 있는 혁신가 집단(2.5%)이 자발적으로 먼저 참여할 것이다. 이들은 의욕이 있다. 지금 참여하면 일등이라는 소문에 동기를 부여받았고 한동안 공식적 또는 비공식적으로 이런 일을 했을 것이다. 혁신가를 식별하는 좋은 방법은 실천 커뮤니티를 자발적으로 운영해보는 것이다. 지역별로 하나씩 조직하고, 가능하면 직접 만나 누가 나타나는지 확인하라. 나는 이전에 2천 500명으로 글로벌하게 성장한 'Agile Community of Practice'를 만들고 의장을 맡았다. 이 커뮤니티의 운영으로 회사 전반에 걸쳐 더 나은 업무 방식을 채택하는 데 3년을 앞섰고 전 세계 비즈니스 영역에서 혁신가와 얼리어답터가 누구인지 알게 됐다. 혁신가와 얼리어답터들은 열렬한 신념이 있는 사람들로 최대 20년 동안 애자일 및 린의 실무자도 포함됐다. 커뮤니티에는 상황에 따라 애자일이 어떤 더 나은 비즈니스 결과를 가져왔는지에 대한 사회적 증거social proof가 있었고 그곳 사람들은 변화를 주도하는 데 도움 주고 싶어 했다.

혁신가들을 참여시킨 후, 실험은 여러분의 상황과 위험 선호도 범주에서 수행되도록 변경의 기울기를 낮게 유지해야 한다. 크기를 조정하지 말고 못을 박아라. 인간은 학습하지 않은 상태에서 다시 학습하기까지 제한된 속도가 있다. 하지만 변화의 속도를 강요할 수는 없다. 조직 전체에서 참여를 원하는 더 많은 혁신가와 얼리어답터를 찾아라. 하나의 기능이나 직무 역할에 국지적으로 최적화된 팀이 아닌, 우리의 비즈니스, IT, 규정 준수, 재무 등 다양한 방면에서 인원이 있는지 확인하고 팀을 구성한다. 우리는 18개월 안에 재무 부서를 따라잡을 필요가 없다.

참여자가 정해지면 지원을 제공해야 한다. 업무 지원 센터WoW CoE, Ways of Working Center of Enablement 및 코칭을 중심으로 두는 것이 좋다('전문가 센터Center of Excellence'가 아닌 '지원 센터'임에 유의하라). WoW CoE는 업무 방식에 대한 중앙에서의 서번트 리더십을 지원한다. '서번트Servant'의 역할은 동료를 지원하고 조직을 동원해 **더 나은 가치를 짧은 시간에 안전하고 모두 만족하도록**(BVSSH) 전달하기 위해 장애물을 제거하는 데 도움을 주는 것이다. '리더십'은 길을 인도하고 빛을 비추며, 인식하고, 보상하고, 소통하고, 학습을 공유하고, 커뮤니티를 구축하고,

BVSSH의 성과를 개선하는 업무 방법에 대한 지식을 갖추기 위한 것이다. 코칭은 앞에서 끌어주는 방식(풀pull 방식)으로 제공해야 한다. 스키를 배우듯이 앞에서, 나란히 옆에서 그리고 뒤에서 코칭이 이뤄지도록 하는 것이다. 그렇지 않으면 배우는 사람이 많이 넘어지고 다쳐, 숙소에서 데운 와인이나 마시겠다는 생각을 하게 된다.

시간이 지나고 혁신가와 얼리어답터가 발전함에 따라 사람들은 그 결과, 인정, 보상 및 이의 사회적 영향을 보게 된다. 그러면 다른 이들도 여기에 합류하게 된다. BVSSH 성과 데이터는 지금까지 수행된 실험의 효과를 보여준다. 성과 지표는 점점 상승하고, 더 많은 사람이 참여하려 한다. 참여한 사람들은 이제 열광하기 시작한다. 늘 하던 대로 편안한 삶을 살고자 했던 혁신 지체자들은 결국 자신이 뒤처지고 있다는 사실을 깨닫는다. 회사 대부분이 새로운 방식으로 업무를 시작할 때, 팀이 **더 나은 가치를 더 짧은 시간에 안전하고 모두 만족하도록** 제공할 때, 혁신 지체자가 변화하지 않을 이유는 없어진다. 이마저도 거부한다면 그들은 회사를 그만두는 게 좋다. 물론 이들이 결과 개선에 참여하는 것이 최상의 시나리오다.

더 나은 가치를 짧은 시간에 안전하고 모두 만족하도록 전달하기 위한 업무 방식 개선으로의 초대는 계속 진행 중이다. 이는 성과지향이며, 결코 멈추지 않는 업무가 돼야 한다. 일본 토요타에서 일했던 지식 근로자가 하는 말에 놀란 적이 있다. 그는 모든 '사무직 근로자'는 자신의 시간 중 40%를 지속적인 개선 활동에 할애해야 한다고 말했다. 5일 중 이틀은 지속적인 개선을 위한 작업을 한다는 것이다. 최고의 개선을 향한 여정은 절대로 끝나지 않는다.

■ 사례 연구: NBS(Nationalwide Building Society)의 업무 지원 방법

135년여 역사를 지닌 협동 금융기관으로 종업원만 1500만 명 이상인 내셔널와이드 빌딩 소사이어티(Nationalwide Building Society)(이하 NBS)는 업무 지원 방식의 개선을 진행 중이다. 개선 작업의 리더인 리차드 제임스(Richard James)는 다음과 같이 이야기한다.

우리 조직은 급변하는 시작에 적응하고 새로운 진입자들과 보조를 맞추면서 비용과 변화의 복잡성을 단순화하고 축소하는 동시에, 서비스의 안정성과 유연성을 향상해야 할 필요를 인식했다. 역사적으로 구조와 업무 접근 방식이 오래된 NBS는 기능으로 구분된 비즈니스 디비전(커뮤니티)으로 구성돼 있었고, 대규모 변화(관리) 팀이 중앙에 있었으며, 고도의 아웃소싱을 활용하는 IT 개발 팀 및 IT 커뮤니티가 있었다. 변화는 대부분 프로젝트로 관리되고, 워터폴 방식을 사용한 중앙 집중식으로 가치가 전달되고 있었다. 비즈니스 이해관계자는 요구 사항 문서의 분석 과정에 참여했으며, 이후 하나 이상의 IT 개발 센터를 통해 개발됐는데, 운영으로 넘어가기 전 대규모 수동 릴리즈 프로세스가 운용됐다. 이 접근 방식은 높은 비용과 느린 속도로 인해 유연성이 부족하다는 불만이 있었다. 변화가 필요했다.

이를 위해 다양한 커뮤니티들이 그들의 목표인 변화 이니셔티브(change initiative)를 통해 비용과 속도를 개선하는 방법을 모색했다. 기술 커뮤니티는 애자일 메소드, 자동화, 엔지니어링 인재의 소싱 및 데브옵스 사례에 좀 더 집중할 것을 제안했다. 변화 커뮤니티는 방법론을 단순화하고 비즈니스, 변화, IT 개발 간의 핸드오프를 줄이는 데 중점을 뒀다. 디지털 커뮤니티는 사용자 여정의 재설계, 다기능 프로젝트 팀의 도입을 통한 시장 출시 시간, 회원 중심, 유연성에 초점을 맞춰 비즈니스, 변화, IT 개발 팀 팀원들을 장기적인 팀으로 통합했다. 이들 각 프로그램 방식의 이니셔티브에는 12개월에서 24개월에 걸쳐 개선을 입증하기 위한 결정론적 계획이 있었다.

이런 프로그램 각각의 의도는 비슷했고, 전달이 중복된 상태로 각 일정이 진행됨에 따라 동료와 공급업체들을 혼란에 빠트렸다. 각 이니셔티브는 '테스트 및 학습'에 부분적으로 초점을 맞췄지만, 시스템적 개선 실행을 추구하는 결정론적 실행 계획을 도입했다. 각 프로그램에 대한 전달 접근 방식은 영향하에 있는 지역에 대한 일관된 수익을 가정했으며, 모든 변화는 2년 안에 완료됐다. 세 가지 프로그램 모두 진전이 있었지만, 기대를 충족하진 못했다. 변화에 대한 피로가 모든 구성원에 퍼졌으며 이사회의 인내심도 무너졌다.

2019년 새로운 COO가 등장하면서 이를 재고하기 시작했다. 처음 12개월 동안 수정된 리자일런스(Resilence) 및 애자일 커뮤니티의 한 부분으로서 변화, IT 개발, IT 운영은 컨트롤타워와 같이 통합됐다. 새로운 CIO 역할이 데브옵스로의 전환을 가속하는 촉매 역할을 했으며 WoW CoE의 도입과 함께 팀이 종단 간 흐름을 개선함과 동시에 지속적인 학습 및 실험의 문화를 도입하도록 지원했다.

업무 방식에 대한 접근법은 결정론적 변화 프로그램에서 촉진적 지원 팀 활용으로 전환됐다. 시간이 지남에 따라 가설 주도로 모든 업무 레벨에서 변화 업무가 일어났고, 팀이 더 나은 가치를 짧은 시간에 안전하고 모두 만족하게 전달하는 것에 중점을 뒀다. WoW CoE는 모든 팀과 동료가 각자의 여정에서 서로 다른 단계에 있다는 사실을 인식하고 애자일을 위한 '원 사이즈 핏'을 추구하지 않으며, 테스트, 학습, 적응을 위해 팀과 장기적인 지원 관계를 형성하는 동시에 더 넓은 조직에서 새로운 성공 패턴을 공유했다.

'크게 생각하고, 작게 시작하며, 빠르게 배워라'라는 신념의 관점에서, 실험(experimentation)은 팀이 BVSSH에 맞춰진 선행 및 후행 지표를 결과에 따른 가설을 기반으로 업무 흐름의 장애를 해결하고자 하는 접근 방식이다. 팀의 일상적인 업무 생활에 맞게 개선 활동을 축소함으로써 얻을 수 있는 이점은 매우 컸으며, 상황으로부터 더 큰 문제를 해결하고 점진적인 학습과 실험이 인정받는, 보다 지속 가능한 변화로 이어졌다.

요약

전환을 하고 싶은가? 하지마라. 성과에 집중하라.

1장에서는 애자일 또는 린 그 자체를 위한 애자일이나 린을 하면 안 되는 것을 봤다. 이러한 종류의 전환은 화물 숭배 행위와 개선되지 않은 성과로 이어질 수 있다. 강제화된 애자일은 애자일이 아니다. 대신 성과에 집중하라. BVSSH에 집중하고 코칭 및 지원을 통해 다양한 상황에 맞는 도구 상자에서 적절한 도구를 선택해 사용하라.

우리는 또한 '의무적인' 트랜스포메이션 사례에서 옛날 사고를 새로운 업무 방식에 적용하는 모습을 봤다. 거기에는 결정론적 사고방식, 획일적 접근 방식, '왜'와 동료 참여가 부족한 강제가 있었다. 이는 두려움과 저항을 유발하고 업무자들에게 동기를 부여하는 큰 세 가지 요소인 자율성, 숙달, 목적을 없애버린다.

의무적인 전환 대신 내재적 동기 부여 요인에 호소하는 조직의 '왜'에서 시작하라. BVSSH 성과에 중점을 둬라. 참여를 유도하고 '어떻게'에 권한을 부여하라. 가드레일 안에서 학습하기에 안전한 실험으로 시작하고 WoW CoE 및 코칭과 같은 지원을 받아라.

걸음을 멈추지 마라! 장애물은 길 위에 있는 게 아니다. 길 자체가 장애물이다. 잠시라도 멈추면 잡초가 자라게 되므로 계속 움직여야 한다. BVSSH 방식의 가치 전달 개선을 위해 지속적인 지원을 할당하는 게 중요하다. 궁극적인 목표는 변화와 개선이 동시에 지속되는 학습 조직이 되는 것이다. 개선에 있어 최고가 돼라.

원칙

성과에 집중하라

더 나은 가치를 짧은 시간에 더 안전하고 모두 만족하도록.

전체 조직의 애자일

IT만의 애자일은 국지적 최적화일 뿐이다.

모든 조직, 업무가 대상이다.

피해야 할 것 2.1
강제적인 전환, 강제적인 변화 곡선

피해야 할 것 2.2
업무를 줄이기 전에 애자일 확장하기

피해야 할 것 2.3
변화에 실무 팀만 참여

2 작은 것으로 큰 것을 이룬다

해야 할 것 2.1
작은 것을 통해 큰 것을 달성한다

해야 할 것 2.2
규모를 키우기 전에 먼저 줄여라

해야 할 것 2.3
애자일이 아닌, 애자일 역량을 수직으로 확장한 다음 수평으로 확장하기

1962년 엘리자베스 퀴블러 로스Elisabeth Kübler-Ross는 콜로라도 대학 의학부에서 강의를 맡고 있을 때, 다른 교수를 대신해 달라는 요청을 받았다. 그녀는 걱정이 됐다. 취리히 출신의 이제 서른네 살인 그녀의 말투에는 독일어 억양이 여전히 남아 있었다. 게다가 그녀가 대신할 교수는 항상 수강생이 만원인 인기 강사였다. 퀴블러 로스는 자신의 의도를 제대로 전달할 자신이 없었다.

효과적인 강의를 위해 그녀는 열여섯 살 소녀 환자의 도움을 받기로 했다. 소녀는 백혈병으로 시한부 인생을 선고받은 상태였다. 퀴블러 로스는 학생들에게 소녀의 상태에 관해 물어보라고 했다.

강의실은 조용해졌다. 학생들은 조심스럽게 혈액 검사와 화학 요법에 관해 질문하기 시작했다. 대부분 질문이 의료 절차와 증상에 초점을 맞추고 있었다. 학생들은 질병만 본 것이다. 참다못해 결국 화가 난 소녀는 자신의 질문을 쏟아냈다.

"고등학교 무도회에 가는 꿈을 이룰 수 없다는 게 뭔지 아세요?"
"앞으로 데이트를 할 수 없다는 게 어떤 느낌인지 아세요?"
"성인이 될 수 없다는 게 어떤 건지 아세요?"
"왜 다들 나한테 거짓말만 하나요?"

강의가 끝났을 때 많은 학생이 눈물을 흘렸고, 이를 통해 퀴블러 로스는 그녀가 주장한 슬픔의 다섯 단계 중 두 번째 단계가 어떻게 되는지 보여줬다. 그녀는 1969년 『On Death and Dying』(Scribner, 2014)에서 죽음에 직면하거나 사랑하는 사람을 잃은 사람들은 상황을 받아들이기 전에 부정, 분노, 협상, 우울증을 통과한다고 주장했다.[1] 순서는 바뀔 수 있고 모든 사람이 각 단계를 경험하는 것은 아니지만, 그러한 감정은 사별을 겪은 사람에게는 친숙할 것이다.

---

1 Kübler-Ross, 『On Death and Dying』

물론 업무라는 것은 사별을 마주하는 것과 전혀 다르다. 하지만 인간이 변화와 마주했을 때의 반응은 이와 비슷하다. 퀴블러 로스는 자신의 모델을 사별 이외의 것으로 확장해 직업을 잃어버리는 것이나 관계를 잃어버리는 것에도 적용했다.[2]

정기적인 동료 설문 조사의 피드백에서 이런 패턴을 많이 봤다. 특히 변화로 영향을 받을 때 더 분명해진다. 사람들은 습관을 바꾸는 것이 어렵다는 것을 깨달으면서도 관심(또는 모래 속에 머리를 박으면서 하는 거절)의 형태를 취하는 감정이 있다. 1장에서 봤듯 여기에는 학습 불안이 작용한다. 이 불안은 대부분 새로운 상황에 적응하고 새로운 기준에 숙달됨에 따른 BVSSH 성과의 꾸준한 개선 작업으로 위험에서 탈출한 직후에 발생한다.

변화는 항상 어렵다. 일하는 방식을 바꾸기도 어렵다. 오랜 경력이 있는 동료들은 갑자기 숙달의 부족, 학습 불안, 처음부터 다시 배워야 하는 것에 대한 막연함으로 불안해하기 시작한다. 일부 동기 부여자들(스스로 운명을 통제하고 자신은 일에 능숙하다고 생각하는)은 압박을 느끼게 된다.

1장에서 강제화된 '애자일'과 '전환'을 봤다. 사람들에게 동기를 부여하는 것이 무엇인지 탐구했고 중요하게 집중해야 할 것은 애자일이나 린이 목적이 되는 것이 아니라 업무 방식 개선을 통한 BVSSH의 성과라고 했다. 2장에서는 이러한 변화가 어떻게 구현되는지를 알아본다. 그리고 애자일이 확장되기 전에 업무 규모를 줄였을 때 변화의 구현 작업이 어떻게 최적으로 수행되는지를 살펴본다. 가치 창출 시간 단축, 학습 시간 단축, 리스크 감소 및 성과 극대화를 위한 전환 능력를 통해 초기에, 자주, 안전하게 학습할 수 있는 변화가 만들어내는 변화의 S곡선을 보게 될 것이다.

2 Kübler-Ross, 『On Death and Dying』

피해야 할 것 2.1

강제적인 전환, 강제적인 변화 곡선

지금 회사에서 대대적인 전환이 일어난다고? 그럼 직원들은 어떤 경험을 할지 퀴블러로스 모델로 예측해보자.

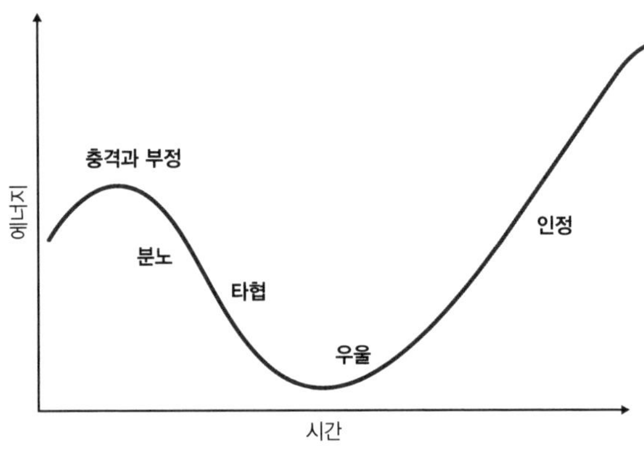

그림 2.1 퀴블러로스 곡선

1. 충격과 부정

첫 번째 단계는 가장 짧다. 직업, 지위, 능력을 위태롭게 할 수 있는 강제적 변화에 직면한 직원은 이를 받아들이는 데 시간이 필요할 것이다. 직원들은 자신들을 현 지점까지 오게 해준 것이 앞으로 나아가지 못하게 하는 장벽이라는 말을 듣는다. 일단 부정한다. 그리고 이는 다른 전환 프로그램의 한 종류라고 여기며 스스로 위안하려 한다. 이런 전환 프로그램이 2~3년에 한 번씩 치러졌으며, 그동안 어떻게든 잘 넘겼기 때문이다. 목표로 삼은 변화는 아직 멀었고 아무 일도 일어나지 않았다. 냉소적인 사람들은 모래에 머리를 파묻고 '별로 달라지는 건 없는데 뭐…'라며 무시한다. 이런 변화의 초기 충격에 이어 일부는 축하 팡파르, 타운홀 미팅, 흥분, 소란 등으로 사기가 상승할 수 있다. 하지만 어려운 작업, 과거의 지식을 폐기하고 새롭게 다시 배우는 일의 반복, 극복해야 할 더 어려운 장애물 등 현실적 상황은 아직 시작하지도 않았다.

2. 분노

전환이 사라지지 않고 현실화되면 일부 직원은 분노를 표출할 수 있다. 회사를 비난할 수도 있으며 변화 관리자를 비난할 수도 있고 그들의 리더를 비난할 수도 있고 최신 기술 및 아이디어와 모든 솔루션이 있다는 사람들까지 비난할 수 있다. 동료도 탓할 수 있다. '이건 그냥 지나가는 유행이겠죠. 그렇죠?', '지금까지 이런 방식으로 일해 왔는데 왜 지금 바꿔야 합니까?' 등등. 좌절감이 커지면 짜증이 나면서 함께 일하기가 어려워진다. 이들은 변화를 지지하는 모든 사람이 틀렸다는 것을 확신한다. 사기는 떨어진다. 하지만 그들의 분노는 변화가 거부되기보다는 인정되고 있다는 표시다.

3. 타협

죽음이나 불치병에 걸린 사람들은 타협할 것이 거의 없지만, 환자들은 더 많은 시간을 위해 기도하고, 기회가 되면 선행을 하겠다고 제안하는 것으로 알려져 있다. 변화에 직면한 몇몇 직원은 주변 동료와 협상을 시도한다. "좋은 생각입니다. 하지만 우리는 특별대우가 필요합니다." 이들은 변화를 받아들이는 대가로 가능한 한 많은 작업 방식을 유지하려 할 것이다. 이 단계는 적어도 약간의 변화를 정신적으로 받아들인다는 것을 의미하며, 거부하거나 맞서기보다는 최소화하는 방법을 찾기 시작한다.

4. 우울

다음 단계는 우울이다. 이때 팀원들에게 변화는 불가피하고 어쩔 수 없이 영향을 받을 것이며, 이를 방지할 대책이 아무것도 없다고 믿을 때 나타난다. 팀원들이 흥미를 보이는 건 이제 없어졌고, 미래 계획을 수립하는 것도 의미 없다고 느낀다. 우울은 과거의 지식을 폐기하고 새로 학습해야 하는 현실을 마주할 때도 발생할 수 있다. 사람들은 다시 학습자가 돼야 하며, 숙달에 다시 시간을 들여야 함에 부담을 느낀다. 좀 더 광범위한 조직적인 반항이 발생한다. 이 순간은 어려운 시간이며, 퀴블러로스 곡선에서 가장 낮은 곳에 위치한다. 지원과 코칭이 없거나 하락이 너무 깊으면 일부 팀은 여기에서 포기한다.

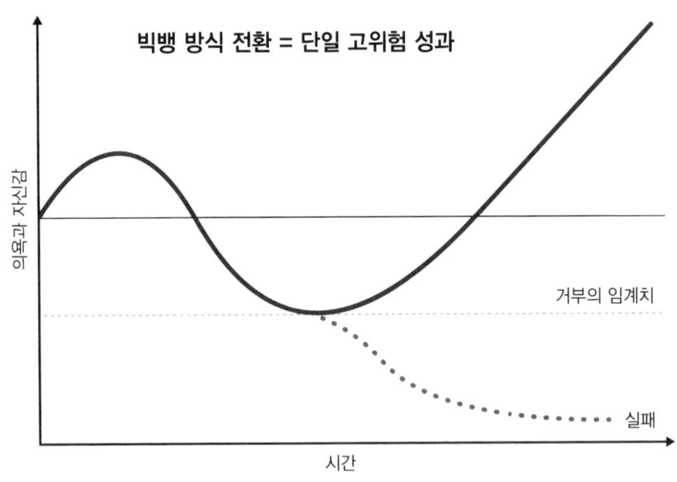

그림 2.2 거부의 임계점

5. 인정

마지막으로 더 나은 업무 방식, 권한 부여, 지원 및 코칭을 통해 더 나은 결과의 가능성을 발견하기 시작하면, 다른 팀과의 공유 학습, 커뮤니티 지원 및 사회적 증거를 통해 사람들은 바닥에서 벗어나기 시작한다. 사람들에게 성과를 개선하는 법의 발견을 위해 코칭과 함께 두뇌를 사용하도록 권한 부여를 하면 바닥에서 벗어나는 시간을 앞당길 수 있다. 반대로 학습된 무력감, 경직된 업무 방식, 심리적 안전의 결여, 지원의 부재 등이 있다면 벗어나기는 더 어려워질 것이다.

사람들이 이런 단계를 항상 순서대로 경험하는 것은 아니며, 다른 위치에서도 시작할 수 있음을 기억해야 한다. 1장에서 우리는 혁신 확산 곡선을 통해 사람들이 저마다 다른 위치에 있음을 확인했다. 혁신가는 비교적 얕은 퀴블러로스 곡선을 나타낼 것이며, 혁신 지체자는 퀴블러로스 곡선이 훨씬 더 깊고 길 것이다(이들은 변화에 저항적이므로 혁신가부터 변화 확산을 시작하는 게 좋다). 또한 사람은 항상 앞으로 나아가지 않는다. 이전 단계로의 회귀는 일반적이며, 동일 기간에 서로 다른 단계가 공존할 수 있다. 마찬가지로 새로운 사람들이 조직에 합류함에 따라 모든 단계를 반복적으로 순환하는 일도 있다. 합류할 때마다 곡선의 깊이 및 길이 수치는 이전 단계보다 높아진다.

변화가 클수록 골의 깊이는 깊고 길어진다

변화가 클수록 더 깊고 긴 혼돈으로 빠져든다. 내 경험상 회사 전체에 빅뱅 방식으로 변화가 일어나면 집단적 학습 불안으로 소비되는 시간, 과거 지식을 폐기하는 시간, 행동과 프로세스가 목적에 적합해지기까지의 시간, 사기가 저하되는 시간, 변경 프로세스가 시작되기 전

(그리고 수용 단계를 거치기 전)으로 돌아가는 시간 등이 조직의 규모와 환경에 따라 몇 년씩 차이가 난다. 이 과정을 통해 조직이 곤경에서 빠져나온다고 가정하자.

CEO, COO 또는 CIO의 임기가 이 기간보다 짧을 때가 있는데, 그 곡선의 끝은 우울 단계의 골짜기 끝과 일치하는 경향이 있다. CXO는 회사가 곤경에서 빠져나오기 전에 스스로 회사와 결별할 수 있고, 마치 방법을 생각한 것처럼 새로운 사람이 합류한다(그들에게 행운을). 새로운 리더는 이 애자일이 동작을 하지 않으며, 회사를 전통적인 작업 방식으로 되돌린다고 말한다. 결정론적 사고, 1800년대 후반의 반복적이고 비숙련적인 육체노동에 적합한 작업 시스템에 맞는 '크게 생각하고 크게 시작하고 천천히 배우는' 방식으로 말이다.

우울 단계의 깊이와 회사가 충돌하는 속도는 전환을 시작할 당시 충격의 크기에 따라 다르다. 달리 말하자면 강제 전환이 클수록 변화 곡선이 더 커진다.

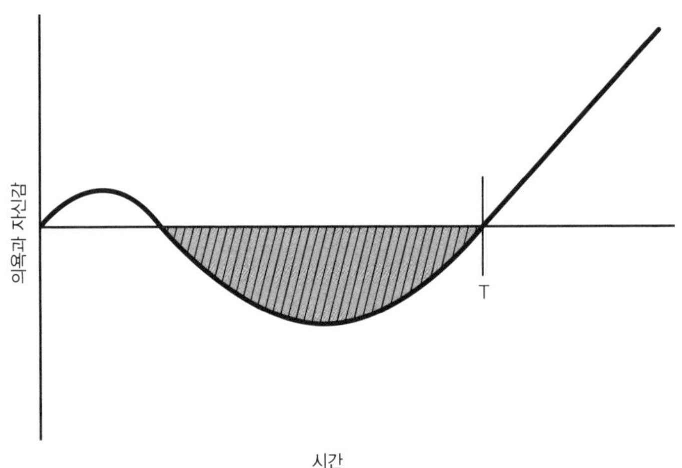

그림 2.3 강제 전환이 클수록 골짜기가 더 깊고 길어진다

광범위한 단일 빅뱅 전환을 시작할 때 엄청나게 깊은 골짜기가 생길 가능성이 크다. 우울 단계는 더 일찍 발생하고, 더 깊게, 더 오래 지속되며, 훨씬 더 많은 이에게 영향을 미친다. 모두가 과거에 학습했던 것을 버린다. 하지만 동작, 프로세스, 도구는 새로운 업무 방식을 지원하도록 설정되지 않았다. 저항이 최대치로 위험 수준이다.

골짜기가 깊을수록 빠져나가기가 더 어렵고 더 오래 걸린다. 일부 기업은 이미 실존적 위협에 직면할 때까지 변화를 고려하지 않기 때문에 그 골짜기에서 빠져나가는 데 시간이 부족할 수 있다. "시간이 없어요. 우리는 크게 성장해야 합니다"라는 말은 오류이자, 자위적 예언일 수 있다.

대부분 상황에서 크게 시작하는 것은 '피해야 할 것'이다. 크게 진행한다는 것은 시간이 없다는 것이다. 크게 시작하는 것은 애자일에 애자일 사고방식을 적용하는 것이 아니며 조직이 복잡한 적응 시스템이라는 사실, 스스로 변화하는 것과 그 수행 방식의 변화가 동시에 일어나는 것, 인간은 과거의 지식을 버리고 새로운 것을 다시 배우는 속도가 제한적이라는 점, 변화의 속도는 강제되지 않는다는 점을 인정하지 않는다. 긴급성을 요하는 영역에 결정론적 사고방식을 적용하는 것이며, 기껏해야 동일한 이전 행동에 이름표만 바꿔 단 것이다.

BVSSH를 위한 행동의 변화가 성공적이고 지속 가능하며 안전하려면, 더 나은 성과를 끌어낼 애자일 사고방식의 적용에서 방법을 찾을 수 있다.

모두 스키를 동시에 같이 배우기를 원치 않는다

여러분이 스키 강사라고 가정하자. 전체 조직 또는 전체 비즈니스 유닛을 대상으로 모든 사람이 가능한 한 빨리 스키를 능숙하게 타게 만들어야 한다는 지시를 받았다.

첫 스키 레슨이 항상 가장 어렵다. 눈으로 덮인 바닥은 차갑고, 넘어질 때 고통스러우며 기술을 습득하는 속도는 더디기만 하다. 스키엣지로 서는 과정은 많은 에너지를 소모한다. 이를 극복하고 턴을 연결하는 방법을 배우고 평행 스키를 시작하면 즐거움이 증가한다. 점차 스키에 중독될 것이며, 시작의 고통은 잊은 채 새로운 기술을 습득함에 감사할 것이다.

그럼 초급 슬로프의 첫 강습부터 실제 스키를 타는 재미까지 어떻게 이끌어야 할까?

몇 가지 옵션이 있다. 첫 번째는 스키엣지로 서는 과정을 완전히 건너뛰는 것이다. 스키를 배워야 하는 사람들, 또는 배우고 싶어 하는 사람들을 무조건 스키리프트 정상으로 데려간다. 고급자용 슬로프의 정상에 모두 줄을 세우고 스키를 똑바로 앞으로 하게 한다. 그다음 밀어준다.

성공적으로 맨 아래까지 내려간 사람은 내려가는 동안에 스키를 배운 것이다(물론 이런 사람은 많지 않다). 이들은 재능이 있는 사람이다.

여러분의 목표는 가능한 한 많은 이가 스키 타는 법을 배워가는 것이다. 이를 위해 한 번에 모든 사람을 가르치려 할 수도 있다. 이럴 때는 배우려는 모든 사람을 한 번에 모아 표준 수준으로 끌어올린다. 스키 교실 참석을 강제화해 다 함께 배우게 한다(실제로 스키를 타는 건 아니다). 결국 모두가 교육 인증을 받는다. 이론상으로는 어려운 부분을 한 번에 해결해야 모두가 같은 속도로 함께 나아갈 수 있다.

하지만 몇 가지 문제가 있다. 일단 초급 슬로프에만 사람이 너무 많이 몰린다. 슬로프의 눈의 양, 강의 시간, 가능한 감독 인원 등은 한정돼 있다. 많은 사람을 동시에 가르치려고 하면 모두가 같은 시각, 한 공간에서 활동해야 한다. 최적화된 환경에서 배울 수 없다는 것은 자명하다. 수강생들을 봐 줄 강사도 없고 안전한 환경에서 충분히 실수할 공간도 없기 때문이다. 이런 상황에서는 대부분 수강생이 다치거나 힘들어 할 수 있으며, 포기하는 일도 발생할 것이다.

이게 바로 빅뱅 전환의 모습이다. 빅뱅 전환은 가장 큰 과제를 앞세운다. 가장 힘든 단계에 이 과제들을 쌓아 놓고 동시에 많은 사람에게 퍼뜨린다. 직원들의 변화 및 회사의 변화를 일으키는 데 가장 어려운 방법이며, 이런 경우 변화에 대한 항체가 가장 강해진다. 여기에는 기득권의 이익이라는 이해관계가 있다. 이해관계의 정점에는 더 나은 업무 방식과 흐름을 가로막는 장애물이 있다. 행동, 프로세스, 도구들은 전통적인 업무 방식을 지원한다. 이해는 낮고 실행을 통해 배운 교훈이나 조직의 경험적 데이터가 없음으로 인한 인지적 편향이 강하며, 이런 상황에 대한 사회적 증거도 없다.

문화적 규범이 명령과 통제로 이뤄진 대규모 다국적 기업에서는 강제적 전환이 거부, 좌절, 분노를 유발할 것으로 예상할 수 있다. 커다란 변화는 조직에서 문화적으로 거부할 가망성이 크며, 거부자들은 많은 공격 수단을 갖고 있다. 충격의 범위는 언제나 커지려는 경향이 있고 조직은 이에 대응해야 한다. 상황은 나아지기는커녕 크게 나빠질 것이며 누군가가 다리를 부러뜨리는 일이 벌어질지도 모른다.

인지 과부하

애벌레에서 나비로 변태하는 과정은 많은 이에게 과거의 지식을 버리고 새로이 배우도록 요구한다. 이때 시간이 필요하다. 행동과학자들은 인지 과부하가 변화를 거부하는 주요 주제라는 것을 보여줬는데, 그 전제는 인지적 추론은 유한하고 쉽게 고갈된다는 것이다. 심리학자 웬디 우드의 연구에 따르면, 사람들이 매일 하는 결정의 약 40%는 의식적으로 이뤄지지 않는다. 그 부분이 관여하는 것은 주로 습관이고, 대부분은 지속적인 업무 개선을 위해 버려야 할 것들이다.[3] 우드는 "깊이 생각하는 마음가짐은 흔들리기 쉬우며, 이때 사람들은 습관에 의존하는 경향이 있다"라며 "의지력은 제한된 자원이며, 이것이 고갈되면 습관에 의존하게 된다"[4]라고 말했다.

변화가 내재화하지 못하고 강제로 이식된 곳, 조직 전체에 걸쳐 광범위하게 강요된 곳에서는 이런 강제적 전환이 쉽게 확장된다. 리더가 강제적 전환의 이행을 명령하는 순간, 조직의 습관 및 코드화된 프로세스는 이전으로 돌아간다. 새로운 근육 기억을 만드는 데 최소 3년에서 5년이 걸리지만, 이전으로 돌아가는 것은 몇 개월이면 된다. 지속적인 개선은 끝이 없는 작업이다.

강제적 전환이 작게 시작해 빠르게 배우는 것보다 성공할 가능성이 적고, 더 오래 걸리며, 더 많은 혼란을 일으키는 이유다. 크게 시작하는 것은 고유한 가치를 따르지 않거나 고유한 원칙을 적용하지 않는 접근 방식이다. 조직의 민첩성을 높이는 데 애자일 사고방식을 적용하는 게 아니며, 긴급성을 요하는 영역에 결정론적 사고를 적용하는 것이다. 이는 빅뱅 방식으로 큰 리스크를 안고 있으며, 동료들이 원하는 변화에 역행하는 방식으로 접근하고 있다.

■ 사례 연구: ANZ 은행은 성장하고 있다

2017년 ANZ 은행은 인력을 재편하고 '확장된 애자일 방법'을 채택한다고 발표했다. 목표는 고객의 기대에 더 빨리 대응하고 시장 출시 속도를 개선하고 팀원들이 가용한 리소스를 최대한 활용하도록 하는 것이었다.

전환은 2018년까지 진행할 예정이었다. 기술 뉴스 사이트인 'iTnews'는 '은행권에서 애자일 방법론을 사용하는 비율을 20%에서 극적으로 증가시킬 것이며, 대부분 기술 및 디지털 팀이 대상이 될 것이다'[5]라고 보도했다.

---

3 Society for Personality and Social Psychology, 'How we form habits'

4 Wendy Wood as quoted in Society for Personality and Social Psychology, 'How we form habits'

5 Coyne, 'ANZ to make the whole bank agile'

ANZ 은행은 점점 규모가 커졌다. 재편 과정에서 해고된 인력 중 호주 인력의 절반인 9천 명에게 재고용을 제안했다. 여기에는 고위 경영진도 포함됐다. 비디오 인터뷰를 거친 모든 사람이 회사에 복귀한 것은 아니다. 애자일을 주도한 중역 중 한 명인 크리스천 벤터(Christian Venter)는 "매년 큰 상여금을 받고 사람을 거칠게 몰아붙이고 피해자를 남긴 '록스타'들은 직장을 얻지 못했다"라고 했다. 벤터는 또 "대신에 새로운 종류의 리더를 뽑았다. 이렇게 했더니 직원들은 우리가 하는 작업이 진지한 것임을 알게 됐다. 거기서부터 문화의 변화가 시작됐다"라고 덧붙였다.

재고용에서 탈락한 부류는 '록스타'만은 아니었다. 결과적으로는 12개월 동안 호주 인력의 11%를 잃었다. 재고용된 사람들은 일종의 서번트 리더십인 뉴 웨이 오브 리딩(New Ways of Leading)에서 호기심, 명확한 공유, 권한 부여, 공감, 이타적인 성장을 강조하는 훈련을 받았다. 여기서 소개된 뉴 웨이 오브 워킹(New Watys of Working)은 스포티파이 모델과 ING 은행 같은 다른 조직에서 영감을 얻은 것이다. 이 모델에 따라 ANZ는 직원 150명을 '집단(tribes)'으로 분류하고, 여기에서 5~9명의 분대로 다시 나눴다. 이 회사는 집단들을 관찰했고 집단 간 협업의 어려움을 발견했다.

2019년 5월, 은행의 CEO인 세인 엘리엇(Shayne Elliot)은 기자 회견에서 '뉴 웨이 오브 워킹'이 본질적으로 완료됐다며 다음과 같이 이야기했다. "목표가 있는 건 아닙니다. 숫자가 무엇이든 상관하지 않습니다. 그게 효과가 있다면 그것을 더 원하고 그 방향으로 진행할 뿐입니다."[6]

ANZ는 같은 양의 작업을 하면서도 투입 인력을 30%가량 줄일 수 있었지만, 지점이나 컨텍 센터, 거래실 등에서는 뉴 웨이 오브 워킹이 작동하지 않는 것을 발견했다. 이 조직에서 전환은 계속되겠지만 '조직도에서 보기 좋게 하기 위한 방식'으로 이어지지는 않을 것이다.

6 Bajkowski, 'ANZ's boss hits pause button on massive agile expansion'

피해야 할 것 2.2

업무를 줄이기 전에 애자일 확장하기

내가 지금까지 더 나은 업무 방식으로 안내하는 데 도움을 준 곳은 대기업이 많았다. 이들 기업은 대부분 한 세기 이상의 역사를 지녔으며, 내부에는 (실패에 의한) 상처들과 거의 벽에 뿌리박은 업무 방식을 갖고 있다. 이는 결코 기업 자체를 비방하는 표현이 아니며, 시간이 지나면 자연스레 일어나는 현상이다.

1955년 「더 이코노미스트The Economist」에 기고한 노스코트 파킨슨C. Northcote Parkinson은 업무는 완료될 수 있는 시간을 채우기 위해 확장된다고 설명했다. 그는 비유하기를 '여가를 즐기는 노인'은 보그너 레지스Bognor Regis(영국 해안의 해변 휴양지)에서 조카에게 엽서를 쓰고 우편으로 보내면서 온종일 보낼 수 있다고 한다. "그 노인은 엽서를 찾는 데 1시간, 안경을 찾는 데 1시간, 주소를 찾는 데 30분을 보내고 메시지를 쓰는 데 1시간 40분, 그런 다음 20분 동안 우체통까지 가는 길에 우산을 가져갈지 말지를 생각한다. 그처럼 바쁠 수가 없다." 파킨슨은 "동일한 작업을 정상적으로 하면 3분이면 끝날 것이다"[7]라고 덧붙였다.

더 나아가서, 가용 시간을 채우기 위한 업무가 커지는 것뿐만 아니라 '수행해야 할 작업량(있는 경우)의 변동과 관계없이' 관료주의도 매년 5%에서 7% 비율로 확장된다고 파킨슨은 주장했다.[8] 그는 대영제국의 크기가 1천 700만 평방마일에서 400만 평방마일로 축소됐음에도 1935년에서 1954년 사이에 매년 5.89% 정도씩 확장된 대영 식민청Colonial Office의 성장을 예로 들었다.[9] 파킨슨에 따르면 식민청은 대

7 Parkinson, 'Parkinson's Law'

8 Parkinson, 'Parkinson's Law'

9 Parkinson, 'Parkinson's Law'

영 제국이 가장 컸을 때가 가장 작았고, 대영 제국이 가장 작았을 때 가장 컸다.

파킨슨은 공무원들은 서로를 위해 일하면서도 경쟁자를 늘리고 싶어 하지 않는다고 주장했다. 그들은 부하를 늘리고 싶을 뿐이라는 것이다.[10]

영국 공무원을 예시로 든 파킨슨의 설명 위에 대규모 조직에서 관찰한 동시대 결과를 덧붙이고 싶다. "정책, 표준, 통제는 고용된 통제 직원의 수에 비례해 확장된다"라고.

업무 시스템 개선에 집중하는 그룹이 없으면 BVSSH에 저항이 생기기 시작한다. 이는 의도는 좋지만 제대로 구현되지 않아 BVSSH에 최적화되지 않은 프로세스와 통제를 통한 두더지 잡기 게임과 비슷하다. 인간 엔트로피인 관료주의는 통제되지 않고 다시 자라기 시작한다. 지속적인 정원 관리가 필요하다.

이전에 실패했던 기억이 있는 크고 오래된 조직들은 그들이 동원할 수 있는 비용을 가능한 한 비효율성 및 관료주의에 사용할 것이다. 하지만 디지털 시대의 전환점을 지나면서 조직은 더 이상 비효율성을 지원하면서는 경쟁력을 유지할 수 없다는 사실을 깨닫고 있다.

이렇게 비효율적이고 관료적인 조직을 일련의 사례들, 규범적 프레임워크 방법론 등을 전체 조직에 걸쳐 적용하는 것은 차선책이다. 이러한 맥락에서 규모, 관료주의 커뮤니케이션의 경로들은 BVSSH의 장애가 될 것이며, 이는 마치 코끼리에게 춤추는 법을 가르치는 것과 같다.

애자일 프레임워크는 프로세스, 제어, 핸드오프, 문화적 기준, 위원회들, 필수 항목, 리뷰 조직, 결론이 정해진 프로젝트 기반 연간 자금 조달 세부 계획 등을 위한 마법의 치료 약이 아니다. 이는 또한 "글

10 Parkinson, 'Parkinson's Law'

씨, 전에는 이 일을 하는 사람이 100명이었는데 이제는 애자일을 하는 사람이 똑같이 100명이 필요해"와 같은 오류에 빠질 수 있다. 나중에 '해야 할 것 2.2'에서 확인하겠지만, 100명이라는 숫자의 문제가 아니다.

대신 애자일을 확장하기 전에 업무의 규모를 축소하는 게 중요하다. 이는 '애자일 실행'으로 대변되는 강제적 애자일보다는 애자일 역량을 나타내는 것이다. 애자일 역량에 애자일을 적용하자. 소규모 팀, 소규모 가치, 소규모 투자로 시작하자. 천 리 길도 한 걸음부터다.

피해야 할 것 2.3
변화에 실무 팀만 참여

많은 조직이 작업 방식을 IT 팀 또는 조직 내 별도의 디지털 관련 부서에만 적용하는 것을 봐왔다. 확장은 제품 개발 팀과 함께 발생하려는 특성이 있으며, 이는 수직적이 아닌 수평적으로 이뤄진다.

확장 과정에서 회사의 전략적 이니셔티브를 담당하는 중간 관리자, 부사장, 이사, 관리자들이 누락되는 일이 많다. MIT의 선임 강사인 조나단 번즈Jonathan Byrnes는 이런 수준의 관리를 '얼어붙은 허리 조직frozen middle'[11]이라고 했지만 나는 이를 '압박받는 허리 조직pressurized middle'이라고 부르고 싶다. 고위 리더는 전통적으로 전략을 설정하고 실행을 위임한다. 이는 실행해야 하는 중간 관리자(조직의 허리에 해당)에게 떨어지며 동시에 업무 방법을 바꾸라는 요청까지 받으면 이 조직은 압박에 휩싸인다.

특히 IT 소프트웨어 개발 팀으로만 시작하면 애자일의 거품은 고립될 가능성이 크다. (이러면) 조직은 기능 전반에 걸쳐 허리 및 고위급 지원이 부족한 작은 애자일 거품으로 끝나버린다. 기껏해야 로컬

11 Byrnes, 'Middle Management Excellence'

최적화 정도로 마무리되고 종단 간 미치는 영향은 미미하다. 새로운 사례가 조직의 나머지 부분으로 확대될 방법이 없으며, 응집력이 결여된 접근 방식을 만든다. 나는 한 조직에서 애자일을 위한 세 가지 접근 방식이 동시에 경쟁하는 것을 봤다. 하나는 '비즈니스'로부터, 또 하나는 IT로부터, 나머지 하나는 비즈니스와 IT에서 분리된 '디지털'로부터다.

팀과 리더 사이에는 갭이 있다. 바꿔 말하면 팀 수준의 무언가와 전통적인 권력 구조 사이에는 갭이 있다. (이 갭에) 제거해야 할 조직적 장애물이 있을 때(많을 것이다) 참여 조직의 분리가 발생한다. 조직 전체의 장애물을 제거하기 위해 제한된 리소스를 지원받으려면 고위 리더의 지원이 필요한데, 이러한 행동 자체도 장애물이 될 수 있다. 리더십 문화와 일하는 방식에 대한 리더의 이해가 문제가 될 수도 있다. 만일 팀 안에서만 장애물 제거 활동을 한다면 워터폴의 바다에 애자일의 거품이 떠 있는 형상이 될 것이다.

피해야 할 것에서 해야 할 것으로

맞게 줄여라

우리는 강제적인 전환이 커질수록 우울, 반항, 과거 지식의 폐기, 상황에 따라 혼돈, 포기에 빠지는 시간이 더 길고 깊어지는 것을 봤다. C 레벨의 재임 기간은 조직이 다시 위기를 극복하는 데 걸리는 시간보다 짧을 수 있다. 또는 조직은 1900년대 초와 동일한 대량 생산에 적합한 업무 방식으로 되돌아가 디지털 시대의 고유한 긴급성을 요하는 작업에 적용할 수도 있다. 우리는 또한 가용 시간을 채우기 위해 업무를 질질 끄는 것뿐만 아니라 조직도 수행할 일의 양과 상관없이 연간 5%에서 7% 비율로 자연스럽게 커진다는 파킨슨의 연구를 살펴봤다. 통제되지 않는 확산이 100년 이상 지속된 크고 오래된 전통 조직은 많은 자원을 투입하면서 가장 높은 비효율성과 관료주의에 빠질 가능성이 크다. 이런 상태에서 조직 전체에 프레임워크나 방법론을 적용하는 것이 최선은 아니며 BVSSH에 걸림돌이 된다. 그리고 수평적 확산으로만 수행 조직을 만들면 애자일 거품을 만들 위험이 있으며, 압박을 받거나 얼어붙은 허리 조직으로 인해 변화의 성공 및 확대를 위한 지원이 차단될 위험도 있다.

다음으로 기술할 '해야 할 것'에서는 작게 시작하고 단순화하는 방법을 설명한다. 단순화는 중요하며 이를 위해서는 노력이 필요하다. 키케로Cicero부터 마크 트웨인Mark Twain까지 작가들이 (내용을 줄일) 시간 부족으로 긴 편지를 쓴 것에 대해 사과한 것에도 이유가 있다. 간결함을 위해서는 애자일을 확장하기 전에 종단 간 업무 흐름의 크기를 줄이는 단순화 작업이 필요하다. 또한 수직적 확장(상위 리더들, 압박받는 허리 조직, 하위 팀들을 잇는)과 그 측면을 살펴봄으로써 이전에는 풀뿌리에 불과했던 것이 숲 꼭대기의 햇빛을 받고 뿌리에서 수분을 흡수하는 튼튼한 나무로 성장하도록 할 것이다.

이 '해야 할 것'에서 작은 것을 통해 어떻게 큰 것을 달성하고 변화의 S곡선을 취하는지를 살펴본다.

해야 할 것 2.1
작은 것을 통해 큰 것을 달성한다

'피해야 할 것 2.1'에서 봤듯이, 대형 조직에서 빅뱅 방식으로 진행되는 변화의 예상되는 성과가 바로 퀴블러로스 곡선이다. 이 곡선에서는 충격과 부정으로 초반에는 완만하게 오르다가 이어서 현실에 부딪히며 깊은 우울 상태에 빠진다(그림 2.1 참조). 여기서 우리는 사람들이 과거 지식을 버리고 새로 배우는 일은 사람마다 속도가 다르다는 것을 알았다. 여러분은 여러분 자신에게라도 이 페이스를 강제할 수는 없다. 성과는 기존 행동에 새로운 인식표가 돼줄 것이다. 기존 행동에는 기계적으로 움직이는 애자일, 다음 명령을 기다리는 사람들의 대리인 상태, 그리고 실제인 애자일 역량의 부재가 포함돼 있다. 변화는 순풍도, 역풍도 맞을 수 있다. 진행 초기에는 마치 갯벌 속을 걷는 것처럼 느껴질 수 있으며, 모든 사람이 동시에 갯벌 속을 걷도록 하는 것은 위험 감수 범위를 벗어난다.

대신 애자일에 애자일 접근 방식을 채택하고 작은 것을 통해 큰 것을 달성해야 한다.

작은 팀, 작게 나뉜 가치, 소규모 투자에서 시작한다. 가치, 학습, 성취, (활동뿐만 아니라) 성과의 개선을 위한 시간이 더 빨라지고, 곡선에서의 골짜기는 상당히 짧고 얕을 것이다. 장애는 조기에 발견되고 실험은 안전하게 진행된다(위험 감수 범위 안에 있기 때문이다). 가야 할 길은 조직이라는 정글을 헤쳐나가야 보인다. 각자 놓인 상황은 제각각인 데다 조직은 복잡한 적응 시스템이고 업무 도메인은 긴급성을 요하는 것으로 한 치 앞을 예상할 수 없다. 최적의 행동 방침을 정하는 유일한 방법은 '안전하게 학습하기'다. 조직 전체를 변화의 대상으로 몰아넣는 것은 안전한 학습과 거리가 멀다.

전환이 클수록 퀴블러로스 곡선의 골짜기는 더 깊고 길어진다(그림 2.4). 내 경험상 대규모 조직이 그래프의 't2'까지 도달하는 데 걸리는 시간은 최소 2~3년이다. 큰 퀴블러로스 곡선 위의 구불구불한 선은 일련의 작은 퀴블러로스 곡선을 나타낸다. 이는 '작은 것을 통해 큰 것으로의' 접근 방식을 취할 때 발생한다. 여전히 골짜기는 있지만 더 얕고 길이도 짧다. 실패는 배우라고 있는 것이다. 새로운 것을 시도하면 필연적으로 좌절이 있다. 막 배우기 시작한 스키어는 넘어질 것이고, 새로운 뮤지션은 잘못된 음을 치며, 새로운 언어 학습자는 올바른 단어를 찾으려 고군분투할 것이다. 실패의 빠른 경험은 종종 더 빨리 배우는 결과로 이어진다. 실패한 실험이란 없으며 학습이 있을 뿐이다.

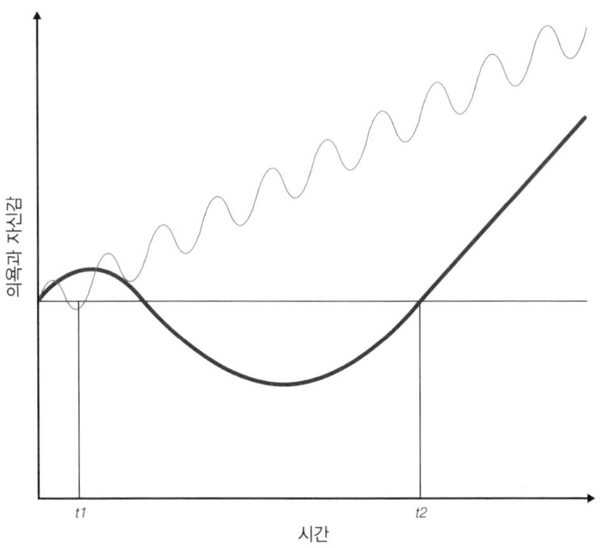

그림 2.4 빠른 성과 개선 도달을 위한 작은 것을 통해 큰 것을 성취

이때 학습은 작고, 안전하게 학습할 수 있는 규모로 이뤄져야 한다. 등산가들이 처음부터 에베레스트를 목표로 하지 않고, 피아노를 배우는 사람이 처음부터 필하모니와 콘서트를 목표로 하지 않으며, 벽을 오르는 연습이나 가족 또는 친구들 앞에서 먼저 연주를 해본다. 적응 시스템에서의 변화는 엉망진창이다. 운영 체제와 같이 "여기를 클릭해 애자일을 설치하세요"와 같은 안내문이 없다. 변화의 페이스를 강제할 수도, 예측할 수도 없다. 양육하고 성장시켜야 한다. 어떻게 육성하느냐에 따라 변화는 순풍이 되기도, 역풍이 되기도 한다. BVSSH의 지표는 여러분의 피드백 루프인 대시보드의 역할을 한다. 일련의 균형 잡힌 측정을 통해 앞으로 진행되고 있는지 확인한 다음 실험을 확대하거나 축소할 수 있다. 여러분은 조직의 정글을 통과해 다른 사람들이 더 쉽게 따라갈 수 있는 길을 개척했다. 더 빨리 배우고 더 빨리 가치를 얻으려면, 위험 감수 범위 안에서 사람이 기존 지식을 버리고 새롭게 다시 배우는 데 제한 속도가 있다는 점을 감안할

때, 초기에 자주 그리고 작은 일련의 연결된 변화 곡선들이 있어야 한다. 회사가 결과에 따른 지속적인 전환을 추구하기 때문이다.

작게 시작할 때는 '하나[one]'의 법칙을 적용한다.

하나의 실험(one experiment)

하나의 고객 또는 팀(one customer or team)

하나의 지역(one location)

변화는 혁신 확산 곡선의 맨 왼쪽에 있는 타고난 챔피언인 혁신가들과 자연스러운 수용 영역에서 시작해야 한다. 이 혁신가들은 수년간 경험을 바탕으로 더 나은 업무 방식을 선택하는 데 열정적일 것이다. 이 영역은 골짜기는 깊지 않으면서 학습과 피드백은 더 빠르다. (초기 일부의 적용이라) 리스크는 더 적으며, 과거에 이 인력들은 비슷한 변화를 회사가 아닌 그들 스스로를 위한 작은 규모로 구현하려고 시도했을 가능성이 크다. 이들은 성장 지향 사고방식과 개인적인 탄력성을 얻게 될 것이다.

이는 마치 모든 학생을 한꺼번에 가르치려는 것이 아닌, 원하는 사람부터 우선적으로 가르치는 스키 강습과 비슷하다. 먼저 손을 든 5명의 학생(혁신가)이 스키에 가장 열성적이라는 것은 쉽게 예상할 수 있다. 이들은 전에 스키를 타봤을 것이며, 동계 올림픽을 보면서 '나도 저렇게 되고 싶어'라는 생각을 한 번쯤 했을 것이다. 이들은 스키를 타려고 대기하는 시간도 아깝게 여긴다.

그래서 스키 강사는 손을 든 5명을 제외한 인원은 일단 호텔 바에서 핫초코를 마시며 기다리게 하고 5명만 초급 슬로프로 데려간다. 이 초급 스키어들은 배움에 예리한 상태다. 결국 이들은 호텔 1층 바에 눈가루를 뿌리면서 슬로프의 정지 지점까지 미끄러져 내려가는 것을 즐기는 데 성공한다. 실수도 하고 넘어지기도 하면서 배운다. 이 과정에는 동작을 수정하는 피드백 루프가 있다. 이들은 어디로 가야 하고 어떻게 가면 안 되는지를 빨리 파악하고 다음에 배울 학생들이 더 잘, 더 빨리, 더 안전하고 만족하며 스키를 배우도록 조언할 수 있다.

결과적으로 나머지 학생들은 이런 광경을 지켜보며 도전하고 싶어 할 것이다. 이들은 첫 번째 그룹이 스키를 즐기며 발전해 가는 모습을 목도했다. 강사는 다시 이들을 선별해 수업에 초대한다. 스키 강사는 이제 신규 학생 5명과 중급 학생으로 성장한 5명으로 이뤄진 두 번째 그룹을 데리고 있게 됐다. 중급 학생들은 신규 학생들에게 도움을 줄 수 있다. 두 그룹 모두 수행을 통해 학습하고 있으며, 실수를 통해 많은 것을 배운다.

곧 더 많은 인원이 수업에 참여하고 결국 대부분의 학생이 초급 슬로프에 있게 된다. 첫 번째 그룹은 이미 스키 리프트를 타고 좀 더 능숙하게 달리기 시작했다. 다른 그룹들은 서로 부딪히지 않으면서 충분한 연습을 진행 중이다. 결국 참가 그룹들은 이런 연습 후에 다른 초보자들에게 조언할 수 있는 충분한 기술을 가질 것이다. 술집에서 시간을 보내던 사람들은 스스로 뭔가 놓치고 있다는 느낌을 받기 시작한다. 이들은 소외감을 느끼고 싶지 않기 때문에 결국은 스키를 배우러 나올 것이며, 이런 기술 습득을 하지 못한 채 술에 취해 집으로 돌아가는 사람은 얼마 없을 것이다.

기존 지식을 폐기하고 새로운 지식을 습득하는 데 필요한 시간은 사람마다 다르기 때문에, 모두에게 동시에 변화를 요구하기보다는 타고난 챔피언인 '예스맨'들을 먼저 초대해야 한다. 이로써 확장하기에 앞서 기준점을 고정할 수 있다. 위험 감수 범위 안에서 안전하게 학습 실험을 가능케 하라. 실험이 성공하면 그 결과를 확산해야 한다. 실패하면 처음부터 다시 시작한다. 변화의 이식에 성공하면 이는 사회적 증거가 되는 것이다. 이제 이를 선택하는 것만 남았다. 정제된 지식은 선택을 통해 다른 그룹으로 확산된다. 억지로 팔을 끌고 가는 게 아니기에 부정이나 우울함의 기류는 없다.

상승 S곡선

그림 2.4에서 조직 전체를 대상으로 하기보다는 작은 조직에서 일련의 작은 안전한 실험으로 나눠 진행하는 게 더 낫다는 것을 확인했다. 이렇게 해야 골짜기들은 짧고 얕게 지나가며, 성과도 짧은 시간에 안전하고 모두가 만족하게 도출된다. 이것이 애자일 사고방식을 애자일 활동에 적용하는 방법이다. 중요한 점은 이를 거시적으로 보면 이 작은 곡선들이 모여 S곡선을 이룬다는 것이다. 508개의 연구로 얻은 혁신 확산 곡선(그림 1.4)은 정규 분포를 보여준다. 시간 경과에 따른 누적 분포로 정규 확률 분포를 그리면 S곡선이 되는데 이것이 내가 경험적으로 얻은 결과와 일치한다.

수년에 걸친 S곡선은 팀들이 어떻게 변화를 수용하는지를 보여준다. 시간 흐름에 따른 변화 속도는 강제할 수 없다. 강제의 결과는 역풍 또는 순풍이 될 수 있다.

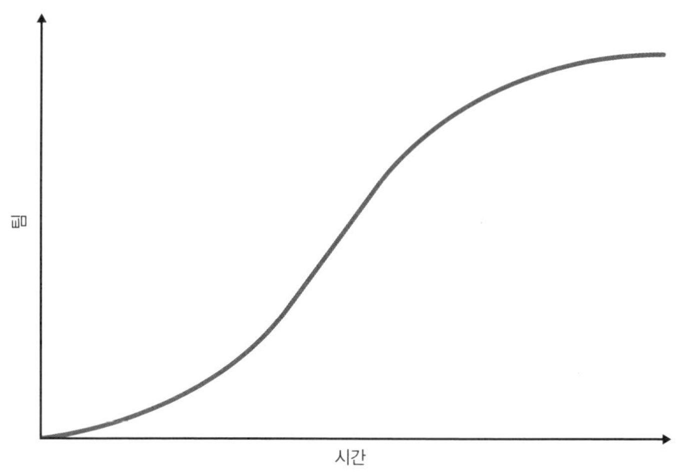

그림 2.5 장기적 변화 S곡선

그림 2.5의 곡선에서 위로 가파르게 올라가는 부분은 보이지 않는다. 곡선의 기울기가 완만한 시작 지점에서 혁신가의 혁신이 시작된다. 혁신가 집단은 조직 안에서 사회적 증거를 만들어낸다. 이 사회적 증거들을 보고 얼리어답터들이 슬슬 반응하며 참여하기 시작한다. 이러면 실행에 대한 흔적이 하나둘 남게 되며 변화의 확산은 쉬워진다. 마찰 및 장애물은 줄어들고, 이해도는 높아지며, 결정적으로 위험 감수 범위 안에서 변화를 컨트롤할 수 있게 되는 것이다. 재무, 감사, 조달, HR 등도 작은 출발의 여정을 따라간다. 복잡한 적응 시스템은 기업 내부에서 발생하는 저항이나 허용할 수 없는 위험 또는 문화적 조직 거부를 유발하지 않고 위협적이지 않은 새로운 방식으로 새로운 기준을 점차 수용한다.

기울기는 시간이 지나면서 증가한다. 처음에는 한 번에 한 팀씩 초대돼 최소한의 실행 가능한 가드레일 안에서 새로운 업무 방식을 실험한다. 이것이 성공하면 다음 팀이 초대된다. 10~15개 팀이 새로운 업무 방식 실험에 성공하면 이제 한 번에 5개 팀을 더 초대한다. 30개의 팀이 성공한다면 한 번에 10개 팀을 더 초대한다. 회를 거듭할수록 장애물은 더 체계적이고 해결하기 어려워질 것이다. 이것들이 완화되기 전에는 통과시키면 안 된다. 하지만 빅뱅 정신으로 모든 것을 완전히 제거할 필요는 없으며, 더 이상 고리의 약한 부분이 되지 않도록 서서히 완화시켜야 한다. 계속해서 고리의 약한 부분에 집중해야 하는데, 이 약한 부분은 특정한 곳에 머물지 않고 이동하기 때문이다.

변화의 속도는 예측하거나 강제할 수 없다. 강제하는 것은 마치 찻잎점을 보려고 찻잎을 읽고 억지로 결과를 만들어 BVSSH를 향해 나아가자고 외치는 것과 같다. 변화는 문화, 역사, 리더십, 지원, 종속, 이해, 기존 프로세스 등에 영향을 받는다. 시작은 어렵지만 점차 놀랄 정도로 쉬워진다. 중간 지점에 도달하고 후기 다수자가 업무 방식의 개선을 통해 성과를 내기 시작하면, 변화 주체의 이동 모멘텀은 탄력을 받기 시작하는데, 특히 내부에 감사audit[12]가 있으면 더 그렇다.

이 지점이 긍정적 변화가 저절로 일어나는 시점이다. 팀과 비즈니스 영역은 BVSSH를 위해 최적화된다. 내부 감사는 영역을 감사할 때 발생하며, 사람들을 통제의 영역이나 생명 주기(상황에 맞는 최소 가드레일) 쪽으로 유도해 더 나은 작업 방식을 지원한다. 제어가 더 효과적일수록 위험이 줄고 더 나은 성과로 이어진다. BVSSH 지표는 행동으로 이어지는 개선(또는 이어지지 않는 개선)을 주목한다. 비즈니스 유닛의 성과는 임시 팀이 있는 역할 기반 사일로 프로젝트에서 오래된 다분야 팀으로 구성된 장기간의 가치 흐름상의 제품으로 전환된다.

이것이 모두 '엄청난 애자일'을 하는 것을 의미하나? 당연히 아니다. '애자일'이 답이 아닐 수도 있어서다. 사람들이 BVSSH를 가능케 하는 제어 환경에 대한 최적화를 하고 있다는 점이 중요하다. 이것이 메인프레임에서 50년도 더 된 코드로 작업하는 것일 수도 있고 소셜 미디어 광고 캠페인일 수도 있다.

S곡선은 애자일 또는 린을 수행하는 팀을 나타내는 게 아니다. '스크럼 팀Scrum Team'의 수가 아니라 성과의 개선을 위해 최소한의 실행 가능한 가드레일 안에서 작업하는 방법에 대한 실험을 시작하도록 초대받은 팀의 수를 나타낸다. '더 안전하게Safer'의 관점에서 이는 이전의 전통적인 워터폴 방식, 결정론적이며 지속적인 개선이 이뤄지지 않고, 획일적이고 무거운 대규모 배치 작업을 수행하며, 품질을 마지막에 검토하는 제어 환경으로 통제되던 팀들을 그렇지 않은 팀에서 분리해낸다. 다시 말해, 반복적 경량 개선을 수행하고 상황에 민감하며 BVSSH 전달이 가능하게 도와주는 지속적인 환경 및 생명 주기(예: 최소 수행 가드레일minimal viable guardrail) 통제를 하는 팀에서 명시적으로

12 여기서 감사는 우리가 생각하는 검사 활동이 아닌, 애자일 코치 역할을 하는 것이다. – 옮긴이

분리되게 만든다(이와 관련한 내용은 6장에서 자세히 다룬다).

이는 위험, 제어, 규정 준수, 내부 감사, 외부 규제의 관점에서 주요 포인트이며 위험 감수 범위 안에 있다. S곡선의 왼쪽에는 이전 업무 방식과 기존 통제 환경이 있다. 대부분 팀이 처음에는 이 영역에 해당한다. S곡선 오른쪽에는 BVSSH를 위해 최적화된 새로운 업무 방식과 반복적으로 개선되는 통제 환경이 있다. 나는 위험, 통제, 규정 준수, 감사 역할을 맡은 사람들이 S곡선상에서 위로 올라가는 페이스가 위험 감수 구간 안에 있으면 높이 평가된다는 것을 알았다. 문제가 발생했다면 잠시 멈춰 이를 해결하고 다시 진행한다. 가장 저렴한 비용과 낮은 실패 영향으로 안전하게 배울 수 있는 것이다. 이는 두 개의 제어 환경(과거 레거시 제어 환경, 새로운 제어 환경)이 한동안은 동시에 진행돼야 함을 의미한다. 오래된 레거시 제어 환경이 BVSSH 성과를 계속 방해하도록 진화하게 해서는 안 된다. 레거시 제어 환경은 비非전략적으로 분류돼야 하며, 변경 사항은 향후 폐기를 위해 최소한으로 유지돼야 한다. 그러는 동안 새로운 제어 환경과의 격차가 확인되면, 이는 우리 목적을 위해 계속 수행돼야 함을 의미한다. 이상적으로는 일어나야 할 모든 변화는 새로운 연속적인 제어 환경에서 나와야 한다(이에 관해서는 5장과 6장에서 살펴본다). 결국 오래된 제어 환경은 속도와 제어를 동시에 만족시키지 못해 폐기되며, 모든 변화는 새로운 제어 환경에서 완성된다. 이 영역은 긴급성을 요한다. 무엇을 모르는지도 모르기 때문이다. 흔히 '더 빠르다'고 인식되는 빅뱅이라 불리는 하룻밤 사이의 전환은 일반적으로 위험 감수 구간을 벗어나며 실제로는 '더 빠르지 않다.'

변화의 속도를 억지로 바꾸려 하면 그림 2.6과 같이 다른 양상이 나타난다.

이는 동일한 이전 행동에 이름만 바꿔 달기, 화물 숭배 행동 등의 잠재적으로 위험한 상황으로 우리를 인도한다. 이러면 애자일은커녕 깨지기 쉬워져 버린다fragile rather than agile. 또는 Catch-22[13]와 같은 환경하에서 많은 사람이 새로운 업무 방식을 채택하도록 요청받고 좌절감을 느끼게 할 수도 있다. 나는 이전에 이런 실수를 경험한 조직을 관찰하며 대화하고 함께 일한 적이 있다. 당시 우리는 방법에 대해 많은 권한 부여를 했지만, 너무 많은 일을 너무 빨리하려 했다(이는 배워야 할 교훈이었고 다시는 그렇게 하지 않을 것이다). 우리는 여기에서 빠르게 전환했으며, 혁신 확산 연구에 따른 S곡선을 관찰하면서 변화의 페이스에 맞춰 진행했다.

중요한 것은 S곡선이 하나일 필요가 없다는 것이다. 많은 S곡선이 모여 새로운 S곡선을 이룰 수 있다. 내가 발견한 성공 패턴은 비즈니스 유닛 또는 최상위 레벨의 가치 흐름별 S곡선과 시스템적 지원systemic enabler별 S곡선이다. 종종 각 비즈니스 유닛에는 자체의 하위문화, 역사 그리고 지역적인 저항이 있다. 크게 생각하고 작게 시작하며, 빠르게 배워라. 1장에서 나는 WoW CoE라고 하는 중앙 서번트 리더 조직을 언급했다. WoW CoE는 비즈니스 유닛별 소규모의 WoW CoE로 연합 및 프랙털 방식[14]으로 보완돼야 한다. 각 WoW CoE는 비즈니스 유닛 또는 최상위 레벨의 가치 흐름마다 S곡선을 지원하며, 모든 시스템적 저항을 드러낸다.

13 딜레마에 빠진 상황을 의미한다. 원래는 소설 제목이었으며, 여기에서 기술된 딜레마를 일으키는 조항이 Catch-22였다. – 옮긴이

14 일부 작은 조각이 전체와 비슷한 기하학적 형태 – 옮긴이

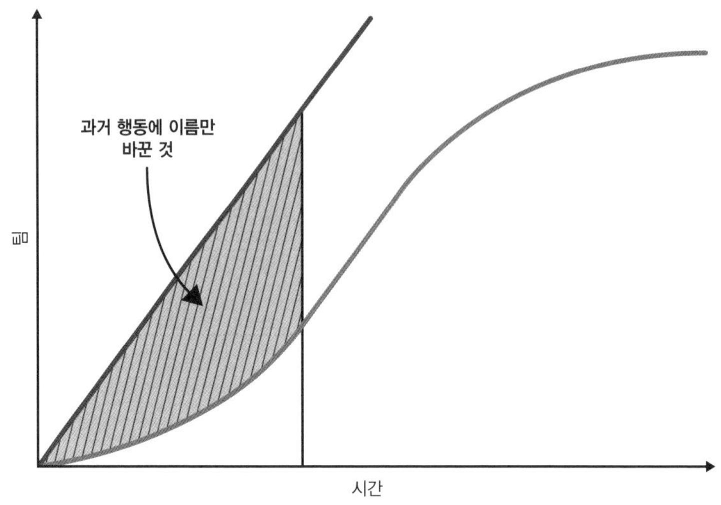

그림 2.6 #여러분도이랬나요(AsYouWere)

내 경험상 대규모 전통 조직이 전체 S곡선에 대한 80/20 규칙에 도달하는 시간은 순풍일 때 최소 3~5년, 역풍일 때 5~7년이다. S곡선에서 초기 기울기가 낮은 구간은 12~18개월 정도 걸린다. 너무 빨리, 많은 일을 하려 하지 마라. 순풍의 경우 4년 후에는 오래된 스테이지 게이트 및 변경 제어 환경이 폐기됐고 모든 변화는 디지털 시대에 적합한 수명 주기 및 제어 환경을 통해 관리되기 시작했다.

변화를 위한 과정은 사람마다 다를 수 있으며, 개선은 결코 끝이 있는 작업이 아니다. 여러분이 변화의 추진을 멈춘다면, 인간의 시스템은 정보 손실을 경험하고 사물들은 조금씩 이전의 상태로 돌아갈 것이다. 각자의 상황에 따라 BVSSH를 더욱 개선하기 위해 새로운 업무 방식으로의 실험을 위한 S곡선이 있어야 한다.

해야 할 것 2.2

규모를 키우기 전에 먼저 줄여라

'피해야 할 것 2.2'에서 규모가 크고 오래된 조직이 재정 지원 한도 내에서(또는 지원 한도를 넘어서면서) 비효율성과 관료주의의 최고 수준에 있거나 근접할 가능성이 있음을 확인했다. 비효율성과 관료주의는 시간이 지나면서 팽배해지고 BVSSH의 걸림돌이 될 것이다. 조직의 기능 장애 위에 애자일 방법이나 프레임워크를 얹어놓고 마법이 일어나기를 바라지만, 많은 관료주의와 문화를 제자리에 남겨두고 기계적으로 애자일을 따르게 되면 더 나은 성과로 이어지지 않을 것이다.

'애자일의 규모 확장'은 더 많은 애자일을 수행하는 것이 아니라 조직 전반에 걸쳐 애자일 역량을 보여주는 것이다. 애자일 역량을 높이기 위해, 빠른 업무 흐름과 안전한 가치를 위해, 업무와 업무 시스템의 규모를 축소해야 한다. 애자일 역량의 확장은 규모를 줄이는 것이다.

데이브 스노든의 말을 인용하면, "모으거나 모방으로 복잡한 시스템을 확장하는 것이 아니라 최적 수준으로 세분화한 다음, 상황에 맞춰 재조합해 확장한다."[15] 다시 말해, 이질적이고 다양하며 복잡한 조직이라면 애자일 프레임워크를 전체에 적용하는 대신(이는 모방성이나 동일성을 따르는 방법이다), 여러 제한된 실험으로 작게 시작해 가능한 한 단순하지 않게 유지하는 것을 목표로 한다.

조직은 상호 의존적인 서비스의 네트워크다. 따라서 규모를 축소하는 노력에는 종속성을 관리하는 것뿐만 아니라 종속성을 없애려는 노력도 포함돼야 한다. 종속성을 없애면 병목 현상 및 조정에 필요한 노력이 줄어들며 자율성이 높아지고 애자일 역량이 향상된다.

15 Snowden, 'Scaling in complex systems'

우리는 제한된 여러 실험에서 종단 간 업무 흐름의 규모 축소를 목표로 한다. 이를 위해 핸드오프와 업무 대기 시간을 줄이기 위해 다분야 팀에 인력을 추가하는 것도 방법일 수 있다. 규모를 확장하기 전에 다분야 팀의 인력을 확정해야 한다.

그런 다음 '해야 할 것 2.1'에서 본 것처럼, 하나 이상의 S곡선을 사용해 크기와 범위를 지속적으로 늘린다. 여러분의 상황에서 이미 '규모가 축소된' 작업 방식을 가능한 한 크게 확장해야 한다. 이 시점이 S곡선 오른쪽에 있는 새로운 제어 환경에서 안전하게 학습할 수 있는 좋은 시기이며, 새로운 제어 환경에는 BVSSH를 최적화하는 상황에 맞는 최소한의 규정 준수 가드레일이 있다(자세한 내용은 6장 참조). 시간이 지남에 따라 업무 흐름의 개선을 위한 규모의 축소를 더 쉽게 할 수 있게 된다.

조직이 업무 및 업무 시스템의 규모 축소 후에 팀의 규모를 확장할 때 높은 자율성을 가진 팀이 높은 지지를 얻도록 하는 게 중요하다. 즉, 작업은 전략적 성과에 맞춰져 있고 독립된 팀들은 하나의 방향으로 노를 저어야 한다(이 주제는 5장에서 다룬다).

조직이나 팀의 현재 규모가 성과의 가장 큰 걸림돌이 될 수 있다. 예를 들어, 내가 아는 한 조직에는 약 100명으로 구성된 팀이 있었는데 수년 동안 전통적 워터폴 방식을 통한 비즈니스 가치 전달에 여러 번 실패했다. 조직은 점점 지쳤고, 결국 솔루션을 구현한 것이 100명으로 구성된 두 팀을 구성하고, 두 팀 모두 워터폴 방식으로 비즈니스 가치 전달을 하려 했다. 진정한 광기는 다른 결과를 기대하면서 동일한 방법을 계속 반복하는 것이다. 이 조직이 수립한 계획의 결과가 어떤 모습일지는 굳이 설명하지 않아도 머릿속에 그려질 것이다.

이 조직은 전략을 바꿔 규모 축소와 단순화에 초점을 맞췄다. 애자일 원칙에 따라 가치 전달에 성공적인 실적을 가진 리더를 임명했다. 리더는 5명으로 구성된 팀을 만들었으며, 팀원들은 애자일 원칙과 사례로 작업하는 조직의 혁신가들이었다. 12주 이내에 이들은 고객에 실제 제품을 전달했다. 고객의 요구를 해결하고 가치를 제공했으며, 절실히 필요한 학습과 피드백을 제공했다. 이후 지원하는 비즈니스 수와 범위가 상당히 확장됐지만, 팀 규모는 각각 9명 이하로 구성된 3개 팀 이상으로 늘어나지는 않았다.

초기의 100명을 그대로 데리고 대규모 의무 훈련을 하고, 애자일을 로봇처럼 따르는 것만으로 산적한 문제를 해결하지 못했을 것이며, 결과적으로는 지나치게 복잡한 솔루션이 생성됐을 수도 있다. 문제는 단순히 100명의 규모만은 아니었다.

사례 연구: 애자일 구축은 중요하지 않다...보쉬(Bosch)의 사례

세계적으로 기술 및 서비스를 제공하는 기업 보쉬는 오늘날의 비즈니스 환경에 탑다운 관리법은 맞지 않는다는 것을 확인했다. 이에 업무 방식의 변화가 필요하다는 점을 인식하고 비즈니스의 여러 부분이 서로 다른 접근 방식이 나름의 메리트를 가져다준다는 점을 인정했다. 하버드 비즈니스 리뷰의 「Agile at Scale」에서 대럴 릭비(Darrell K. Rigby), 제프 서덜랜드(Jeff Sutherland), 앤디 노블(Andy Noble)에 의하면 보쉬는 '이중 조직(dual organization)'을 만들었다. 비즈니스 중에서 가장 변화가 많은 것은 애자일 팀을 통해 수행됐고 과거 기능들은 예전 방식으로 수행됐다. 빅뱅 전환 대신에 애자일 역량을 지키는 데 집중한 것이다.[16]

2015년에 경영진들은 조직에 애자일을 좀 더 깊이 적용하기로 했다. 목표를 정하고 최종 일정을 정했으며 정기적인 보고 일정을 잡았다. 이는 애자일 업무 방식에 반하는 과거의 방식이었으며, 탑다운으로 내려오는 이 변화 방식에 대해 회사의 많은 부서가 의심의 눈초리로 보고 있음을 알 수 있었다.

16 Rigby, Sutherland, and Noble, 'Agile at Scale'

팀은 전략을 바꿨다. 일단 전체로 퍼트리고 각 부서의 리더, 즉 '얼어붙은 허리'를 먼저 공략했다. 부서에 작은 애자일 팀을 만들고 다른 접근 방식을 테스트했다. 팀원들은 곧 속도와 효과의 증대를 경험하게 됐다. 2년이 채 되기도 전에 회사에 변화가 생겼다. 여전히 애자일 팀과 과거 전통적 방식으로 구성한 팀이 혼재해 있지만, 회사 전체에서의 '협업'은 증가했으며 회사 내 '대부분 영역'이 애자일의 가치를 수용했다. 새로운 업무 방식의 긍정적 성과를 경험한 것이다.

이 회사의 리더십 팀은 전면에 나서서 모든 것을 계획하지 않았다. 저자에 따르면, 리더들은 얼마나 많은 애자일 팀이 필요한지, 애자일 팀의 속도는 얼마나 돼야 하는지, 조직을 흔드는 일(빅뱅 애자일 전환이 주로 사용하는) 없이 관료적 저항을 어떻게 해결해야 하는지를 알지 못했다.[17] 보쉬가 애자일 역량을 키워야겠다고 판단했을 때, 회사는 새로운 애자일 팀을 만들고 이 팀들이 만드는 가치 및 당면했던 저항에 대한 데이터를 수집하고 애자일에 필요한 금전적 · 조직적 비용 대비 애자일이 창출하는 성과를 비교하면서 균형을 맞췄다. 비용이 이익보다 높다면, 회사는 이를 멈추게 하고 애자일 팀이 만드는 가치를 높이는 방법을 안에서 찾거나 (없다면) 변화에 대한 비용을 낮췄다.

해야 할 것 2.3

애자일이 아닌, 애자일 역량을 수직으로 우선 확장하고 다음에 수평으로 확장한다

'피해야 할 것 2.3'에서 참여 인력을 현장 참여 팀으로 제한한 상황을 봤다. 팀 레벨에서 시작해 수평적으로 확장한다면, 시니어 리더 및 허리 위치의 인력들을 누락시키게 되며 결국 처음으로 되돌아가게 된

17 Rigby, Sutherland, and Noble, 'Agile at Scale'

다. 나는 이런 실수를 한 적이 있다. 시니어 리더와 팀까지는 변화에 끌어들였지만 압박받고 있는 허리(중간) 레벨 인력을 충분히 끌어들이지 못했다.

전통적인, 워터폴, 테일러리즘, 명령과 통제, 결정론적 업무에서 서번트 리더십과 긴급성을 요하는 사고로 전환하기 위해서는 압박받고 있는 허리층에 명시적인 지원이 필요하다. 허리 레벨 인력들은 중요한 역할을 하지만, 그 역할은 더 이상 명령과 통제, 또는 요청과 수탁의 관계가 아니다. 이는 미션, 요구되는 성과들을 명확하게 하며, 그런 다음 서번트 리더로서 경청하고 코칭한다. 저항들을 제거하는 데 도움 주고 다른 의견에 대한 목소리를 허용한다. 비록 실험이 '성공적'이지 않았대도 이를 통한 개선 포인트를 인지한다. 어떤 이들에게 이미 실행 중인 사안일 수도 있다. 그 외의 사람들에게는 기성화된 행동들을 변화시키는 데 많은 시간이 들어갈 수도 있다. 이 역할을 맡은 사람들이 얼마나 관여하는지는 매우 중요한 문제다. 사람들은 과거의 지식을 버리고 새로운 것을 배우는 일의 속도에는 한계가 있으며, 변화는 하룻밤 사이에 이뤄지지 않을 것이다.

이를 위해 내가 찾은 방법은 조직을 수직으로 분리해 작업을 시작하는 것이다. 처음 적용할 그룹은 회사 내 각 계층의 모든 인력이 관여돼야 하는데, 특히 집행 위원회Executive Comittee는 반드시 포함시킨다. 이렇게 하면 시니어 리더를 포함한 수직적 라인, 압박을 받는 허리 조직까지 있는 모든 수준의 리더가 있는 다분야 팀이 만들어진다. 서로에게 배울 수 있으며, 낙오자는 없다.

이것은 말처럼 쉽지 않다. 혁신을 갈망하는 그룹은 현장 팀 레벨의 인력이다. 이들은 명령과 통제, 우리끼리만 아는, 톱니바퀴 부품 같은 관계로 수행하는 업무 방식에서 가장 재미를 못 본 계층이다. 심지어 예전에 어떤 팀은 이전에 업무를 하면서 '공통적인 괴로움'을 통해 하나로 결속할 수 있었다고도 했다. 바꿔 말하면, '그들의 현재 위치'

가 권위적인 업무 방식으로 도달했다고 믿는 리더가 있다는 얘기다.

만일 리더십 팀의 팀원들이 다른 인원이 따르기를 바라는 원칙이나 사례를 수용할 준비가 돼 있지 않으면 성공에 장애가 발생한다. 『조직의 재창조』(생각사랑, 2016)의 저자 프레데릭 라루Fredereick Laloux의 말을 인용하면, "한 조직의 의식 레벨은 그 조직 리더의 의식 레벨을 넘지 못한다"[18](이는 4장에서 더 살펴본다).

초기 조직의 수직적 분리는 강제가 아닌 초대로 진행돼야 한다. 각 계층에는 혁신가가 포함돼야 하며 팀 간 의존도는 가능한 한 없어야 한다. 팀은 역할 전문화에 따라 정렬되지 않으며 가치의 흐름(예: 신용 카드 비즈니스)과 하위 가치 흐름(예: 신용 카드 고객 서비스)에 의해 정렬되는 게 바람직하다. 엔지니어 팀만 돼야 하는 법도 없다. 소규모로 시작해 여러 분야의 인력을 포함하고 조직 전체에서 새로운 업무 방식을 점차 배우고 경험할 수 있도록 해야 한다. 조기 실험이 S곡선의 초기 단계에서, 조직에서 수직으로 분리된 팀(CEO에서 가치 흐름에 포함된 리더들을 거쳐 팀에 이르기까지)을 통해 동작하기 시작한다면 수평으로 이를 확대하고, 시간이 지남에 따라 더 내재화된 가치 흐름과 더 압박을 받는 허리 계층을 선택한다.

여기에서 중간 관리자들의 중요한 역할은 카타[19]의 코칭이다. 카타 코칭은 이전 토요타의 지속적인 개선에 대한 마이크 로더Mike Rother의 연구에서 나온 용어다. 로더는 여기에서 두 개의 프로세스를 사용하라고 권했다. 하나는 개선 카타Improvement Kata이고 또 하나는 코칭 카타Coaching Kata인데, 이는 과학적 사고의 훈련 방법이며 인지적 편향 때문에 중간을 뛰어넘어 결론으로 가버리는 것을 방지한다.[20] 개선 카타에서 학습자는 비전에 대한 방향 또는 정의를 설정한다. 학습자들

18 Laloux, 『Reinventing Organizations』, 17.

19 우리말로는 '품새'로 번역할 수 있으나 여기에서는 그냥 카타(Kata型)로 사용한다. – 옮긴이

20 Rother, 『Toyota Kata』

은 현재 상황을 이해하고 그들이 다음에 생성하려는 목표 조건을 정의하는데, 이는 지식의 문턱을 넘어선 것이다. 그들은 목표 조건을 향해 노력하고, 실험들을 실행하고 그 과정에서 나타나는 여러 장애를 극복한다. 두 번째 카타는 코칭 카타로 리더가 개선 카타를 통해 팀을 코칭하고 지원하며, BVSSH 성과를 개선하는 데 좋은 방법이다. 학습자가 개선 카타를 어떻게 생각하고 접근하는지에 대한 코칭의 일부가 포함된 5가지 코칭 질문이 있다. 이 질문들은 모두를 위한 지속적인 개선의 기억 근육을 구축한다.

요약

크게 생각하고 작게 시작하라

2장에서는 대규모 조직에서 더 나은 작업 방식을 지속 가능하고 안전하며, 성공적으로 채택하는 방법을 설명했다. 오래되고 전통적이며 애자일과 거리가 있는 많은 조직은 수십 년, 때로는 수백 년 동안 거의 동일한 방식으로 비즈니스를 수행해 왔다. 우리는 이러한 조직들이 비효율성의 한계까지 도달하면서 동작하는 것을 살펴봤다.

우리는 또한 피해야 할 빅뱅 방식, 애자일에 애자일 사고방식을 적용하지 않는 것, 조직 전체를 대상으로 하는 것, 거대한 퀴블러로스 곡선을 초래하는 강제 전환 접근 방식들을 살펴봤다. 그리고 애자일의 규모 확장을 위해 업무 규모를 축소하는 것보다 현재 조직 전반에 걸쳐 애자일, 린 사례 또는 도구를 적용하는 데 있어 피해야 할 것들을 봤다. 이는 애자일 확장에 대한 것이 아니라 성과 개신을 위한 업무 방식의 확장이다. 우리는 또 하위 레벨의 팀만 참여하는 현상을 봤다. 이를 막기 위해 조직을 수직으로 분리해 중간 조직을 항상 포함시켜야 하며 장애는 반드시 해결할 수 있다는 믿음을 가져야 한다.

과거의 지식을 버리고 새로운 지식을 습득하는 일은 사람마다 속도가 다르다. 변화의 속도는 강제할 수 없으며, 육성되는 것이다. 사람들의 변화 수용 곡선은 정규 누적 곡선인 S곡선을 따르며 곡선은 혁신가들부터 시작된다. 업무 방법의 개선은 안전하게 학습돼야 하며, 위험 감수 범위 안에서 진행돼야 한다. 서번트 리더의 중요한 조력자인 중간 관리 계층은 결과에 따라 팀을 지속적으로 개선하고 코칭을 하거나 코칭을 받는다.

크게 생각하고, 작게 시작하고, 빨리 배우도록 하라.

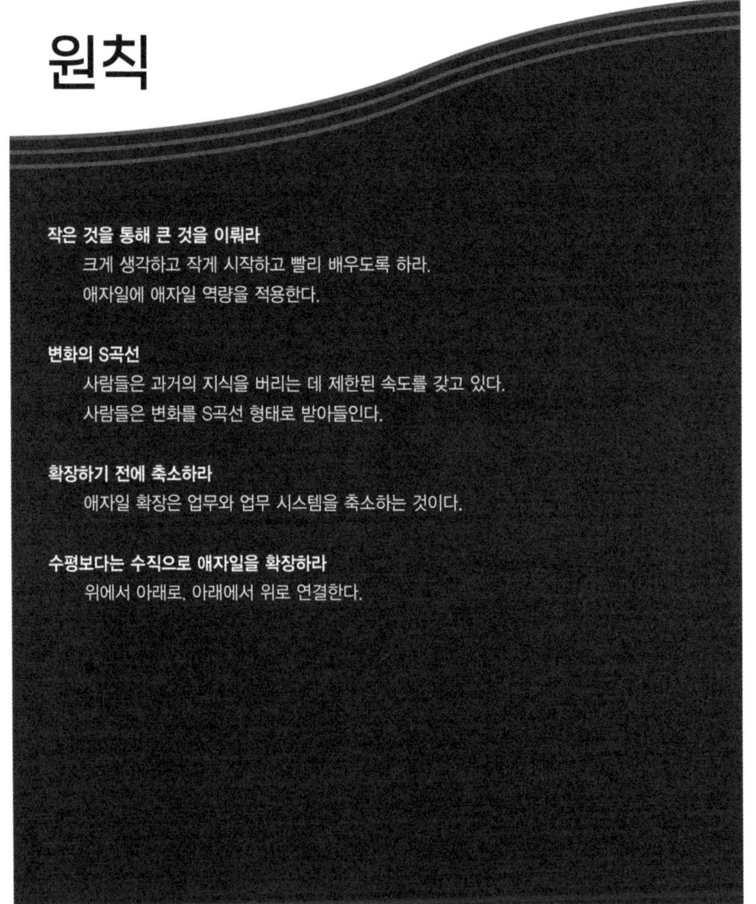

피해야 할 것 3.1
천편일률적 적용

피해야 할 것 3.2
권유보다는 강제

3 단방향 최적화: 강요보다는 권유를...

해야 할 것 3.1
천편일률이란 없다

해야 할 것 3.2
강제보다는 권유

줄리는 구직 인터뷰 준비가 돼 있었다. 적어도 스스로는 그렇게 생각했다. 해당 포지션에 대해 마지막으로 본 인터뷰 이후 간만의 인터뷰였으며 당장 다른 포지션을 알아볼 계획도 없었다.

줄리는 지난 9년간 일했던 곳을 좋아했으며 거기가 편했다. 물론 가끔 답답한 상황이 있기도 했다. 마감 기한은 때때로 비현실적이었다. 규정 준수까지 걸리는 시간은 항상 길었고, 피드백을 받는 시점은 종종 마지막 순간이 돼야 도달했다. 이로써 무계획 업무, 마감 기한 미준수, 신호등의 빨간불, 계획 재설정, 변화 통제 보드, 지연에 대한 '책임'을 두고 벌이는 남 탓 공방, 사내 정치 게임에 빠진 사람들이 발생한다. 줄리의 상사는 명성이 대단했다. 사람들은 그의 기분을 맞추고 가능한 한 나쁜 소식을 오래 감추기 위해 극한의 노력을 기울였다.

줄리는 자신의 회사가 출시한 기능들이 고객에게 느리게 전달되는 것에 놀라지 않았다. 각 기능을 내놓는 데 오랜 시간이 걸리는 것도 마찬가지였다. 그들은 디지털에 매우 관심이 많은 얼리어답터가 아니었고, 전통적인 경쟁사들이 언제나 더 나은 성과를 보여주고 있었다. 특히 주요 경쟁 관계의 회사가 몇 달 전 출시한 애플리케이션은 이미 고객 만족도 리뷰에서 최상위 평가를 받았고, 매주 업데이트를 하고 있었다. 줄리의 회사는 결정을 내리는 데만 경쟁사보다 약 20배 시간이 걸릴 것이다. 그 결정이 여러 위원회의 승인을 받는다면 그만큼의 시간이 더 걸릴 것이다.

줄리는 변화의 필요성을 받아들였다. 이사회로부터 트랜스포메이션, 강제된 새로운 역할, 강제된 새로운 사례, 강제화된 트레이닝에 대해 들었을 때, 줄리는 그저 알버트[1]처럼 눈알을 굴리면서 머리를 끄덕이고 있지만은 않았다.

"또 시작이군요. 몇 년마다 반복되고 있는 일이죠." 이사회 중 한

1 영화 〈알버트〉의 주인공(https://www.imdb.com/title/tt4144206/) – 옮긴이

명이 말했다. "지난번엔 모두에게 적어도 10개 보고서를 직접 작성하게 만드는 연습이었습니다. 많은 사람이 해고됐고 유일한 혜택은 주주들을 위한 것이었지만 그나마 오래가지 못했습니다. 우리는 사용자 만족도 개선이나 업무 진행에서의 지연을 제거하지 않았습니다. 우리는 개인적인 개발 시간이 부족했으며, 거짓된 역할 기반 팀이 많았습니다. 작업은 결국 새로운 전문 용어로만 끝날 것이고 아무것도 변하지 않을 것입니다. 업무 시스템과 문화는 제가 여기 있는 25년 동안 바뀌지 않았습니다. 보시다시피 예전 행동에 이름만 바꿔 달고 있어요."

줄리의 얼굴에 미소가 번졌다. 이미 일부 직위의 명칭이 바뀌었고, '프로젝트 매니저'였던 줄리의 직함도 '프로덕트(제품) 매니저'로 바뀌었다. 하는 일은 예전의 프로젝트 매니저와 크게 다르지 않았다. 최근의 트랜스포메이션에 분명 비용은 들어갔겠지만, 이것이 조직에 더 나은 성과나 가치 전달을 더 빠르게 만들거나, 고객을 만족시키지 못했다. 사실 트랜스포메이션의 결과는 의도와 정반대로 느껴졌으며, 바닥치기 경쟁과 같았다.

알버트가 옳았을 수도 있다. 이번에도 별반 다를 것 같지 않았다. 줄리는 그들이 트랜스포메이션을 수행하는 명확한 이유가 주주들의 이익보다 우선되기를 바랐다. (하지만) 이는 영감을 주는 것처럼 느껴지지 못했다. 회사는 잘 나가고 있었다. 오래된 경쟁자들에게 시장 점유율을 잃어가고 있었지만 여전히 굳건한 이익을 내고 있었다. 내가 만일 질문을 받는다면 이해관계자들의 이익을 위해 나는 동료나 나 자신을 해고하고 싶지 않다고 말할 것이다.

그러나 아무도 줄리에게 묻지 않았다. 고객과 가장 가까운 사람들이 회사의 약점과 강점을 누구보다 잘 알고 있었다. 그들은 업무와 가장 가까웠고, 더 나은 성과를 낳을 아이디어를 제공할 수 있을 거라고 줄리는 확신했다. 하지만 커뮤니케이션은 다른 프로젝트처럼 이정표가 포함된 18개월 프로젝트 계획에 기반한 기정사실의 진술에 그쳤다.

이런 상황에서 최고의 전략은 명령만 따르고 더 이상 행동하지 않는 것이었다. 줄 밖으로 나오면 안 된다. 어떤 위험도 감수하지 마라. 줄리는 생각했다. 다른 누군가가 이 일을 책임질 것이라고, 나는 하라는 대로 할 뿐 제대로 되지 않으면 그건 다른 사람의 문제라고….

줄리는 깊은 한숨을 내쉬었다. 잘못된 부분이 어디인지 확신이 없었다. 인터뷰가 문제일까? 아니면 회사에서 일어난 몇 달간의 변혁? 줄리의 동료들이 여러 경쟁사에 스카웃된 상황이라 이에 대한 불확신은 더욱 커졌다. 줄리도 경쟁사에 갈 수 있었다. 확실히 더 나은 성과를 전달할 방법이 있어야 했다.

피해야 할 것 3.1
천편일률적 적용

조직의 애자일에 대해 천편일률이라는 것은 없으며 마법의 탄환이라는 것도 존재하지 않는다. 길은 하나만 있는 게 아니며 모든 상황에서 성과를 최적화하는 애자일 종합 세트도 없다. 여러분의 조직, 여러분의 고객, 가치에 대한 문제, 환경, 프로세스, 업무 시스템, 모든 레벨의 리더들, 팀, 제약 사항, 시작점, 행동 규약, 과거 히스토리, 브랜드, 여러분 자신 등등 모두 제각각이다. 이것들이 애자일의 베이스라인이 된다.

여러분의 조직 상황은 제각각이다. 길이 하나만 있지는 않다

조직은 다양한 요소로 이뤄져 있으며, 긴급 상황이 자주 발생하는 예측 불가능한 복잡한 적응 시스템이다. 공간에서의 행동은 공간의 변화로 이어진다. 나비의 날갯짓으로 변화는 수천 마일 밖에서 토네이도를 일으킬 수도 있고, 아무런 일이 없을 수도 있다. 마찬가지로 복잡한 시스템에서의 작은 것들이 전체에 영향일 미칠 수도 있으며 이에 대해서는 누구도 예측할 수 없다. 이는 불가역성이며 커피에 퍼지는 우유처럼 한 번 시작되면 되돌릴 수 없다.

애자일 역량을 높이거나 BVSSH의 성과를 전사적으로 개선하는 것은 복잡성, 다양성, 창발성을 활용해 이를 성공의 요소 또는 경쟁 차별화 요소로 취급하는 것이지 모든 팀에 동일성을 부여하는 게 아니다. 성과의 극대화를 위한 조직적 애자일로의 접근은 붕어빵처럼 찍어낼 수 없다. 천편일률적 접근은 2%는 성공시킬 수 있어도 98%는 실패할 가능성이 크며, 조직 안에서 BVSSH 성과를 개선하기 위한 스위치는 다양하다.

여러분의 상황은 제각각이며 조직, 사람, 제품, 프로세스, 기술, 도구 및 데이터에 걸쳐 나눠진 다양한 요소로 구성된다. 그림 3.1은 그 중 일부를 나타낸 것이다.

조직	사람	제품
저항	문화(조직, 비즈니스, 부서, 팀)	중요도(제품 수명 관점)
시작점	리더, 리더십, 팀, 승인	지연 비용
산업의 변동, 중단	다양한 업무 방식에 대한 사전 경험	시스템에서 시작하는 업무의 속도, 예측 가능성, 규모
경쟁자	심리적 안전	
긴급성	고객의 기대	불확실성의 수준 및 위험도 (알 수 있는 단계)
변화 지연에 따른 비용	고객의 유연성	
조직 규모	고객 피드백 시스템의 난이도	필요한 '확장'의 단계
조직 연령	다양성	의존(연결)도
위치	국가적 문화 규범	응집도
비즈니스의 다양성	생존의 불안	타입(공유, 고객 경험의 조정, 채널)
목표, 가치	팀원들이 함께 일한 기간	
역사, 전승	조직 문화	가치 전달을 위한 핸드오프
과거 인수 합병	지리적 분포	현재 리드 타임
조직 정체성	내부 인력 vs 아웃소싱	현재 업무 흐름의 효율
안전 중요도	스킬 레벨	현재 품질

공개 vs 비공개	지식과 인사이트	규제량
장기 vs 단기 압박	능력	**기술**
프로세스	인사 프로세스(승진, 채용, 보상)	모노리식 vs 마이크로서비스 아키텍처
정책	정년	사용된 기술
표준	정설과 믿음	의존(연결)도
프로세스	역할의 정의	응집도
규제	인센티브	엔지니어링 스킬
재정	교육, 코칭, 지원 가용 자원	엔지니어링 사례
고용	가능한 커리어 패스	환경 프로비저닝
조달	업무 환경	자동화 단계
기초 프레임워크의 단계	부서 간 협업 능력	브랜치 전략
감사(Audit)	커뮤니티의 존재 여부	빌드와 배포 전략 및 주기
거버넌스, 위험 및 규정 준수	**도구 & 데이터**	관찰 가능성
제품 VS 프로젝트	정보 방열판	회복력
환경 프로비저닝		임베디드
	데이터 주도 인사이트 마인드의 단계	
	Availability of date–led insights	
	데이터 피드백의 속도	
	데이터를 훈련시킬 능력	
	가용 도구들	
	종단 간 통합 도구	
	선택이 없는, 일부 제한된 선택 가능한, 무제한 선택 가능한	

그림 3.1 여러분의 제각각인 상황을 구성하는 불완전한 기준 예시

그림 3.1에서 '사람' 카테고리에 많은 요소가 있다는 것에 주목할 필요가 있다. '도구' 영역에 속하는 요소가 가장 적은 것을 볼 수 있는데, 이는 상황이 도구나 프로세스보다 사람에 훨씬 영향을 받는다는 것을 의미한다. 하지만 종종 조직들은 도구의 핸들링이 가장 수월하기에 도구로 시작점을 잡곤 한다. 사람들이 새로운 도구를 접하는 것은 꺼리지 않기 때문이다. 이러면 기존 행동 규범을 변경하지 않고 수

행되는 일이 빈번해진다. 기존 지식을 버리고 새로 배우기 위해 사람으로 시작하는 것은 어렵지만, 이렇게 하는 게 더 나은 성과를 위한 레버리지가 된다.

그림 3.1의 리스트를 만드는 데 그리 오래 걸리지 않았다. 짧은 시간에 90여 개 목록이 도출된 것이 놀라웠다. 이 카테고리들을 조합하면 어마어마한 케이스가 도출될 수 있을 것이다. 여러분의 상황은 각기 다르며 각각의 대규모 조직에는 다른 많은 고유한 상황이 내포돼 있다. 그리고 여러분의 상황은 변화하며 그 속도는 점점 더 빨라지고 있다.

BVSSH 성과의 개선은 독단적으로 일련의 활동을 강요함으로써 독창성을 억제해서 만들어지지 않는다. 이는 고유성을 활용하고 가드레일 안에서 상황을 최적화해야 함을 의미한다.

> 여러분의 앞에 놓인 길에 장애물이 없다면 이는 다른 누군가의 길일 것이다.
>
> –조셉 캠벨Joseph Campbell

이제 세 가지 상황적 기준을 좀 더 살펴볼 것이다. 세 가지란 애자일 확장, 문화, 혁신 대 개선을 의미한다.

1. '확장'에 대한 상황은 각기 다르다. 길이 하나만 있지 않다

나는 예전에 '애자일 확장'에 대한 주제로 토론 콘퍼런스를 퍼실리테이팅한 적이 있다. 거기에 참석한 사람들이 정의하는 '규모'는 저마다 달랐다. 아래는 그중 일부다.

- 하나의 상황에 하나의 제품을 전달하는 팀(팀당 10명 내외 구성)의 집합

- 비슷한 상황에 있고 하나의 제품을 전달하는 수십 또는 수백 개의 팀
- 서로 다른 상황에 있고 하나의 제품을 전달하는 수십 또는 수백 개의 팀
- 서로 다른 상황에 있고 연관이 없는 제품들을 전달하는 몇몇 팀
- 서로 다른 상황에 있고 연관이 없는 수십, 수백 개의 제품을 전달하는 수십 또는 수백 개의 팀
- 내부 감사 팀, 조달, 법률, 마케팅 등의 비非IT 팀의 애자일
- 규모에 상관없이 조직을 통틀어 하나, 여러 개, 수천 개의 제품과 가치 흐름을 생성하는 조직의 애자일

팀 간 또는 제품 간 의존의 정도, 현대화된 작업 방식에 대한 숙련도, 문화적 기준과 같은 것들이 서로 다른 '애자일 확장'에 대해 고려해야 할 또 다른 열쇠다. 만일 (팀 및 제품의) 연결 정도가 높고, 숙련도는 낮으며, 명령과 복종의 문화라면 이 접근 방식은 높은 협력, 업무 싱크 및 정의에 초점을 맞춰 의존성을 완화해야 효과를 볼 것이다. 연결의 정도가 0이라면 높은 레벨의 숙련도와 서번트 리더 문화에 집중하며 최소 가드레일 안에서 전략 조정을 통해 좀 더 자율성을 부여할 수 있다.

불행하게도, 내가 자주 관찰한 것은 상황을 고려하지 않은 조직 전반에 걸친 하나의 접근 방식, 즉 엄격한 일련의 활동을 적용하는 것이었다. 이는 애자일에 애자일 사고방식을 적용하는 게 아니다. 애자일 헌장의 원칙 중 하나는 다음과 같다.[2] "정기적으로 팀은 효율성을 높이는 방법에 대해 숙고한 다음, 이에 따라 팀을 조정하고 행동을 맞춘다."

사람들이 '규모'에 관해 이야기할 때는 통상적인 하나의 정의나 시

2 '애자일 헌장에서의 원칙', https://agilemanifesto.org/

나리오가 없다. 천편일률적으로 하나의 사례 세트로 모두 적용하는 것은 피해야 한다. 애자일은 사례를 최적화한다. 상황이 제각각이라는 진실을 알려주지 않으며 상황에서의 성과에 대해 최적화를 하지도 않는다.

2. 문화적 상황은 각기 다르다. 길이 하나만 있지 않다

말단 조직에서 이해하는 '확장'은 내가 지금부터 살펴볼 문화라는 두 번째의 상황적 요소와 연관이 있다. 문화란 조직에서의 행동 규범을 말한다. 변화가 진행 중인 비즈니스 영역의 내부 문화는 BVSSH의 성과 개선을 위한 접근 방식을 표방해야 한다. 상황에서의 행동 규범을 고려하지 않고 하나의 방법을 적용하는 것은 피하는 게 좋다.

이를 뒷받침하는 근거가 여럿 있다. 예를 들어 라루 문화 모델Laloux Culture Model, 슈나이더 문화 모델Schneider Culture Model, 웨스트럼 조직 문화 유형학Westrum typology of organizational culture 모델 등이 있다. 우리는 웨스트럼 유형학 모델을 사용할 것이다.

미국의 사회학자인 론 웨스트럼Ron Westrum은 조직 문화의 유형이라는 것을 만들었다. 웨스트럼은 어느 조직에서 리더의 선입관이 해당 조직의 문화를 형성한다고 주장했다. 보상을 제공하고 벌을 가하는 리더의 행동이 조직원들에게 그의 취향을 전달하면서 해당 조직의 선입관으로 정착된다. 시간이 지나면서 조직원들은 리더의 분위기를 읽는 법을 배우며 보상을 받는 행위 및 벌을 피하는 행위에 연연하게 된다. 이런 과정에서 조직 문화가 발생하는데 이는 조직 문화가 문제와 기회를 맞닥뜨릴 때 반응하는 패턴 형태로 나타난다. 웨스트럼은 문화 유형을 병리적 유형, 관료적 유형, 생성적 유형 세 가지로 정의했다. 모두 리더의 선입관에서 나온다.

개인의 권력, 요구 사항, 명예에 집중하는 것은 병리적인 환경을 만든다. 부분별 영역, 위치, 역할에 사로잡힌 리더들은 관료적 환경을 만든다. 그리고 팀의 사명에 항상 눈을 두는 리더들은 생성적 유형을 구축한다.

병리적인 유형이나 관료적 유형에서 심리적 안전은 존재하지 않는다. 명령과 통제가 만연하고 학습된 절망과 더불어 공포 문화가 존재할지도 모른다. 나는 이런 분위기의 팀과 같이 시간을 보낸 적이 있다. 이 팀원들은 감히 탐구하고 수용할 행위를 하지 못한다. 그냥 명령의 순서에 따라 다음 명령을 기다릴 뿐이다. 그들 자신에 대해 파악하고 개선하는 것 대신에 복지부동을 택한다. 긴급성을 요하는 도메인에서 심리적 안전이 결여된다면, 실패의 공포에 대한 성과를 개선하려는 실험을 시도하려 하지 않을 것이다.

표 3.1 웨스트럼의 세 가지 문화 유형[3]

병리적 유형	관료적 유형	생성적 유형
권력 지향	역할 지향	성과 지향
낮은 협력도	중간 협력도	높은 협력도
메신저는 삭제	메신저는 무시	메신저는 훈련됨
책임은 회피	좁은 책임 범위	위험이 공유됨
연결은 권장 안 함	연결은 허용	연결을 권장함
실패 → 책임 전가	실패 → 처벌	실패 → 조사함
참신함은 파기됨	참신함은 문제적	참신함이 구현됨

이 문화 규범에서 혁신적 변화의 성공 가능성은 작다(아이러니하게, 이는 강제화된 것으로 본다). 진화적(점진적) 변화는 학습에 안전한 작은 단위의 연속적인 실험이기 때문에 심리적으로 더 안전하고 성

3 Westrum, 'A typology of organizational cultures'

과의 장기적 개선이 '고착화'되며, 지속적 개선을 위한 기억의 근육을 만든다. 나는 지금까지 여러 번의 명령과 통제하에서의 혁신적 개혁의 실패와 진화적 변화의 성공을 봐왔다.

서번트 리더십, 권한 위임, 생성적 문화 규범, 학습의 인정이 존재하는 비즈니스 영역은 실험에 더 많이 열려 있다. 이 실험은 더 빨리 성공하기 위해서 빠른 실패를 지향한다. 여전히 작게 시작하고 변화를 권유하는 방식으로 진행해도 혁신적인 접근법이 실현 가능성이 크고 이상적일 수 있다. 심리적 안전과 실제 안전도(최소 가드레일과 사전 위험 인식 문화)가 높을수록 더 많은 혁신 팀이 성과 개선을 위한 실험을 진행할 수 있다.

모든 문화적 규범에는 다른 비즈니스 유닛, 팀 단위로 여러 변형된 형태가 있을 수 있다. 이는 과거 참조 사항, 지리적 특성, 이들의 조합, 새로운 아이디어와 실험의 안착을 위한 혁신 센터 또는 디지털 허브와 같은 운영 설정 등에 따라 달라진다.

조직의 주요 또는 일부에서의 문화 유형은 변화에 대한 접근을 표방해야 한다. 문화적 규범을 무시한 천편일률적인 접근은 피해야 할 것이다.

3. 혁신 vs 진화, 길이 하나만 있지 않다

피해야 할 것 중 살펴볼 세 번째 요소는 '혁신 vs 진화'다. 천편일률적인 접근법은 진화가 더 맞는 상황인가를 고려하지 않으면 혁신에서 끝나고 만다. 이는 BVSSH 성과를 최적화하는 데 실패한다.

진화와 혁신은 변화에 어떻게 접근하는지에 대한 두 가지 스펙트럼을 보여준다. 진화는 현재 역할과 책임을 존중하며 요구되는 성과를 명확히 하고, 현재 업무 시스템을 중시하고 지원을 통한 지속적인 개선에 대해 사람들에게 답을 구한다. 댄 터홀스트 노스Dan Terhorst-North는 "시각화하고, 안정화하고, 최적화하라"[4]라고 말했다.

혁신은 작게 시작하더라도(오늘날에는 이런 일은 거의 없지만) 업무 시스템, 업무 역할을 완전히 근본부터 바꾸는 것을 의미한다. 예를 들어 역할 기반의 사일로와 긴 리드 타임을 가진 전통적인 작업 방식에서 소규모의 다분야 팀, 새로운 업무 역할(프로덕트 오너, 스크럼 마스터 등), 스크럼 같은 이터레이션 기반 접근법으로의 전환이 그것이다. 여기에는 스포티파이 모델에서 칭하는 스쿼드, 집단, 챕터, 길드로의 탑다운 방식의 강제 변화도 있을 수 있다. 이는 때때로 사람들에게 혁신적인 변화로 다가온다.

내 경험상 애자일 프레임워크에서 제공하는 애플리케이션들은 이런 혁신적인 접근법을 사용한다. 프레임워크들은 대부분 미리 규정돼 있고 '불변'으로 천명돼 있다. 여러분이 망치를 쥐고 있다면 주변의 모든 상황이 못으로 보인다. 망치에 비용을 들여 금칠했거나, 사람들에게 훈련 비용을 들이며 망치를 쓰도록 했다면, 사람들은 이를 사용하려 할 것이다. (이런 식의) 프레임워크의 애플리케이션과 프레임워크 자체에서의 일부 단계의 결과는 고유한 상황에 맞게 애자일 역량을 증대시키는 '권유'는 아닐 것이며, 성과에 대한 최적화와는 거리가 있는 천편일률적인 접근법을 강요하는 게 된다. 이로써 성과의 개선이 아닌 프레임워크의 수행에 초점이 맞춰진다.

일부 케이스에서는 프레임워크가 명시적으로 상황에 채택될 수 있다. 이때 팀에서 고려할 수 있는 옵션이 제공되며 문제에 집중할 수 있게 도와주고 팀이 그 문제를 해결할 방법을 찾게 한다. 프레임워크는 팀이 업무 방식을 완전히 조사하고 바꾸는 데 적용할 수 있으며, 규범적 사례들 안에서의 작업에서는 효과가 없다.

---

4 North and Kirk, 'Scaling Without a Religious Methodology'

프레임워크는 시작점이며, 목표로 인식하면 안 된다. 지식 체계에서 배운 다음, 지속적으로 조사하고 적용해 BVSSH가 최적화됐다면 수용할 수 없는 프레임워크가 더 이상 사용될 수 없게 해야 한다. 모두에게 배우고, 모두를 따라 하라. 가능한 한 최소한의 가드레일 안에서 상황을 최적화하라.

천편일률적인 접근법은 피해야 한다. 이는 대부분 실제로 상황에 대한 고려가 없거나 혁신과 진화 중 무엇이 더 성과에 최적화인지에 대한 고려 없는 혁신으로 끝날 수 있다.

피해야 할 것 3.2 권유보다는 강제

특정 사례를 사람이나 팀에 강제하는 것은 피해야 한다. 애자일 헌장의 제창자이며 소트웍스ThoughtWorks의 수석 과학자인 마틴 파울러는 2006년에 다음과 같이 말했다.

> 어느 팀에 프로세스를 강요하는 것은 애자일 원칙과 정반대 행위인데, 우리는 처음부터 그래왔다. 팀이 스스로 프로세스를 골라야 하며 그들이 일할 상황 및 사람과 맞아야 한다. 애자일 프로세스를 외부로부터 부과하는 일은 팀의 자기 결정 능력을 감소시키며 이는 애자일 사고의 핵심과 완전히 반대로 가는 것이다.[5]

파울러는 팀이 스스로 프로세스를 선택해야 할 뿐만 아니라, 어떻게 이를 전개할 것인지에 대한 제어도 스스로 해야 한다고 했다.[6] 12년 후 애자일 오스트레일리아 콘퍼런스에서 파울러는 "우리의 과제는 내가 가짜 애자일faux-agile이라고 부르는 것을 다루는 일이다. 애자일은 이름

5 Fowler, 'AgileImposition'

6 Fowler, 'AgileImposition'

뿐이지만 그 어떤 가치도 제자리에 있지 않다"[7]라고 말했다. 또한 '애자일 산업 단지Agile Industrial Complex'가 부과한 것은 '모조품'[8]이라고 했으며, "모든 것이 천편일률적이지 않다"[9]라고도 말했다.

애자일 헌장은 개인을 강조하고 프로세스나 도구보다는 상호 작용을 강조하며, 계약보다는 협업, 지원을 받는 이의 동기 부여, 일의 완료에 대한 믿음, 어떻게 하면 더 효과적인지, 이를 위해 정기적으로 행동, 사례, 프로세스를 조정하는 자력 구성 팀self-organized team을 강조한다.

하지만 주변에는 조직과 팀에서 지켜야 할 필수화된 규범적 사례가 자주 보인다. 이는 권한 위임이 아니며, 사람을 존중하는 것도 아니다. 공포와 저항을 몰고 오며 애자일 역량을 위한 애자일도 아니다. 1장에서 봤듯이 이는 대리인 상태agent state를 초래하며 이 상태에서 사람들은 성과에 대한 책임을 회피한다. 강제는 통제 영역을 밖으로 이동시키며 심리적 소유 의식을 감소시킨다. 여기에는 내적 동기화보다는 외적 동기화가 더 많다. 다시 말하면 사람들이 성과나 업무에 대해 통제권이 없다고 느낀다. 외부에서 통제당하는 사람들은 외적 동기화를 받는 경우로, 업무의 성과나 만족도가 낮게 나오는 경향이 있다.[10]

애자일의 강제화는 대규모 전통적인 조직에서 환원주의, 결정론, 명령과 통제의 사고방식으로 변화로의 접근, 제품 개발의 커리어를 보낸 많은 리더에게는 낯설지 않다. 가장 조금 아는 시점에서 산출물을 고정하고 날짜를 정하며 '사람들의 발을 불 위에 두는 것'이 '일을 잘한다'라는 평판을 얻게 한다고 믿는 사람들이 있다. 하지만 이는 인간의 고통을 비용으로 치러야 하며 가장 가치 있는 '물건'을 만들어

7 Fowler, 'The State of Agile Software in 2018'

8 Fowler, 'The State of Agile Software in 2018'

9 Fowler, 'The State of Agile Software in 2018'

10 Chen and Silverthorne, 「The impact of locus of control on job stress」

낼 것 같지 않다. 과거부터 이어진 결정론적 업무 접근법인 테일러리즘은 조직화된 인간의 노력이 문해력이 낮고 반복적인 대량 생산에는 적용되고 있다. 하지만 디지털 시대에서 노력은 고유한 제품 개발, 지식 업무, 신생 영역, 복잡한 적응 시스템, 무엇을 모르는지도 모르는 많은 것으로 점철돼 있으며, 어떨 때는 새로운 세대의 리더가 필요할 수 있다.

피해야 할 것에서 해야 할 것으로

일대일 맞춤과 변화로의 권유

지금까지 모든 상황에서의 성과에 대한 최적화 작업 방법이 얼마나 천편일률적이지 않은지를 봤다. 여러분의 조직, 고객, 가치의 제안, 환경, 프로세스, 업무 시스템, '규모'의 정의, 모든 레벨의 리더들, 팀, 제약 사항, 시작점, 문화, 역사, 브랜드, 팀 그리고 여러분은 고유한 존재다. 모든 상황에 대한 성과를 최적화하는 사례집은 없다. 1장에서 봤듯이, 긴급성을 요하는 영역에서 '모범 사례'란 존재하지 않는다. 성공적인 결과로 이끄는 해야 할 항목들과 원칙들 그리고 피해야 할 항목들만 있을 뿐이다.

우리는 또 애자일의 강행은 애자일 역량과 거리가 멀다는 것도 봤다. 강제적 애자일은 사람들, 권한이 위임된 팀, 서번트 리더십의 애자일과 린의 원칙에 반한다. 내적 동기보다는 외적 동기가 강하기 때문에, 변화의 유지와 성공적인 결과로의 여정이 어려워진다.

애자일의 강행 대신, 여러분 고유의 VOICE를 갖고 강제보다는 권유를 해야 한다. 그래야 BVSSH를 성공적이면서 지속적으로 전달할 수 있다.

천편일률이란 없다

'피해야 할 것 3.1'에서 천편일률적 접근법의 적용이 왜 인간의 조직에서 무한한 정황들에 대한 성과의 최적화에 모두 맞지 않는지를 알아봤다.

대신에 여러분 고유의 VOICE를 찾고 이를 활용해야 한다. '해야 할 것 3.1'에서는 숙련도의 레벨을 어떻게 고려해야 하고, 문화적 규범은 어떻게 혁신에서 진화적 스케일로의 접근 방법을 표방해야 하는지 알아본다. 이는 일반적으로 알려진 프레임워크의 비교 작업을 포함하며 프레임워크는 여러분의 고유 상황에서 적용해야 할 가이드 역할로 사용될 것이다. 핵심은 '#AllFramework'이지 '#NoFramework'가 아니다. 최소한의 가드레일과 상황 안에서 무엇이 최적으로 사용될 수 있을지를 보는 것이다(5장 및 6장 참조).

1. 여러분은 여러분만의 VOICE가 있다. 이를 사용하라

하나의 모범 사례집을 각 정황의 고려 없이 조직 간 전파하는 것 대신, 애자일 사고방식을 조직 애자일에 적용해야 한다. 다시 말해 여러분 고유의 VOICE(그림 3.2 참조)를 인식해야 한다. 여기에서는 비즈니스 애자일 접근 형태로 표현되며 천편일률적 사례 적용법을 대체한다. VOICE란 가치와 원칙Value and Principle, 성과와 목적Outcomes and Purpose, 의도 중심 리더십Intent-Based Leadership, 코칭과 지원Coaching and Support, 실험Experimentation을 의미한다.

의도 기반 리더십

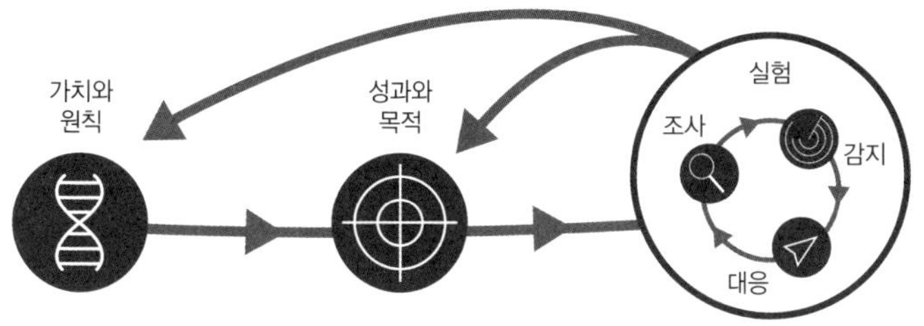

코칭과 지원

V=가치와 원칙, O=성과와 목적, I=의도 기반 리더십, C=코칭과 지원, E=실험

그림 3.2 VOICE

- **가치와 원칙**: 전체에 적용할 행동 가드레일
- **성과와 목적**: 여러분의 조직에 맞는 왜에 대한 명확한 정의를 곁들인 BVSSH와 같은 성과를 의미한다(이에 대해서는 1장에서 봤다). 이는 성과와 빠른 피드백 루프의 측정 지표가 된다.
- **의도 중심 리더십**: 의사 결정 권한을 분산하고, 고도의 조정 작업으로 높은 자율성을 보장하며, 팀이 새로운 기억 근육을 가질 수 있는 환경을 조성하고, 상황에서의 성과 개선을 지속적으로 할 수 있는 능력을 키우는 권한 위임을 의미한다. 이는 명령과 통제, 마이크로 매니징, 공포의 문화, 모든 결정에 대한 책임이 아니다. 리더는 우선 명확한 직원 참여 모델을 통해 원하는 행동을 모델링해 모든 사람이 경청하고 그들의 운명에 영향을 주는 방법을 갖도록 한다.
- **코칭과 지원**: 과거의 습관을 버리고 새로운 것을 학습하며, 숙련도를 달성하고 조직적인 저항을 제거하기 위함이다. 코치들은 다양한 지식 체계를 활용하고 상황에 맞는 성과 개선에 대해 가설화한 사례를 사용한다. 모든 계층의 리더들은

지속적인 개선과 기술적 우위를 코칭 및 지원한다. 코칭 없이 스키를 배울 수는 있다. 하지만 이는 나쁜 습관으로 쉽게 빠지게 할 수 있으며 배우는 시간도 더 길어지고 배우는 과정도 순탄치는 않을 것이다. 위험 요소는 더 많이 존재하며 결국 학습자는 배우기를 포기할지도 모른다. 코칭은 지원, 가이드, 배움의 의지를 제공하며, 다른 사람들과의 충돌을 피하는 법을 알려줘 스키에 대한 공포를 줄인다. 모든 상황에서 성과를 최적화하는 단일 또는 천편일률적 접근법이란 없기에 더더욱 코칭이 필요하다.

- **실험**: 실험은 빠른 피드백을 통해 조직의 모든 레벨에서 수행되는데, 변화는 긴급성을 요하며 조직은 복잡한 적응 시스템이기 때문이다. 우리는 학습 시간을 단축해야 한다. 조사, 감지, 대응이 팀에서, 비즈니스 유닛에서, 조직 레벨에서 일어난다. '이중 학습 루프'는 실험 루프로부터 두 번째 루프를 만들기 위해 먼저 학습하며, 두 번째 루프는 전반적인 가치와 원칙, 성과와 목적 전반에 대한 피드백이다. 여기에서 목적은 새로운 기억의 근육을 생성해 모두가 업무 시스템의 개선을 지속시켜 개선 작업에서 최고가 되는 것이다.

이제 항목별로 자세히 들여다보자.

V: 가치(Values)와 원칙(Principles)

한 조직의 가치와 원칙은 행동의 가드레일 역할을 한다. 이것들은 '성과로의 집중', '작은 것을 통해 큰 것을 성취', '강제보다는 권유'와 같은 것을 포함할 수 있다. 이를 통해 모든 결정이 만들어지며 반복적으로 소통돼야 한다. 여러분의 생각에 필요한 횟수의 3배로 소통했다고 치면 이는 실제 필요 횟수의 1/3 정도밖에 안 한 것이다. 가치와 원칙은 의도를 나타내며 부적합한 행동을 허용할 수 있다. 여기에는 리더의 행동뿐만 아니라 서로 책임 관계가 있는 팀도 포함된다. 가치와 원칙은 모든 상황에 걸쳐 적용되며 행동에 일관성을 제공하고 대규모 조직에서 의사 결정을 하는 데 도움을 준다. 예를 들어 아마존은 14가지 리더십 원칙을 갖고 있는데, 이는 고객 만족, 오너십, 크게 생각하기, 행동의 편향 등으로 구성돼 있다.[11]

여러분의 조직에 무엇이 맞을지에 대한 영감을 어디에서 찾아야 할까?

첫 번째는 조직 전반에 존재하는 기존의 가치라고 여겨지는 것들이다. 내 경험상 이것들은 조직에서 높은 위치(모두 '지키려고' 하거나 '진실로' 여겨지거나)에 있으며 업무 방식을 특정하기 위한 가치와 원칙은 여전히 필요한 상황이다.

두 번째는 애자일 헌장이다. 이는 애자일 사고방식 일부로 적용되며 또한 기준이 된다. 헌장이 만들어진 2001년 당시에는 소프트웨어 산업을 생각하며 문장이 만들어졌다. 내 경험으로는 이를 문장 그대로 받아들이기보다 현재 트랜드 및 비즈니스 애자일에 맞게 재해석돼 적용될 여지는 있다.

세 번째는 스크럼, 칸반, SAFe, 학습 애자일Disiplined Agile, 대형 스크럼Large Scale Scrum, LeSS 등과 같은 애자일 프레임워크에서 가치와 원칙을 참조하는 것이다.

네 번째는 이 책에서 언급한 많은 원칙을 참조하는 것이다. 핵심은 많은 출처에서 영감을 얻어 조직의 상황과 현재 시점에서 자신에게 맞는 가치와 원칙을 찾는 것이다.

모든 상황에 걸쳐 원칙을 적용할 때 사례는 상황별로 달라진다. 사례는 상황을 원칙에 적용할 때 나타나며, 코칭과 실험을 통해 다양

11 'Leadership Principles', Amazon website

한 지식 체계를 극대화한다. 댄 터홀스트 노스는 다음과 같은 공식을 만들었다.

사례 = 원칙 + 상황[12]

가드레일에서 사례가 팀에 강제적으로 할당돼선 안 된다. 팀은 권유돼야 하며 원칙을 적용하고 자신들의 성과 개선 위한 최적의 방법을 찾기 위한 주인 의식을 갖도록 지원받아야 한다. 이런 것들이 통제를 내부에서 수행하게 만들며 팀 구성원들은 그들 영역에서 전문성이 있다고 느끼며 하늘이 무너지는 일 없이 개선을 위한 변화 활동을 수행할 수 있다. 시간이 지나면서 사람들은 새롭게 기억의 근육 및 지속적인 개선 능력을 만든다. 이를 통해 학습 및 적응을 위한 조직적 역량을 구축하거나 강화한다.

O: 성과(Outcomes)와 목적(Purpose)

조직들은 업무 방식 개선의 이유와 원하는 목표가 무엇인지를 알아야 한다. 성과의 한 예로 BVSSH가 있다. 이 성과들은 하나 또는 그 이상의 측정 지표를 갖고 있어야 한다. 성과를 측정할 때, 시간에 따른 개선 증가가 절대치보다 더 중요하다. 데이터는 투명해야 하며 적시에 원인과 결과를 정리할 수 있는 능력이 있어야 한다. 그리고 이상 수치들을 식별하기 위한 훈련 및 증폭, 완화의 실험이 가능해야 한다. 업무 방식의 변경에 팀을 초대할 때는 목표의 언급은 피해야 한다. 내 경험상 목표가 언급되면 화물 숭배 현상을 불러오면서 방향이 게이밍 시스템으로 흐를 수가 있다. 나는 조직이 목표를 제거하고 시간 경과에 따른 추세를 투명하게 만들며 각 영역을 스스로 결정하고 리더와의 대화를 통해 얼마나 개선할지 역시 스스로 결정할 때 변화는 외부

12 North, 'Kicking the Complexity Habit'

가 아닌 내부에서 오는 것을 발견했다. BVSSH의 측정치는 독립된 팀이 중앙에서 수집하는 게 중요하다. 이를 통해 일관된 데이터, 알고리즘, 측정치, 상관관계 및 추세 비교를 수행하고 데이터의 선택적으로 조작할 가능성을 줄인다.

성과와 목적은 업무 개선 방법에 대한 '무엇을'과 '왜'를 제공한다. 또한 고도의 조정 작업을 통한 개선 상황 조사 및 적응을 지원하고 팀에 권한을 준다. 목표는 애자일을 위한 애자일이 아니다. 성과 개선을 위한 애자일 역량을 생성하는 것이다.

I: 의도 중심 리더십(Intent-Based Leadership)

성과에 대한 고도의 조정을 통해 높은 자율성을 가진 환경을 양성한다. 의도 중심 리더십('해야 할 것 4.3'에서 자세히 살펴본다)을 적용하라. 성과를 개선하고 빠른 피드백과 지원을 통해 작게 시작하기 위해서는 팀에 권한을 줘라. 최소한의 가드레일 안에서 권한을 정보로 이동해야지 정보를 권한으로 이동하면 안 된다. 의사 결정을 분산하라. 규약, 마이크로 매니징을 강제해서는 안 되며, 가장 높은 사람의 의사 기반 결정Highest Paid Person's Opinion, HiPPO을 만들지 말라. 대신에, 문화를 다듬는 정원사가 돼라. 원하는 성과의 개선을 투명하게 하며, 가드레일 안에서 푸시 기반push-based이 아닌 풀 기반pull-based 방식을 사용하라. 1900년도의 명령과 통제 관리 방식에서 벗어나 트랜스포메이션의 리더가 돼라. 「The State of DevOps Report」[13]에서 보여준 제품 개발 상황에서의 트랜스포메이션 리더십이 높은 조직의 생산성과 연관돼 있다는 사실은 그리 놀랄 일이 아니다.[14]

13 매년 구글에서 발행하는 보고서로 약 3만 3천 명의 데브옵스 엔지니어에게 얻은 내용이 정리돼 있다(https://cloud.google.com/devops/state-of-devops). – 옮긴이

14 Forsgren 외., 「State of Devops Report 2017」

리더십 팀은 업무의 새로운 방식 적용에 있어 제일 선두에 있어야 한다. 리더십 팀이 원하는 행동의 모델을 만들려고 하지 않는다면, 팀이 선두에 있길 바라는 것은 비현실적일 것이다. 결정적으로 심리적 안정을 위한 환경을 육성해 사람들이 스스로 모르는 것을 인정하고 실패로 끝날 것 같은 실험도 기꺼이 하게 만들어야 한다. 사람들은 조사와 적응에 자유로워야 한다. 개선을 위해서 안전한 환경은 필수다. 구글의 팀 성과에 대한 연구인 '아리스토텔레스 프로젝트Project Aristotle'에서는 심리적 안전이 높은 성과를 내는 팀에서 가장 중요한 요소임을 발견했다.[15]

자율, 권한 위임, 심리적 안전은 사람들이 업무에 두뇌를 사용하게 해 내적 동기와 참여를 증가시킨다.

C: 코칭(Coaching)과 지원(Support)

애자일, (프레임워크가 아닌) 업무 방식, 상황별 BVSSH의 성과 개선에 코칭을 제공하고, 조직 전반의 저항을 제거하기 위해 지원을 제공하라.

성공 패턴은 가능한 한 넓게, 이상적으로는 조직 전체에 업무 지원 센터WoW CoE로 출발하는 것이다. 업무 지원 센터의 목적은 규범적 사례들을 시행하는 게 아니다. 모든 사람을 일괄 교육에 참여시키거나 애자일을 부여하기 위해 조직을 스크럼으로 채우지 않는다. 그리고 업무 시스템의 지속적인 개선을 조율하고 이를 조직의 모든 이들이 일별로 수행 가능토록 지원해 BVSSH 지표의 긍정적 경향을 찾게 하는 것이다. 또한 작은 것을 통해 큰 것을 달성, 기업 레벨의 코치, 나타나는 조직의 제약 사항들을 완화할 실험의 수행 그리고 최소의 가드레일 제공으로 깨지지 않는 애자일을 만드는 것이다. 업무 지원 센터는 팀을 지원하고 자주 나타나는 새로운 저항에 대한 두더지 잡기 게

15 'Guide: Understand team effectiveness', re:Work

임을 한다. 다양한 형태의 교육이 온디멘드로 제공되고 학습을 공유하며, 여러 성과 측정치에 대한 데이터를 비교하고, 통찰과 피드백 루프를 만들며 원하는 행동이 인식되고 보상이 되는지를 확인한다.

업무 지원 센터의 리더는 이상적으로는 CEO나 COO로 대표되는 중역위원회의 누군가에게 보고해야 한다. 이는 조직 전반의 저항에 대한 이목을 상위 레벨에서 집중시키고 이를 완화하는 일이 우선적으로 처리될 것이기 때문이다. 보고하지 않으면 이를 후원하는 최고 리더의 소관으로 영향이 제한되며 더 나은 작업 방식에 버블이 생길 것이고, 버블 바깥에 존재하는 BVSSH에 대한 크고 회사 전방위적인 저항을 막을 능력이 제한돼 버린다.

코칭과 지원의 범위는 IT 영역만이 아니다. IT 영역으로만 제한하면 국지적 최적화만 이뤄진다. 소프트웨어 개발 주기(개발 시작부터 개발 완료까지. 고객 전달은 제외)는 90%까지 더 줄일 수 있다. 하지만 상위 레벨에서의 대규모 포트폴리오 관리에 작업이 막힌다면, 또는 프로젝트 기반 자금조달 프로세스를 거쳐야 한다면, 또는 인력 고용에 12개월이나 걸린다면, 또는 하드웨어를 지원받는 데 6개월이 소요된다면, 또는 릴리즈가 종속성으로 인해 다운스트림으로 일괄 처리되는 경우라면, 또는 내부 후원자와 이해관계자가 계속 거리두기와 명령을 하고 따르는 자, 언제 끝나냐고 잔소리를 하는 자들이 만드는 업무 방식을 원한다면, 종단 간 리드 타임에 거의 영향을 미치지 않을 수 있다. 업무 방식 개선의 핵심 부분은 다분야 팀이며 이 팀의 특징은 '비즈니스'나 'IT' 같은 분야에 묶여 있지 않다는 것이다. 대신에, 모두가 '우리 비즈니스'다. 제품 개발에서 기초적인 정체성은 가치 흐름이 돼야 한다. 업무 역할의 스페셜리즘이 아닌 무엇을 만들고 있느냐가 돼야 한다.

전문가 센터Center of Excellence가 아닌 지원 센터Center of Enablement로 출발하는 것에 주목하라. 여기는 작은 중앙집중적 조직이며 서번트 리더십을 수행하는 데 성과의 개선을 위해 저항을 완화하고(서번트) 지원을 수행(리더십)한다. 성과의 최적화를 위해 맞춤형 접근법을 수행하며, 업무도 긴급성을 요하며 지원 조직이기 때문에, 나는 이 조직을 전문가 센터로 부르는 것은 부적절하다고 생각한다. 더닝 크루거 효과는 초심자는 자신을 과대평가하고 전문가는 과소평가하는 경향이 있기에 중앙에 전문가들이 포진하고 있어야 이들은 아직 해야 할 것들을 배우는 중임을 깨닫는다는 것을 보여준다.[16]

업무 확장 시 지원 제공의 효과적인 업무 방법은 업무 지원 센터에서 프랙털 패턴으로 수행하는 것이다. 이는 하나의 비즈니스 유닛당 또는 가치 흐름당 하나씩 적용해야 한다. 그런 다음 적절하다면 하위 레벨의 가치 흐름에 적용한다. 예를 들면 은행 → 투자 은행 → 주식 거래로 내려가는 순이다. 각 업무 지원 센터의 리더들은 위 레벨의 업무 지원 팀의 가상 팀원이다. 심리적 오너십을 위해 가치 흐름의 업무 지원 센터에 있는 사람들은 보고를 중앙 업무 지원 센터에 하지 않고 가치 흐름 또는 비즈니스 유닛에게 한다. 이를 통해 외부에서 들어와 비즈니스 유닛에게 이것저것 해야 할 것을 주문해 결국은 해당 유닛에서 방출로 끝나는 것이 아닌, 오너십, 정체성, 집단적 내적 동기부여를 가능케 한다. 이 결과는 가치 흐름에 맞춰진, 가능한 낮은 레벨에서 저항에 대처할 수 있는 확장 가능한 네트워크로 이어진다.

업무 지원 센터는 또한 변화 관리 조직의 네트워크를 조율하고 코칭하며 '왜'라는 메시지를 지속적으로 전파하고, 조사하고 수용될 인사이트를 공유하기 위해 코치들을 네트워크로 안내한다. '작은 것을 통해 큰 것을 달성한다'라는 만트라의 적용 시 하나의 비즈니스 영역에서 한 번에 많은 코칭이 일어나면 안 된다. 코칭은 여러 개의 레벨로 나뉘는데, 예를 들면 팀 레벨, 최소 가치 전달을 다루는 독립적인

16 Kruger, 'Unskilled and Unaware of It'

비즈니스 유닛 레벨, 수천 개의 가치 흐름을 다루는 대형 조직 레벨에서 일어난다. 그리고 기술적인 코칭 및 업무 방식의 코칭이 있다. 모두 각기 다른 코칭 방법을 적용해야 한다.

코치들과 변화 관리 조직은 다신교도가 돼야 한다. 이들은 프레임워크에 사로잡히지 않는 시각으로 모든 지식 체계를 인식하고 조사해야 한다. 또한 조직의 가치와 원칙의 가드레일 안에서 서로 다른 사례에 맞는 서로 다른 상황을 이해해야 한다. 댄 터홀스트 노스와 캐서린 커크Katherine Kirk는 이를 '스와밍SWARMing(종교적 방법론이 없는 확장Scale Without a Religious Methodology)'[17]으로 불렀다.

모든 레벨의 리더들은 그들의 팀에게 지속적인 개선을 위한 코치 및 그들 자신을 위한 코치가 돼야 한다. 이는 특히 중간 관리자에게 명확한 역할을 부여하며, 토요타 코칭 카타Toyota Coaching Kata는 압박받는 중간 관리자에게도 역할을 부여한다.[18]

E: 실험(Experimentation)

가드레일 안에서 코칭과 지원을 통해 고도의 조정과 높은 자율성을 가지면 실험을 수행할 수 있게 된다. 실험은 작게 시작할 수 있으며 안전한 배움을 지향할 수 있다. 다양한 접근법을 실험하고 진전을 위한 빠른 피드백을 사용한다.

고유하고 복잡하며 적응하는 시스템 안에서 고유하고 복잡한 업무를 수행할 때, 여러분은 조사하고Probe 감지하며Sense 대응하는Respond 작업이 필요할 것이다. 이 상황은 더 나은 성과를 전달하기 위한 업무 시스템의 변경이다. 기존 업무가 긴급성을 요하든(고유한 제품 개발) 더 결정론적이든(반복, 대량 생산 또는 처리) 관계없이 이 실험은 긴급

17 North and Kirk, 'Scaling Without a Religious Methodology'

18 Rother, 'The Coaching Kata'

성을 요한다. 에드가 쉐인Edgar Shein은 이에 대해 "시도하고 변경하기 전까지는 시스템을 이해할 수 없으며 변화를 시도해야만 현상 유지를 하는 기본 메커니즘이 나타난다"라고 했다.

모든 실험은 그 결과를 알 수 없는 가설들의 테스트다. 이전에 전혀 수행한 적이 없거나 동일한 상황에서 수행한 적이 없기 때문이다. 우리는 시간여행을 할 수 없다. 조직은 복잡한 적응 시스템이며 우리는 이제 긴급성을 요하는 영역 안에 있으며, 선형적인 인과 관계는 존재하지 않는다. 가설을 테스트하고 빠른 피드백 루프를 구축하는 방법으로는 에드워드 데밍의 PDSA(계획Plan, 실행Do, 학습Study, 개선Act), 존 보이드John Boyd의 OODA(관찰Observe, 방위 확인Orient, 결정Decide, 행동Act), 에릭 라이즈Eric Ries의 빌드Build, 측정Measure, 실행Run 등이 있다.[19]

여러분의 실험이 맞는 방향으로 가고 있는지 감지하려면 우선 현재 업무 시스템을 '관찰'하고 측정해야 한다. 이를 위해 시작점을 캐치해야 하는데, 여기서 다시 우리는 댄 터홀스트 노스의 '시각화, 안정화, 최적화'를 주목한다.

먼저 가치 흐름을 좌에서 우로 흐르는 단계로 시각화한다. 여기에서 여러분은 각 단계(업무의 진척)에서의 업무의 양을 체크하고, 업무가 어떻게 흐르고 있는지(리드 타임 및 병목 구간), 얼마나 업무가 흐름에 머물고 있는지(대기 시간)를 파악할 수 있어야 한다.

여러분은 '여러분의 흐름을 파악'해야 하며 하나의 가치 아이템에 대한 종단 간 리드 타임 동안 수행된 업무의 시간 백분율로 표시되는 흐름의 효율도 이해해야 한다. 전통적인 조직에서의 흐름의 효율은 보통 10% 미만, 즉 업무시간의 90%는 대기 시간이었다. 이 부분이 의미 있는 개선이 적용될 포인트다. 다시 말하면 리소스 활용도와 얼마나 바쁜지만을 보면 흐름의 효율이 더욱 감소하는 경향이 있다. 리

19 Schein, 'Kurt Lewin's Change Theory'

소스 활용도가 80%를 초과하면 리드 타임이 기하급수적으로 증가한다. 국지적 최적화 또는 얼마나 바쁜지 대신에 물리적 재고처럼 대기 중인 가치 아이템을 통해 업무가 공백인 곳, 업무 사이사이의 공백이 있는지 살펴보라.

업무 시스템에 일단 조명을 비췄다면, 다음에는 흐름을 안정화시켜라. 진행 중인 업무Work In Progress, WIP의 제한을 가치 흐름의 각 단계에 적용한다. 도로에 차가 적을수록 차들은 더 빨리 달릴 수 있다. 도로를 자동차가 꽉 채우면 모든 것이 멈춘다. 가치 흐름이 원활히 흘러가도록 해야 한다. 문화적으로 혁신보다 진화를 선호한다면, 이런 제한은 현재 높은 WIP 제한 수치와 일치하지만, 성과는 점진적으로 줄어들 수 있다. 결정적으로 일부 업무가 완료되고 시각화에서 오른쪽으로 끌고 가는 작업에 의해 완료된 업무의 슬롯이 열리기 전까지는 어떤 업무도 시작할 수 없다. 업무 시스템은 푸시 기반 모델push-based model이 아닌 풀 기반 모델pull-based model이어야 한다.

시작은 멈추고, 끝냄을 시작하라.

자주 관찰되는 문제 중 하나는 사람들이 '시작만 되풀이하는' HiPPO 스케줄이다. 많은 핵심 인력이 다른 사람이 완료하거나 멈추기 전에 실행한다. 조직은 BVSSH의 최적화를 위해 '아니야' 또는 '아직이야'라고 말하거나, '이를 위해 무엇을 멈출까요?'라는 질문을 던질 수 있어야 한다. 뭔가 동시에 한다는 것은 도로에 더 많은 차를 들여보내는 것이다. 이런 행위는 모든 BVSSH의 측정치를 잘못된 방향으로 이끈다.

서비스 데스크와 같이 시스템이 처리할 업무가 임시적으로 접수된다면, 다른 서비스의 클래스가 유용하다. 예를 들어 서비스 데스크는 긴급함으로 우선순위를 매겨 업무 처리 라인을 만들 수 있다. 만일 작업이 한 라인에서 막혔다면, 다른 라인에서 일하는 사람들은 유휴 상태로 앉아 있거나 점점 늘어나는 가상의 재고 더미 속에서 자기 라인의 것만 계속 과잉 생산하기보다는 막힌 라인으로 몰려들어 제약 사항을 해결해야 한다. 이때 목표는 더 이상의 병목 현상이 없도록 제약 조건을 영구히 완화하는 것이다.

썰물이 빠져나가는 것처럼 WIP에 제한을 걸어서 물속에 숨어 있던 바위를 드러내듯이 숨겨진 리드 타임을 드러낼 수 있다. WIP의 제한은 '제약의 활성화'이며 문제점을 드러낸다. 흐름을 가로막는 장애물을 미화하거나, 이를 우회하거나, 대기 상태로 방치하는 것은 더 나은 비즈니스 성과로 이어지지 않으며 결국은 시스템에 비효율성만 남길 것이다. 때로는 상황에 따라 업무 라인이 막힘으로써 제약에 대한 충격을 느낄 필요가 있는데, 복잡한 적응 시스템이 이의 대처 방안을 우선순위화할 수 있기 때문이다.

저항은 길 위에 있는 게 아니다. 길 자체가 저항이다.

이제 BVSSH 전달을 위한 실험의 최적화 단계에 들어왔다. 흐름의 시각화와 측정은 가장 큰 저항이 무엇인지 명확히 보여준다. 여기에는 태스크 전환, 핸드오프, 종속성으로 인한 너무 많은 시스템 또는 프로세스의 업무가 있을 수 있다. 또한 상위에서의 흐름 부족 또는 업무를 전진시키기 위한 분명한 전략적 성과의 부족이 있을 수도 있다. 제약 이론Theory of Constraint은 여러분에게 흐름에서 가장 큰 저항이 무엇이라고 생각하는지를 묻고 이를 완화하는 개선 노력에 집중하고 이를 반복하는 것이다.

WIP의 제한과 종단 간 리드 타임의 단축에 대한 집중을 통해 바로 저항을 드러낼 수 있다. 원인과 결과는 선형 관계가 아님을 생각하며 실험을 수행하고 조사 및 감지해 성과를 측정하라. 다음 개선을 위한 실험이 무엇인지 계산하고 긍정적으로 결과가 나온 실험은 더 발전시키며, 부정적 결과가 나온 실험은 줄여간다. 국지적 최적화(예를 들어 소프트웨어 개발만 개선하는 것)에 주의하고 종단 간 가치 흐름에 초점을 맞춰라. 제일 큰 저항은 하위 레벨의 테스트 자동화 등이 아닌, 상위 레벨의 포트폴리오 관리에 있을 수 있다.

가치 흐름 체인의 강도는 가장 약한 부분으로 결정된다. 일단 가치 흐름 중 약한 부분을 강화하면 더 이상 강화할 가치는 없다. 가장 약한 부분을 강화하는 것 대신 반복하라. 토요타 개선 카타는 지속적인 개선의 습관과 목적을 위한 반복에 가장 좋은 도구다. 궁극적으로 목적은 학습하는 조직으로 바뀌는 것이다. 이에 대해서는 8장에서 자세히 살펴본다.

최적화는 작은 변화 또는 혁신적 변화의 모든 조합으로 이뤄질 수 있다. 이를 우리는 카이젠kaizen, 改善(지속적인 개선)과 카이카쿠kaikaku, 改革(혁신적 변화)라 부르며 토요타 제품 시스템에서 유래됐다. 점진적이며 진화적으로 또는 급진적이며 혁신적일 수 있다는 얘기다. 중요한 것은 이는 천편일률적으로 적용될 것이 아니며, 내부에서 적용 방법을 찾아야 한다. 내부 동기화가 돼야 하고 강제되면 안 된다.

사례 연구: 전국적인 내부 감사를 통해 팀들이 BVSSH 성과에 집중하도록 유도하다

세계 최대 금융공제회인 네이션와이드 빌딩 소사이어티(Nationwide Building Society, 전국 빌딩 연합)의 내부 감사 팀은 2018년 9월에 새로운 업무 방식을 찾기 시작했다. 수석 리더들은 '적은 리소스로 더 많은 일을(do more with less)'에 대한 방법을 찾고 있었지만, 내부 감사 팀이 이런 효율에만 초점을 맞추는 것에 반기를 들었고 처음으로 진정 원하는 성과가 무엇인지를 살펴봤다. 내부 감사 팀은 더 가치 있는 감사, 감사원들의 만족, 리드 타임의 감소 등에 우선순위를 매겼다. 내부 감사원 및 애자일 코치인 엘레노어 테일러(Eleanor Taylor)는 다음과 같이 설명한다.

팀은 곧 상황이 IT 중심의 제품 개발 팀과는 많이 다르다는 것을 발견했으며, 언어나 기술 같은 일부 해결책이 쉽게 전달되지 않았다. 사실 일부 언어는 내부에서 곤란함으로 여겨졌으며, 일부 감사원에 대해서는 장벽과 같았다.

팀은 빠르게 이 상황에 적응했다. 이전의 스크럼 중심 접근법은 '애자일'보다 애자일 역량에 초점이 맞춰졌다. 팀은 업무 흐름을 조사하고 커네빈 프레임워크를 사용해 업무 영역을 나누고 이에 기초한 접근법을 선택했으며, 이를 위한 자원자들을 모집했다. 조사는 3개월에 3건의 감사를 책임지는 자원한 팀 하나로 시작했다. 작게 유지한다는 것은 우리가 감사 중인 비즈니스 부서의 후속 결과물과 우리에게 맞지 않은 접근법과 연관된 리스크에 제한을 걸겠다는 의미다.

첫 번째 실험 후에 팀에서는 수행된 것과 수행되지 않은 것이 무엇인지에 대해 고객 관점에서 리뷰가 이뤄졌으며 그 후에 다른 팀을 실험에 초대를 했다. 더 많은 자원자가 참여함에 따라 상황에 맞게 더 적응할 수 있었고, 새로운 작업 방식은 자발적으로 구현됐다. 우리는 한 번도 감사팀에 새로운 작업 방식을 강제한 적이 없다.

모멘텀이 커지고 감사 팀에 더 많은 성공이 이뤄짐에 따라 시니어 리더십을 포함한 성공 사례들이 다른 팀에 공유됐다. 이로써 더 많은 팀이 여기에 참여 및 실험하길 원했다. 하지만 아직 일부 팀은 여전히 참여를 원치 않고 있다. 이들은 데이터로 보면 이상 수치에 해당되며 이들에게 변화를 강제해도 사고방식을 바꿀 수 없다는 것을 나는 알고 있다.

18개월 동안 새로운 작업 방식을 적용한 결과, 하나의 감사당 약 2주가량 리드 타임을 줄일 수 있었고 이를 통해 1년에 감사 18건을 더 추가해 진행할 수 있었다. 만족도는 85%에서 100%로 증가했다.

2. 숙련도의 최적화: 수파리

여러분도 알다시피 천편일률의 해결책은 없다. 팀이나 비즈니스 유닛, 조직의 숙련도는 조직의 상황에 중요한 요소다. 성과를 최적화하려면 사용된 고유의 접근법을 알아야 한다.

수파리守破離는 일본의 무도에서 각 숙련도에 도달하는 과정을 개념적으로 나타내는 단어다. 이는 이런 긴급성을 요하는 상황, 복잡한 적응 시스템 그리고 '해야 할 것 3.1'의 이해와 특히 관련이 있다.

- **수**守: 규칙을 따른다(초급자)
- **파**破: 규칙을 깬다(중급자)
- **리**離: 규칙을 만든다(고급자)

수守는 초급자 단계다. 사람들이 처음으로 무언가를 시작할 때 대부분 효과 좋은 처방전 같은 것을 원한다. 배우기 위해 따라 해볼 수 있는 모델과 규칙들을 찾는다. 새로운 기억의 근육이 형성돼야 하며 낡은 습관은 지워야 한다. 코치가 "상황에 따라 다르다"라고 말해 버리면 초보자들은 좌절할 수 있다. 이들은 무엇을 해야 하는지 듣고 싶어 한다. 프레임워크로 실험하는 것은 목적보다는 시작점으로 하는 것이 좋다. '암기 학습'의 예로서 피아노를 배울 때의 음계 연주, 스키를 배울 때의 눈을 정리하는 법, 무술을 배울 때의 품새 등이 있다. 수의 시작은 팀 리더의 프레임워크 강제가 아니다. 주어진 프레임워크의 실험(필수적인 최소 가드레일 안에서)은 적으로 팀과 코칭과 지원에 달려 있다.

파破는 중급자 단계다. 학습자들은 이제 규칙을 이해하며 이를 부술 준비가 돼 있다. 조금씩 숙련도가 보이기 시작하고 상황의 최적화 시도를 조금씩 한다. 더닝 크루거 효과에 따르면 이 단계가 위험 단계일 수 있다. 초보자가 자신을 과대평가할 때가 특히 그렇다. 지식을 조금 갖추기 시작할 때 위험도가 높은데, 자신이 뭘 모르는지 아직 모르기 때문이다.

마지막인 **리**離는 숙련도가 최상인 단계다. 이 단계에서 팀은 강제적 애자일이 아닌 애자일 역량을 보여준다. 행동들은 무의식적으로 가치와 원칙이 나타내는 선 안에서 애자일 사고방식을 가진 실무자들에 의해 일어나며, 유체流體와 같이 유연하게 적응한다. 시간이 지남에 따라 다른 이들을 가르치고 코칭하기 충분한 숙련도에 올라서며, 이와 동시에 얼마나 더 배울 것이 남아 있는지에 대한 자각이 가능하게 된다. 리단계에서 일부 인력은 복잡한 주제를 간단한 용어로 정리할 숙련도까지 갖추고 있다.

따라서 이 패턴으로 더 나은 작업 방식에 접근하는 것은 BVSSH 결과를 개선할 가능성을 높이기 위해 많은 고유한 컨텍스트를 최적화해 숙련도를 고려해야 한다.

수단계의 학습자는 리단계의 사람들(수년의 스키 경력이 있는 사람들)에게서 도움 및 코칭을 받을 것이다. 이들은 상황에서의 성과를 어떻게 최적화하는지 감각적으로 알고 있다. 코칭은 업무 지원 센터에서 성공의 요인으로 제공해야 하는 것이다. 팀이 조언을 받아 프레임워크(예를 들어 스크럼이나 칸반)로 실험하는 것을 그들의 카타로 결정한다. 조직 내 모든 레벨에 학습자가 있을 수 있다. 여기에는 현대적 업무 방식에서 수단계에 있는 고위 리더들이 포함된다.

파단계의 학습자 역시 (더닝 크루거의) '우둔함의 정점' 단계에서 정기적인 코칭을 받을 수 있다. 코치와 리더는 학습자가 어려운 수련을 포기하지 않고 돌파할 수 있도록 격려하면서 좀 더 적은 노력으로 숙련자 레벨에 도달할 수 있게 돕는다.

리단계의 사람들은 어떤 일이 상황에서 수행되는지, 어떤 경우에 업무 지원 센터로 넘겨야 하는지 알려주기 위한 지원 및 코칭을 하기에 최적의 위치에 있는 이들이다. 이들은 가능성의 미학을 보여주는 등불과 같은 존재다. 여러분이 최종적으로 원하는 것은 상황에 대한 적응을 완료하고 조직이라는 정글에 길을 만들어가는 사람들에게 업무 방법을 한 가지 강요하는 것이다.

3. 조직의 상황을 최적화한다: 진화 VS 혁신

천편일률적 적용 방식은 결과적으로 접근 방식이 '혁신'인 경우가 많다. 이는 상황이 진화 또는 혁신 중 맞는 게 무엇인지 고려하지 않는 것이며, 성과의 최적화와는 거리가 멀다.

병리적이거나 관료적인 문화가 만연하다면(표 3.1 참조), 사업 영역이 격변을 수용하지 않는다면, 실패로 끝난 강제적 트랜스포메이션을 한 적이 있다면, 심리적 안전이 거의 없다면, 두려움이 있다면, 현상 유지의 의지가 너무 강하다면, 좌절이나 패배주의로 물든 나머지 변화의 주도가 외부로 넘어갔다면, 혁신보다는 권유를 하는 게 훨씬 낫다. 소규모 개선을 통해 자신감을 키우고 의미 있는 성과를 보여주고 나면 진화를 위한 토양이 생성된다. 이는 곧 사회적 증거가 되며 안전의 생성을 이어간다.

진화적 접근 방식의 장점은 처음부터 지속적으로 개선하는 문화를 구축할 수 있다는 점인데, 이는 화물 숭배 적용이 될 수 있는 것과는 대조적이다. 내재적 동기가 있으며, 사람들은 지원을 받아 자신의 두뇌를 사용해 업무 시스템을 개선하도록 요청받는다. 코칭과 결과 측정에 초점을 맞추면 진전을 유지하는 데 도움이 된다. 배우는 것은 무섭지 않고 안전하다.

하지만 조직이 존재 위기에 직면했을 때, 생존 기간이 진화적 개선보다 짧다고 생각될 때, (작게 시작할 때조차) 변화 곡선에서 더 깊은 하락을 지지할 때, 충분한 개인 심리적 안전을 통해 실험과 학습이 실행될 때, 사람들이 급진적인 변화를 자원하거나 요청할 때, 이러한 방식으로 일한 경험이 있을 때, 초청을 통한 혁명은 최적일 수 있다. 일부 팀이 전통적인 조직 구조와 정책에 발목 잡혀 하지 못했던 원했던 것(회사임에도 불구하고 회사 때문이 아닌)일 때도 있다. 이런 팀들은 지원을 받아 BVSSH의 성과를 위한 빠른 최적화를 진행할 수 있다.

이번 섹션에서는 통상적인 프레임워크나 접근법을 살펴보고 BVSSH의 전달을 위해 여러분 고유의 상황에 대한 최적의 접근법을 고려한다는 관점으로 이들이 진화적인지 혁신적인지 평가할 것이다. 또한 고정된 사전 사례에 묶여 있지 않으면서 팀이 업무 방식을 전적으로 조사하고, 이에 적응하는 정도를 나타내는 적응도를 같이 볼 것이다.

이 평가는 어디까지나 크고 넓은 산업 전반에 걸친 전통적 조직에서 얻은 인사이트와 학습을 통해 1990년대 초부터의 경험을 바탕으로 한 개인적인 의견이자 관점임을 밝혀둔다.

먼저 열column 타이틀의 정의는 아래와 같다.

- **혁신**Revolution: 새로운 역할, 팀 구조, 세리머니, 부산물, 속도
- **진화**Evolution: 현재 역할과 책임을 존중하고 진화적 개선을 수행
- **적응 가능한 업무 방식**: 프레임워크가 상황에 맞게 업무 방식의 핵심을 적용하도록 장려하는가? 이는 규모를 확장할 때 더 많은 사례를 추가하는 것을 의미하지는 않는다.
- **제약 조건 활성화**: 제한된 시간 안에 업무를 마무리짓거나 제한된 업무 진행에서 풀 기반 시스템을 운영하는 것이 BVSSH에 대한 저항을 표면으로 드러내는 데 도움이 될까?

표 3.2는 프레임워크의 우선도나 유용성을 나타내는 것이 아니며, 여러분의 상황에 어떤 것이 맞는지 보고 선택하는 데 도움을 준다.

표 3.2 프레임워크: 혁신 또는 진화 그리고 적응

	혁신 또는 진화	적응 가능한 업무 방식인가?	제약 조건의 활성화
스크럼	혁신	아니다. "스크럼의 역할, 이벤트, 요소, 결과물, 규칙은 변경할 수 없다. 스크럼의 일부를 수행할 수는 있지만, 이러면 스크럼이 아니다."[20]	
핵심형 확장성 애자일 프레임워크 (Essential SAFe)	혁신	아니다. 이는 스크럼에서 이어받은 것이다.	이터레이션
스크럼 스케일 (Scrum@Scale)	혁신	아니다. 이는 스크럼에서 이어받은 것이다.	이터레이션
넥서스(Nexus)	혁신	아니다. 이는 스크럼에서 이어받은 것이다.	이터레이션
대형 스크럼(LeSS)	혁신	아니다. 이는 스크럼에서 이어받은 것이다.	이터레이션
칸반 메서드(Kanban Method)	진화	그렇다. 칸반은 "여러분이 아는 것에서 출발하며, 현재 역할과 책임을 중시하며 진화적 변화를 수행한다"라고 기술한다.[21]	제한된 WIP
학습 애자일 (Disciplined Agile)	혁신 또는 진화	그렇다. "DA(학습 애자일)는 팀이 스스로 업무 방식을 결정하게 하는 규범적 전략보다 목표 지향을 장려한다. 여러분이 있는 곳에서 시작하고, 최선을 다하며 더 나은 결과를 위해 항상 노력하라."[22]	
스포티파이 모델 (Spotify Model)	여러분은 스웨덴의 신생 단일 제품의 조직 소속인가? 아니라면 여러분만의 모델을 발전시키는 게 낫다. 스포티파이 모델은 스포티파이 회사에서 쓰는 모델이 아니다(자세한 내용은 아래 참조).		팀에 달려 있음
여러분만의 모델	둘 다 동시에, 또는 둘 중 하나	그렇다.	BVSSH에 맞는 상황에 최적화

20 'The Scrum Guide', ScrumGuides.org

21 'The Kanban Method', Kanban University website

프레임워크를 혁신 또는 진화에 참조할 때, 나는 이것이 팀원들에게 어떻게 보여지고 느껴지는지를 참조하지, 2장에서 봤던 빅뱅 공표, 즉 작게 시작하기와 같은 프레임워크 수행을 참조하진 않는다. 보여지고 느껴지는 것은 새로운 역할의 이름일까? 의식일까? 사례일까? 이들 프레임워크를 직접 고수하지 않는다면 이 프레임워크를 수행하지 않다고 느낄까? 아니면 '현 위치에서 시작하고 진화적 개선을 수행하는 것'으로 보여질까? 모두 3장에서 설명하는 상황에 따라 장단점이 있다. 옳고 그름은 전적으로 성과 개선을 위해 여러분의 많은 상황에서 최적의 작업이 되는지에 따라 달렸다.

스크럼 수행은 새로운 역할(프로덕트 오너, 스크럼 마스터 등), 새로운 구조의 팀, 새로운 결과물, 새로운 이벤트, 새로운 행동이 필요하기 때문에 혁신성을 지닌다. 이는 적응이 쉽지 않다. 스크럼 공식 가이드에서는 "스크럼의 역할, 결과물, 규칙은 불변하며 스크럼의 일부만 따로 수행한다면 이의 결과는 스크럼이라 할 수 없다. 스크럼은 항상 전체를 수행해야 한다"[23]라고 말한다.

경험상 위 문구는 "우리가 스크럼을 제대로 하고 있는 거 맞아?" 또는 "당신은 스크럼을 제대로 하는 게 아니야" 또는 "스크럼 팀은 많을수록 좋을까?"라는 생각이 들게 한다. 때로는 맥락이나 질문이 무엇인지 모르는 상황에서 스크럼만이 답이라는 스크럼 근본주의자들을 본 일도 있다.

항상 BVSSH 성과의 개선에 초점을 맞춰야 한다. 한 번에 개선이 이뤄지면 좋겠지만, 그렇지 않았다면 실험과 최적화를 계속해야 한다. 각기 다른 서비스 특정 계층과 분리된 템포, 업무 흐름 조각(예를 들어 칸반 메소드)들이 상황에 더 맞을 수 있다. 스크럼은 혁신이기 때

22 'Introduction to Disciplined Agile(DA)', Disciplined Agile website

23 'The Scrum Guide', ScrumGuides.org

문에 이를 도입하는 게 여러분의 상황에서 최적이 아닐 수도 있다. 어떤 때엔 낮은 계층의 심리적 안전과 감정적 상처를 이전 시도의 실패에서 받았을 수도 있으며, 이럴 때는 사람들에게 새로운 역할을 주기보다는 작은 워터폴이 첫 접근법으로 더 나을 수도 있다.

개인적 경험을 바탕으로 예시를 들자면, 어떤 조직에서 '애자일'이라는 단어가 이전에 애자일 역량을 늘리기보다 '애자일 수행'의 강제화로 인한 실패의 짐이 돼 버렸다. 이는 순풍이 아닌 역풍이다. 이런 상황에서 지속적인 성과의 개선 및 궁극적인 애자일을 위한 문화로의 디딤돌은 동시 작업을 줄이고 몇 개의 작은 워터폴로 시작하는 것이었다. (다시 애자일을 하려고) 역할명을 바꾸고 새로운 세리머니를 도입하는 것은 도움이 아니라 방해가 됐다. 피터 센게가 말했듯이 "세게 밀수록 시스템은 더 세게 반발한다."[24]

핵심형 확장성 애자일 프레임워크Essential SAFe는 스크럼 기반의 확장형 애자일 패턴 중 하나다. 스크럼에서 파생됐기 때문에 역할 및 세리머니에서 스크럼식 혁신을 그대로 가져왔다. 동기화된 이터레이션, 정규화된 스토리 포인트, 결과물, 이벤트와 같이 공통적으로 전달 가능한 소프트웨어 작업을 하는 여러 팀을 수용하기 위한 사례들이 추가됐다. 스크럼과 비슷한 부분은 'PI 계획 수립은 SAFe의 핵심이다. PI 계획 수립을 하지 않는다면 SAFe를 한다고 할 수 없다'[25]이다. SAFe는 고정된 이터레이션 시간 안에서 칸반의 풀 기반 시스템 수행을 허용한다. 더 큰 IT 시스템 및 대형 IT 시스템들의 포트폴리오에 대한 구성 요소는 추가되는 역할과 사례에 의해 늘어난다.

내 경험상 SAFe는 높은 레벨의 종속성과 커플링이 있고, 결정론적인 분기별 이슈가 있다. 상대적으로 낮은 애자일 성숙도를 갖고 있

24 Senge, 『The Fifth Discipline』

25 'PI Planning', ScaledAgileFramework.com

고, 동기화된 템포, 정규화된 스토리 포인트, 빅 룸 플래닝이 더 맞는 대형 소프트웨어 제품이나 솔루션으로 업무를 하는 많은 소프트웨어 개발 팀의 상황에 최적인 지식 체계다. SAFe는 이런 상황(또는 상황들의 조합)에서 인간의 복잡한 노력을 조정하는 데 좋은 지식 체계이지만 100% 완벽하게 조정할 수는 없다. 나는 SAFe가 수많은 서로 다른 정황, 제품, 성과의 최적화에 해로울 수 있는 이터레이션, 정규화된 스토리 포인트, 분기별 산출 이슈가 존재하는 제품 개발 팀 성과의 최적화를 의도하진 않는다고 생각한다. 어떤 규범적인 사례 세트도 모든 상황의 성과를 최적화할 수는 없다.

스크럼 스케일 Scrum@Scale은 이름에서 알 수 있듯이 스크럼의 확장판이며, 진화보다는 혁신적이다. 스크럼 스케일 공식 가이드는 "스크럼 스케일은 조직을 스크럼으로 채우기 위해 설계됐다"라고 설명한다.[26] 채우려면 조직을 상황에 맞는 지속적인 개선으로 채우는 것이 좋다.

넥서스Nexus도 스크럼의 확장판이다. 그리고 스크럼처럼 이의 접근법은 올 오어 낫씽all or nothing이다. 넥서스의 공식 가이드는 "스크럼 프레임워크처럼 넥서스에서의 역할, 결과물, 이벤트, 규칙들은 불변성을 지닌다"라고 말한다. "넥서스의 일부분만 수행한 결과는 넥서스로 인정할 수는 없다."[27]

대형 스크럼 LeSS도 스크럼의 확장판이다. '대형 스크럼도 스크럼이다.'[28] 따라서 스크럼의 혁신성 및 불변성을 상속받는다. 대형 스크럼에는 저자들이 필수라고 생각하는 규칙들이 있다. SAFe처럼 이는 대형 조직에 걸친 다양한 상황보다는 하나의 제품에 많은 팀이 엮여 있을 때 더 적당하다. 저자들은 이것이 제공하는 솔루션의 한계에 대해

26 'The Scrum At Scale Guide', ScrumatScale.com

27 'Online Nexus Guide', Scrum.org

28 Larman, 『LargeScale Scrum』

서는 명확한 입장이다. 처음 두 권의 책[29]은 '노력'과 '회피' 실험을 나열한다. 대형 스크럼의 창시자인 크레이그 라만Craig Larman과 바스 보데Bas Vodde는 "최고의 사례는 없다. 특정 상황에서 잘 작동하는 사례만 존재한다"[30]라고 말한다.

칸반 메서드 Kanban Method는 업무 시스템의 최적화 및 시각화에 초점을 맞춘 진화적 성격으로 볼 수 있다. 칸반의 원칙은 '여러분이 아는 것에서 출발하라', '진화적 변화 수행에 동의하라', '기본적으로 현재의 역할, 책임, 직급을 인정하라', '협동을 통해 개선하고 실험으로 진화한다'이다.

칸반은 프로세스가 아니다. 업무 시스템의 시각화 및 최적화에 초점을 맞추며 여러분이 하는 일을 어떻게 개선할지에 대한 방법의 접근이며, 칸반 메서드로 어떤 프로세스도 지속적인 개선 작업을 할 수 있다. 칸반은 심리적 안전이 낮은 곳이나 혁신적 접근법 도입에 실패해 감정적 상처만 남긴 곳처럼, 혁신보다는 진화가 더 선호되는 상황에 적합하다. 칸반은 솔루션이 아니다. 업무 시스템을 겉으로 드러내고 이를 보고 사람들이 스스로 머리를 써서 솔루션적 사례가 적용됐는지를 묻는 것보다 마주친 저항을 어떻게 해결할지 내적 동기를 통해 찾는 것을 도와준다. '제약의 활성화'는 진행 중인 업무에 저항하는 활동이다. 하지만 썰물이 빠질 때 바위가 드러나는 것처럼, 흐름에 대한 저항이 드러나며 알려져야 한다.

학습 기반 애자일 Disciplined Agile은 명시적으로 상황에 민감한 가이드가 포함된 프로세스 결정 프레임워크다. 학습 기반 애자일의 원칙에는 '상황의 개수', '선택권', '실용주의'가 포함돼 있다. 이는 기업에 더 잘 맞으며, 다양한 사양들을 충족하도록 설계됐고 조직적인 가드레일을

29 LeSS에서 총 3권의 책이 나왔다(https://less.works/resources/learning-resources/books). – 옮긴이

30 Larman and Vodde, 『Scaling Lean & Agile Development』

제공해 애자일하게 만들어준다. 학습 기반 애자일은 비규범적인 방식으로 기업 전반에 접근한다. 팀은 지금 무엇을 하고 무엇을 진화시킬지부터 시작할 수 있고 상황에 맞다면 혁신적인 변화를 선택할 수도 있다. 이터레이션 기반 접근법을 선택할 수도 있고 흐름 기반 접근법을 선택할 수도 있다. 학습 기반 애자일은 팀들이 상황에 맞는 사례를 선택하는 것을 도와주기 위한 수행(과거에 동작했던) 지침을 제공한다.

스포티파이 모델은 스포티파이Spotify 社에서 만든 모델이 아니다. 2012년 헨릭 킨버그Henrik Kinberg와 안데르스 이바르손Anders Ivarsson은 백서에서 스쿼드, 집단, 챕터, 길드에 대해 정의하면서 "우리는 모델을 만들지 않았다. Spotify는 (다른 애자일 회사처럼) 빠르게 진화하고 있다. 이 논문은 현재의 업무 방식의 스냅숏에 불과하다. 여정은 끝난 게 아니라 진행 중이다. 여러분이 이 글을 읽을 때 이미 세상은 바뀌어 버렸다"[31]라고 언급했다. Spotify의 직원이 콘퍼런스에서 어떻게 스포티파이 모델과 Spotify의 모델이 다른지를 설명했다. Spotify의 요아킴 순덴Joakim Sunden 애자일 코치는 "큰 소리로 말해보라. 그럼 어떻게 그런 식으로 작동하지 않는지를 알려 주겠다"[32]라고 했으며, 마친 플로얀Marcin Floryan은 "모든 관점이 릴리즈 당시에는 옳았다. 하지만 지금은 이것들이 동일한 형태로라면 오늘날 어디에서도 옳지 않다"[33]라고 했다.

스포티파이 모델은 보편적으로 생각하는 모델이 아니다. Spotify를 스포티파이로 만든 것은 그 가치와 원칙들이다. 여기에는 자율, 협력, 잠재력, 다양성, 장기 계획, 학습이 포함된다.[34] Spotify의 공동 창업자인 다니엘 에크Daniel Ek는 "우리는 누구보다 실수를 빨리 하는 것

31 Kniberg and Ivarsson, Scaling Agile@Spotify

32 Sundén, 'How things don't quite work at Spotify'

33 Floryan, 'There is no Spotify Model', presented at Spark the Change 2016

34 Ulrich, 「Reinventing organizations」

을 목표로 한다"[35]라고 했다. 내 경험상 많은 기업이 스쿼드, 집단, 챕터, 길드를 도입하지만, 그들의 가치와 원칙들 또는 문화의 변화 또는 적용에 실패하고 결국 낡은 행위에 이름만 바꿔 달게 되고 어떤 경우엔 공포와 혼돈으로 끝나게 된다.

여기에서 핵심은 다신교도가 돼야 한다는 것이다. 최소 공통 가드레일이 허락하는 한 모든 프레임워크를 봐야 한다(자세한 내용은 5장, 6장을 참조하라). 코치들은 최상의 성과를 생성하기 위해 다양한 프레임워크와 지식 체계가 있는 툴박스 그리고 이에 대한 경험이 있어야 한다. 안전한 학습과 위험 허용 범위 안에서 문제를 최적화하는 동시에 문화가 가장 큰 영향을 미친다는 것을 인식하고 상황에서 성과를 최적화해야 한다.

해야 할 것 3.2
강제보다는 권유

1장에서 에버렛 로저스가 1962년에 발표한 혁신 확산 곡선을 살펴봤다(그림 1.4 참조). 강제보다는 권유를 하기 위해 곡선에서 각기 다른 영역의 사람들을 고려해야 한다. 혁신가와 얼리어답터("오, 좋아!"라고 외치는 사람들)들은 여러분이 새로운 업무 방식의 도입을 위한 자원가를 모집할 때 가장 먼저 손을 들 것이다. 이들은 허가를 얻는 것보다는 '용서를 구한다'라는 접근법을 가진 회사 때문에 이미 '반항아' 소리를 들어가면서 새로운 업무 방식을 수행하고 있을지도 모른다. 이들에겐 내적 동기가 있으며 정말로 새로운 업무 방식을 원한다.

혁신가는 힘든 일을 할 것이다. 이들은 뭔가 더 나은 방식이 있을 거라 믿고 있으며, 저항이 최고조에 있을 때 필요한 강한 개인적 회복력을 갖추고 조직이라는 정글에서 새로운 길을 개척할 사람들이다.

35 Kniberg, 'Spotify Engineering Culture'

이런 혁신가를 구분하는 좋은 방법은 자발적 활동 커뮤니티를 통해 찾는 것이다(이와 관련해 1장에서 이야기했다). 누가 항상 여기에 참여하는지 눈여겨보라.

조직 안에서 혁신가를 통해 새로운 업무 방식 성과에 대한 증거가 만들어지면, 초기 다수자가 여기에 합류할 것이다. 그러고 나서 사회적으로 받아들여지는 분위기가 시작된다. 이제 물에 발을 담궈도 안전하다. 요구되는 행동을 인식하고 보상하는 것 만큼 커뮤니케이션은 중요하다. 충분한 사회적 증거 및 보상의 근거가 초기 다수자, 결과적으로는 후기 다수자에게 조직 이론가인 제프리 무어Geoffrey Moore가 말한 '골짜기 넘기'에 진입하도록 도움을 준다.

마지막으로 "오! 안돼!"라고 하는 혁신 지체자들이 있다 .이들은 더 나은 업무 방식을 제일 마지막에 받아들인다. 혁신가들은 남들과 다르게 보이지만, 이들은 반대다. 결과적으로 혁신 지체자들은 이 흐름에 참여하거나 조직을 떠나 다른 곳에서 일할 것인데, 어찌됐든 서로에게는 좋은 것이다.

'해야 할 것 2.1'에서 봤듯이, 사람들은 S곡선의 변화를 취한다. 우리는 이에 대한 기울기나 변화의 속도를 강제할 수 없다. 변화의 직선을 강제하는 것은 기존 작업에 이름만 새롭게 바꾸는 행위이며, 왜를 생각하지 않고 맹목적으로 따르기만 하거나 어떤 결과가 나올지를 생각하지 않는 대리인 상태를 유발한다. 사람이 낡은 지식을 버리고 새로운 것을 배우는 속도는 한계가 있다. 변화의 레벨을 S곡선의 시작점인 최소 레벨로 맞추고 강제보다는 권유를 해야 한다.

권유가 수용될 가능성을 높이려면 위원회부터 최고 의사회까지 조직에서 성과의 개선 및 BVSSH의 개선이 높은 우선순위로 논의되는 것이 중요하다. 학습 불안을 극복하려면 이기적 유전자에 호소해야 한다. 우선순위를 매기고 행동을 취하는 것이 인식으로 이어질 게 분명하다면 긍정적인 피드백, 승진, 급여, 기타 이와 비슷한 것들로 사람들은 기꺼이 변화를 포용할 것이다. 또한 두드리면 조직의 문이 열릴 가능성이 높아진다. 예를 들어 HR, 조달, 재무와 같은 지원 부서의 장애를 완화시킬 때 이런 경우를 활용할 수 있다.

변화로의 권유에 덧붙여서, 그리고 가드레일 안에서 그들만의 업무 방식을 최적화하려는 팀을 위한 성공의 패턴은 동료들의 참여를 유도하는 투명한 메커니즘이다. 고객과 가장 가까운 사람들이 자신의 통제 범위를 넘어 자신의 운명에 기여하고 형성할 수 있는 추가적인 방법을 제공하라. 이는 댄 매직Dan Mezick의 오픈 스페이스 애자일리티Open Space Agility, 마이크 버로우Mike Burrow의 아젠다 시프트Agenda Shift, 업무 방식 활동 커뮤니티Way of Working Community of Practice, WoW CoP, 가상 또는 실제 사람에 적용할 수 있는 통상적인 동료로의 투표를 통한 아이디어 요청 및 제안 등을 포함한다. 과거에 나는 2천 500명까지 성장한 자발적 애자일 활동 커뮤니티(1장에서 이에 대해 언급했다)를 만든 적이 있다. 커뮤니티는 혁신가들을 인지하고, 입력할 것들을 찾으며, 학습을 공유하는 데 최적의 장소다. 모든 커뮤니티 참여자들과 함께 정기적 설문을 진행했고, 아이디어를 요청하고 피드백을 줬으며, '최고의 업무 방식 상Ways of Working Awards'의 수여와 함께 매해 네 번의 콘퍼런스를 개최했다. 여기에서의 설문, 이벤트로부터의 피드백들은 우리가 만든 접근법의 주요 기초가 됐다. 덧붙여서, 업무 지원 센터의 네트워크와 변화관리 부서 역시 동료들과 연관된 확장 가능한 메커니즘을 제공했다.

학습의 확대 및 더 쉬운 장애 극복을 지원하는 데 사례 커뮤니티Examplar Community를 만드는 것도 도움이 된다는 것을 발견했다. 이 커뮤니티 역시 자원자들로 운영된다. 여러분은 이 커뮤니티에 들어오기 위해 '사례'가 될 필요는 없다. 사례가 되기 위한 학습에 열망이 있다면, 이 배에 뛰어오를 수 있다. '나에게 도움이 되는 게 무엇이 있을까'라는 마인드는 이 사례 커뮤니티의 멤버들이 얻을 수 있는 이점이다. 이런 자세를 통해 하위 그룹이 외부 연사나 전문가와 접촉하며 새로운 접근법 또는 도구의 첫 사용자가 될 수도 있다. 이는 혁신가들이 원하는 '최첨단'을 유지하는 데 도움이 된다.

나는 심리적으로 이런 사례가 되겠다고 설정한 대부분 팀이 아주 높은 성과를 내는 것을 봐 왔다. 이 그룹들은 리드 타임 단축, 처리량 증가, 사고의 감소, 참여 최고 점수 등의 측정에서 20배 이상 향상된 결과를 보여줬다. 다른 사람들이 따를 수 있는 등대와 같은 역할을 분명한 데이터로 제공하는 것이다. 감성적인 도입을 위한 매력적인 스토리텔링도 제공한다. 그리고 기업의 세포 유사 분열을 통해 붕어빵 찍어내기나 변화를 강제하지 않으면서 더 나은 업무 방식을 전파할 수 있다. 팀은 그들만의 VOICE를 개발하면서 리의 단계로 발돋움한다.

요약

여러분만의 VOICE를 만들고 강제보다는 권유를 하라.

3장에서는 세상에는 무한한 상황이 있고 하나의 사례집이나 솔루션이 이런 모든 상황에 대응할 수는 없다는 것을 보여줬다. 또 '규모'라는 것이 상황에 따라 어떻게 다른 의미를 갖는지도 봤는데, 병리적이면서 관료적인 그리고 생산적인 문화 규범 같은 맥락이 고려돼야 하며, 사실상 업무 방식의 접근에 혁신적인 방법은 안 된다는 것을 알았다. 하나의 사이즈가 모두에게 맞을 수는 없으며, 권한 위임 그리고 지속적인 개선을 위한 근육의 생성 없이 탑다운으로 강제돼서는 안 된다.

대신에 여러분만의 VOICE를 가져야 한다. VOICE란 가치와 원칙Values and Principles, 성과와 목적Outcomes and Purpose, 의도 중심 리더십Intent-Based Leadeship, 코칭과 지원Coaching and Support, 실험Experimentation을 의미한다. 가드레일 안에서 그들만의 상황에 맞는 BVSSH 성과의 개선을 자

신들이 '어떻게' 찾을 것인지는 VOICE를 통해 이뤄진다. 팀은 수파리 단계를 통해 발전할 수 있다. 대리인 상태와 화물 숭배 행위를 피하고 순풍을 맞으며 그들의 속도에 맞춰 낡은 지식은 버리고 새로운 지식을 습득한다.

변화는 푸시 기반이 아닌 풀 기반이어야 하며, 강제보다는 권유(지원과 보상을 통해)가 돼야 한다. 이를 통해 내적 동기를 유발시키며 내적 동기는 동료들의 참여율을 높인다. 서두에 소개했던 줄리와 그녀의 팀의 사례에서 성과 개선을 위해 그들 스스로 사고하도록 지원을 통해 권유했어야 한다.

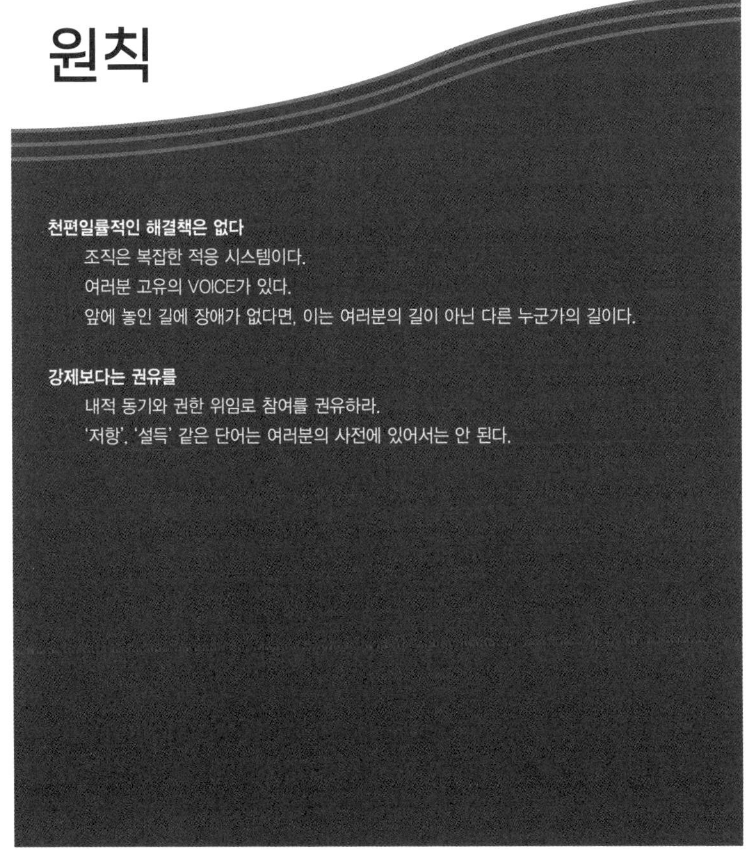

원칙

천편일률적인 해결책은 없다

조직은 복잡한 적응 시스템이다.
여러분 고유의 VOICE가 있다.
앞에 놓인 길에 장애가 없다면, 이는 여러분의 길이 아닌 다른 누군가의 길이다.

강제보다는 권유를

내적 동기와 권한 위임로 참여를 권유하라.
'저항', '설득' 같은 단어는 여러분의 사전에 있어서는 안 된다.

피해야 할 것 4.1
내가 하는 대로가 아닌 말하는 대로 하라

피해야 할 것 4.2
심리적 불안전

피해야 할 것 4.3
결정론적 사고방식

4 리더십은 양날의 검이다

해야 할 것 4.1
리더는 선두에 서야 한다

해야 할 것 4.2
심리적 안전

해야 할 것 4.3
서번트 리더십을 지닌 창발적 마인드

아침 9시 15분, 팬글라스 중학교 학생들이 학교 조회에서 노래 '세상은 밝고 아름답구나All Things Bright and Beautiful'를 이제 막 마쳤다. 수학 선생님인 데이비스는 칠판에 덧셈 공식을 적고 있었다. 반기 연휴가 3시간도 채 남지 않았고 학생들은 공부에 몰두하고 있었다.

이때 갑자기 웅웅대는 소리가 크게 들렸다. 생존자들은 엄청난 제트 비행기 소리가 났다고 했다. 데이비스도 소리를 듣고 하던 일을 멈췄다. 교실은 순간 정적에 쌓였다. 18세 소년 게이너 미네트Gaynor Minett가 자리에서 일어나 창가 쪽으로 다가갔다. 소리는 점점 더 커졌고 창밖은 어둠으로 휩싸였다.

이 애버판Aberfan 사태에서 탄광 폐기물 창고 붕괴로 인한 산사태로 아이 116명, 성인 28명이 목숨을 잃었다. 이 사건은 사전에 충분히 막을 수 있었다. 7번 폐기물 창고는 마을이 바로 내려다보이는 산비탈뿐 아니라 온천 지반 위에도 세워졌는데, 그 불안정성은 탄광 작업자와 관리자 모두 알고 있었다.

1967년에 조사 결과를 발표한 사건에 대해 재판소는 다음과 같이 말했다.

> 이 보고서는 무지, 부조리, 소통의 실패를 이야기한다. 폐기물 창고의 안전에 영향을 미치는 요소와 관련한 지식이 있는 사람이 해당 지식을 전달하고 적용했는지 확인하지 못하는 것이다.[1]

1976년 사회학자 베리 터너Barry Turner는 애버판 사태가 재난에 이르게 된 몇 가지 요소를 정의했다.[2]

- 지상 폐기물 창고의 안전 중요성에 대한 수년간 비현실적이고 철저한 무시

1 Report of the Tribunal appointed to inquire into the Disaster at Aberfan, 11.

2 Turner, 'The Organizational and Interorganizational Development of Disasters'

- 긴급한 위험의 규모 및 발생 가능성에 대한 무시 또는 축소시키는 의사 결정 흐름
- 애버판 주민들의 불만 및 의견을 무시한 거만한 자세
- 이 불만의 원인에 대한 불충분하고 불완전한 대응

이번 사고는 체르노빌과 딥 워터 호라이즌의 기름 유출 사건 같이 물리적, 심리적 안전 문화가 불충분해 최악의 결과를 초래했다. 만일 이러한 환경에서 사람들이 목소리를 내면 비용이나 시간 압박과 같은 다른 요인에 우선순위가 밀려 대회가 무시되거나, 연공서열이 높은 사람이 더 잘 안다는 것 같은 생각에 우선순위가 밀리거나, 확고한 명령과 통제 형태의 행동 규범에 의해 묵살당한다.

자신의 발언이 차단이나 저평가, 비난을 당할 위협을 느낀다면 사람들은 더더욱 발언을 꺼릴 것이다. 문제점을 지적하거나 잠재적 위험에 대해 경고하거나 뭔가 옳지 않는 것에 대한 우려를 표명하거나, 권위에 도전하거나 개선 제안도 하지 않을 것이다. 이런 문화적 규범은 사람들이 학습된 무력함을 표출하기 쉬운 조건이며, 다음 명령을 오너십이나 대리인, 통제 없이 그냥 기다리고 따르기만 한다. 이런 문화에서 '나쁜 소식(학습)'은 너무 늦을 때까지는 묻히며 결국 패배의 아가리에 먹혀버린다.

글래모건Glamrogan 언덕의 광산에서 우크라이나 원자력 발전소, 멕시코만의 석유 굴착 장치에 이르기까지 이처럼 끔찍한 결과는 드물지만, 조직에서는 최소한 모든 사람이 자신있게 발언할 수 있고, 권위에 도전하고, 우려를 표명하고, 이럴 때 경청할 수 있는 행동 규범이 필요하다. 사람들은 보복에 대한 두려움 없이 실패에 안전한 환경에서 현재 상태에 도전할 수 있도록 격려받아야 한다.

피해야 할 것과 해야 할 것을 보기 전에 '리더'와 '리더십'이 의미하는 것을 먼저 짚어보자.

리더

리더는 고어古語인 laedere에서 나온 말이다. 이는 '이끄는 사람'이라는 뜻으로 '가이드하고, 지원하고 앞에서 끌어주는'의 의미인 laedan에서 파생됐다. laedan의 어원은 고대 독일어로 '여행하다'의 뜻인 laidjan이다.[3] 리더십의 어원이 여행 가이드라는 사실이 놀랍지 않은가? '리더십'이라는 말이 등장한 것은 비교적 최근이다. 리더라는 포지션을 강조하기 위해 접미어인 '십ship'을 붙여 1821년부터 사용하기 시작했다.[4] 리더나 리더십의 어원에는 명령 또는 지시, 승인, 제어하는 의미가 전혀 없다. 15세기에는 '지휘하다command'의 의미가 '명령 또는 복종을 강요하기 위한 제어, 권리, 권한'이었으며 라틴어와 고대 영어의 '승인commit', '필수mandate', '명령order', '금지forbid'의 의미가 담겨 있다.[5] 명령하고 지휘하며 언제 무엇을 할지 사람들에게 말하는 행위를 하는 게 지휘관이다('지휘나 명령을 할 만한 힘 또는 권리가 있는 사람').[6] 이는 리더와는 거리가 멀다.

표 4.1 지휘관과 리더

지휘관	리더
지위	행동과 사고방식
소수만이 대상	모두가 대상
명령	경청, 동기 부여, 알림
복종은 필수	따르는 것은 자발적이다
외적 동기	내적 동기
위치가 권력을 만든다	권력은 팔로워들에 의해 생긴다
예: 총사령관(commander in chief)	예: 그레타 툰베리

3 'lead', Online Etymology Dictionary; 'leader', Online Etymology Dictionary

4 'leadership', Online Etymology Dictionary

5 'command', Online Etymology Dictionary

6 'commander', Online Etymology Dictionary

지휘관은 지위다. 소수를 위한 곳이다. 지휘관은 명령을 내린다. 복종은 필수다. 위치가 권력을 만든다. 지휘관의 사례로 '총사령관'이라는 직책이 있다.

리더는 지위가 아니다. 누구나 리더가 될 수 있다. 리더는 동기 부여를 한다. 리더를 따르는 것은 자발적이며 권력은 팔로워들에 의해 생긴다. 리더의 예시로 기후 변화 활동가인 그레타 툰베리Greta Thunberg가 있다.

이 둘은 상호 배타적이지 않다. 지휘관이라도 리더십을 보여줄 수 있으며, 팔로워(하수인이 아닌)를 만들고 이들에게 동기를 부여할 수 있고, 각 레벨에서 지위적 권력을 사용하지 않고 새로운 리더들을 만들 수 있다. 리더도 지휘관 스타일이 될 수 있는데, 즉시 위험에서 빠져나와야 하거나 합의 부족으로 즉시 실행해야 할 때 그렇다. 예를 들어 '동의하지 않고 승인'의 원칙은 모든 구성원의 목소리를 듣는 대신, 모든 직급의 리더들에게 의견을 구하는 것이다. HiPPO가 독단적으로 결정되진 않았다. 그리고 '강한 의견은 느슨하게 수용'하고, 행동을 통해 얻은 새로운 학습을 바탕으로 방향을 전환할 수 있는 능력도 갖춰야 한다. 사람들의 집단이 복잡한 적응 시스템임을 감안할 때, 피드백 루프를 통해 보다 최적의 결과를 달성하기 위해 다음에 무엇을 해야 할지 결정할 수 있으려면 모든 행동, 이상적으로는 작고 안전하게 학습할 수 있는 모든 행동이 필요하다.

그레타 툰베리의 기후 변화 캠페인은 리더십의 한 예다. 툰베리의 첫 학교 시위는 그녀가 겨우 15살이었을 때인 2018년 8월이었다. 3개월 후인 2018년 12월, 2만 명 이상의 학생이 270여 개 도시에서 시위를 벌였다.[7] 툰베리는 UN 기후변화 콘퍼런스, 세계 경제 포럼, UN 기후 정상회의 등에서 계속 연설했다. 또한 몇몇 유럽 의회 연

7 Carrington, 'Our leaders are like children'

단에 올랐고, 프란치스코 교황을 만났으며 세계 지도자들의 비판적인 관심을 끌었다.[8] 툰베리는 매우 명확한 목적, 사명 그리고 의미를 품고 있다.

누구나 리더가 될 수 있다. 리더는 연공이나 역할로 정해지지 않는다. 모든 직급에는 리더가 있다. 리더가 되는 데는 다른 무엇보다 자기 인식, 인간성, 경청하는 능력이 요구된다. 지휘관은 이 모든 것이 필요치 않다.

'여행의 가이드'가 어원인 lead는 현대 리더십의 의미를 가장 잘 설명한다. 선진국에서는 업무의 영역이 산업에서 정보 영역으로, 반복적인 노동에서 고유한 지식 업무로 넘어왔다. 이에 대한 행동도 명령, 의무, 공포에서 가이드, 이끌어주기, 동기 부여로 변해야 한다.

긍정적인 성과를 극대화하려면 조직 문화에 불균형적 영향을 미치는 시니어들은 (1) 지휘관보다 리더에 가까워야 하며 (2) 심리적 안전을 북돋워야 하고 (3) 제품 개발 및 조직 변화는 결정론적이지 않고 시급성을 활용해야 한다. 현 상태 유지에 만족하면 안 되고 지원해야 하며 균형 잡힌 성과의 개선을 위한 실험을 안전하게 할 수 있어야 한다. 각 주제를 피해야 할 것과 해야 할 것에서 자세히 보자.

피해야 할 것 4.1
내가 하는 대로가 아닌 말하는 대로 하라

CEO가 청중에게 말했다 "누가 변화를 원합니까?" 모두 손을 들었다.

그녀가 다시 물었다 "누가 변하기를 원합니까?" 아무도 손을 들지 않았다.

마지막으로 한 번 더 물었다. "누가 변화를 리드하기를 원합니까?" 그러자 청중 모두 밖으로 나가 버렸다.

8 Wikipedia, 'Greta Thunberg'

자주 관찰되는 피해야 할 것은 권한 범위에서 사람들이 기대하는, 또는 요구되는 행동을 보여주지 못하는 시니어 역할에서 보여진다. 이 역할의 사람들은 '나부터 먼저'가 없이 다른 사람들에게 변화를 요구한다. 이것이 바로 내가 하는 대로가 아닌 말하는 대로 하라는 경우다. 분명 롤 모델은 결여됐고 부적당한 행동이다. 말과 행동이 일치하지 않는다. 이는 리더의 자세가 아니다. 리더는 여정에 동행한다.

나쁜 의도는 없지만, 시니어 팀은 디지털 시대에 새로운 생산 수단을 통해 더 나은 결과로 이어지는 더 나은 작업 방식이 있다고 판단한다.

하지만 더 나는 작업 방식의 적용은 다른 사람들이 해야 할 일로 여겨진다. 경우에 따라 이 적용은 운영 체제의 업데이트처럼 간단한 것으로 취급된다. 최신 버전을 다운로드하고 설치하면 끝이다. 또는 행동의 변화가 빠진 방법론으로 간주하는 이도 있고 조직도 변경으로 보는 이도 있다. 이런 경우 모두 행동의 변화가 빠져 있다.

예를 들어 우리가 3장에서 봤듯이 이는 원칙, 지속적인 개선. 실험, 혁신 또는 문화에 초점을 맞추지 않는 소위 스포티파이 모델을 도입하는 것이다. Spotify에서 일하는 방식은 빠른 실패, 자율성, 실험과 같은 문화에 더 가까우며, 조직 구성도와 같은 것은 아니다. 하지만 원 프로덕트이면서 작은 회사라면 Spotify와 같지 않은 스포티파이 모델이 맞을 수도 있다.

비유하자면, 뒤에 팔짱을 끼고 서서 자신의 통제하에 있는(이 표현을 의도적으로 썼다) 관리 대상들에게 행동의 롤 모델 제시 없이 "가서 변화시킨 다음 내게 보고해라" 이어서 "다 끝났나?"라고 외치는 관리자들을 자주 본다. 이런 행동들은 과거에 어떤 조직에서 인정받고 보상을 받았으리라. 하지만 이런 접근 방식은 애자일스럽고 비상하며 빠른 학습을 통한 성과의 최대화를 위한 권한 위임의 현대 업무 방식과 일치하지 않는다. 최적의 접근법이 아니라는 이야기다. 「The State of DevOps Report 2017」에서는 전 세계 3천 200명을 대상으로 조사한 결과 저성과 팀의 공통점 중 하나는 혁신적 리더 점수가 가장 낮았다는 것이다(혁신적 리더십에 대해서는 '해야 할 것 6.1'에서 다룬다).[9]

더 나은 업무 방식, 더 나은 성과로의 연결을 위한 가장 확실한 열쇠는 행동이다. 변화는 사회적 활동이다. 이는 사람들이 동기 부여가 되는 방법이면서 사람들이 어떻게 권한 위임을 받는지, 어떻게 협업을 하는지, 어떻게 자율성과 대리권을 가지고 공유된 목적에 조정되는지, 어떻게 안전한 배움의 실험을 수행하는지, 어떻게 보상을 받고 인식하는지, 스트레스 유무에 따라 어떻게 행동하는지를 포함한다. 하지만 나는 앞에서 리딩하기보다는 뒤에서 관리하고 지시하는 사람들을 종종 보곤 한다.

리딩에는 용기가 필요하다. 취약점을 드러내야 하기 때문이다. 어떤 때는 다시 원점으로 돌아가야 할 수도 있으며, 새로운 것에 도전해야 하고 업무 흐름 및 새로운 것에 대해 배우고, 때로는 실패할 실험에 대해서도 알아야 한다. 이 역시 자기 인식과 다른 이에 대한 행동이 갖는 영향의 피드백 요청도 필요하다. 아이러니한 것은 심리적 안전이 덜할수록 피드백의 정확도가 떨어진다는 사실이다. 이런 상황에서 피드백의 정확도를 올리라는 것은 표범한테 점박이 무늬를 지우라는 말과 같다. 코칭은 확실히 도움이 되지만, 푸시 기반보다는 풀 기반에서 해야 한다. 강제할 수 없다.

관리자가 뒤에 앉아 팔짱 끼고 변화를 지시하면서 정작 자기는 변하지 않는다면 관리자와 다른 이들 사이에 인지 가능한 괴리가 발생하고 변화는 빠르게 실무 레벨과 상위 레벨로 분리가 된다. 학습 문화, 개선 문화, BVSSH의 전달 문화는 OS 설치나 도구의 전개, 프레임워크의 적용처럼 될 수 없다. 이는 사람이 연관된 일로 비전의 추진,

9 Forsgren 외, 「State of Devops Report 2017」

목적, 어떻게 사람들이 서로 행동하는지가 연관돼 있다. 또한 사람들이 하수인으로 취급될지 아니면 머리를 쓸 것인지와 관련이 있다. 누구와 함께 일하는지, 어떻게 행동에 동기 부여가 되는지, 관계의 역할 그리고 이 변화를 가능케 할지의 업무 시스템, 순풍을 만들지 역풍을 만들지와도 연관된다. 업무 시스템 자체가 인간과 행동이 얽힌 구조다. 어떤 조직은 규정을 과장 해석해 필요 이상의 정책을 도입하고, 많은 핸드오프를 발생시켜 업무 흐름의 효율 및 가치 현실화를 저하시키고 하나의 규격으로 맞추려 모든 사람을 최소 공통 기준에 대응하게 만들고 있다. 가장 위험한 경우다.

앞서 언급했듯이 우리는 COVID-19의 열악한 상황에서 전통적 대형 조직들이 도전에 직면하는 동안 부서 간 조정과 무관하게 사람들이 믿기 어려울 정도로 빠르게 반응한 것을 봤다. 이들 대형 기업이 흔히 하는 이야기는 이런 혼돈 속에서 사람들이 최선을 다한다는 것이다. 혼돈은 팬데믹이 될 수도, IT 시스템의 장애나 사이버 공격 상황이 될 수도 있다. 이때 사람들은 단결하기 마련인데, 공동 임무로 집결해 이를 해결한다. 17개의 승인 단계를 거치기 위해 3개월을 기다려야 하는 업무 프로세스 같은 것은 거치지 않는다. 이 상황을 한 번에 해결하기 위해 정확한 행동을 한다. 위기 상황에서 사람들은 주도적이 되며 단계적 명령을 기다리는 행위는 하지 않는다. 조직을 유지하고 자율성, 명확한 미션, 최소의 위험 감수 범위 내의 최소한의 실행 가능 프로세스로 협업하기 위해 전면에서 지시 및 지원을 받는다.

더 나은 업무 방식은 모든 직급에 요구되는 성과와 높은 일치도를 가진 리더들을 만드는 것이다. 이 리더들의 행동이 진짜 리더가 아닌 관리자나 지휘자 쪽이라면 성과를 최적화할 수 없다. 그러면 이들은 직원들의 잠재력을 최대로 끌어내지 못하며, 성과 개선은 상위에 있는 리더를 감싸고 있는 거품에서 벗어나지 못할 것이다.

피해야 할 것 4.2

심리적 불안전

애버판 사태와 관련해 눈에 띄는 분석 중 하나는 이안 맥린Iain McLean과 마틴 존스Martin Johnes의 저서 『Aberfan』(Welsh Academic, 2000)이다. 이 책은 석탄 폐기물 더미를 보고 지반이 내려앉음을 목격한 조장組長의 이야기를 소개한다. 처음에는 지반이 18~20피트 정도 내려앉으면서 크레인 레일이 같이 주저앉았다. 조장은 레일을 고쳐야겠다고 팀원들에게 말했다. "시작하기 전에 먼저 차를 한 잔 마시고 다시 오자고 했어요."[10] 조장은 과거부터 고압적인 자세의 소유자로 피드백과는 거리가 먼 관리자였고, 해당 사태에 직면하고 처음 든 생각은 긴급하게 대응하기보다는 아침마다 마셨던 차 한 잔이었던 것이다.

붕괴는 5분이 채 지나기 전에 일어났으며, 아침마다 차를 마시는 조장의 습관이 모두의 목숨을 살리기는 했다. 만일 잘 경청하고 피드백에 능한 리더와 정신적·물리적 안전에 대한 문화가 이 팀에 있었다면, 이 조장은 마을 전체를 삼켜버린 붕괴의 원인이 되는 싱크홀의 긴급 상황을 상부에 보고했을 것이다. 또는 처음부터 폐기물 창고가 지도에 표시된 대로 강둑에 있었다면 이런 일이 일어나지도 않았을 것이다.

10 McLean and Johnes, 『Aberfan』

1. 보잉(Boeing)

사우스 캐롤라이나 노스 찰스턴의 787 드림라이너 공장

신시아 키친Cynthia Kitchen은 보잉사의 787 드림라이너Dreamliner를 생산하는 노스 찰스턴North Charleston 공장의 품질 관리자였다. 2019년 「뉴욕타임즈」의 보도에 따르면 키친의 성능 리뷰에 대해 상관이 패널티를 줬고, 공장 바닥에 수북히 쌓인 쇳조각이나 결함으로 버려진 부품에 관해 지적했을 때 상관은 그녀를 호되게 질책했다. "으름장이었어요." 키친은 말한다. "내가 뭔가를 찾아낼 때마다 항상 걱정이 됐습니다." 그 기사는 현직과 적직 작업자들을 취재한 결과 관리자들이 마감 시간을 맞추려고 때때로 문제를 경시하거나 무시했다는 것을 확인했다.[11]

전임 직원 몇몇은 고위 관리자들이 품질 검수원들에게 결함을 기록하지 못하게 압력을 가했다고 말했다. 또 어떤 이는 결함에 대한 우려의 목소리를 냈다가 패널티를 받거나 해고를 당했다고 밝혔다. 작업자들은 약 12건의 내부 고발자 클레임과 연방 규제 당국에 안전 불만을 제기했으며, 결함이 있는 제조 과정, 비행기에 남은 쇳조각, 위반 사항을 보고하지 말라는 압력과 같은 문제를 설명했다. 어떤 이들은 제조상 결함을 드러낸 것에 대해 보복당했다며 소송을 제기하기도 했다.[12]

또 다른 품질 관리자인 윌리엄 호백William Hobek은 2016년에 지휘 계통 결함을 지속적으로 보고한 뒤 해고당했다며 소송을 제기했다. 그가 결함을 보고하면 그의 상관은 "빌, 우리는 모든 결함을 찾을 수 없네"라고 답했다고 한다. 호백이 즉시 조사원을 불러 40개의 결함을 찾아내자 그는 고소당했다. 결국 보잉은 법정 밖에서 이 문제를 해결

11 Kitroeff and Gelles, 'Claims of Shoddy Production'

12 Kitroeff and Gelles, 'Claims of Shoddy Production'

했다.[13]

워싱톤 렌튼의 737 공장

2019년 12월, 에드 피어슨Ed Pierson은 737 맥스MAX 기종를 검토하는 미 하원 위원회에 증언을 제출했다. 피어슨은 공장의 중견 관리자였으며, 미 해군에서 30년 이상 근무한 베테랑이었다. 2018년 6월, 치명적인 라이언 에어 737 맥스 사고가 일어나기 4개월 전, 그는 737 프로그램 책임자에게 이메일을 보내 초과 일정의 압박, 작업자들의 잦은 초과 근무로 인한 피로, 솔선수범하는 관리자들의 부재에 대한 우려를 전달했다. 피어슨은 "솔직히 지금 내 안의 모든 경종이 울리고 있다. 아쉽지만 살면서 처음으로 내 가족이 보잉사의 비행기를 탄다고 하면 말리고 싶음을 느낀다"[14]라고 했다. 그는 이 결함 있는 비행기를 안전하게 끝내기 위해 생산 중단을 제안했다.

하지만 생산 중단은 일어나지 않았다. 보잉의 보도 자료에 따르면 2018년 중반부터 737은 월 47대에서 52대로 생산을 늘렸다.[15]

이런 반응에 만족하지 않고 737 맥스의 첫 번째 사고가 일어난 뒤 두 달 후, 피어슨은 당시 CEO였던 데니스 뮐렌버그Dennis Muilenburg와 보잉 이사회에 우려되는 점을 보고했다. 이어 미국 연방 교통 안전 위원회NTSB, 연방 항공국FAA을 비롯해 미디어 매체에도 같은 내용을 전달했다.[16] 2019년 2월, 2차 737 맥스 사고 발생 한 달 전, 수차례 이어진 중역 관리자와의 대화에 대해 피어슨은 다음과 같이 적었다.

13 Robison, 'Former Boeing Engineers Say Relentless Cost-Cutting Sacrificed Safety'

14 Hearing: 'The Boeing 737 MAX'

15 'Renton rolls out 47th 737'

16 McFadden 외, 'Former Boeing manager says he warned company'

(전략)

제조 관리자는 일정 문제로 괴로워하고 있었으며, 매일 상황 보고회에서 비판에 시달려야 했다…100명 이상의 동료 앞에서 말이다. 집행부는 경험 많은 중견 관리자의 기술적 조언을 무시하거나 지나쳤다. 기술 경험이 없는 관리자들이 이런 소통 스타일과 리더십 모델을 만드는 것이 심히 우려됐다.

(중략)

임원진은 하급 직원들과 공급자들이 일정을 따라잡기 위해 제조 라인의 가동 속도를 늦추거나 멈추는 것에는 전혀 관심이 없었다. 당시 나는 737 지엠(GM) 생산 라인을 멈출 것을 관리자에게 제안했다. 그는 무시하는 듯한 말투로 "우리는 그렇게 할 수 없네. 난 그렇게 할 수 없어." "왜요? 전 이보다 더 커다란 안전 이슈에서도 가동을 멈춘 적이 있어요." "어디에서 그랬는데?" "해군에서요. 국가적인 안전을 책임지는 곳이죠." 그러자 그가 대꾸했다. "군대는 이익 창출을 목적으로 하는 곳이 아니지 않나."[17]

한 달 뒤인 2019년 3월 에디오피아 항공 사고로 문제는 다시 터지게 된다. 작업 환경과 사고가 직접적인 연결점은 없지만 737기가 만들어진 렌튼 공장의 환경과 작업 문화가 또 이슈가 됐다. 이에 대해 보잉사는 다음과 같이 표명했다.

중요한 것은 피어슨이 제기한 우려와 이 사고 간 연결점을 찾을 수 없었다는 점입니다. 피어슨이 737 맥스에 대한 문제점을 제기했지만 어떤 감독원들도 제기된 문제점이 이 사고에 영향을 줬다는 정황을 찾지 못했습니다.[18]

17 Hearing: 'The Boeing 737 MAX'

18 'Boeing Statement on Employee Messages Provided to U.S. Congress and FAA'

공포

보잉사에서 30년가량 일했고 737 맥스의 연료 시스템 엔지니어링 관리자였던 아담 딕슨Adam Dickson은 '블룸버그'와의 인터뷰를 통해 관리자들이 야심찬 비용 목표를 달성하기 위해 몸이 달아 있었다고 밝혔다.[19]

> 세일즈 팀은 엔지니어링 관점에서는 절대로 비용을 맞추지 못할 4년 후 인도 조건으로 계약을 따올 것이다. 그러면 비용에 맞추기 위한 엄청난 압력이 들어온다. 2016년 보잉사는 관리자의 성과 평가에 시간 및 비용 절감률을 지표로 삼기 시작했다.[20]

2018년도에 딕슨은 그의 상관에게서 목표를 맞추지 못한다면 월급이 위험할 것이라는 '매우 직선적이고 위협적인 방식'의 경고를 들었다고 전했다.[21]

"관리자의 의사에 반하는 행위를 하려는 사람에게는 노동의 대가도 주지 않는 분위기였어요" 17년간 보잉에서 근무하며 737 맥스의 테스트 비행을 지원했고 결국 2015년도에 해고를 당한 마크 래빈(Mark Rabin)은 말한다. "매년 이어지는 해고 소식이 직원들의 사기를 크게 떨어뜨렸습니다. 사람들은 자신의 행동거지와 언행에 매우 조심스러워야 했습니다."[22]

「시애틀 타임즈」가 검토한 737 맥스의 두 번째 치명적인 충돌이 발생한 지 7주 후에 제출된 윤리적 항의서에서 과거 충돌 사례를 연구해 새로운 비행기를 더 안전하게 만드는 일을 하는 엔지니어는 이런 발언을 했다. "안전과 품질을 위해 앞장섰지만 실제로 그 분야에

19 Peter, 'Former Boeing Engineers Say Relentless Cost-Cutting Sacrificed Safety'
20 Peter, 'Former Boeing Engineers Say Relentless Cost-Cutting Sacrificed Safety'
21 Peter, 'Former Boeing Engineers Say Relentless Cost-Cutting Sacrificed Safety'
22 Peter, 'Former Boeing Engineers Say Relentless Cost-Cutting Sacrificed Safety'

영향을 미치지는 못했습니다."[23] 그 엔지니어는 관리자들을 다음과 같이 묘사했다.

> "(…)품질과 안전보다는 비용과 일정을 중시하고(…)이런 상황이 주어질 때 사실이 되면 안 된다는 공식적인 확신에도 불구하고 보복에 대한 두려움이 높아집니다. 특히 치명적 사고의 결과에서 비롯한 비판이라면 이를 억압하는 문화적 태도가 있습니다."[24]

그는 또 동료들이 사석에서 '일자리를 잃을 두려움' 때문에 유사한 안전 관련 이슈를 언급하기 어렵다는 말을 했다고 기술했다.[25]

지금까지 보고된 자료에 따르면 심리적 안전이 결여돼 있어 해고의 두려움으로 인해 목소리를 낼 수 없는 상황이었다. 보복의 위험하에서 목소리를 내려면 굉장한 용기가 필요한 것이다. 2020년 1월 9일, 117페이지에 달하는 이메일과 메시지가 미 하원 조사의 일환으로 공개됐다. 항공 승무원 협회Association of Flight Attendants 노조위원장 사라 넬슨Sara Nelson은 메시지를 통해 "보잉의 '병든' 문화가 드러났다. 신뢰 수준은 이미 변기에 처박혀 버렸다"라고 언급했다.[26]

같은 날 보잉사는 다음과 같은 성명을 발표했다.

> 이 같은 커뮤니케이션 내용들에 유감을 표하며 연방 항공국, 의회, 우리 항공사 고객들 그리고 고객을 위해 비행하는 이들에게 깊은 사과를 드립니다. 우린 기업으로써 안전 프로세스, 조직, 문화를 발전시키기 위해 의미 있는 변화를 이어 왔으며…이러한 커뮤니케이션에 사용된 언어와 일부 그들이 표현하는 감정은 보잉의 가치와 일치하지 않습니다. 필요한 검토가

23 Gates, Miletich, and Kamb, 'Boeing rejected 737 MAX safety upgrades'
24 Gates, Miletich, and Kamb, 'Boeing rejected 737 MAX safety upgrades'
25 Gates, Miletich, and Kamb, 'Boeing rejected 737 MAX safety upgrades'
26 Gelles, "'I Honestly Don't Trust Many People at Boeing'"

완료되면 궁극적으로 징계 또는 인사 조치할 예정입니다.[27]

나는 마지막 문장에 관심이 갔다. 조직 문화와 인센티브화된 비용 및 일정의 압박으로 그렇게 행동하게 만든 것에 대한 반성보다는 인사 조치 또는 징계 처분을 예고했기 때문이다.

이슈들

COVID-19 팬데믹 이전에도 보잉은 상업, 군사, 우주에 걸쳐 많은 이슈에 직면했다. 5개월 동안 두 번의 737 맥스 사고가 발생해 346명이 목숨을 잃었다. 이 비행기는 반복적으로 하나의 받음각 센서에서 이상이 감지되면 전체를 정지시키는, 매뉴얼엔 없는 시스템(MCAS)을 갖추고 있었다. 매뉴얼에서 빠진 이유는 매뉴얼에 넣게 되면 조종사를 대상으로 해당 시스템 관련 교육을 실시해야 하고, 이로써 전체 비용이 증가하게 돼서다. 당시 보잉은 비행 시뮬레이터 교육이 필요한 경우 약 300대 비행기 주문에 대해 한 대당 100만 달러 할인을 사우스웨스트 항공에 제공했다.[28] 이 할인 정책을 통해 사우스웨스트 항공은 조종사 교육에 드는 높은 비용을 절감할 수 있었다. 그러나 보잉사는 또 다른 가격 인하 압력에 직면했는데, 경쟁 기종인 에어버스 A320neo 때문이었다. 두 건의 치명적 사고 후에 해당 기종은 운행 불가 처리가 됐지만, 보잉사나 연방 항공국은 두 번째 사고 발생 후에도 해당 기종에 문제가 없다고 주장했다.[29]

787 드림라이너도 이슈가 있었다. 출시가 3년 정도 지연된 데다, 예산도 수십억 달러를 초과했는데 원래 승인 예산은 70억 달러였으

27 'Boeing Statement on Employee Messages Provided to U.S. Congress and FAA'

28 Democratic Staff of the House Committee on Transportation and Infrastructure, 「The Boeing 737 MAX Aircraft」

29 'US refuses to ground Boeing 737 Max crash aircraft', BBC News.

나 실제 소요 비용은 320억 달러였다.[30] 2019년 4월 「뉴욕타임즈」의 보도에 따르면 노스찰스턴에 있는 787 생산 공장의 작업자들은 엄청난 생산 일정에 쫓기고 있었다. 게다가 해고에 대한 두려움 때문에 우려 의견을 제기하지도 못하는 상황이었다.[31] 787 드림라이너는 배터리 화재로 2013년 연방 항공국이 운행 불가 처분을 내렸다. 보잉은 6년 동안 2개 모델이 운행 불가 처분을 받은 것이다. 연방 항공국이 이전에 운행 불가 처분을 내린 것은 1979년 맥도널 더글라스McDonell Douglas의 DC-10 이 마지막이었다.

보잉이 KC-46 페가수스 공중 급유기를 미 육군에 인도하는 것에도 문제가 있었다. 예산이 30억 달러 초과됐고 일정은 3년이 밀렸으며 급유 붐의 마지막 10피트의 가시성 부족, 화물 고정 장치의 풀림 현상, 연료 시스템의 고질적인 리킹 등을 포함한 기술적 문제에 시달렸는데, 이들 문제는 특히 공중 급유를 해야 하는 상황에서는 심각한 문제였다.[32]

2019년 12월, 보잉사의 우주선 스타라이너Starliner의 승무원 우주 캡슐은 탑재된 시계가 11시간이 맞지 않는 바람에 무인 시험 비행에 실패했다. 게다가 재앙적인 소프트웨어의 결함이 발사 후에 추가로 감지돼 지상에서 수정이 됐다. NASA는 우주선이 거의 두 번이나 분실될 뻔한 이 사건을 '뻔히 보이는 긴급 탈출 상황'이라고 했다.[33]

30 Wikipedia, 'Boeing 787 Dreamliner'

31 Kitroeff and Gelles, 'Claims of Shoddy Production'

32 Trevitchick, 'The Air Force's Troubled Boeing KC-46'

33 Berger, 'New document reveals significant fall from grace'

문화

2020년 3월, 미국 하원 교통 인프라 위원회는 예비 조사 결과에서 "비용, 일정, 생산 압력이 737 맥스의 안전을 저해했다"[34]라고 밝혔다.

보고서는 다음과 같이 말한다.

> 보잉사가 실시한 737 맥스의 인증 활동에서 내부 설문, 내부 고발을 통해 위원회로 제출된 보고에 따르면 보잉사 직원의 39%가량이 '불합리한 압력'을 느꼈다고 답했다. 29%는 만일 잠재적인 불합리한 압력을 보고한다면 보잉사의 이런 문화적 이슈를 뒤덮을 뭔가가 안전과 부주의를 저해할 거라고 우려했다.[35]

"우리 모두 이 영화를 엔론Enron사태에서 본 일이 있습니다." 2009년 허드슨 강에 비행기를 착륙시켰던 체슬리 설렌버거 3세Chesley Burnett Sullenberger III가 인터뷰에서 한 말이다. "위기가 오기 전에 리더십에서 발생하는 뿌리 깊은 문제들이 드러나는 것은 놀라운 일이 아닙니다."[36]

보잉의 기업 문화의 기원은 1997년 맥도널 더글라스McDonnell Douglas 인수로 거슬러 올라간다. 어떤 사람들은 이를 '역逆인수'라고 불렀는데, 결국 회사를 책임지게 된 것은 맥도널의 경영진이었기 때문이다. 이때 '맥도널 더글라스가 보잉의 돈으로 보잉을 샀다'라는 농담이 시애틀에서 떠돌았다.[37]

보잉은 1916년 창업 당시 엔지니어링 중심의 회사였다. 중역들은 특허를 보유하고, 날개를 설계했으며, 그들의 DNA에는 안전과 엔지

---

34 Democratic Staff of the House Committee on Transportation and Infrastructure, 「The Boeing 737 MAX Aircraft」, 5.

35 Democratic Staff of the House Committee on Transportation and Infrastructure, 「The Boeing 737 MAX Aircraft」, 6.

36 Gelles, 'I Honestly Do Not Trust Many People at Boeing'

37 Useem, 'The Long-Forgotten Flight That Sent Boeing Off Course'

니어링이 있었다. 재정은 그들에게 우선순위는 아니었다. 1990년대 말에 이르러 보잉의 재무 최고 관리자CFO는 월 스트리트와 최소한의 접촉을 가졌고, 동료들의 재무 기초 데이터 요청에 "걱정하지 말라고 하라"라고 답했다.[38]

1945년부터 1968년까지 보잉의 전설적인 리더였던 빌 앨런Bill Allen은 당시 회사의 정체성을 "항공학을 먹고 숨 쉬고 여기에서 잠을 잔다"라고 표현했다. 1998년 CEO였던 필 콘디트Phil Condit는 다르게 표현했다. "우리는 단위 시총, ROI, 주주 수익률이 여러분을 평가하는 시대로 진입하고 있습니다. 이는 큰 변화입니다."[39]

2000년, 보잉의 당시 CFO는 「블룸버그」와의 인터뷰에서 "중요한 것은 상자에 너무 집중하지 않는 것입니다"라고 했는데 여기에서 상자는 비행기를 뜻한다. "상자는 분명 중요합니다. 하지만 이미 고객들은 상자가 충분한 품질을 갖췄다고 믿고 있어요."[40] 이런 자세는 상자가 전부인 엔지니어들에게 반향을 일으켰으며 화이트칼라 엔지니어링 노조를 움직이기에 충분한 동기가 됐다. 엔지니어링 노조는 역사적으로 전문적인 논쟁 집단이었으며 조직화된 노총과 같이 행동했다. 2000년 40일 동안 파업을 이끈 한 노조 위원장은 다음과 같이 말했다. "우리는 보잉을 상대로 싸우고 있지 않았습니다. 보잉을 구하려고 싸우는 것입니다."[41]

2001년 보잉은 본사를 시애틀에서 시카고로 옮겼는데, 보잉의 조립 라인에서 1천 700마일 떨어진 곳이었다. 이 분리는 의도적이었다. 콘디트는 "본사가 시애틀처럼 주요 업무 현장 가까이 있으면 코퍼레

38 Useem, 'The Long-Forgotten Flight That Sent Boeing Off Course'

39 Kay, 'Obliquity'

40 Useem, 'The Long-Forgotten Flight That Sent Boeing Off Course'

41 Useem, 'The Long-Forgotten Flight That Sent Boeing Off Course'

이트 센터[42]는 매일같이 벌어지는 비즈니스 관련 이슈에서 헤어나지 못할 것이다"라고 했다.[43] 이는 토요타 같은 곳에서 시행되는 '가서 보는' 또는 '겐바 워크(현장 관리)'[44]와는 상당히 거리가 있는 조치였다.

한때는 금융에 신경을 안 썼던 회사가 이제는 엔지니어링을 말할 수 있는 능력을 잃어버렸다. 잃어버린 것은 단지 기술적 지식만이 아니었다. 항공 분석가 리처드 아블라피아Richard Aboulafia는 이에 대해 다음과 같이 말했다.

> 엔지니어들에게는 그들의 문제를 편하게 이야기하게 만들 능력이 필요했지만, 그들의 연금을 빼앗을 궁리만 하는 1천 700마일 밖의 관리자들에게 전화만 하게 만들었다. 이것은 상식에 벗어난 대처인데, 엔지니어들을 무력화하는 데 이것만큼 효과적인 형태는 없기 때문이다.[45]

최고 엔지니어들은 각 비행기 모델에 관한 보고를 비즈니스 리더들에게 먼저 보낸 다음 수석 엔지니어에게 보냈다. 이런 구조로 인해 우려를 표명한 엔지니어들은 우선적으로 제품 납기 준수를 지켜야 하는 경영진들의 강한 반발에 부딪히는 것이다.[46] 직원들은 예전 보잉사를 '민주주의democracy'로 표현했는데, 문제를 해결하기 위한 토론 및 그룹의 접근법에 가치를 뒀기 때문이다. "이때는 '사람들은 숫자가 아닌 사람으로 다뤄졌다'고 했다."[47] 합병 후 보잉은 권위적으로 바뀌었다.[48]

『좋은 기업을 넘어 위대한 기업으로』(김영사, 2021), 『성공하는 기업들의 8가지 습관』(김영사, 2009)을 저술한 짐 콜린스Jim Collins는

---

42 재무와 전략을 총괄하는 부서 – 옮긴이

43 Useem, 'The Long-Forgotten Flight That Sent Boeing Off Course'

44 겐바(げんば)는 현장(現場)의 일본식 발음 – 옮긴이

45 Useem, 'The Long-Forgotten Flight That Sent Boeing Off Course'

46 Gelles and Kitroeff, 'Boeing Board to Call for Safety Changes'

47 Callahan, 'So why does Harry Stonecipher think he can turn around Boeing?'

48 Callahan, 'So why does Harry Stonecipher think he can turn around Boeing?'

2000년에 다음과 같이 말했다.

> 진짜 당시 보잉의 맥도널 인수가 역인수였고 맥도널의 정신이 보잉에 퍼지는 것이었다면, 보잉은 평범한 회사로 바뀔 운명이다. 보잉을 위대한 기업으로 다시 만들 방법은 하나밖에 없다. 그들(보잉 직원들)은 자신들의 회사가 엔지니어링이 이끄는 회사지, 금융이 이끄는 회사는 아니라고 생각한다. 그들의 미션에 더 이상 영예를 느끼지 못한다면 이 회사는 정말 평범한 회사가 될 것이다.[49]

보잉에서는 '비용, 일정, 제조의 압박이 737 맥스의 안전을 뭉개버렸고' 여기에는 '은폐의 문화'[50]가 한몫했는데, 심리적 안전의 결여로 사람들이 드러내기를 두려워한 것이다. 1997년 회사 인수를 전환점으로 엔지니어링이 이끄는 민주적 분위기에서 금융이 이끄는 독재적이고 비행기를 일개 상품으로 보는 분위기로 바뀌었다. 2013년부터 2019년 사이에 92%에 해당하는 운영 자금 흐름을 나누고 투자자들의 이익을 위해 자사주를 매입하고 주가를 높였다. 1998년부터 지속한 자사주 매입에 인플레이션을 감안하면 700억 달러가 들어간 것으로 산정된다.[51] 이 금액이면 몇 대의 새로운 비행기 모델의 자금을 댈 수 있었다. 반면 787 드림라이너가 2019년 말 당시 첫 번째 상업 비행 이후 8년 동안 일으킨 손실은 200억 달러였다.[52] 대부분 직원은 의심할 여지없이 제대로 된 비행기의 출고를 바랐지만 무력함만 느꼈다.[53]

성과를 최적화하려면 조직은 모든 레벨에서 직원들의 의견을 듣고, 의견 표출을 제약하는 공포를 제거하며 피드백 행동이 가능하게

---

49 Useem, 'The Long-Forgotten Flight That Sent Boeing Off Course'

50 Democratic Staff of the House Committee on Transportation and Infrastructure, 「The Boeing 737 MAX Aircraft」

51 Sorscher, 'What will it be, Boeing?'

52 '787 Deferred Production Cost, Unamortized Tooling & Other Non-Recurring Cost balances'

53 Ostrower, 'Inside Boeing'

만들어야 한다. 여기에는 (투입 대비) 성과의 균형에 초점을 맞추고 인센티브를 제공해야 한다. 성과에는 가치뿐만 아니라 품질, 업무 흐름, 안전, 동료와 고객의 만족 등이 포함된다. 품질, 업무 흐름, 안전, 직원들의 참여 등을 개선하고 지속성(하루도 쉬지 않고 8주 동안 일하라는 의미가 아니다[54])에 대해 전향적인 자세를 취한다면 비용과 일정은 점점 줄어들 것이다.

그렇다고 일정과 비용에 원칙적으로 초점을 맞추라는 이야기는 아니다. 보잉의 사례가 보여주듯 그 결과는 재앙이었다. 수많은 인명 손실에 더해, COVID-19 팬데믹 이전에 보잉의 첫 번째 연간 손실은 20년 전보다 더 악화됐고, 판매량도 주문의 취소 등으로 수십 년 동안 최악이었다. 공공연한 비용 중심의 경영은 원하는 방향과 정반대로 흘러갔다.

2019년 12월 23일에 해고된 보잉의 최고 책임자 데니스 뮐렌버그Dennis A. Muilenburg는 "한발 물러서서 우리의 문화가 어떤지 바라보는 게 중요하다"[55]라고 했다.

2. 조직 문화

'피해야 할 것 3.1 천편일률적 적용'에서 론 웨스트럼의 조직 문화 유형학을 언급했다. 다시 상기시키면, 웨스트럼은 조직 문화 유형을 병리적, 관료적, 생산적으로 정리했으며, 이것들은 리더의 성향에 따른다고 했다. 리더의 행위와 보상의 조정은 리더의 스타일을 드러내며 이는 조직 내 작업자들의 편견을 유발한다(표 3.1 참조).

54 McFadden 외., 'Former Boeing manager says he warned company'
55 Kitroeff, 'Boeing 737 Max Safety System Was Vetoed, Engineer Says'

피해야 할 것 중 최우선이 병리적 문화라는 점은 놀랄 일도 아니다. 이 문화에서는 정보가 개인으로까지 흐르지 않는다. 뭔가 문제가 발생하면 사람들이 작업하는 업무 시스템의 문제를 찾으려 하기보다는 희생양을 우선 찾는다. 조정은 미션이나 목적보다는 대부분 개인이나 팀을 대상으로 이뤄지며 희생양이 되기 싫어 서로 책임을 회피한다. 여기서 문제의 본질은 자연스럽게 묻히고 만다.

이런 조직 문화에서 팀 구성원들은 학습된 절망learned helplessness을 배우게 되며, 선 밖으로 나가려 하지 않고, 스스로 생각하지 않으며, 복지부동 자세로 다음 명령만 기다린다. 항상 뭔가 잘못할 것에 대해 두려움을 느낀다.

나는 이전에 조직 내 어느 한 비즈니스 영역에서 이런 공포의 문화가 만연한 것을 관찰했다. 이 조직은 모든 이에게 2주의 이터레이션을 강요했다. 의도 자체는 바람직했지만, 수행 과정은 그렇지 못했다. 수행의 이유, 비전, 목적, 모두에게 바라는 성과 등을 명확하게 하지 못했다. 단지 2주의 이터레이션을 지키려고 이터레이션을 하는 것 같았다. 애자일을 위한 애자일을 수행한 것이다.

그 결과는 결국 장애 발생이었다. 기존의 워터폴 방식을 기반으로 '스프린트'를 여러 번 반복한 것으로 5회의 이터레이션 동안 분석과 개발, 테스팅을 각각 5회씩 실시했다. 이는 애자일에서 기존 워터폴과 차이가 없다고 본다. 그리고 이런 방식의 업무가 원하는 성과를 명확하게 내놓지도 못했고, 뭔가 잘못될 것을 우려해 누구도 이를 개선하거나 실험하려 하지 않았다.

나는 그룹 세션에서 약 50명을 만나 플로어 워킹floor walking을 진행했다. 사람들이 이렇게나 학습된 절망을 갖고 있는지 생각도 못했다. 플로어 워킹 시 많은 이가 반응하기를 꺼렸으며 주도권은 팀 외부에서 만들어졌다. 아무도 책임지려 하지 않았다. 모두가 마치 동상이라도 된 듯 가만히 다음 명령을 기다리고 있었다.

여기서 가장 최악은 '피해야 할 것 1.2'에서 봤던 심리학자 스탠리 밀그램Stanley Milgram이 언급한 '대리인 상태'[56]가 만들어진다는 것이다. 사람들은 행동에 대한 책임 의식 없이 타인의 의지를 기계적으로 받아 나르는 역할만 한다. 그들의 역할은 성과를 책임질 만한 권위가 있는 사람의 명령에 그저 순응하는 것이다. 여기에는 정보를 숨기고 윤리 또는 안전을 무시하는 것도 포함된다. 병리적 문화를 운영하거나 키우는 리더들은 대리인 상태에 있는 직원들이 어떤 불평도 하지 않기 때문에 모든 게 잘 돌아가고 있다고 착각한다. 나쁜 소식은 문제가 터진 후에야 모습을 드러낸다.

침묵은 좋지 않다. 에이미 에드먼드슨Amy Edmondson은 저서 『두려움 없는 조직』(다산북스, 2019)에 병원 조직의 오류 보고 횟수와 팀의 효율성과 관련한 설문 결과의 연관 관계 조사를 기술했다. 몇몇 팀은 상호 존중, 협업, 만족도 그리고 결과 전달 능력에 다른 팀보다 높은 수준을 보였다. 그녀의 눈길을 끈 것은 어느 한 수치가 예상한 방향과 정반대로 나타난 부분이다. 오류의 보고 횟수가 많을수록 팀의 효율성이 더 높게 나왔다. 에드먼드슨은 뛰어난 팀이라면 오류 자체가 적을 거라고 예상했으나, (효율성이 높은 팀은) 그들이 발생시킨 오류를 더욱 적극적으로 보고하는 경향이 있다는 것을 알게 됐다.[57]

또한 시드니 덱커Sidney Dekker 교수는 '안전의 차이Safety Differently'에 관한 연구를 통해 장애 보고서와 사망률 사이에 강한 부정적 상관관계가 있다는 것을 보여줬다. 장애 신고를 하지 않는 건설 현장은 더 심각한 사고를 겪는다. 사고율이 가장 높은 항공사가 인명 사망률은 가장 낮다.[58]

56 Milgram, 'Behavioral Study of Obedience'

57 Edmondson, 『The Fearless Organization』

58 Dekker, 'The Bureaucratization of Safety'

더 효과적인 팀일수록 더 많은 심리적 안전을 보장한다. 두려움과 비난을 감추기보다는 개발과 대화, 탐구를 수행한다.

피해야 할 것 4.3

결정론적 사고방식

석유와 대량 생산 시대에서 조직화된 인간의 노력은 모두 반복성을 띠고 있었다. 이 시대에 디트로이트 포드 자동차 공장의 조립 라인과 토요타의 린 생산 방식이 등장했다. 풍부하고 값싼 석유 연료를 기반으로 고속도로를 만들었고 스키장을 조성했으며 제트 비행기를 생산했고 일반 가정에 여러 가지 가재 도구를 채울 수 있었다. 대량 생산, 매스 미디어, 대량 수송, 대중 관광, 대량 소비의 개념도 이때 만들어졌다. 업무 방식의 진화도 어떻게 하면 동일한 것을 많이 그리고 효과적으로 반복하는지에 맞춰졌다. 물리적이고 고유한 제품을 만들기 위해 조립 라인 및 도구들을 그때마다 변경하는 것은 비용이 많이 든다. 이 시대의 주요 관심은 성과, 주주들의 이익, 생산성(입력 단위당 생산 단위의 수치로 정의됨)이었다.

반복적인 작업은 예측 가능하다. 반복으로 작업 경험이 축적돼 있기 때문이다. 자동차 10만 대를 생산하는 일이나, 통화 거래 수백만 건을 하는 일은 무엇을 모를지 예측할 수 있다. 우리는 자동차가 만들어졌는지, 거래가 성사됐는지 안다. 뭔가 문제가 발생하면 어떻게 대처해야 하는지도 안다. 결정론적이다.

오늘날 디지털 시대에서 조직화된 사람들의 노력은 점점 더 창발성을 요구한다. 제품의 개발은 고유한 데다 과거에 어떤 맥락에서도 동일한 제품을 개발한 적이 없으며, 알려지지 않은 모르는 상황들이 있다. 무엇을 모르는지조차 예상이 안 되는 것이다. 빠르고 광범위한 컴퓨팅 파워, 저장 장치, 커뮤니케이션, 변화는 간헐적이라기보다는 연속적으로 이뤄진다. 소프트웨어의 세계에서는 10만 개의 동일한 코드를 찍어내는 게 아니다. 코드는 한 번 만들어지고 10만 번 실행되는 것이다.

소프트웨어가 아닌 제품에도 동일한 원칙이 적용된다(예를 들어 완전히 새로운 모델의 설계, 내부 감사 보고서 등). 조직화된 인간의 노력은 빠른 피드백을 바탕으로 어떻게 최상의 가치를 이어갈지 찾아낸다. 여기에는 시점 단위의 제품뿐만 아니라 혁신의 흐름, 서비스의 전개, 메타 레벨의 가능성, 고객의 구매 경험 등이 있다. '조립 라인'은 고유한 제품 전개의 흐름이다. 지식 업무에 대해서는 조립 라인이 고유의 제품 이터레이션별로 재조정될 필요가 없다. 수정이 필요하더라도 조립 라인 자체가 소프트웨어이기 때문에 비용은 제로에 가깝다.

조직에서의 주요 변화 및 제품 개발은 창발성을 갖고 있다. 여기서 우리는 최적의 성과로 전환하고 임의성을 유지하기 위해 성과 가설outcome hypotheses과 빠른 피드백에 주목해야 한다. 또는 가설이 틀렸다는 것을 깨닫기 위해 레이스 중간에 베팅을 변경하고 저렴한 비용으로 다음 레이스로 넘어갈 필요도 있다.

창발적 상황에서 무엇이 일어날지 예측할 수 있다고 생각하는 것은 중요하지만, 쓸데없고, 힘만 들며, 잠재적으로 위험하고 피해야 할 것이다. 최상의 성과를 얻으려면 시급성의 이점을 부각하기 위한 업무 방식의 최적화가 필요하다. 이는 창발적 도메인에서 결정론적 접근법의 강제를 대체한다. 결정론적 접근법의 특징은 미래를 예측 가능하다고 믿거나 명령으로 파도를 막을 수 있다고 믿으며, 대응할 시간이 부족하거나 가장 큰 압력(예를 들어 안전을 무시한 스케줄 수립)이나 높은 실패 비용이 존재하는 '마지막까지' 실제 학습을 미룬다.

0장에서 데이브 스노우든의 커네빈 프레임워크를 언급한 바 있다. 작업이 발생하는 영역으로 서로 다른 도메인을 분류한 것이다(그림 0.2 참조). 커네빈은 의사 결정을 돕고 애자일, 린 또는 둘 다의 상황에 최적의 접근법을 취하는 데 유용한 도구다. 내용을 다시 상기하자면,

여기에는 다섯 가지 영역이 있다.

- **확실성** 영역에서는 무엇을 아는지 예측 가능하다. 모범 사례가 가능하고 인과 관계가 명확하다. 과거에 많은 수행 경험이 쌓여 있어 전문 지식이나 스페셜리스트가 필요 없다(상점에서 상품 구입, 출퇴근하기, 자전거 타기 등).
- **난해성** 영역에서는 무엇을 모르는지 예측 가능하다. 모범 사례가 아니라 좋은 사례가 존재한다. 원인과 결과 사이에는 분석이나 전문 지식이 필요하다. 정답이 하나로 떨어지지 않는다. 과거에 수행 경험은 쌓여 있으나 전문 지식이나 스페셜리스트가 필요하다(데이터센터 내 서버 설치, 지불 처리, 토요타 프리우스 생산 등). 이 영역은 린에 잘 맞는다.
- **복잡성** 영역에서는 무엇을 모르는지 예측 불가능하다. 이 영역은 창발성을 요하며 모범 사례 같은 것은 없다. 원인과 결과는 회고를 통해서만 찾을 수 있다. 어떤 공간에서의 행동은 바로 공간 변경에 반영된다. 여기에서는 실험, 빠른 피드백, 대응이 필요하다. 이 영역은 고유한 제품 개발 영역이며 이전에는 해 본 것이 아니다. 우리가 무엇을 하게 될지, 사람들이 뭘 원하는지 명확히 알지 못한다. 이 영역은 애자일이 잘 맞는다.
- **혼돈** 영역에 있으면 인과 관계를 알 수가 없다. 빠른 행동이 유일한 대응 방법이다. 연기를 맡고 불꽃을 봤다면, 실험을 설계할 것이 아니라 위험에서 벗어나야 한다. 행동하고 감지하고 반응하라.
- **무질서** 영역은 어느 도메인에 속하는지 구분이 어려운 경우다. 더 자세한 정보를 찾거나 현 상황을 좀 더 구체적인 부분으로 나눠야 한다.

디지털 시대로 발전하면서 난해성 영역(반복 가능하고, 일부 예측 가능하며, 알 수 있는)에 집중하는 것에서 복잡성 영역(창발성을 요하며 예측 불가능하고 성과에 대한 가설과 빠른 학습이 필요)에 더 집중하게 됐다. 이 영역에서는 제품의 새로운 이터레이션을 수행하며 고객 만족을 위해 더 빠르게 피드백에 대응하고 있다.

업무 유형이 반복성을 띤다면(예를 들어 지불 처리, 고객의 온보딩, 고객 서비스, 새로운 인력의 온보딩 같은) 난해성 영역이 적절하며 기본적으로 린(0장에서 린의 정의를 참조하라)에 초점을 둬야 한다.

업무는 영역을 따라 이동한다. 새로운 제품이 탄생하고(복잡성 영역), 이는 점점 시장이 원하는 제품으로 변하며(난해성 영역), IT 장애나 제품 리콜과 같은 예상치 못한 일이 생기면 혼돈 영역으로 전환된다. 때로는 혼돈 영역으로 가지 않고 난해성 영역의 새로운 좋은 사례로 남는다.

1900년대 테일러리즘의 작업 현장 그리고 오늘날 일부 작업 현장에서 공장의 작업자나 석탄 광부들은 하루하루 해야 할 일을 정확히 알았다. 어제 한 일이 오늘 할 일이고, 내일 해야 할 일도 크게 달라지지 않는다. 포디즘Fordism에서는 더 많은 미시적 전문성이 존재했다. 예를 들어 여러분이 온종일 바퀴에 살을 붙이는 일만 했다면 말이다. 한 시간 동안 같은 제품을 얼마나 많이 찍어낼 수 있는지 정확히 안다면 월말에 집계할 생산량은 자신 있게 예측할 수 있다.

디지털 시대의 제품 개발에서 각 제품의 이터레이션은 새롭고 고유하다. 이전 세대의 상황에는 이런 방식이 없었다. 이는 맞춤형 개발뿐만 아니라 ERP 또는 CRM 시스템과 같은 패키지 소프트웨어에도 적용된다. 창발성을 띠고 적응력이 필요한 상황에서는 미리 정해진 솔루션 기반의 마감일과 마일스톤은 피해야 할 것들이다. 마일스톤은 고정적이며 결정론적이다. 도메인은 예측할 수 없고 공간에서 행동하면 그 공간이 바뀌기 때문에 안전한 학습 환경의 가드레일 안에서 성과 가설, 중첩된 케이던스로 북극성 지표 성과 추적, 빠른 피드백에 초점을 맞춰야 한다(5장에서 자세히 알아본다).

제품 개발과 관련해 결정론적 사고방식을 가진 문화는 마일스톤, 미리 정해진 세부 계획, 수행 속도, 결과물, 바쁨의 정도와 같은 잘못된 것에 초점을 맞춘다. '피해야 할 것 5.3'에서 보겠지만, 리소스 활용에 초점을 맞추면 리드 타임이 기하급수적으로 늘어나고 업무 흐름은 느려질 때가 많다. 이러한 사고방식은 대부분 가치보다는 비용에 초점을 맞춘다. 눈에 보이는 비용을 줄이면 업무 흐름의 효율성이 저하되고 숨겨진 비용이 증가해 결국 가치 창출이 감소하는 이중고를 겪게 된다. 창출되는 가치는 줄고 창출 비율은 감소하며 대기 시간과 핸드오프는 증가하는 것이다. 이러한 사고방식은 높은 수준의 직원 참여도와 업무 만족으로 이어질 수 없다.

고유한 제품의 개발에 사전에 결정된 고정적인 솔루션과 일련의 작업(결과물)을 고집하는 것은 두 차례 기술 혁명 이전의 수동적이고 반복적인 작업에 적합했던 업무 방식을 지식 기반의 고유한 업무에 적용하는 꼴이다. 이는 민첩성이라는 비즈니스의 이점을 방해하고 선택의 여지를 없애며, 미래 예측을 위한 시간을 낭비하고 직원들의 사기를 떨어뜨린다. 또한 고객이 "이제 내가 쓸 수 있게 됐으니, 내가 요청했지만 원치 않는 것 그리고 요청하지 않았지만 원하는 것이 무엇인지 알게 됐다"라고 해야 하는 느린 업무 흐름으로는 고객 만족을 최적화할 수 없다. 그렇다고 해서 (디지털 시대의 제품 개발 방식이) 계획이 없고 정해진 날짜가 없다는 뜻은 아니다. 오히려 정반대다. 이와 관련한 내용은 다음 장에서 자세히 다룬다.

일부 상황에서는 이런 단계가 리더십 성숙의 중간 단계다. 어떤 이들은 현상 유지를 더 선호하며 취약점을 드러내는 데 익숙지 않다. 선의는 있지만, 대안적 접근 방식에 대한 이해가 부족할 때가 많다. 또 타인에 대한 신뢰 부족, 세세하게 관리하려는 욕구, 사람들의 발을 불 위에 묶어 두고 활동과 성과의 책임을 물으며 나태해지지 않도록 상세한 프로젝트 계획이 필요하다는 생각 때문에 결정론적 사고를 취할 때도 있다. 극단적인 경우, 어떤 사람들은 괴롭힘을 일삼으며 이렇게 해야 모든 인적 비용을 들여 업무를 완수할 수 있다고 믿는다. 과거에 누군가가 자신에게 이렇게 했기 때문에, 또는 상위 관리자가 하는 대로 따라 하기 때문이라고 한다. 리더십 위치에 있는 일부 사람들은 자신이 모르거나 모든 답을 가지고 있진 않다고 말하기를 두려워한다. 이들은 "해보고 알아보자"라든가 "모르겠다", "내가 어떻게 해야 할지 묻지 말고 당신이 어떻게 할 것인지 말해달라"와 같은 말을 하지 못한다. 리더라면 모든 답을 알고 있어야 한다는 자조적인 시각을 갖고 있어서다. 이는 잘못된 시각이다. 비전, 목적, 원하는 성과와 가설을 명확히 하고 가드레일 안에서 실험과 권한 위임을 장려해야 한다. 안전하고 빠른 학습을 권고해야 한다. 성과를 최적화하기 위해 창발성을 활용하고 마지막 책임이 있는 순간까지 선택권을 유지한다.

피해야 할 것에서 해야 할 것으로

여정의 가이드, 선두에서 리드하기

피해야 할 것은 흔히 볼 수 있다. 조직의 설계와 프로세스는 그대로 둔 채 문화를 바꾸지 않고 명령하고 활동을 강요하는 등 자신은 그대로인데 타인의 변화를 기대하는 조직을 어렵지 않게 찾아볼 수 있다.

보복이 두려워서 시키는 것 이외에 다른 일을 하지 않고, 말을 꺼내거나 안전한 실험을 하지 않도록 배워온 작업장도 쉽게 찾을 수 있다. 일부 조직은 뭔가를 하기보다는 아무것도 안 하는 게 더 안전할 때도 있다.

또한 고유의 업무 맥락에서 미래를 상세하게 계획한 다음, 높은 수준의 참여를 끌어낼 수 없는 업무 시스템과 인센티브의 제약을 받으면서도 "재미있게 일하세요!"라는 외침과 팀 빌딩 연습으로 사람들의 발을 불 위에 올려놓고 거의 불가능에 가까운 업무를 수행시키면서 거짓 위안을 삼는 사람들 역시 어렵지 않게 찾아볼 수 있다.

1980년대 일본에서는 제품 개발 업무에 대한 인식이 확산되면서 제조업의 개선이 이뤄졌다. 이는 0장에서 살펴본 1990년대 초 소프트웨어 개발을 위한 '경량 프로세스'와 2001년 애자일 선언으로 이어졌다. 이는 새로운 것이 아니다. 디지털 시대의 전환점을 지나서 이제는 생존과 번영을 위한 필수 요소가 됐다.

리더는 바람직한 행동의 롤 모델을 제시하고 취약성을 드러내며, 그 과정에서 학습할 수 있도록 앞장서서 사람들을 안내해야 한다. 여기에는 성과가 좋은 팀의 큰 결정 요인인 심리적 안전이 있어야 한다.[59] 또한 성과를 최적화하기 위해서는 서번트 리더십을 통한 창발적 마인드를 가져야 한다. '보고 라인' 대신 '지원 라인'이 있어야 한다. 고도의 조율alignment이 이뤄지고 원하는 성과가 명확한지 확인한 다음, 최소한 실행 가능 범위 안에서 최적의 방법을 찾을 수 있도록 사람들이 두뇌를 활용하게 해야 한다. 시급성을 활용해 전달 리스크를 크게 줄이고 노동의 결실이 부가 가치를 창출하는 것을 정기적으로 확인함으로써 사기를 높여야 한다.

해야 할 것 4.1

리더는 선두에 서야 한다

리더는 단어의 어원처럼 앞장서서 사람들을 인도하고 여정을 함께하고 시련과 고난, 승리를 같이 경험한다. 이는 "어서 가, 난 여기 있을 거야. 도착하면 알려줘"라고 말하는 것이 아니다. 용기가 필요하고 바람직한 행동의 롤 모델을 제시하며, 추종자들을 모아야 한다. 이렇게

59 'Guide: Understand team effectiveness', re:Work

말하기는 쉽지만 실천하기는 어렵다. 변화는 위부터 시작한다. 시니어 역할을 하는 사람들이 보여주는 행동 규범, 다시 말해 상위 레벨에서 만드는 분위기는 문화, 보상, 인식, 강화된 행동, 목적, 동기 부여, 회사로써 '우리가 누구인지', '우리가 어떻게 존재하는지'에 영향을 미친다.

리더십 팀(가능한 한 시니어, 이사회 형태가 바람직함)이 선두에 서야 한다. 『조직의 재창조』의 저자 프레데릭 라루는 "조직의 의식은 리더의 그것을 뛰어넘을 수 없다"[60]라고 했다. 개선을 지원하고 장려하는 시니어 리더를 중심으로 더 나은 업무 방식에 대한 거품이 형성될 것이다. 조직 전반의 성공적인 변화를 위해서는 이러한 거품이 최고위층에 고정돼야 한다. 그렇지 않으면 버블 외부에 조직에 대한 저항이나 문화의 변화를 가로막는 장애물이 발생할 가능성이 크다.

더 나은 가치를 짧은 시간에, 더 안전하고 모두 만족하도록 전달하기 위해 직원들의 일하는 방식을 개선할 수 있도록 상부에서 내려오는 인센티브와 권유(3장 참조)가 있어야 한다. 즉 BVSSH 성과를 개선하는 일이 회사 전체에 걸쳐 한정된 우선순위 중 하나로 명시돼야 하고 이에 대해 직원들이 인정받고 보상받아야 한다. 이때 '방법'은 의무 사항이 아니다. 시간이 지남에 따라 BVSSH의 긍정적인 추세가 나타날 것이다. 여기에 목표는 없다(목표는 화물 숭배, 또는 비윤리적인 대리인 상태를 유발한다). 대신에 지원이 제공되고 리더의 역할 모델이 있다.

리더십 위치의 사람들은 전통적인 업무 방식을 통해 그들의 위치에 올랐을 수 있으며, 이때 피해야 할 것과 같은 행동을 보일 수 있다. 과거에 성공을 이끈 방법이 반드시 지속적인 성공을 약속하지는 않는다. 성과를 최적화하려면 용기를 발휘해 취약성을 드러내며, 학습 불안을 극복하고 실험해야 한다. 다른 사람들이 안전하게 실험할 수 있

60 Gerndt, Frederic Laloux 'Reinventing organizations'

도록 격려하고, 지휘관이 되기보다는 리더가 되며 바람직한 행동의 롤 모델이 되고, 성과의 가설을 명확히 해 팀이 최소한의 가드레일 안에서 일을 진행할 수 있도록 해야 한다. 코칭을 구하고 진행 중인 작업을 제한하며, 정보를 시각화하고 발산하라. 60페이지에 달하는 위원회 자료를 뒤적이는 대신 해결해야 할 문제를 다뤄라. '겐바 워크'를 수행하며, 조직의 장애물에 대해 리더십 팀을 만들어 대응하며, 정기적으로 회고를 실시하고, 정기적인 피드백을 기반으로 전환점을 만들고, 활동이나 성과가 아닌 균형 잡힌 결과 가설에 집중해야 한다. 경험상 리더십 직책이 있는 사람들, 특히 은퇴에 가까워진 사람들은 조용한 삶을 원한다. 이들은 배를 흔들고 싶어 하지 않는다. 이럴 때는 '해야 할 것 3.2'에서 본 것처럼 권유에 응한 사람부터 시작하라.

모든 직급의 리더는 조직 전체에서 더 나은 업무 방식을 육성하고 코칭하며 지원하는 역할을 한다. 실무 직급만으로는 곧 한계에 부딪히게 된다. 하향식 리더십은 권유를 넘어선 강요다. 그 대신 '해야 할 것 2.3'에서 봤던 것처럼 압박받는 허리를 포함한 조직의 수직적 인력을 참여시켜야 한다. 타고난 혁신가에서 출발하며 하나의 법칙Rule of One[61]을 따라야 한다. 소규모 그룹에서 새로운 업무 방식을 도입한 다음 이를 확장하라. 서번트 리더로서 팀을 코치할 수 있는 중간 관리자를 포함한 모든 사람은 역할이 있다. 마이크 로더의 토요타 개선 카타에는 모든 레벨의 리더가 서번트 리더로서 중요한 역할을 하는 코칭 카타가 포함돼 있다.[62] 이는 문제나 개선 사항에 대한 직접적인 조언은 피하면서 그들의 사고 과정 및 문제 해결의 과정에 기반한 팀 코칭이다. 사고 과정에 대한 코칭인 셈이다.

61 2장 참조 – 옮긴이

62 Rother, 『Toyota Kata』

1. 혁신적 리더십

혁신적 리더십Transformational Leadership이라는 개념은 1978년 제임스 번즈James Burns의 『리더십 강의』(생각의 나무, 2000)[63]라는 책으로 유명해졌다. 리더십의 또 다른 변형은 거래적 리더십Trasactional Leadeship으로 이는 1900년대 초 공장에서의 작업 방식과 유사하게 금전적 보상을 제공하거나 거부하면서 작업에 초점을 맞추면서 사람을 관리하는 것이다. 1985년 버나드 배스Bernard Bass는 이 개념을 확장해 혁신적 리더십은 팔로워들이 탁월한 성과를 달성하도록 영감을 주고, 그 과정에서 자신의 리더십 역량을 개발하는 것이라고 정의했다.[64]

혁신적 리더십에는 네 가지 구성 요소가 있다.[65]

- **롤 모델**Role Model: 리더는 바람직한 자질을 구현하는 롤 모델이며 '행동으로 실천'한다. 팔로워들을 통해 얼마나 존경과 신뢰를 받는지 알 수 있다. 리더는 일관성이 있고 옳은 일을 한다는 믿음을 주며 높은 윤리적 · 도덕적 행동을 보여준다. 이를 이상적 영향력이라고도 한다.
- **비전**Vision: 팔로워들에게 영감을 주고 동기를 부여하는 분명한 비전이 명확하게 제시된다. 갈망하는 미래에 대한 명확하고 공유된 견해가 있으며, 이는 업무에 더 높은 수준의 목적과 의미를 제공한다. 더 높은 수준의 명분이 있고 이를 통해 활력을 불어넣는다. 커뮤니케이션은 불확실한 환경에서도 영감을 주고 동기를 부여한다. 이를 영감적 동기 부여Inspirational Motivation라고도 한다.

---

63 Burns, 『Leadership』

64 Bass, 『Leadership and Performance Beyond Expectations』

65 Forsgren 외, 「State of DevOps Report 2017」

- **지적 자극**Intellectual Stimulation: 리더는 팔로워들이 새로운 방식으로 문제에 대해 생각하도록 하고 현상 유지에 만족하지 않으며 현재의 가정assumption에 의문을 제기하도록 한다. 이를 위해 실험과 새로운 아이디어가 장려된다. 아이디어는 비판받지 않으며(애초에 나쁜 아이디어가 존재하지 않는다), 실패한 실험은 개인적인 비난이 아닌 학습과 탐구로 이어진다. 심리적 안전이 보장되는 것이다.
- **코치**: 리더는 인력을 코칭하고 개발한다. 팔로워 각각의 고유한 요구 사항, 강점, 동기 부여, 지향점을 인정하고 지원한다. 리더는 먼저 이해하려고 노력하며 적극적인 경청을 실천한다. 팔로워는 리더에게서 배우고 지원받고 있음을 느낀다. 이를 개별화된 배려Indivisualized Consideration라고도 한다.

「The State of DevOps Report 2017」에 따르면, 성과가 높은 팀에는 가장 강력한 혁신적 리더십을 발휘하는 리더가 있다. 혁신적 리더십은 당연하지만, 직원들의 참여도와 밀접한 상관관계가 있는 것으로 나타났다. 이런 조직의 구성원은 더 행복하고 충성도가 높으며 참여도도 높다. 이는 다시 이의 상위 조직의 성과와 연결된다.[66]

혁신적 리더십은 더 나은 조직 성과를 위한 원동력이다. 「The State of DevOps Report 2017」에서 흥미로운 점은 혁신적 리더십이 높은 성과를 위해서는 필수지만, 이것만으로 충분하지 않다는 것이다. 혁신적 리더십의 영향력 범위를 벗어난 다른 시스템적 장애물이 높은 성과를 방해할 수 있기 때문이다. 따라서 BVSSH를 전달하기 위해 국지적 최적화의 집합이 아닌 조직 전체를 범위로 잡고 최고 경영진의 지원을 받는 게 중요하다.

66 Bass and Riggio, Transformational Leadership

2. 소통하고, 소통하고, 소통하라

리더십 활동은 문화를 증폭시킨다. 행동의 변화에는 인센티브, 안전, 인정Recognition, 사회적 증거가 필요하며 이를 위해서는 소통이 필요하다. 지속적인 행동 변화를 끌어내는 데 필요하다고 생각하는 횟수보다 3배 더 소통했다면, 이는 실제 필요한 횟수의 1/3만 한 것이다. 모든 레벨의 리더들은 자주 소통해 바람직한 행동과 학습을 인식하고 사내 소셜 미디어, 사내 콘퍼런스, 밋업, 데모 세션, 사내 시상식, 실무 커뮤니티, 기업의 온 · 오프라인 가시성 공간Visibility Room[67] 등 다양한 수단을 활용해야 한다.

더 나은 성과를 위해 해야 할 것은 여러분이 보고 싶어 하는 변화다. 리더십 팀은 변화의 선두에 있어야 한다. 관리자나 지휘관이 아닌 리더가 돼라. 모든 레벨의 리더는 앞장서서 솔선수범하고, 바람직한 행동의 롤 모델이 되며, 말보다는 행동을 먼저 하고, 진정성을 가지며, 미래에 대해 분명하고 열망적이며 목적의식이 있는 그림을 그릴 수 있어야 한다. 이를 위해 실험을 장려하고 개별적으로 팔로워들을 코칭할 수 있어야 한다. 2천 500년 전에 리더라는 단어가 처음 등장한 이후 리더는 변함없이 사람들을 '이끌고' 여정에 동행한다.

해야 할 것 4.2

심리적 안전

우리는 '피해야 할 것 4.2'에서 사람들이 발언을 두려워하거나 발언할 때 무시하는 태도를 보이는 문화가 잠재적으로 비극적 결과를 초래할 수 있다는 것을 봤다. 심리적 안전이 부족하면 사람들은 학습의

67 가시성 공간이란 어떤 프로젝트에 대해 이해하기 쉬운 핵심 문서들을 모아놓은 공간을 의미한다. – 옮긴이

무력감을 드러내고 명령만 기다리며 내적 동기가 아닌 외적 동기만을 가진 '대리인 상태'를 보이게 된다. 어떤 상황에서는 "공통의 고통으로 우리는 하나가 됐다"라고 말하기도 한다. 이런 곳에서는 피드백이 제대로 될 리가 없으며, 정보가 필요한 곳에 제대로 전달되지 않는다. 분명히 이는 성과를 최적화할 수 없다.

고유한 제품 개발이든 반복적인 업무든, 지속적인 개선이 이뤄지고 결과를 최적화하려면 사람들이 안전하게 실험할 수 있어야 한다. 사람들이 배우는 것에도, 현상 유지에 만족하지 않는 것도, 상급자에게 질문하는 것도, 개선 실험을 실행하고 실패할 수도 있는 가설을 테스트하는 것도 안전하다고 느껴야 한다. 중요한 것은 이렇게 해야 사람들이 매몰 비용의 오류를 피하고, 실제 개발이 빨라진다는 것을 느껴야 한다. 일부 조직에서는 실패를 축하하고 실패라는 낙인을 제거하기 위해 가상 또는 물리적 '실패의 벽'을 설치하기도 한다. 실제로 실패한 실험은 없다. 여기에는 배움만 있을 뿐이다. 유일한 실패는 미래를 예측할 수 있으며, 조직이 기계식 시계의 작동 원리처럼 환원주의라고 가정하는 것뿐이다.

디지털 시대의 전환점을 지나고 변화의 속도가 어제보다 빨라진 오늘날, 인간의 잠재력을 발휘하고 BVSSH를 전달하기 위해 심리적 안전은 필수다. 이는 토요타가 오랫동안 지속적 개선인 카이젠 프로세스를 통해 잘 알고 있는 사실이다. 토요타 공장에는 안돈[68] 코드 또는 안돈 버튼이 있다. 이 버튼을 당기거나 누르면, 라인에서 작업하던 팀 리더가 달려와 어떻게 하면 도와줄 수 있겠냐고 묻는다. 이 과정에서 문제의 개선 제안이 있을 수 있으며, 이를 통해 품질과 안전이 나중에 점검되는 것이 아니라 미리 구축될 수 있다. 여기에는 사람들이 발언할 수 있는 프로세스가 있다. 팀 리더는 서번트 리더십을 발휘해 잠재

68 일본어 Andon(行燈)에서 그대로 따옴 – 옮긴이

적인 품질 이슈를 지적해 준 데 감사를 표한다. '정해진 시간'에 처리하지 못하면 조립 라인이 멈추기 때문에 개개인의 심리적 안전이 보장된다.

한 공장에서만 안돈 코드가 하루에 약 5천 번 당겨진다.[69] 생산 라인은 멈추면 안 된다는 원칙을 지키던 제너럴 모터스와 비교해보라. 이전에 제너럴 모터스에서 일했던 작업자는 "라인을 멈추게 하면 해고당했다"[70]라고 밝혔다. 그러다 보니 엔진을 거꾸로 넣고 차를 조립한 일이 있다는 후문도 있다.[71] 2006년 토요타는 세계 최고의 제조 기업이 됐으며,[72] 2009년 제너럴 모터스는 미국 역사상 최대 규모의 산업 파산으로 납세자에게 500억 달러가 넘는 손실을 입혔다.

1. 생성적 문화

론 웨스트럼의 조직 문화 유형론(피해야 할 것 4.2 참조)에서 심리적 안전은 생성적 문화Generative Culture의 특징이다. 사람들은 자신의 의견을 말하고 틀에서 벗어난 생각을 하도록 장려받으며, 집단이나 계층과 관계없이 필요한 곳에 정보가 전달된다. 일이 잘못됐을 때는 개인의 책임보다는 업무 시스템이나 문화에서 해결할 문제가 무엇인지 파악하는 데 중점을 둔다. 전기 엔지니어가 데이터 센터의 전원을 차단해 의도하지 않은 시스템 중단이 발생하는 시나리오를 생각해보자. 생성적 문화에서는 이를 전기 엔지니어의 실수로 보지 않고 더 큰 안전장치와 복원력이 필요한 시스템적 문제로 간주한다. 또한 투명성을 촉

69 Magee, 『How Toyota Became #1』

70 Frank, 'The End of the Line for GM-Toyota Joint Venture'

71 Frank, 'The End of the Line for GM-Toyota Joint Venture'

72 Wikipedia, 'List of manufacturers by motor vehicle production'

진하고 정보를 숨김없이 제공하며 데이터를 공개하기 위해 신중한 노력을 기울인다. 혁신적 리더십과 생성적 문화는 서로 밀접한 관계가 있다.

2012년 구글은 높은 성과를 내는 팀을 만드는 요인을 알아보기 위해 '프로젝트 아리스토텔레스'에 착수했다. 연구 결과, 가장 중요한 요인은 심리적 안전이었다. 구글 가이드에는 '심리적 안전성이 높은 팀은 팀원들이 서로 함께 위험을 감수해도 안전하다고 느낀다'라고 명시돼 있다. "팀 내 누구도 실수를 인정하거나 질문하거나 새로운 아이디어를 제안하는 것에 대해 다른 사람을 당황하게 하거나 처벌하지 않을 것이라는 확신이 있다."[73] 이로써 팀에 누가 있느냐보다 팀이 어떻게 협력하는지가 더 중요해진다.

또 다른 예시로, 알파벳 회사인 X는 '문샷'[74]에 초점을 맞추고 있다. X는 로마자 10을 의미하며, 세계에서 가장 난해한 문제에 10배 영향을 미친다는 목표를 갖고 있다. 이곳에서는 실패에 대한 보상이 적극적으로 이뤄진다. 문샷 엣 엑스Moonshot at X의 수장인 아스트로 텔러Astro Teller는 "우리의 소중한 문화적 습관 중 하나는 아이디어를 기꺼이 실패시키는 것입니다. 우리 팀은 실패를 당연한 것으로 여기며 하루를 시작합니다"[75]라고 말했다. 또 "우리는 프로젝트를 실패한 팀에 보상을 제공함으로써 사람들이 용기를 낼 수 있도록 합니다. 작년에 우리는 아이디어 100개를 실패했으며, 얼마 전에는 30명의 엔지니어로 구성된 한 팀이 2년 동안 작업한 프로젝트를 실패했습니다. 저는 그들에게 실패하면 보너스를 준다고 발표했습니다"[76]라고 덧붙였다.

---

73 'Guide: Understand team effectiveness', re:Work

74 moonshot, 원래 달에 탐사선을 보내는 일을 의미하지만 불가능한 일에 도전하는 비유적 의미도 됨 – 옮긴이

75 Teller, 'A Peek Inside the Moonshot Factory Operating Model'

76 Teller, 'The Head of 'X' Explains How to Make Audacity the Path of Least Resistance'

이에 대해 아스트로는 다음과 같이 부연했다. "심리적 안전은 비용이 들지 않습니다. 즉 모든 회사, 모든 리더 그룹은 가장 저항이 적은 길을 선택해 대담함을 만들 수 있다는 것을 의미합니다. 따라서 리더십팀이 '감정에 휘둘릴 시간이 없다'라거나 '우리는 X만큼 재정 능력이 없다'라고 말하는 사람들은 핵심을 놓치고 있는 것입니다. 문샷에 필요한 비밀 재료는 비용이 들지 않는다는 점입니다."[77]

픽사Pixar는 22편의 컴퓨터 애니메이션 장편 영화를 제작했다. 작품 모두 비평가들의 찬사를 받으며 개봉했다. 애니메이션 여부와 관계없이 역대 최고 수익을 올린 영화 50편 중 4편이 상위 50위 안에 들었다.[78] 픽사의 전 사장이었던 에드 캣멀Ed Catmull은 "건강한 문화의 특징은 구성원이 자유롭게 아이디어, 의견, 비평을 공유한다는 것이다"[79]라고 말했다. 픽사는 영화 제작 과정에서 솔직함을 장려하는 '브레인트러스트Braintrust'라는 메커니즘을 갖추고 있다. 브레인트러스트는 정기적으로 회의를 열어 제작 중인 영화를 평가한다. 감독, 작가, 스토리보드 아티스트들은 서로의 작품을 살펴보고 솔직한 피드백을 제공한다. 캣멀은 "창작과정에서 솔직함이 다른 무엇보다 중요하다. 왜 그럴까? 초기에는 모든 영화가 형편없기 때문이다. 픽사에서는 사람들이 서로의 의견을 듣고 싶어 하고(그 의견이 도전적일지라도) 모두가 서로의 성공에 관심을 갖는 환경을 조성하려고 노력한다"[80]라고 설명했다. 이는 프로듀서보다 상위에 있는 개발 임원들이 '필수 노트'를 통해 감독들을 미세하게 관리하는 할리우드의 전통적 방식과는 배치된다.[81]

77 Teller, 'The Head of 'X' Explains How to Make Audacity the Path of Least Resistance'

78 Wikipedia, 'Pixar'

79 Catmull, 'Inside the Pixar Braintrust'

80 Catmull, 'Inside the Pixar Braintrust'

81 Catmull, 'Inside the Pixar Braintrust'

2. 심리적 안전의 조성

심리적으로 안전한 직장을 만들기 위해서는 많은 의식적 노력이 필요하며 뿌리 깊고 확고하게 자리 잡은 조직의 규범, 신념, 행동들을 바꿔야 한다. 이것은 하룻밤 사이에 이뤄지지 않는다. 속담에 있듯이 '나무를 심기에 가장 좋은 시기는 20년 전이었지만, 두 번째로 좋은 시기는 바로 지금'이다. 『두려움 없는 조직』의 저자 에이미 에드먼드슨Amy Edmondson에 따르면 조직에서 심리적 안전을 구축하기 위해 취해야 할 세 가지 단계가 있다.[82]

- 첫 번째, **무대 만들기**. 실패가 개인의 무능이 아니라 업무 시스템에 관한 것이 되도록 맥락을 재구성하는 것이다. 실패를 재구성하고, 지능적인 실패를 학습으로 바라보고, 의도하지 않는 실패에 대한 비난 없는 질문으로 접근한다. 실패해도 안전한 실험은 축하받아야 한다. 무사고를 달성하거나 세계에서 가장 신뢰받는 브랜드가 되는 등 목적과 의미를 확보하는 것이 중요하다.
- 두 번째, **참여 유도하기**. 사람들은 말을 하지 않으려는 습성이 있기에 모든 이에게 정기적으로 의견을 구하는 적극적인 조치가 필요하다. 또한 누구나 보복이나 위계질서에 대한 두려움 없이 발언할 수 있는 분위기가 조성돼야 한다. 리더는 겸손한 자세로 적극적으로 경청하고 질문하면서 우리가 가진 300여 개 이상의 인지적 편견에 도전하고, 그렇지 않았더라면 표출되지 않았을 다양한 의견을 구해야 한다. 인지된 권력과의 거리가 멀수록 리더는 피드백을 요청할 필요성이 커진다.

82 Edmondson, 『The Fearless Organization』

- 세 번째, **생산적으로 대응하기**. 피드백이나 생산에 감사를 표현하고 빠르고 현명한 실패를 축하해야 한다. 마찬가지로 절차적 및 행동적 측면 모두에서 협상할 수 없는 최소한의 실행 가능한 가드레일이 있다. 이러한 사항들은 명확히 전달돼야 한다.

3. 안전 I 및 안전 II

안전 문제 전문가인 에릭 홀나겔Erik Hollagel은 '안전 ISafety I'과 '안전 IISafety II'라는 용어를 만들었다.[83] 안전 I은 문제가 발생하지 않도록 하는 데 초점을 맞추고, 문제가 발생했을 때 근본 원인 분석에 중점을 둬 상황을 살펴본다. 초점은 실패를 완전히 방지하는데 둔다. 하지만 복잡한 시스템에서는 근본 원인이 한 가지인 경우가 거의 없다. 또한 근본 원인을 찾다 보면 더 넓은 문화적 환경을 놓칠 수 있다. 안전 II에서는 일이 제대로 진행되는 이유를 살펴보고, 그러한 일이 더 자주 발생하는 문화 구축을 시도한다. 이 접근 방식에서 중요한 부분은 심리적 안전, 즉 의견을 말하고 주도적으로 행동할 수 있는 자신감이다.

시드니 덱커의 연구(이와 관련해 6장에서 자세히 살펴본다)에 따르면, 잘못되는 일과 잘되는 일의 차이는 부정적 요소 자체에서 비롯된다기보다는 긍정적 요소의 유무에서 결과가 달라진다. 긍정적 요소는 다음과 같다.

- 현상 유지에 만족하지 않고, 잘못됐다고 판단되면 멈추라고 말할 수 있는 능력
- 과거의 성공을 미래 성공의 지표로 삼지 않는다.

---

83 Hollnagel, Wears, and Braithwaite, 『From Safety I to Safety II』

- 의견의 다양성을 존중한다.
- 위험과 잠재적으로 '나쁜 소식'에 대한 대화가 활발하게 이뤄진다.

이 모든 것은 능동적인 심리적 안전이 필요하다.

요약하자면, BVSSH라는 목표를 달성하기 위해서는 보다 인간적이고 참여적이며 보람 있는 업무 환경을 조성하기 위해 사람들이 안전하다고 느끼는 아이디어를 제안하고, 다소 바보 같은 질문도 할 수 있어야 하며, 때에 따라 실제 또는 가상의 안돈 코드를 당겨서 라인을 멈추게 할 수 있어야 한다. 사람들이 안전하게 실험을 수행하고, 수신자가 듣고 싶지 않을 수도 있는 소식을 전달해도 안전하다고 느끼고, 다양한 의견을 표현하고 도움을 요청할 수 있어야 한다. 아무것도 하지 않거나 말하지 않는 것이 가장 안전한 행동이 아니라 행동 편향이 안전해야 한다. 조직적인 인간의 노력이 자비로운 독단처럼 운영되면 안 된다. 리더는 사람들이 자신의 모든 것을 발휘할 수 있도록 도와야 한다.

사례 연구: 아일랜드 은행의 감사실은 어떻게 애자일 역량을 강화했는가[84]

아일랜드 은행은 1783년에 설립된 아일랜드에서 가장 오래된 은행이며, 1만 명 이상의 직원을 보유한 '빅4' 은행 중 하나다. 최고 내부 감사 책임자인 스티브 숀더스(Steve Saunders)가 지금까지의 내부 감사 운영 방식을 공유한다.

더 나은 업무 방식을 향한 아일랜드 은행 그룹의 내부 감사(GIA) 팀의 여정은 2017년에 시작됐다. 우리는 기존 업무 방식으로는 팀이 성공할 수 없다는 것을 인지하고 있었다.

84 Hollnagel, Wears, and Braithwaite, 『From Safety I to Safety II』

애자일 역량을 향한 첫 번째 활동은 서번트 리더십이었다. 특정 기술 세트, 위험 유형, 특정 사업부의 리더 등 모든 부서원이 리더로 간주된다. 우리는 '모든 직급의 리더'라는 철학을 채택했는데, 부서 내 고위 직원은 업무 수행 방법을 지시하기보다는 동료들이 목표를 달성할 수 있도록 지원하고 코치하는 역할을 하도록 장려한다. 이러한 변화는 메커니즘과 프로세스에 초점을 맞추기보다는 문화적인 것이었으며, 우리 여정의 기반이 됐다.

우리가 구축하고자 하는 문화는 애자일 선언문의 12가지 원칙에 기반을 두고 있다. 예를 들어 고객과 팀 구성원이 함께 일하며, 조속하고 지속적인 제공을 통해 고객의 요구를 충족하는 것을 최우선 과제로 삼았다. 또한 자기 주도적인 팀 문화, 최소한의 조직 구조, 지식이 있는 곳에 의사 결정 권한을 부여하고(팀과 함께), 빠르게 실패하고 배우며 더 나아질 수 있다는 것을 편안하게 받아들이는 문화를 조성하려고 노력해왔다.

이러한 변화를 지원하기 위해 각 팀은 교육 세션과 워크숍에 참여해 경영진이 애자일 감사를 지지하고 장려할 수 있도록 했다. 그런 다음 모든 감사 팀에 교육을 전파했다. 일부 감사관은 감사 업무에서 애자일 챔피언이 돼 은행의 애자일 전환에 기여하고, 이 분야의 리더로 인정받을 수 있었다.

2018년 5월에 애자일을 주제로 한 GIA 타운홀 미팅이 열렸다. 그제야 다른 그룹들은 프로세스에 관심을 가졌다. 챔피언들은 스크럼을 사용해 반복 기반 프로세스를 실험하기 시작했다. 이해관계자들은 반복의 가치를 일찍, 지속적으로, 자주 경험했다. 몇 달 동안 지속되는 감사가 끝날 때만 결과를 받는 대신, 2주마다 경과를 보고받았다.

우리가 발견한 것은 서번트 리더십 접근 방식, 2주마다 경과 제공, 회고 세션을 자주 개최한 결과, 직원 사기와 참여도가 매우 빠르게 상승했다는 것이다. 이러한 접근 방식과 업무 방식을 채택한 팀은 설문 조사에서 참여도가 가장 높은 팀으로 나타났다.

비슷한 생각을 가진 이웃 조직에서 온 몇몇 동료와 함께 '감사 업무에서의 애자일' 모임을 만들었다. 이를 통해 우리는 같은 직종의 동료들을 정기적으로 초대해 애자일 역량을 높이는 방법에 대해 서로 의견을 나누기 시작했다. 이 모임의 인기가 높아지면서 이제는 신청이 폭주하고 있다. 다시 말해 불이 붙은 것이다. 그리고 우리가 달성한 것은 애자일이 흥미로운 변방의 '어떤 것'에서 업계 전체의 기대 사항으로 바뀌었다는 것이다. 실제로 감사 팀에 대해 독립적인 품질 평가를 수행하는 회사는 이제 부서의 애자일 역량을 테스트하고 조사한다. 감사자들의 세상이 완전히 바뀌었다.

해야 할 것 4.3
서번트 리더십을 지닌 창발적 마인드

'피해야 할 것 4.3'에서 설명하는 위계질서와 결정론적 사고방식을 강하게 고수하는 곳이 있다면, 계급이 명확하고 서열이 확고하며 명령에 복종해야 하는 군대일 것이다.

1: 의도 중심 리더십

1998년 미 해군 잠수함 올림피아호의 지휘를 맡기 위해 1년간 준비해 온 데이비드 마르케David Marquet는 불과 2주 전에 다른 잠수함인 산타페호의 지휘를 맡으라는 뜻밖의 요청을 받았다. 산타페호는 지난 12개월 동안 승조원 중 남아 있기를 희망하는 인원이 단 3명에 불과해 해군에서 가장 낮은 잔류율을 보이며 함대 내 최악의 실적을 기록했다.[85]

일반적으로 함장은 모든 것을 알고 지시하는 지휘관이며, 모두 함장의 지시를 따라야 한다. 의사 결정은 최종적으로 윗선에서 이뤄진

85 Marquet and Covey, 『Turn the Ship Around!』, 18.

다. 하지만 마르케 함장은 이런 종류의 잠수함에서 훈련받은 적이 없기 때문에 모든 것을 아는 지휘관이 될 수 없었다. 어느 날, 전기 동력으로 운행되는 잠수함의 시뮬레이션 테스트를 수행하는 중에 이를 깨닫게 됐다. 마르케는 속도를 올리라고 했고, 항해사는 "조타수, 3분의 2 전진"이라고 명령했지만 아무 일도 일어나지 않았다. 결국 마르케는 조타수에게 무슨 일이냐고 물었고 조타수는 "함장님, 이 잠수함의 전기 모터로는 3분의 1만 전진됩니다"라고 답했다. 마르케는 항해사에게 "알고 계셨습니까?"라고 물었다 "네. 함장님." "그럼 왜 그렇게 지시했습니까?" "함장님이 지시했으니까요."[86]

그 사건 이후 마르케 함장은 다시는 승무원들에게 명령을 내리지 않겠다고 약속했다. 그 대가로 승무원들은 자신이 하고자 하는 일을 말해야 했다. 이를 통해 각 승무원에게 주인 의식을 부여하고 모든 직급에서 리더를 탄생시켰다. 각 리더는 사람들에게 무엇을 하라고 지시하는 대신 의도를 전달했다. 또한 권한으로 정보가 이동하는 것이 아니라, 정보가 있는 곳으로 권한이 이동하게 됐다.[87]

12개월 후 산타페호는 역대 미 해군 잠수함 중 가장 높은 평가를 받았으며, 승조원 100%가 남아 있기를 희망했다.[88] 함장의 임무는 더 이상 다른 사람들에게 무엇을 해야 하는지 지시하는 것이 아니라 의도와 임무를 명확히 한 다음, 팀원들과 어떻게 임무를 수행할 것인지에 대한 사고 과정에 귀를 기울이는 것이었다.

협업하는 집단은 복합 적응 시스템CAS이다. CAS는 결정론적이지 않고 우발적이다. 사람들의 입력에 어떻게 반응할지 알 수 없으며 매번 동일하지도 않다. 160명이 한 번에 최대 6개월 동안 심해의 금속 튜브에 갇혀 있든, 전통적인 대규모 조직이든, 변화는 결정된 게 아니

86 Marquet and Covey, 『Turn the Ship Around!』, 79.

87 Marquet and Covey, 『Turn the Ship Around!』, 49.

88 Marquet and Covey, 『Turn the Ship Around!』, 203.

라 돌발적으로 일어난다. 무엇이 일어날지 모르는 것이다. 의도 중심 리더십은 성과를 극대화하기 위해 모든 사람의 두뇌를 활용해 가장 현명한 결정을 내릴 수 있는 집단을 만든다. 이는 자신의 행동에 대한 주인 의식 부족("함장님이 지시했으니까요"), 한 명의 두뇌에만 의존해 명령을 내리는 것이 아니라 점검(의도가 전달됐는지), 코칭 능력("만약…이라면 어떻게 생각하나요?")을 통해 이뤄진다.

2. 서번트 리더십

서번트 리더십의 개념은 1970년 로버트 그린리프Robert Greenleaf가 『The Servant as Leader』(Center for Applied Studies, 1970)라는 에세이에서 처음 제안했다. 그린리프는 리더십에 의해 동기를 부여받는 리더와 자신의 역할을 다른 사람이 잠재력을 발휘할 수 있도록 돕는 것으로 여기는 리더를 구분했다. 그는 리더십의 가장 좋은 테스트 방법은 섬김을 받는 사람들이 한 사람으로 성장하는지, 더 건강하고, 현명하고, 더 자유로우며 더 자율적으로 되는지 그리고 스스로 서번트 리더가 될 가능성이 커지는지를 보는 것이라고 주장했다.[89]

사례 연구: 동방순례

로버트 그린리프는 서번트 리더십에 대한 아이디어를 헤르만 헤세의 단편 소설 『동방순례』에서 얻었다고 한다. 중국 고전 『서유기』에서 영감을 받은 이 소설은 '궁극의 진리'를 찾아 동방으로 여행하는 '순례자 집단'에 관한 이야기다. 순례자들은 짐을 나르는 것을 도와주고 단순하고 자연스러운 방식으로 즐겁게 일하며, 누구도 뒤처지지 않도록 보조하는 하인 레오(Leo)와 함께 여행을 떠난다. 그는 '이상적인 하인(서번트)'으로 묘사된다.

89 Greenleaf, 『Servant Leadership』, 22.

> 순례자 집단이 모르비오 인페리오레(Morbio Inferiore) 협곡에 도착하자 레오가 사라지는 사건이 발생한다. 그 후 얼마 지나지 않아 순례자 집단은 와해되고, 순례자들은 그 원인을 갑자기 사라진 레오 탓으로 돌리고 비난한다. 하지만 결국 레오가 단순히 집단의 하인이 아니었다는 사실이 밝혀지는데, 그는 순례자 집단의 수장이기도 했다. 집단의 구성원을 하나로 묶는 접착제 역할을 했던 것이다.
>
> "헤세가 이 이야기를 썼을 때 그 의도가 무엇인지 유추할 수 있을 것이다"라고 그린리프는 말한다. "내가 보기에 이 이야기는 위대한 리더는 먼저 섬기는 사람이며, 그 단순한 사실이 위대함의 핵심이라는 것을 분명히 전달하고 있다. 레오가 실제로는 항상 리더였지만, 마음속 깊은 곳에서 그는 섬기는 사람이었다."[90]

그린리프에 따르면 서번트 리더는 경청하고 공감을 표현한다. 서번트 리더는 다른 사람의 관점을 인정하고, 목표를 달성할 수 있도록 지원하며, 의사 결정에 참여시킴으로써 공동체 의식을 구축한다.[91]

'서번트'에 너무 집중한 나머지 '리더'의 역할을 잊어서는 안 된다. 서번트가 너무 많고 리더가 충분하지 않으면 팀이 물속 입자의 무작위 운동처럼 행동하는 브라운 운동이 발생한다. 리더는 성과의 가설, 사명, 지향점, 목적과 의미를 명확하게 표현하고 이해할 수 있도록 해야 한다. 이는 고도의 조율을 제공하며, 사람들은 공동의 목표에 맞춰 조율된다. 그런 다음 서번트로서 팀이 가는 길에서 비켜줘야 한다. 팀이 원하는 결과를 최적으로 달성하는 데 방해가 되는 장애물을 제거할 수 있도록 높은 자율성과 지원을 제공해야 한다. 토요타의 안돈 코드는 서번트 리더십의 좋은 예다. 안돈을 당기거나 누르면, 팀 리더가 다가와 "발생 가능한 문제나 개선 사항을 알려 주셔서 감사합니다. 무

---

90 Greenleaf, 『Servant Leadership』, 22.

91 Greenleaf, 『Servant Leadership』, 10.

엇을 도와드릴까요?"라고 말한다.

이는 창발적 상황에서 특히 중요하다. 결정론적이고 예측 가능한 환경에서는 사람들에게 언제 무엇을 해야 하는지 지시하는 명령형 관리자가 되는 것이 비록 권한은 없어도 실현 가능성은 크다. 하지만 원인과 결과의 연관성을 미리 알 수 없는 창발적 상황에서는 이런 접근 방식이 베스트는 아니다. 순종적인 지시만 따르는 팀이 아니라 서번트이자 리더가 돼 모두가 BVSSH를 전달할 수 있도록 역량을 발휘하고 실험할 수 있도록 만들어야 한다.

3: 창발적 마인드

결정론적 사고방식 창발적 마인드를 채택하면 지속적인 학습에 새로운 가치를 부여할 수 있다. 변화, 개선, 미래는 예측 불가능하며 복잡한 적응 시스템이 반응하는 방식 또한 예측할 수 없다. 5장에서 보겠지만, 업무의 성격이 창발성을 요하면 결과물(고정된 경로, 느린 학습)에서 성과(흔들리는 경로, 빠른 학습)로, 사전 결정된 솔루션(매몰 비용)에서 가설 테스팅(빠르고 저렴한 학습)으로 전환된다. 가설을 테스트하는 방법은 조사하고, 감지하며, 반응하는 것이다. 사람들은 실험, 학습, 적응에 안전하다고 느껴야 한다. 시간이 지남에 따라 생존과 번영을 원하는 조직은 토요타의 카이젠처럼 모든 사람이 끊임없이 개선을 위해 노력하는 (재)학습 조직이 돼 새로운 근육 기억을 구축해야 한다.

모든 직급에서 리더의 역할은 사람들이 잠재력을 실현하고 자신의 모든 것을 업무에 쏟아부을 수 있는 목적과 의미가 있는 인간적이고 매력적이며 보람 있는 직장을 만드는 것이다. 이와 동시에 BVSSH의 'H'에 따라 투자자, 연기금, 해지 펀드, 기타 주주뿐 아니라 사회와 지구까지도 만족시키는 것이다.

요약

안전 및 실험을 통한 리더십

애버판과 보잉에서 발생한 재해는 탄광 폐기물 창고를 온천 지반 위에 짓거나 받음각 센서가 한쪽에서만 판독되는 등 표면적인 원인보다는 조직 문화, 즉 행동 규범에 기인하는 사례가 많았다. 일반적으로 '근본 원인'은 더 깊은 문화적 문제의 이슈다. 이러한 이슈를 해결하지 않으면 동일한 결과가 다시 발생할 수 있다.

우주 왕복선 챌린저호 및 컬럼비아호 사고에도 비슷한 점이 있다. 챌린저호 사고에서 엔지니어들은 발사가 불가능하다고 경고했지만 무시당하고, 결국은 포기했다. 컬럼비아호 사고에서도 엔지니어들은 문제를 제기했으나 상급자에게 이메일을 보내지 말라는 지시를 받고, 반복되는 저항에 부딪혀 결국 포기했다.[92] 엔지니어들은 관리자에게 무시당했고 연공서열은 심리적 안전과 궁극적으로 신변 안전에 영향을 줬으며, 일정 압박이 우선시됐고, 과거의 성공이 미래의 성공 지표로 잘못 인식돼 비극적인 결과를 초래했다. 심리적 안전감이 더 높고 현상 유지에 만족하지 않으며, 잘못되면 멈추라고 말하고, 가상의 안돈 코드를 당길 수 있는 능력이 더 컸다면 더 나은 결과를 가져올 수 있었을 것이다.

리더십 위치에 있는 사람들은 문화에 가장 큰 영향을 미친다. 위에서 분위기를 조성할 수 있으며, 인센티브를 제공하거나 보류하고 보상을 주거나 위협할 수 있고, 조직의 가치가 자신의 가치와 일치하지 않으면 스스로 퇴사를 선택하는 자기 선택 효과를 만들 수 있다(산타페호 승조원의 잔류율 변화를 보라).

92 'Columbia verdict reveals bizarre Challenger parallels', The Sydney Morning Herald

리더가 지시를 따르기만 하는 것이 아니라 모든 사람이 자신의 의견을 말하고 두뇌를 발휘할 수 있는 심리적 안전을 조성할 때 바람직한 결과가 도출될 가능성이 크다. 또한 모든 사람이 일어나는 일에 책임감을 느끼고 자율성과 통제력을 가지며 스스로를 리더로 여기고 성장에 필요한 지원과 코칭을 받을 때 더 높은 성과를 거둘 수 있다.

"내가 하는 대로 하지 말고, 내가 말하는 대로 하라"라는 말 대신 리더가 먼저 행동한다. 명령하는 리더보다는 변화하는 리더가 되고, 바람직한 행동의 롤 모델이 되며, 겸손함을 보여주고 취약함을 드러내라. 리더십 팀이 첫 번째로 해야 한다.

두려움, 학습된 무력감, 단기 주주 수익률 또는 일정 압박이 우선시되는 문화 대신, 현상 유지에 도전할 수 있고, 누군가가 그만두라고 발언할 수 있으며, 과거의 성공을 미래의 성공 지표로 삼지 않고, 정보를 공유하고, 피드백을 적극적으로 요청하고 실행하는 심리적으로 안전한 조직을 만들어라.

제품 개발, 변경 및 개선을 결정론적이며 예측 가능한 활동으로 접근하는 대신 (규칙적으로 변화하는 구멍에 네모난 못을 박으려는 것과 같은) 예측 불가능하고 실험과 빠른 피드백이 필요한 새로운 업무 영역이라는 것을 인정해야 한다. 의도 중심 리더십은 결과를 최적화하기 위해 그룹 구성원 모두의 집단적 문제 해결 능력과 집단적 주인 의식을 높인다. 또한 서번트 리더의 자세에는 레오처럼 팔로워들에게 봉사하고, 사람을 하나로 묶어주는 접착제 역할을 하며, 길을 가로막는 장애물을 제거하는 데 도움을 주는 존재라는 인식이 있다. 보고하는 라인이 아니라 지원하는 라인이 돼야 한다.

이는 모두 BVSSH의 가치를 전달할 수 있는 가장 영향력 있고 지속 가능한 수단이며, 가장 어렵고 오래 걸리는 일이기도 하다. 나무를 심기에 가장 좋은 시기가 20년 전이었다면, 두 번째로 좋은 시기는 바로 지금이다.

원칙

리더가 먼저 행동한다

리더는 이끈다.

롤 모델은 행동이 필요하다.

용기를 발휘하고 취약성을 드러내라.

심리적 안전 조성

참여를 유도한다.

지능적인 실패를 통해 학습 문화를 조성하라.

경청하고 행동하라.

비난 없는 문화를 조성하라.

창발성의 활용

창발성을 활용해 성과를 극대화한다.

창발적 마인드를 적용한다.

투명성을 유지하며 정보에 권한을 이전한다.

코치 및 서포트는 보고 체계가 아닌 지원 체계로 이뤄지게 한다.

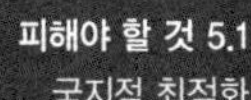

피해야 할 것 5.1
국지적 최적화

피해야 할 것 5.2
마일스톤 기반 예측 솔루션

피해야 할 것 5.3
머리가 없는 닭

피해야 할 것 5.4
시작을 시작하기

올바른 것을 만들어라:
지능적인 업무 흐름

해야 할 것 5.1
빠른 종단 간 업무 흐름을 위한 최적화

해야 할 것 5.2
성과 가설

해야 할 것 5.3
지능형 업무 흐름

해야 할 것 5.4
시작을 멈추고 끝냄을 시작하라

이제 선진국의 대부분이 포디즘에서 벗어났다. 컨베이어 벨트 기반 생산의 선구자였던 자동차 공장에서도 단순 반복 작업은 주로 로봇이 담당하며, 공장 현장 직원은 기계를 관리하는 등 전문 영역의 업무를 수행한다. 토요타에서는 이를 '오토메이션' 또는 지도카jidoka라고 부르는데, '인간의 손길이 추가된 자동화' 정도로 번역할 수 있다. 포드조차도 이제는 포디즘을 실천하지 않는다.

옛날 작업 방식의 작업장을 찾는다면 개인이 운영하는 커피숍에서 확인할 수 있다.

커피숍에 들어서면 주문받는 곳이 있고 여러분은 줄의 맨 끝에 서게 된다. 줄이 앞으로 움직이다가 멈춘다. 다시 움직이고 또 멈춘다. 메뉴를 읽고 케이크를 볼 수 있을 정도로 카운터에 가까워지면 멈춘다. 카운터 직원이 무엇을 주문할지 묻는다. 옵션을 살펴본다. 아몬드 밀크, 플랫화이트, 엑스트라 스트롱 커피를 주문하고 데니시도 주문한다. 카운터 직원이 이름을 묻는다. 이름을 말한다. 직원은 이름을 한 번에 이해하지 못해 정정하고 또 정정한다. 결국 포기하고 컵 옆면에 두 개의 'k'와 조용한 'p'를 쓰는 것을 지켜본다. 카운터에서는 주문을 바리스타에게 전달하고 돈을 건네고 거스름돈을 받거나 결제하고 줄을 더 이동한 후 기다린다. 바리스타 한 명과 에스프레소 머신 한 대에 의존해 몇 분이 더 지나면 카페 프로세스가 완성된다. 고객은 커피와 페스트리 그리고 재미있는 철자 버전의 이름이 적힌 컵을 손에 받아 든다.

이 시스템에는 여러 가지 제약 사항이 있다. 고객은 카운터에 다다를 때까지 어떤 상품이 있는지 확인할 수 없으므로 고객이 정하는 동안 줄은 멈춰야 한다. 점원과 고객 간에 커뮤니케이션의 오류 가능성과 수정 사항이 생길 수 있으며, 그러면 줄은 또 멈춘다. 바리스타에게 주문 정보가 전달되고 바리스타가 음료를 제작할 때 실수할 수 있기에 오류는 더 커질 수 있다. 점원 1명, 정산기 1대, 바리스타 1명,

커피 머신 1대가 있다. 점원은 고객이 계산할 때까지 거스름돈이 얼마나 나갈지 알 수 없고, 계산할 때 줄은 또 멈춰야 한다. 고객은 주문이 완료될 때까지 기다려야 한다. 또 철자가 틀린 자기 이름도 알아들을 수 있어야 한다.

업무 흐름상 병목은 가장 느린 부분에서 발생한다. 카페의 예에서는 고객이 줄을 멈춰 유리 진열대를 스캔하고 팽 오 쇼콜라pain au chocolat에 글루텐이 함유됐는지 물어볼 때까지 기다려야 하며 이때 병목이 발생하는 것이다.

따라서 카페는 흐름을 개선할 여지가 있으며, 어떻게 보면 애자일이나 린보다 더 효율적으로 개선할 수 있다. 예를 들어 카운터 위의 메뉴가 줄 뒤에서도 잘 보이도록 크게 표시한다. 테이크아웃 대기의 부담을 줄일 목적으로 테이블 서비스를 제공할 수도 있다. 계산원의 병목을 완화하려고 누군가 줄에 직접 가서 주문을 받거나(바로 바리스타에게 전달), 고객이 애플리케이션으로 주문하도록 할 수도 있다. 예를 들어, 스타벅스는 주문이 준비되면 고객에게 알림을 보내는 기능을 갖춘 기술을 매장에 도입해 고객의 흐름을 측정하고 이를 가시화할 수 있게 했다. '2018 DevOps Enterprise Summit'에서 코트니 키슬러Courteny Kissler가 설명했듯이 '서비스의 속도'는 매장 전반의 트랜잭션을 측정하는 척도다. 이는 고객이 들어와 주문을 접수할 때까지 리드 타임을 의미한다. 이러한 인사이트를 통해 운영 프로세스 또는 메뉴 항목의 변경이 미치는 영향을 시각화하고 업무 흐름과 고객 경험을 최적화할 수 있다.[1] 그러나 일반적으로 고객은 줄을 서서 좋아하는 머핀의 매진 여부를 긴장하며 확인하기 위해 기다리는 동안 흐름의 제약으로 가치의 실현까지의 시간이 더 길어지는 게 현실이다.

5장에서는 가치와 가치 실현까지의 시간에 초점을 맞춘다. **BVSSH**

1 Courtney, 'Starbucks Technology Transformation'

의 전달을 위해 조직이 제품 개발의 맥락에서 수행해야 할 작업을 암묵적으로 또는 명시적으로 선택하고 해당 작업에 접근하는 방식을 집중적으로 살펴본다.

특히 제품 개발 팀의 애자일 역량이 높아짐에 따라 제품 개발 팀의 상위 프로세스가 가치 흐름의 주요 제약이 되는 시나리오가 자주 관찰된다. 이 때문에 잘못 수행된다면(모든 것이 잘못 수행될 가능성이 있다) 부실한 결과를 초래한다. 권한이 위임되고 자율성이 증가하면 업무 시스템이 혼란스러워지고 연결이 끊어질 수 있고 프로덕트 오너가 백로그를 보충하는 것을 건너뛰고 고객과 대화하는 것을 잊어버리는 등의 '자기 실현적 예언self-fulfiling prophecy'[2] 상태가 될 수 있다. 커피숍에 세계에서 가장 손이 빠른 바리스타가 있대도 아무도 원하지 않는 헤이즐넛 소이 마키아토를 만들고, 고객이 카운터에 다다를 때까지는 무엇을 주문할지 모르는 상태에서 그 사람 뒤로 긴 줄이 서 있다면, 고객의 니즈를 파악하고 이를 충족하기까지 오랜 시간이 걸릴 것이며 헤이즐넛 소이 마키아토는 그냥 버려질 것이다.

종종 관찰되는 또 다른 시나리오는 '하이브리드 애자일'로 불리는 워터 스크럼 폴Water-Scrum-Fall이다. 이는 예측 가능한 결정론적 사고방식의 프로젝트 계획으로 구성된다. 아는 게 가장 적은 시점에서 미래를 예측하려고 시도하며, 기존의 대규모 선행 계획, 분석, 설계 및 해결을 거쳐 간트 차트 중간에 '스프린트'라는 단어가 10번 정도 표시된 후 테스트 단계와 빅뱅이 시작되는 것으로 이어진다. 요구 사항(앗! 죄송합니다. '스토리'였네요)은 각 스프린트에 미리 계획돼 있다.

좋은 의도로는 애자일을 지향하지만, 실제 애자일은 존재하지 않

---

2 사회심리학적 현상의 하나로, 누군가 어떠한 일이 발생한다고 예측하거나 기대하는 것을 말한다. 이러한 예측 혹은 기대가 실현되는 것은 순전히 자신이 그렇게 될 것이라고 믿고, 그 믿음에 행동을 맞춰가기 때문이다. 이는 사람의 믿음이 행동에 영향을 준다는 것을 보여준다. 현상의 원리는 사람이나 사건에 대해 기존 지식을 바탕으로 결과를 창출한다는 것이다. 또한 자기 실현적 예언은 부정적 결과와 긍정적 결과에 모두 적용할 수 있다.(출처: 위키백과) – 옮긴이

는다. 여전히 결정론적 사고방식이 창발성을 요하는 업무 영역에 잘못 적용되고 있으며, 결과가 아닌 예측 가능한 계획된 산출물에 초점을 맞추고 있다. 안전한 가치의 빠른 흐름을 위한 최적화는 빠져 있다. 예측된 작업은 프로젝트 관리자에 의해 전통적인 간트 차트 작업 분류 구조로 포장돼 '스프린트'라고 불린다. 새로운 가치의 출현과 빠른 학습을 위해 프로덕션 또는 프로덕션과 유사한 환경에 정기적으로 투입되는 가치의 작은 조각들은 존재하지 않는다. 여전히 크게 생각하고, 크게 시작하고, 느리게 배우며, 애자일 가치나 원칙이 실천되고 있다는 증거는 거의 보이지 않는다.

그렇다면 전통적인 대규모 조직은 애자일 역량이 증가함에 따라 팀이 가치 있는 일을 하도록 어떻게 보장할 수 있을까? 어떻게 가치의 흐름을 유지할 수 있을까? 5장에서는 가치 흐름의 결여에 대해 피해야 할 것을 살펴본다. 또한 비즈니스가 실제로 달성하고자 하는 올바른 방향으로 나아가고 고객이 원하는 커피를 빠르고 원활하게 그리고 정확한 철자로 제공하기 위해 해야 할 것에 관해 설명한다.

피해야 할 것 5.1
국지적 최적화

한 소프트웨어 개발 팀을 만난 적이 있는데, 애자일 역량을 강화한 성과를 매우 자랑스러워했다. 팀 성과 책임자(스크럼 마스터)는 팀이 소프트웨어 개발 주기(백로그에서 작업을 시작해 개발이 끝날 때까지 걸리는 시간) 동안 얼마나 개선이 이뤄졌는지 보여줬다. 결과는 인상적이었다. 피드백과 학습이 훨씬 빨라졌고, 팀은 지난 1년 동안 평균 사이클 시간을 약 절반으로 줄였으며, 생산성은 두 배로 증가했다.

하지만 뭔가 이상했다. 변경을 요청한 사람들은 요청한 결과를 받지 못했다고 불평하고 있었다. 그들이 보기에 팀의 애자일 역량 향상은 아무런 차이를 만들지 못했다. 이전과 마찬가지로 작업에 긴 시간이 소요됐고, 가치 실현은 오히려 드물게 이뤄졌다. 새로운 기능이 출시됐을 때는 이미 세상이 많이 변해 있었다. 새로운 아이디어를 구현하는 데 몇 달 또는 몇 주가 아니라 몇 년이 걸렸다.

나는 좀 놀랐다. 팀 성과 책임자에게 팀에서 개발과 테스팅이 끝난 이후 무엇이 진행되는지를 물었다.

"음, 통합 테스팅을 할 때까지 기다립니다." 담당자가 말했다. "우리 팀의 작업에는 의존성이 좀 높거든요. 그런 다음 사용자 인수 테스트를 하고 IT 운영 팀의 릴리즈를 기다려야 합니다."

나는 전체 주기와 단계별 주기가 어떻게 되는지 물었다.

"통합 테스팅은 월별로 하고요. 인수 테스팅과 릴리즈는 분기별로 합니다."

이를 타임라인으로 그려 보면 다음과 같다(그림 5.1).

월별
분기별

개발 백로그	다음 단계	개발	통합 테스트 대기	인수 테스트 대기	릴리즈 대기	완료
		대기				

그림 5.1 인수 테스트와 릴리즈에서의 병목

팀은 왼쪽의 백로그에서 가치 있는 항목을 가져와서 구현한 후, 앉아서 기다리고 또 기다린다. 소프트웨어 개발 팀이 작업을 완료하고 가치와 학습이 실현되기까지 최소 3개월이 걸렸다.

이것이 바로 개발 팀의 작업에 뒤따르는 병목 현상이었다. 작업이 개발 팀에 전달되기 전까지는 어떤 일이 일어나는지 물어봤다.

"가설의 테스트를 위한 빠른 피드백을 얻기 위해 더 큰 작업 덩어리 또는 더 큰 성과 가설이 포함된 제품 백로그가 있고, 이를 실험과 작은 가치의 항목으로 세분화해야 합니다. 어떤 팀에서는 피봇과 가치의 극대화를 위해 작업을 제때 당겨와서 다듬습니다. 다른 팀에서는 성과보다는 해당 분기에 약속된 결과물에 더 중점을 두고 한 분기에 걸쳐 여러 차례 반복을 계획합니다. 상황에 따라 다른 것 같습니다." 팀 성과 책임자가 말했다.

"네. 그렇군요." 내가 대답했다. "그럼 전에는 아무것도 없나요?"

"물론 세부 설계를 작성하고 기술 설계 기관의 검토를 받아야 합니다. 기술 설계 기관은 조직 전체를 대상으로 하는 팀입니다. 그리고 그 전에 비즈니스 사례를 작성해야 합니다. 자금 조달에 동의하고 비즈니스 라인 운영 위원회의 승인을 받아야 합니다. 그 전에 개략적 비즈니스 사례 승인 단계가 있습니다."

"개략적 비즈니스라고요?"

"개략적 비즈니스 사례 승인 단계입니다. 이를 통해 세부 비즈니스 사례 검토 전에 데이터 필터링을 합니다. 그리고 그 전에는 아이디어 분류 단계가 있습니다."

"이 모든 과정이 얼마나 자주 진행되나요?"

"아이디어 분류는 매월, 개략적 비즈니스 사례는 분기별, 세부 비즈니스 사례는 약 6개월이 걸리는 연간 계획 프로세스로 이뤄집니다. 저희는 9월에 계획을 시작해 다음 해 3월쯤이면 자금 조달 수준을 알 수 있습니다. 따라서 연말이 되면 계획은 약 18개월이 됩니다. 그리고 20개의 필수 산출물이 필요합니다."

실제로 이 조직의 종단 간 리드 타임은 최소 18개월 동안 유지되며, 이를 도식화하면 다음과 같다(그림 5.2).

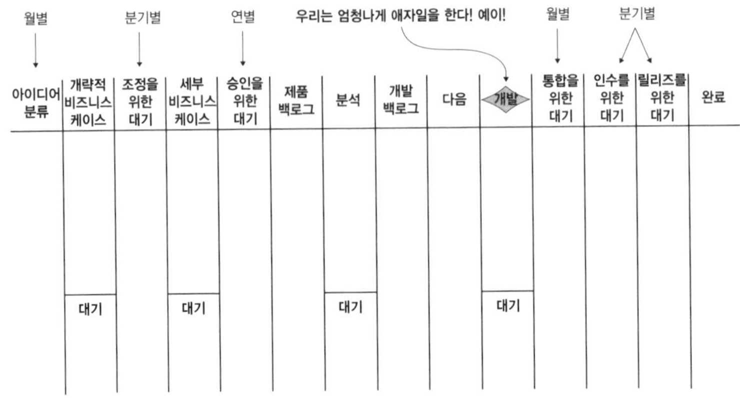

그림 5.2 우리는 엄청나게 애자일을 한다!(레오폴드(Leopold)의 『Rethinking Agile』(LEANABILITY GmbH, 2018)에서 인용)

이러한 흐름은 돈 라이너슨Don Reinertsen과 프레스턴 스미스Preston Smith가 '긴급성의 역설'[3]이라고 명명한 것으로 이어진다. 가치 있는 아이디어는 12~18개월에 걸친 대규모 사전 계획에서 긴급성을 전달하지 못한 채 다음 우선순위를 정하기 위해 기다리고 있다. 그러다가 갑자기 제품 팀에 전달되면 긴급 상황이 된다. 그때는 이미 시장 상황이 지나간 후일 수 있다. 일찍 그리고 자주 배울 수 있는 시간은 지나고 난 후이며 지연에 따른 대가가 기다리고 있다. 제품 개발 팀은 압박에 시달리게 되고 기술 부채가 발생하며 비용 절감의 가능성이 커진다. 품질은 저하되고 고객과 동료들의 만족도가 하락한다.

소프트웨어 개발 팀 자체적으로는 얼마든지 개선할 수 있지만, 업무 흐름의 병목 현상으로 고객의 요구가 파악되고 충족될 때까지 걸리는 시간이 변하지 않는다면 IT에서 애자일 역량을 국지적으로 최적화하더라도 종단 간 가치 실현까지의 시간은 거의 차이가 없게 된다.

반복적인 수작업에 적합한 두 번의 기술 혁명 이전의 작업 방식과 역할 기반 사일로에 조직화된 사람들의 조합은 종단 간 업무 흐름의

3 Reinertsen and Smith, 『Developing Products in Half the Time』

문제를 더욱 악화시킨다. 가치와 고객이 아닌 역할에 따른 집단Tribes의 정체성으로 여러 번의 핸드오프, 대기열, '벽 너머로 던져버리기' 문화가 존재한다. '팀'은 국지적 최적화의 개념이다. 사람들은 흐름을 알 필요가 없이 한 단계만 '바라보고' 있다. 가치의 흐름에 따른 종단 간 소유권이나 책임이 거의 또는 전혀 없다. 이는 일련의 국지적 최적화다.

학습에 걸리는 시간, 가치 창출에 걸리는 시간, 고객 만족에 걸리는 시간 등 흐름 자체는 크게 변하지 않을 것이다. 병목 지점이 아닌 곳의 성능을 개선하면 병목 지점에 재고만 더 쌓일 뿐이라는 교훈은 이미 오래전에 제조업에서 얻었다. 이러면 종단 간의 가치 흐름은 개선되지 않는다. 커피숍에서 줄을 서서 기다리는 사람들의 주문을 태블릿으로 받을 수 있지만, 바리스타가 한 명뿐이라면 여전히 병목은 발생할 것이다. 국지적 최적화를 통해 소규모의 여러 분야로 구성된 팀을 만들면 팀원들의 업무 생활이 더 인간적이고 보람되겠지만, 전반적인 인적 노력으로 인해 더 광범위한 이점이 창출되지는 않는다.

종단 간 흐름이 부족하고 조기 학습 및 방향 전환을 하지 못하면 팀이 가장 가치 있는 일을 할 확률이 감소한다. 그러면 고객 피드백이나 요구 사항 충족에 대한 대응이 부족하다고 인식될 가능성이 커진다. 전통적인 경쟁자나 신생의 파괴자가 선점 우위를 점하고 충성 고객을 더 잘 만들 수 있다.

전통적 조직이 업무 흐름을 더 빠르게 만드는 방법의 하나는 마감일과 마일스톤을 사용하는 것이다. 하지만 우리는 이것도 피해야 한다.

피해야 할 것 5.2
마일스톤 기반 예측 솔루션

"우리는 공통의 고난을 통해 하나가 됐습니다."

언젠가 이렇게 어려운 상황인데 왜 사람들이 떠나지 않느냐고 물었을 때 어떤 대기업 직원이 한 말이다.

일 자체도 의미 있었고 회사는 유서 깊고 존경받는 곳이었다. 하지만 한 가지 영역에서의 일하는 방식은 조직 스톡홀름 증후군으로 이어졌다.

프로젝트 관리자는 작업 수행자들과 상의하지 않고, 가장 정보가 부족한 작업 시작 때 마감일을 설정했다. 분석에서 설계, 개발, 테스트에 이르기까지 업무 역할에 따라 순차적으로 천천히 진행되는 작업은 하나의 큰 일괄 작업이었으며, 이는 관련된 사람들에게는 잔치에서 굶주림으로 이어지는 작업 방식이었다. 데드라인을 지키지 못하면 손가락질을 받기도 했으며, 계획은 절대로 변하지 않았다. 주어진 역할에 대한 대규모 작업이 집중되는 축제 단계에서는 사람들이 지속 불가능한 장시간 근무와 주말 근무를 하곤 했다. 이정표를 놓칠 것이라는 사실을 깨닫게 되면 두려움과 수치심을 느꼈다. 직원들은 일하고, 검토하고, 학습하는 사이클 대신 서두르고 인계하고, 숨어버리는 사이클을 거쳤다.

직무별로 집단이 나뉘었기 때문에, 사람들은 배가 가라앉고 있어도 '구멍이 다른 사람 쪽에 있다'라고 생각하면서 안심했다. 주인 의식의 공유가 부족한 것이다. 자신의 업무를 벽 너머로 던져버리면 다음 단계의 여정은 다른 사람의 문제이자 이정표가 돼버렸다.

마일스톤이 애자일 역량을 보여주지 못한다. 말 그대로 이는 돌(스톤)로 만들어졌기 때문에 옮기기도 어렵고, 옮겨졌다면 유효성이 사라진다. 마일스톤은 진행 상황의 척도라기보다는 묘비에 가깝다. 사람들이 이를 '데드라인'이라고 부르는 이유이기도 하다. 마일스톤은 여러분이 왜 목적지에 도착하고 싶은지, 어떻게 도착할 수 있는지, 다른 방법으로는 도착할 수 없는지, 여정의 안전 수준은 어느 정도인지에 대한 기대치가 전혀 전달되지 않으며, 여행의 질과 경험, 여행 목적지가 여행자의 의도에 맞는지 전혀 언급되지 않는다. 일차원적이다. 두 고정된 돌 사이의 거리만 알 수 있다. 2천 300년 전 로마 제국에서 시작된 마일스톤은 땅에 2피트 이상 박고, 5피트 높이로 세워졌으며 무게가 2톤이 넘었다. 돌 사이의 거리는 1천 보였다.[4] 결코 움직일 수 없다는 의미다.

언제 마일스톤에 도달할지도 알 수가 없다. 여정의 마지막 20%에 80%의 시간이 소요될 수도 있다. 여행 도중 도로 공사, 사고, 강물의 범람 등 무엇이 발생할지 모르기 때문이다. 결국 마일스톤에 도달했을 때 목표에 도달했음을 알 수 있다. 그리고 의도와는 달리 마일스톤이 최적의 장소가 아니라는 것도 알게 될 수 있다.

마일스톤은 급변하는 환경에서 고유한 변화를 위해 사용할 수 있는 최적의 선택은 아닌 것이다.

'데드라인'이라는 용어 역시 복잡하고, 고유하며 긴급성을 요하는 변화에는 맞지 않는 용어다. 이 용어는 1864년 미국 남북전쟁 당시 캠프 섬터Camp Sumpter에서 유래됐다. 데드라인은 범법자를 총살하는 가벼운 나무 난간이었다.[5] '데드라인'이라는 죽음에 빗댄 이 표현은 높은 수준의 동료 참여가 필요한 상황에서는 적합하지 않다.

간트 차트에서 마일스톤은 활동 완료(결과물 기반으로), 즉 결과물인 정적 비즈니스 사례와 고정된 경로에 초점을 맞춘다. 전략적 의도와 끊임없이 증가하는 주위 환경에 대한 지식을 바탕으로 성과를 극대화하는 방법에 대한 지속적인 고민을 허용하지 않는다. 빠른 피드백이 주어지면 다음에 무엇을 하는 게 최선인지보다 활동이 달성됐는지에 초점을 맞춘다. 전자에서는 고민을 허용하지 않고 '명령하는 사람'과 '명령받는 사람'만 있다면, 후자에서는 모든 사람이 스스로 머리를 써

4 Wikipedia, 'Roman roads'

5 'Your 'Deadline' Won't Kill You: Or Will It', Merriam-Webster.com

야 한다.

인식된 상태에 따라 빨간색, 호박색, 녹색으로 표시되는 RAG[Red, Amber, Green] 마일스톤은 독성이 훨씬 더 강하다. 내 경험상 명령과 통제의 병리적인 문화를 가진 조직에서 빨간색 마일스톤 상태는 도움을 요청하거나 서번트 리더십을 발휘하는 기회로 간주되지 않고, 실제로는 보통 수치심과 보복을 동반한 실패로 간주된다. 심리적 안전이 부족한 것이다. 그 결과 나쁜 소식은 묻어 두고, 학습은 미루고, 미련하게 그저 열심히만 일하며, 품질은 떨어지고 참여도는 낮아지며, 원하는 결과를 달성할 가능성이 작아진다. 결정론적 결과에 대한 무서운 빨간색을 피하기 위한 모든 것이 프로젝트 초기(관련 정보가 가장 적을 때)에 모두 픽스된다.

마일스톤은 모든 것이 그 어느 때보다 빠르게 변화하는 환경(여러분도 짐작하겠지만)에서 (새로운) 고객을 지속적으로 만족시키기 위해 (새로운) 조직에서 (새로운) 고유 제품 개발에 사용하기에는 적합하지 않다. 이런 환경에서 전통적으로 거리(완료된 작업), 목적지의 품질 및 시간을 예측하는데 마일스톤은 과부하가 걸렸다. 여기에 관리자 대 근로자, 비즈니스 대 IT, 두려움, 비난, 보복으로 인한 낮은 심리적 안전, 팀보다는 개인 인센티브, 업무 기반 직무 역할에 따른 집단 정체성 등이 더해지면, 한 연구에서 전통적인 소프트웨어 프로젝트의 성공률이 29%로 낮게 평가한 것은 그리 놀라운 일이 아니다.[6] 다른 연구에서는 미국에서 직원의 참여도는 상승하고 있지만 34%가 적극 참여하고 53%는 참여하지 않으며 13%는 '적극적으로' 참여하지 않는 등 낮은 수준이라는 사실을 발견했다.[7]

중요한 것은 일하는 곳에서는 고정된 날짜가 존재한다는 것이다.

---

6 The Standish Group, 「Chaos Report 2015」

7 Harter, 'Employee Engagement on the Rise'

예를 들어, 새로운 규정 준수, 몇 년 후의 새로운 자동차 모델 출시에 맞춰 계획을 역산해 수립해야 할 수도 있다. 이에 대한 자세한 내용은 '해야 할 것 5.2'에서 확인하라. 여기에서 피해야 할 것은 '마일스톤'을 계속 사용하는 것인데, 이는 성과의 최적화에 도움을 주지 못한다. 마일스톤은 각각의 변화에 낡은 행동 및 사고방식을 영속화시킨다. 또한 긴급을 요하는 영역에서 결정론적 사고방식을 지속하게 만들어 애자일 역량을 저해한다. 성과의 극대화보다는 정해진 계획 달성에 중점을 둔다.

사람들은 원하는 것을 얻기 전까지는 자신이 원하는 것이 무엇인지 모른다. 그리고 직접 만들어보기 전까지는 독특한 뭔가를 어떻게 만들어낼지 모른다. 직접 해보는 과정에서 학습이 이뤄진다. 다음에는 무엇을 하지 말아야 할지 또는 무엇을 해야 할지 배우며, 어떤 것이 더 가치 있고, 어떤 것이 더 가치가 없는지 배우게 된다. 하지만 대부분의 대규모 조직에서의 PRINCE2[8]와 같은 소프트웨어에 적용된 프로젝트 관리 방법론에 의해 굳어진 기존의 통념은 복잡하고 긴급성을 요하며 고유한 지식 작업을 예측 가능한 것처럼 취급해 선택권을 억제하고, 대응할 시간이 적고 매몰 비용이 가장 높을 때 학습을 지연시킨다. 변화를 마치 여기에서 다음 마을까지 5마일 떨어진 것처럼 취급하며, 이전에 해본 적이 없는 고유한 변화를 간트 차트에서는 마일스톤으로 다 알 수 있는 것처럼 취급된다.

간트 차트에 대해 잠깐 알아보자. 0장에서 간트 차트의 개요를 설명했는데, 1900년대 초 프레더릭 테일러와 함께 일했던 헨리 간트가

8 PRINCE2(PRojects IN Controlled Environments version 2)는 '통제된 환경에서의 프로젝트'라는 의미로 구조화된 프로젝트 관리 방법이다. 프로젝트를 관리 및 제어 가능한 단계로 나눠서 결과 중심으로 프로젝트를 수행하도록 한다. 영국에서 컴퓨터 프로젝트 관리를 위해 만들어진 PROMPT II를 영국 정부에 의해 모든 형태의 프로젝트에 적용할 수 있도록 발전시켰으며, 영국, 유럽, 호주 등 전 세계에서 널리 사용되고 있다. 프로젝트관리 방법론 교육 및 인증 프로그램으로 입문자 수준의 PRINCE2 Foundation과 전문가 수준의 PRINCE2 Practitioner가 있으며, 미국의 PMBOK Guide를 기반으로 하는 PMP와 함께 전 세계에서 쌍벽을 이룬다. – 옮긴이

만든 이 차트는 원래 '맨 레코드 차트Man Record Chart'라 불렸다. 여기에서 막대선은 작업자가 '감독'의 판단에 따라 하루에 충분한 석탄을 캤는지, 또는 충분한 조철을 운반했는지를 나타낸다. 막대선이 짧으면 무능한 사람이고 길면 칭찬을 받았다.

간트 차트는 관리자와 근로자의 편을 가르고 억압하는 도구로 결정론적이다. 1900년대 초 간트 차트는 수작업 반복 노동을 위한 한 단계 발전된 방식이었다. 하지만 새로운 지식 기반 산업에는 전혀 적합하지 않다.

급변하는 디지털 시대에 새로운 생산 수단이 등장하면서 조직이 더 나은 성과를 얻기 위해 더 나은 작업 방식이 발전했다. 여기에는 필수 규제 항목처럼 고정된 기간과 범위가 존재하지만, 이는 결정론보다 긴급성에 관한 것이다.

피해야 할 것 5.3
머리가 없는 닭

제품 개발 팀이 디지털 시대에 적합한 애자일 업무 방식을 채택했다고 가정하자. 하지만 곧 이 팀은 '기능 공장'이 돼 버린다. 제품에 새로운 기능을 계속 추가하지만, 그 기능은 고객의 요구 및 회사 전략과는 단절돼 있다. 팀은 일반적으로 성과에 따라 인센티브를 받는다. 하지만 이 팀은 성과가 아닌 활동 속도에 따라 인센티브가 주어진다. 활동을 성과로 착각해서는 안 된다. 팀은 백로그 보충 작업이 굉장한 성과로 착각하는 자기 실현적 예언에 빠진다. 이는 내가 자주 보는 시나리오다.

때로는 명확한 전략적 조율이 부족하고, 성과를 가이드하고 수행 중인 작업을 전략적 목표와 연결하는 '북극성'이 없기 때문일 수도 있다. 조율이 부족하고 자율성이 높을 때, 그 결과는 종종 브라운 운동과 같이 공유된 목적 없이 무작위적인 방향으로의 움직임이 대부분일 때가 많다. 때로는 개인적 이유가 원인이 되기도 한다. 많은 급여를 받는 사람의 의견이 고객의 피드백과 단절됐을 때도 가장 높은 우선순위를 갖는 HiPPO 접근 방식이 어려움을 줄 수 있다.

흔히 보이는 행동은 프로덕트 오너(특히 프로젝트 매니저였던 신임 제품 관리자)가 제품을 '소유'한다는 개념에 너무 집중한 나머지 여전히 명령과 통제의 행동 규범에 따라 무엇을 만들지 결정하고, 더 광범위한 팀의 의견을 구하지 않으며, 고객에게 가장 가치 있는 것이 무엇인지 찾지 못하게 된다. 제품에 대한 근시적 초점이 존재한다. 사람들은 과거의 지식을 버리고 새롭게 학습해야 하는데 이것이 하루아침에 되는 게 아니다.

전략, 피드백 또는 가치와 무관하게 업무를 처리하는 팀에서 발생하는 이런 일들은 리소스 활용에 대한 전통적인 사고방식, 즉 사람들은 항상 바쁘게 움직여야 한다는 생각에서 비롯될 수 있다. 업무 시스템보다는 작업자에게 초점을 맞추는 것이다. 이로써 함께 모여 일하기보다는 사일로에 갇혀 과잉 생산을 하고, 흐름에 방해가 되는 요소들은 완화되지 않는다. 모든 사람이 항상 일하는 업무 시스템은 비효율적인데, 이는 제조업에서 얻은 교훈이다. 개인의 바쁨에 대한 정도에 초점이 맞춰지면 활용도가 증가함에 따라 리드 타임이 기하급수적으로 증가한다는 점에서 원하는 바의 반대 효과를 가져온다(그림 5.3).

이런 상황에서는 지속적인 개선, 장애 해결, 반성, 집단 작업을 할 시간이 없으며 시스템은 느려진다. 사람들은 네모난 바퀴를 밀기 위해 바쁘게 움직인다.

다른 비유를 들자면 머리 없는 닭처럼 뛰어다니는 것이다.

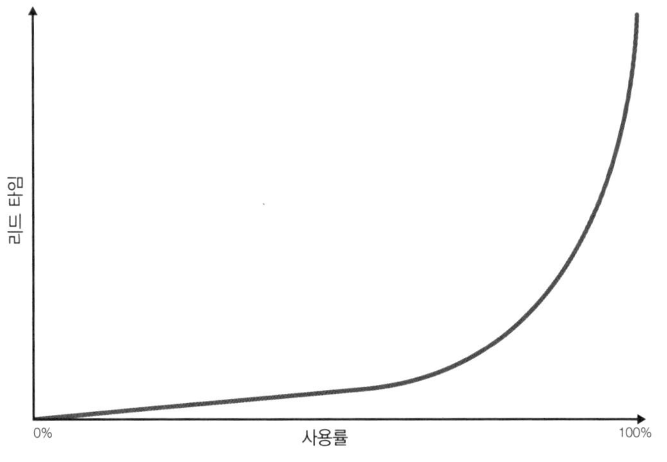

그림 5.3 리드 타임의 증가

피해야 할 것 5.4

시작을 시작하기

다차선 도로의 교차로를 상상하라. 도로 위 차들은 일정한 속도로 움직이고 있다. 다음 교차로에서 새 차들이 길게 줄을 지어 경사로를 내려와 교통 체증에 합류한다. 그런데 들어오는 차들이 도로를 떠나는 차들보다 더 빠른 속도로 들어오고 있다. 무슨 일이 일어날 것 같은가?

도로에 차가 많을수록 속도는 느려진다.

차가 적을수록 더 빨리 갈 수 있다.

회사에서도 같은 일이 일어난다. 업무 시스템의 용량을 인식하지 못하고, 능력을 넘어선 업무 시스템을 풀 기반이 아닌 푸시 기반의 시스템으로 취급하면서 조직은 계속해서 계획을 세우고 프로젝트를 시작하며 고객 또는 이해관계자의 요구에 동의한다.

도로에 더 많은 차량이 투입될수록 교통 체증은 더 심해진다. 다시 말해 커피숍의 마케팅은 바리스타나 에스프레소 머신을 추가하지 않고도 손님을 더 많이 끌어올 수 있다. 동시에 진행되는 작업이 많을

수록 모든 작업은 더 느리게 진행되는 법이다.

개인 차원에서 작업 전환은 가장 많은 신경 논리neuro-logical적 비용이 드는 활동 중 하나다. 미국 심리학회는 '작업 전환으로 잠깐의 정신적 공백이 생기면 생산 시간의 40%를 낭비할 수 있다'[9]라고 설명한다.

여기에도 큐잉 이론이 적용된다. 리틀Little의 법칙에 따르면 다음과 같다.

리드 타임 = 진행 중인 일 / 처리량

진행 중인 작업을 줄이면, 종단 간 리드 타임, 학습 시간, 피벗 시간, 가치 실현 및 극대화 시간을 단축할 수 있으며, 애자일 역량이 향상된다. 인과 관계를 파악하고 행동과 결과의 상관관계를 파악할 수 있을 가능성이 커지며 피드백 루프가 더 빨라진다.

진행 중인 작업이 증가하면 종단 간 리드 타임이 증가한다. '시작을 시작하는' 조직에서는 가치 창출과 학습에 걸리는 시간이 길어지고 애자일 역량이 저하되며 대응과 반응이 더 어려워지고 행동과 결과의 상관관계를 파악하기가 어려워진다.

한 조직의 일부가 업무 시스템의 자연스러운 처리 능력보다 두 배나 많은 수의 업무 요청을 지속적으로 처리하는 것을 본 적이 있다. 이는 대응력을 높이려는 긍정적인 의도로 이뤄졌지만, 업무의 전체적인 인사이트가 없는 상태였고 결과적으로는 의도한 것과 정반대의 결과를 가져와 업무가 더 오래 걸리는 결과를 초래했다. 리드 타임, 처리량, 에이징Aging, 진행 중인 작업 또는 업무 흐름 효율성과 같은 측정값은 측정되지 않았다. 사람들이 역할 기반 사일로에 조직돼 있었기 때문에 대부분 종단 간 프로세스를 알지 못했다. 진행 중인 작업, 즉 커밋된 작업의 백로그는 인식하지 못한 채 매달 한 달씩 늘어났는데

9 American Psychological Association, 『Multitasking: Switching costs』

이 모든 작업이 완료될 거라는 기대감도 더 심해졌다.

과거의 사고방식을 적용하면 순차적 워크플로의 각 단계에서 서비스 수준 계약Service Level Agreement, SLA에 초점을 맞추게 된다. 사람들은 일련의 국지적 최적화를 통해 SLA를 충족하도록 더 열심히 일하고 인센티브를 받았다. 한 예로, SLA에서는 이틀이었지만 경험적 증거에 따르면 이 일은 실제 15일이 걸리는 것이었다. 하지만 사람들이 더 열심히 일해야 한다는 암묵적인 가정하에 SLA는 그대로 유지됐다. 자연히 작업이 당겨지기보다는 밀려나면서 각 단계에 대기열이 쌓이고 종단 간 리드 타임은 더 늘어났다. 사실상 무제한의 작업 진행이 발생한 것이다. 이때는 12~18개월마다 한 번씩 업무 시스템에 재설정됐다.

그 결과 이해관계자들은 일을 처리하는 데 오랜 시간이 걸린다는 사실을 받아들였다. 이는 무간지옥을 만들었는데, 더 많은 일을 시작하는 욕구가 일을 끝내지 못해 보이지 않는 재고를 만들고 '우리끼리만 아는' 행동 규범이 만들어지는 악순환이 반복됐다. 결과의 품질은 낮았는데, 사람들이 열심히만 일했지 똑똑하게 일하지 않았고 참여율도 낮았기 때문이다. 이는 업무 시스템에 대한 인식 부족으로 성공할 수 없는 상황이었다.

피해야 할 것에서 해야 할 것으로

가치 창출

여기서 기술된 피해야 할 것은 BVSSH의 전달 과정에서 발생하는 것들이다.

국지적 최적화가 반드시 더 나은 종단 간 성과를 제공하지는 않는다. 국지적 최적화는 병목 현상이 발생했을 때 그 병목을 이동시킬 뿐이다. 체인에서 가장 약한 링크가 아니라면 계속 강화할 필요가 없다.

마일스톤은 애자일 역량을 저해하며, 보통 두려움의 문화, 학습하지 않기를 노력이 완전히 패배 상태가 될 때까지 동반하고 결국 초록색 수박이 붉은색 속과 함께 폭발하는 것처럼 마무리된다. 직원들이 참여하기에는 최적화가 되지 않았다.

애자일 토끼를 뛰어다니게 한 일부 조직이 이 토끼가 회사의 전략적 의도나 고객의 목소리와 단절된 애자일 머리 없는 닭으로 변모하는 것을 발견하고 있다.

또한 대부분의 대규모 조직은 진행 중인 업무가 너무 많아서 가치 창출과 학습에 걸리는 시간을 지연시키고 있다. "빨리 시작할수록 더 빨리 끝나지 않을까요?"라는 말은 자주 듣는 막연한 질문이다. 내 대답은 '아니오'다. 6천 개의 계획이 동시에 실행되는 상황이라면 좀 다르다. 더 많이 시작하면 금요일 저녁에 도로에 차량이 더 늘어나는 것처럼 모든 것이 더 느려진다. 이는 동시에 진행되는 계획과 작업이라는 밀물 속에 암초를 숨기고 작업을 방해하는 꼴이다. 대기열에 작업이 쌓이고 흐름의 효율은 떨어진다. '시작을 시작하기' 대신 끝내기를 시작하라.

이런 패턴은 조직이 과거의 지식을 버리고 새롭게 학습 주기를 거치는 동안 일반화된다. 각각의 패턴에는 안전한 가치와 BVSSH 성과의 빠른 흐름을 최적화하는 데 도움이 되는 패턴이 있다.

투입 단위당 산출 단위 수인 국지적 '생산성'에 초점을 맞추던 사고방식에서 최소한의 결과물로 최대의 가치를 가장 빨리 인식하는 종단 간 '가치 창출'로 전환하는 것이다. 잘못된 것을 더 빨리 만든다고 해도 그것이 잘못된 것이라는 인식이 없다면 결과는 개선되지 않는다.

이것은 결정론적 사고방식에서 긴급성을 요하는 사고방식, 프로젝트에서 프로덕트로, 결과물에서 성과로의 전환점이다. 내 경험상 이는 더 나은 품질, 최적의 가치, 더 빠른 학습 시간, 더 안전한 제어 환경, 동료, 고객을 만족시키는 기본 요소다.

해야 할 것 5.1

빠른 종단 간 업무 흐름을 위한 최적화

종단 간 흐름의 한 부분에서만 애자일 역량을 높이는 국지적 최적화만으로는 성과를 최적화할 수 없다. 대신 장기적인 가치 흐름, 장기적인 제품, 장기적인 팀, 가치 흐름에 대한 자금 지원을 통해 종단 간 안전한 가치의 빠른 흐름에 집중하고 최적화해야 한다.

1. 장기적인 가치 흐름

먼저, 장기적인 가치 흐름을 정의한다. 가치 흐름에는 왼쪽의 식별된 니즈에서 오른쪽의 충족된 니즈에 이르기까지 가치 창출의 흐름이 있다. 가치 소비자는 한 명 이상이며 가치 흐름에는 가치 제안value proposition이라는 것이 존재한다. 여러분의 비즈니스 조직 구조는 이미 이 가치 흐름에 맞춰 설정됐을 가능성이 크다. 비즈니스 조직 구조의 예를 들면 모기지, 저축, 투자 조언, 명품 가방, 식료품, 배송, 고객 모집, 헬리콥터 엔진, 여권 신청, 이민국 서비스 등이 있다. 가치 흐름은 조직화된 인간의 노력에 대한 근거이며, 상업적이든, 공공적이든, 자선 단체든 조직이 운영되는 이유다. 가치 흐름에는 장기적인 제품(예: 모기지, 또는 재생 에너지 발전)이 있으며, 이들 중에는 IT 제품이거나 하나 이상의 IT 제품의 지원이 필요한 것들이 있다(예: 모기지 처리 시스템, 에너지 발전량의 실시간에 가까운 표시). 가치 흐름 중 일부(일반적으로 조직의 20%)는 인사, 재무, 내부 감사, 부동산, 법무 등 내부 '공유 서비스 가치 흐름'이다. 이 가치의 소비자는 조직 내부에 있으며, 이러한 가치 흐름은 외부의 고객 대면 활동을 지원하는 데 필요하다(가치 흐름을 통한 전달은 그림 5.4를 참조하라).

가치 흐름의 중첩

가치 흐름은 진정한 종단 간 흐름이어야 하며 가능한 종속성이 적어야 한다. 특성은 높은 응집력(한 가지 일을 잘 수행)과 낮은 커플링을 가져야 한다(애자일 역량을 발휘하기 위해 다른 가치 흐름의 종속성은 최소로 해야 한다).

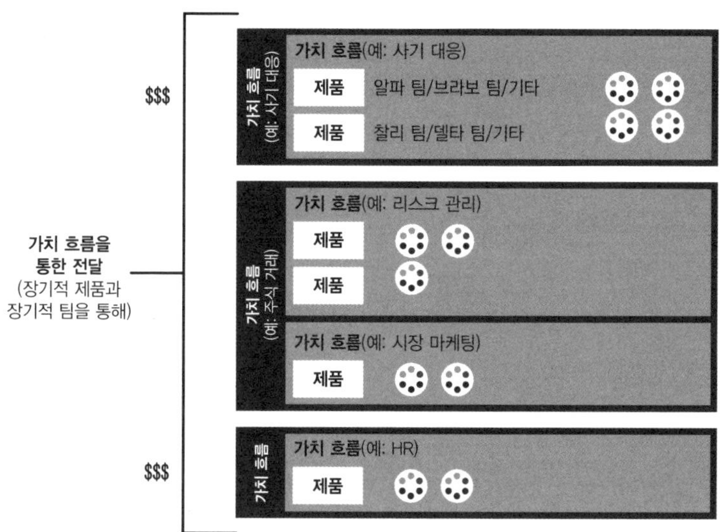

그림 5.4 가치 흐름을 통한 전달

그림 5.4에서 볼 수 있듯이 중요한 것은 가치 흐름은 중첩돼 있다는 것이다. 예를 들어 은행 → 투자 은행 → 자본 시장 → 트레이딩 → 주식 거래 → 시장 조성처럼 말이다. 가장 낮은 수준에서의 가치 흐름은 여러 팀이 모인 상위 개념의 팀에서의 흐름이다. 이 팀 오브 팀team-of-teams[10]은 150명을 넘지 않아야 한다(안정적인 사회적 관계를 유지할 수 있는 집단 규모에 대한 인지적 한계인 던바Dunbar의 수에 기반함). 소위

10 '팀 오브 팀'은 여러 개의 작은 팀이 하나의 대규모 프로젝트나 목표를 달성하기 위해 협력하는 조직 구조를 말한다. – 옮긴이

스포티파이 모델은 팀 단위에 '집단Tribes'이라는 용어를 사용한다. 그 다음 단계는 '팀 오브 팀'이 모인, 다음 '팀 오브 팀 오브 팀team-of-team-of-teams'으로 항상 논리적 가치 창출에 의해 조직화된다(소위 스포티파이 모델은 하나의 제품으로 중첩된 가치 흐름, 즉 중첩된 '집단'이 필요한 만큼 커지거나 복잡해지지 않았다는 점에 유의하자. 많은 사업부와 수백, 수천 개의 제품으로 구성된 대규모의 복잡한 조직에서 소위 스포티파이 모델을 도입하려고 할 때 이 점을 놓칠 때가 많다).

다시 말하지만, 내가 경험한 바에 의하면 비즈니스는 보통 이미 가치 흐름에 맞게 설정돼 있다. 하지만 정보 기술 부서의 조직 구조는 비즈니스 가치 흐름에 부분적으로 또는 전혀 일치하지 않는 것이 일반적이다. 대개는 직무 역할별(예: PM, BA, 개발 또는 테스트 그룹)로 조직화돼 있다.

내가 어렵게 얻은 교훈은 처음부터 가치 흐름 식별을 제대로 하는 것에 너무 걱정하지 말라는 것이다. 너무 오래 고민하지 말라. 어차피 처음은 틀릴 것이다. 시작하고, 체크하고, 적응해라. 바뀔 거라는 기대를 갖고 시작하라. 옳고 그름은 없으며, 상황에 맞는 것이면 무엇이든 가능하다. 가치 흐름 식별을 위한 지표는 너무 거칠지도(많은 제품을 다루는 몇 개의 가치 흐름), 너무 세밀하지도 않게(중복이 적고 종속성이 낮은 환경이 아니라면 각각 하나의 제품을 가진 많은 가치 흐름) 설정하는 것이 좋다.

가치 흐름에 이름 붙이기

이름은 중요하므로, 나는 가치 흐름value stream이라는 용어를 좋아한다. 이는 가치(가치의 제안과 고객)에 대한 방향성을 명확히 하고, 흐름은 업무의 흐름이 있음을 명확히 한다. 이 용어는 제조업에서 흔히 사용되기도 한다.

운이 좋게도 과거에 나는 제트 엔진 터빈 블레이드 공장을 견학할 수 있었다. 지붕에는 '상업용 항공사 가치 흐름', '개인 제트기 가치 흐름' 등이 적힌 거대한 표지판이 걸려 있다. 작업은 물리적으로 왼쪽에서 오른쪽으로 공정이 진행되도록 배치돼 있었다. 왼쪽에서 원자재가 들어오고 오른쪽에서 완성된 터빈 블레이드를 적재하고 운반하도록 한 것이다. 수요가 증가하면 더 많은 가치 흐름을 수용하기 위해 (주차장에!) 확장 가능하도록 설계됐다. 현대 제조업에서 얻은 학습을 우리의 지식 업무에 적용하기는 이미 늦었다. 궁극적으로 모든 것에 적합한 하나의 모범 사례는 없다. 조직은 각자의 상황에 가장 적합하다고 생각되는 언어를 사용하고 이를 점검하고 적응 준비를 해야 한다.

가치 흐름의 방향

(가치 흐름의) 기본 방향은 이러한 비즈니스 가치 흐름을 중심으로 정의된다. 더 이상 '비즈니스'나 'IT'가 아니다. '우리 비즈니스'다. 조직의 모든 이가 '우리 비즈니스'에 속해 있다. 가치와 고객에 대한 집단 정체성을 가지면 '비즈니스'와 'IT'가 하나로 통합되고, 명령을 내리는 사람과 이를 따르는 사람의 관계에서 벗어나 모두가 비즈니스이며 함께 성공하고 학습할 수 있는 관계로 전환된다.

예를 들어 금융 서비스 회사에는 사람들이 지금 상품을 구매하고 나서 나중에 (이자를 붙여) 결제할 수 있도록 하는 신용 카드의 가치 흐름이 있다. 이를 제공하려면 안전한 가치의 빠른 흐름에 최적화된 여러 전문화 작업이 필요하다. 커네빈(0장 참조)을 참조하면, 가치 흐름 내에서 작업은 복잡성 영역, 난해성 영역, 혼돈 영역, 다시 복잡성 영역으로 이동하게 된다. 고유하고 지속적인 제품 개발의 변화에는 애자일 역량을 적용하고 반복적인 지식이 필요한 작업(예: 고객의 영입, 결제)에는 린 접근 방식을 적용한다. 두 경우 모두 BVSSH 성과에 최적화된다.

중요한 것은 가치 흐름이 일반적으로 페르소나(예: '은퇴한 부부', '학생', '젊은 전문직 종사자' 등)을 중심으로 이뤄지지 않는다는 점이다. 고객 여정도 마찬가지다. 각 페르소나 또는 여정은 여러 가치 흐름에서 서비스를 이용할 수 있다. 내 경험에 의하면 페르소나별로 조직을 구성하면 실제 가치 흐름이 중복되고 종속성이 증가해 애자일 역량을 저해하는 결과를 초래한다. 고객 영입, 고객 서비스, 대출 설정 등의 흐름을 비교하면 여러 부분에서 중복이 있음을 알 수 있다.

가치 흐름을 케이크의 층이라고 생각하면 페르소나, 전달 채널, 고객 여정은 케이크 위의 양초와 같다. 이들은 서로 연결돼 페르소나 친화적인 방식으로 가치 흐름을 제공한다. 디지털 시대에서는 기술적으로 이러한 가치 흐름이 API를 통해 제공될 수 있다. 효과적으로 비즈니스, 사람, 기술, 아키텍처를 모두 높은 응집력(한 가지를 잘 수행)과 낮은 결합력(종속성을 최소화하고 흐름과 민첩성을 극대화)으로 조정할 수 있다. 궁극적으로 상호 의존적인 서비스 내에 **가치 흐름 네트워크**를 구축할 수 있다.

제품 개발

앞서 살펴본 것처럼 장기적인 가치 흐름에는 장기적인 제품(예: 모기지, 재생 에너지 발전)이 있으며, 그중 일부는 그 자체로 IT 제품(예: 소셜 미디어 소프트웨어)이거나 IT의 지원을 받는 제품(예: 모기지 처리 시스템)이기도 하다. 디지털 시대의 제품 대부분은 어떤 식으로든 IT를 담고 있다. 제품(IT와 IT 및 비즈니스를 하나로 취급하는 '우리 비즈니스' 존재 여부를 떠나)은 변화를 위한 가치 흐름을 갖고 있으며, 이는 혁신적인 아이디어를 고객과 비즈니스 가치를 더할 수 있는 기능으로 안전하게 전환시키기 위함이다.

예를 들어 원클릭 온라인 신용 카드 신청 기능을 구현하면 시장 점유율이 높아질 거라는 가설이 있을 수 있다. 모바일 애플리케이션에서 이 기능을 구현하는 것은 제품 개발 가치 흐름에 따라 아이디어를 현실화해 가설을 테스트할 수 있게 한다. 제품 개발은 독특하고 새로운 것이어서 애자일, 빠른 피드백 루프, 배우기 안전한 실험에 최적의 장소를 제공한다. 고객이 원클릭 신용 카드 신청 프로세스를 신뢰하나? 미개척 시장이 있을까? 애자일 역량으로 가치를 극대화하기 위한 가장 빠르고 저렴한 비용의 학습이 가능할까? 이는 IT 업무만의 문제가 아니며 마케팅과 법무가 포함된 '우리 비즈니스'를 위한 실험이다.

신용 카드 IT 애플리케이션은 그 자체로 사람들이 지향하는 가치 흐름이 아니다. 다른 금융 서비스 회사에 신용 카드 IT 애플리케이션을 판매하는 사업을 하는 조직이 아니라면 말이다. 신용 카드 IT 애플리케이션은 신용 카드 제품 지원을 하는 IT 제품일 가능성이 크다. 이 제품은 장기적인 제품이며 신용 카드 가치 흐름 속에는 지속적인 고유한 변화부터 반복적인 작업에 이르기까지 다양한 업무 영역이 있다(커네빈 참조). 앞서 언급했듯이 제품에는 변화에 대한 가치 흐름이 있다.

경험에 따르면 오래되고, 규제가 많은 조직에서는 일반적으로 제품 개발 가치 흐름이 공식적 통제가 있는 정책 및 표준을 통해 명확하게 표현된다. 이것이 조직 변화에 대한 공식적인 통제 환경이다. 내부 감사는 팀을 감사할 때 이 표준을 사용하므로 내부 감사 팀도 더 나은 업무 방식에 대한 여정에 동참하는 게 중요하다.

공식 표준으로서, 이는 일반적으로 제품 개발 가치 흐름에서 필수적인 공통성으로 이어진다. 여기서 목표는 가장 낮은 공통분모에 획일적인 규정 준수가 아닌 최소한의 실행 가능한 규정 준수#MVC, minimal viable compliance를 제공하는 것이다. 이에 대해서는 6장에서 더 자세히 다룬다.

공식 표준은 종종 BVSSH에 가장 큰 장애가 되는데, 여기서 표준은 계보를 거슬러 올라가면 1970년대까지 추적할 수 있으며 본질적으로는 워터폴과 같은 구조다. 내가 알기론 조직의 공식 표준은 22개의 필수 항목이 있었고 옵션 항목이 45개로 구성돼 있었다. 이 표준의 라이프사이클에서 변경 사항을 따르는 데 약 3개월이 걸렸고, 이는 릴리즈마다 걸리는 시간이었다. 확실히 디지털 시대의 목적과는 맞지 않았다.

가치 흐름 효율

제조업에서 배운 것을 다시 활용하는 가치 흐름 매핑은 수평적, 좌에서 우로의 가치 창출 흐름에 관련된 흐름과 단계를 시각화하고 이해하는 데 매우 유용한 기술이다. 이는 업무 건전성 상태를 나타내며, 종단 간 흐름의 각 부분을 대표하는 사람들과 함께할 좋은 기회이기도 하다. 일반적으로 가상 공간에 있는 사람들은 같은 가치 창출 프로세스의 일부지만, 서로 만난 적은 없다. 사람들이 '가치 창출 시간'과 '대기 시간'에 대한 추정치를 포함해 가상 또는 물리적으로 프로세스를 매칭할 때 항상 깨달음을 얻는 순간들이 있다.

'가치 창출 시간'을 전체 경과 시간의 백분율로 보면, 작업이 진행되는 시간 대비 작업이 대기 중인 시간의 흐름 효율을 측정할 수 있다. 1장에서 본 것처럼 대부분의 대규모 조직에서 지식 업무의 흐름 효율성은 10%를 넘지 않으며, 90%의 시간 동안 업무가 대기 상태에 있다는 사실은 충격적이다. 더 충격적인 사실은 대부분 조직에서는 이를 인지하지 못하며, 심지어 업무 흐름 효율성을 고려하지도 않고 있다는 점이다.

2. 장기적인 제품

조직이 경제적, 사회적, 환경적으로 목적을 달성할 수 있도록 하는 가치 흐름을 파악한 다음에는 장기적인 제품을 장기적인 가치 흐름에 매핑해야 한다. 장기적인 제품은 IT 제품이 아닐 수도 있고, IT 제품에 의해 지원되는 것일 수도 있으며, IT가 전혀 관여하지 않을 수도 있다. 예를 들어 금융 조직은 주식 시장의 조성 가치 흐름을 가능하게 하는 주식 거래 시스템 IT 제품을 보유하고 있을 수 있으며, 모든 대기업은 신입 사원의 온보딩을 지원하는 HR 시스템을 보유하고 있을 것이다. 핀테크 회사에는 개인 재무 관리를 지원하는 스마트폰 애플리케이션이, 소매업체에는 온라인 쇼핑 애플리케이션이, 소셜 미디어 회사에는 점심 식사 사진이나 반려견 사진을 게시할 수 있는 애플리케이션이 있을 수 있다.

IT 제품이 아닌 것을 예로 들면 내부 감사 보고서, 연구 보고서, 보도 자료, 콘퍼런스 스폰서 부스, 마케팅 캠페인 등이 있으며 모두 고유한 제품이다. 이 예시에서는 빠른 피드백과 저렴한 학습 비용으로 애자일 접근법의 이점을 누릴 수 있다. 이전에 여러 번 해본 경험이 있으며, 무엇을 모르는지 잘 안다면 린 접근법을 사용하기에 적합한 상황이다.

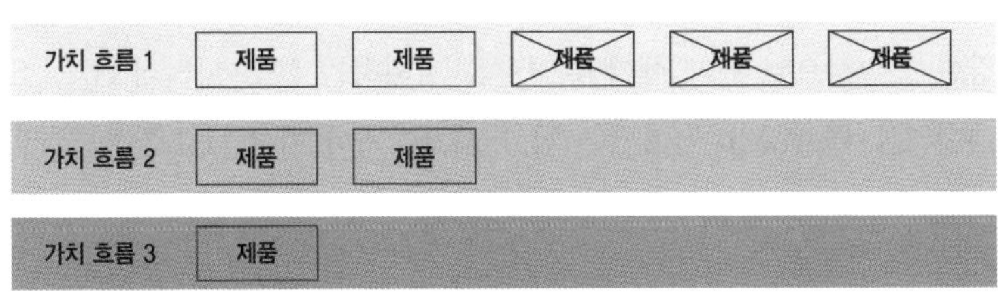

그림 5.5 장기적인 가치 흐름에서의 장기적인 제품

디지털 시대에서는 그림 5.5와 같이 IT 제품을 가치 흐름에 매핑하면 시스템 중복을 파악하고 IT 환경을 쉽게 단순화할 수 있다. 내 경험에 비춰보면, 이는 IT 환경을 단순화하려는 이전의 노력에서 부족했던 명확한 조율을 제공한다. 중복이 있는 것이 분명하면 IT 제품별로 투자 또는 매각을 결정했다. 목표는 환경을 가능한 한 단순하게 만드는 것이다. 제품의 가치 흐름에 매핑하는 과정에서 조직이 처음으로 IT 제품 자산 리스트를 보유하는 경우도 있다.

'장기적'이라는 용어의 목표는 '에버그린evergreen'이다. IT 제품은 항상 최신 상태를 유지할 수 있도록 지속적으로 리팩토링이 돼야 한다. 시스템은 손대지 않으면 자연스레 엔트로피가 발생한다. 잡초가 자라는 것과 같다. 대신 비행기를 비행 중에 조금씩 자주 업그레이드해 복엽기에서 제트기로, 제트기에서 우주선으로 바꿔 나가야 한다. IT의 예를 든다면 모노리식에서 마이크로서비스, 마이크로서비스에서 서버리스로 바꾸는 것이다. 프로젝트 기반 접근 방식의 기존 업무 방식에서는 프로젝트가 진행될 때마다 새로운 소프트웨어가 개발되고 IT 제품 수가 급증하는 'NIH 증후군Not Invented Here Syndrom'[11]이 흔히 발생했다. 그런 다음 잡초가 너무 많이 자랄 때까지 애플리케이션을 그대로 두고 또 다른 대규모 예산, 대규모 빌드로 자르고 태우는 것만이 유일한 접근 방식이었다.

IT 제품과 가치 흐름과의 매핑은 여러 흐름에 걸쳐 있으며 내부의 강한 종속성으로 인해 애자일 역량을 저해하는 큰 모노리식 IT 시스템이 있는데, 모노리식에서는 전부 배포하거나 아예 배포를 하지 않

11 NIH 증후군(Not Invented Here syndrome)은 말 그대로 '여기서 개발한 것이 아니다(Not invented here)'라는 의미로, 제3자가 개발한 기술이나 연구 성과는 인정하지 않는 배타적 조직 문화 또는 그러한 태도를 말한다. 따라서 주어진 문제에 대한 해법을 자신 또는 조직 내부의 역량만을 고집해 해결하려는 배타적인 현상이 나타난다. NIH 증후군은 타인이나 다른 조직에서 나온 기술이나 아이디어는 무시하거나 수용하지 않으려 한다는 점에서 소통과 협업을 어렵게 만드는 장애 요인으로 작용한다.(출처: 위키백과) – 옮긴이

는다. 이를 흔히 '모노리식 진흙 덩어리'라고 한다. 바로 이 지점에서 IT 아키텍처가 애자일 역량을 저해할 수 있다.

비즈니스에서 여러 가치 흐름에 걸쳐 있는 모노리식 IT 제품이 있다면 해당 제품을 자체의 임시, 공유 가치 흐름에 배치하라. 그런 다음 시간이 지남에 따라 마이크로서비스와 같은 더 작은 구성 요소로 세분화하라. 이렇게 하면 공유되지 않은 연관 가치 흐름에 따라 독립적으로 업데이트, 릴리즈 및 하우징을 할 수 있으므로 응집력이 높아지고 결합도는 낮아진다. 종속성은 줄어들고 애자일 역량은 향상될 것이다.

처음에는 독립적으로 테스트 및 배포를 할 수 없는 IT 제품 및 가치 흐름 전반에 걸쳐 많은 종속성이 있을 수 있다. 종속성을 관리하는 데만 시간을 할애하지 말고 이러한 종속성을 끊는 데 시간을 투자해야 한다. 소프트웨어 제품에 이를 적용할 방법으로는 방금 다룬 구성 요소화 이외에도 코드 소유권 공유, 내부 오픈 소스, 서버 가상화, 공유 서비스 가치 흐름에서 고객 대면 가치 흐름에 개발자를 전담시키는 것 등이 있다.

IT 제품에서 중요한 것은 코드를 여러 번 작성하는 것이 아니라 컴파일된 코드를 여러 번 실행하기 때문에 모든 소프트웨어의 개발은 고유성을 가진다는 점이다. 소프트웨어 개발은 고유한 개발이다. 동일한 상황에서, 동일한 사람들과 함께 계속 일을 하지는 않는다. 이는 새롭고 예측 불가능한데 동일한 통합, 데이터 마이그레이션, 데이터, 주변 시스템, 프로세스, 인력 등이 동일한 상황에서 설치된 적이 없는 제3자 소프트웨어의 설치도 포함된다.

3. 장기적인 팀

장기적인 제품과 함께 장기적인 가치 흐름은 변화의 상황에서 BVSSH를 최적화하기 위해 소규모(10명 미만이 이상적)의 다분야 팀으로 구성해야 한다. 팀은 브루스 터크먼Bruce Tuckman이 그룹의 발전에 관해 설명한 것처럼 형성, 혼돈, 규범화, 수행[12]을 거쳐 진정한 팀이 된다. 이는 프로젝트마다 해체와 재편이 반복되고, 여러 프로젝트에 걸쳐 시간상으로 쪼개지며, 역할 기반의 집단 정체성을 갖는 프로젝트 팀과는 구분된다.

장기적인 팀은 고객의 명시적이지 않은 요구 사항을 이해한다. 여러 분야를 아우르는 이들의 특성은 종단 간 가치를 제공하는 데 필요한 기술을 보유하고 있으며, '비즈니스'와 'IT'를 '우리 비즈니스'로 통합한다. 이들은 특정 기술에 대한 깊은 전문성과 도움이 필요한 팀에 도움을 줄 수 있는 'T'자형 기술을 갖고 있다. 소위 스포티파이 모델에서는 '스쿼드Squad'라는 용어를 사용하지만, 나는 개인적으로 '팀'이라는 용어를 선호한다. 실제로 팀은 개성과 정체성, 사회적 유대감을 더하기 위해 스스로 네이밍한다. 다시 말하지만, 가치 흐름과 마찬가지로 네이밍에 옳고 그름은 없다. 조직에 적합한 작업을 하고, 이에 대한 점검 및 적응할 준비를 해야 한다.

팀의 다분야적 특성은 다른 팀에 대한 핸드오프와 종속성을 최소화해 흐름, 빠른 피드백, 학습 및 애자일 역량을 가능하게 한다. 팀은 '풀 스택full stack'이어야 하며 독립적으로 가치를 전달하고 배치할 수 있어야 한다. 팀은 상황에 따라 비즈니스, UX, 마케팅, IT, 운영, 규정 감사 등 다양한 분야의 사람들이 참여하는 진정한 다분야 팀으로 구성하는 것이 이상적이다.

12 Tuckman, 'Developmental sequence in small groups'

프로덕트 팀에 더 많은 틈새 기술을 제공하는 데 소수의 전문가 팀이 요구되기도 한다. 예를 들어 금융 서비스 팀에는 거래소 내 전자 거래를 위한 고속 네트워크 전문가가 필요할 수 있다(규정 준수와 관련된 참여 모델은 6장에서 자세히 다룬다).

소규모 우수 센터Cener of Excellence, CoE(사례 또는 길드라고도 알려짐)는 특히 유럽에서 대장장이, 금세공인, 가죽 공예, 제빵사 등의 중세 수공업 길드에서 흔히 볼 수 있는 개념으로 수공업을 육성하는 데 도움을 줬다. CoE는 기술 수준을 발전시키고, 혁신, 학습, 이해를 공유하고 원칙과 표준을 결정하며, 장애물을 제거하고, 서번트 리더십을 통해 지원을 제공하려고 만들어진다. '밀물이 모든 배를 띄운다'라는 말이 있다. 예를 들어 조직은 아키텍처 CoE, 품질 CoE, 엔지니어링 CoE가 있을 수 있다. CoE는 규모가 작으며, 인력이 중앙 집중화되지 않는다. 사람들 대다수는 주로 가치 흐름의 작고 오래 지속된 팀에 소속돼 있다. 그들의 집단 정체성은 비즈니스 가치 흐름에 존재한다. 사람들은 이차적으로 'T'자형 스킬 세트의 수직적 부분, 즉 전문성과 관련된 CoE로 맞춰진다.

가치 흐름과 소규모 CoE 전반에 걸쳐 학습된 내용을 공유하기 위해서는 자발적이고 개방적인 초대형 활동 커뮤니티CoP를 추가하는 게 매우 유용하다. 여기에는 이동성의 법칙이 적용되는데, 즉 참석은 자발적이라는 것이다. 그리고 인위적으로 유지되지 않는다는 점에서 다윈주의적Darwinian이라 할 수 있다. 이는 정기적인 모임으로 운영되며 학습, 이해, 사회적 증거를 공유하고 팀 간 혁신을 지원한다.

과거에 나는 서번트 리더십을 통해 37개의 CoP를 만들고 제공했다. 그중 일부는 휴면 상태이고 나머지는 자발적으로 운영되고 있다. '기술 아키텍처 CoP'는 참석자의 절반 이상이 아키텍처 전문가가 아니었기 때문에 CoE 외에도 많은 이점을 얻을 수 있었다. 이는 보다 폭넓은 관심과 학습 공유를 보여주는 큰 신호였다.

장기적인 팀과 장기적인 가치 흐름이 일치하면 가치 흐름에 초점을 맞춘 집단의 정체성이 생성된다. 팀원들은 '나는 비즈니스다' 또는 '나는 IT다'라고 생각하는 대신 '우리는 모기지다', '우리는 헬리콥터 엔진이다'라고 생각한다. 조직의 특성상 사람들은 공유된 비즈니스 성과를 위해 매일 함께 일한다.

역할

장기적인 팀에서 고유 제품 개발 상황에 맞는 것으로 보인 접근 방식은 각 팀에서 그리고 중첩된 가치 흐름 내 모든 레벨에서의 중요 역할(즉 세 가지 핵심 역할)을 수행하는 것이다. 여기에 'T'자형 스킬 세트와 일부 전문 틈새 스킬을 갖춘 팀원이 추가된다. 세 가지 핵심 역할이란 '가치 성과 리드Value Outcome Lead', '팀 성과 리드Team Outcome Lead', '아키텍처 성과 리드Architecture Outcome Lead'를 의미한다.

가치 성과 리드는 고객, 이해관계자, 경제적, 인사적, 환경적 결과에 대한 외적 관점으로 무엇에 초점을 맞춘다. BVSSH의 가치에 초점을 맞추고, 사회나 환경에 어떤 대가를 치르더라도 가치가 훼손되면 안 된다. 이 역할은 '프로덕트 오너'라고도 하지만 1990년대 초에 만들어진 용어이며, 시대가 변했다는 걸 느낀다. 이 역할은 가치와 성과에 관한 것이기 때문에 더 나은 정체성이 있을 것이라 믿는다. 업무 시스템뿐만 아니라 언어도 중요하다. '피해야 할 것 5.3'에서도 봤듯이 '내가 이 망할 제품을 소유하고 있다'라는 제품 근시적 초점, 고객과의 대화는 잊어버린 채 백로그 보충이라는 자기실현적 예언 대신 타이틀은 가치와 성과 중심의 자기 정체성을 고양한다. 가치 결과 자체는 '해야 할 것 5.2'에서 자세히 살펴보겠지만, 선행 및 후행 지표가 있는 분기별 성과 가설로 표현된다. 모든 사람이 '우리의 비즈니스'이지만 이 역할을 맡은 사람은 주요 비즈니스 담당자다. 올바로 구축하는 비즈니스 아키텍처 및 제품 관리가 이 역할의 주요 책임 역할이다.

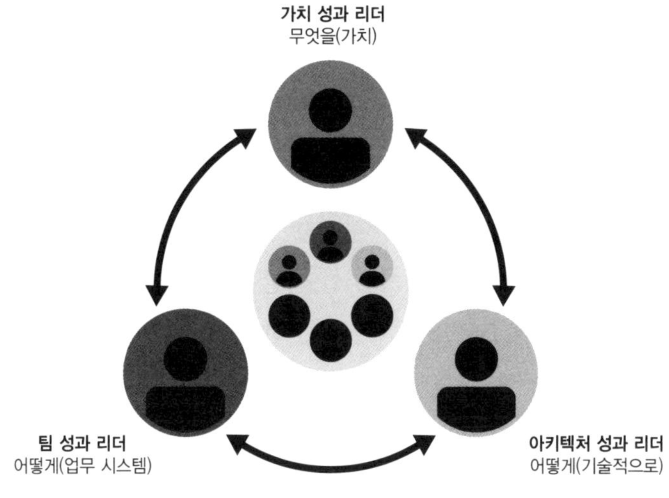

그림 5.6 세 가지 핵심 역할

팀 성과 리드는 업무 시스템과 사람에 대한 어떻게(방법)에 중점을 둔다. 팀 성과 리드는 팀이 BVSSH에 대한 긍정적인 추세로 가치에 긍정적인 영향을 미칠 수 있도록 팀을 지원하고 촉진한다. 이 역할은 내부로 초점을 맞춘 서번트 리더의 역할로서 팀 또는 팀의 팀 오브 팀이 성공적으로 성과를 낼 수 있도록 지원한다. 이 역할을 맡은 사람은 장애물을 완화하고, 모든 사람이 일상적으로 실천하는 습관을 갖도록 해 지속적인 개선을 구축하며, 팀의 코치 역할을 한다. 팀에서 스크럼을 채택했을 때는 이 역할을 '스크럼 마스터'라고 부를 수 있다. 그러나 앞서 살펴본 바와 같이 대규모 조직에서는 한 가지 방법만으로 결과를 최적화할 수 없다. 어떤 팀은 스크럼과 같은 반복 기반 접근 방식을 취하는 반면, 다른 팀은 흐름 기반 WIP 제한 접근 방식을 취할 수도 있다. 일부 팀은 과거 역사와 문화로 인해 작은 워터폴 같은 접근 방식을 취할 수도 있다. '팀 성과 책임자'라는 직책명은 팀 또는 팀의 팀 오브 팀이 BVSSH의 긍정적인 추세를 갖게 하는 역할임을 강조한다.

아키텍처 성과 리드는 조직의 광범위한 기술 아키텍처와 엔지니어링 원칙 및 표준 안에서 기술을 구현하는 방법에 중점을 둔다(애자일 팀에서 이 역할에 영감을 준 스콧 엠블러Scott Ambler에게 감사를 표한다.[13]) 이 역할의 행동 자세는 코칭과 서번트 리더십 중 하나여야 한다. 팀 수준에서 이 역할은 전담 역할일 필요는 없으며, 일반적으로 IT 제품 개발 상황에서 선임 개발자가 역할을 맡을 수도 있다. 가치 흐름 수준에서 팀 오브 팀으로 올라가면 이는 전담 역할로 바뀐다. 이는'투명 상자' 또는 '솔루션' 아키텍처로, 역할의 수평적 가치 흐름 범위 안에서 장기적인 IT 제품을 개발하는 방법에 중점을 둔다(아키텍트 전문가가 뚜껑을 열고 내부를 책임지고 작업하기 때문에 '투명 상자'라고 한다). 예를 들어 소프트웨어가 높은 응집력 및 낮은 결합과 같은 아키텍처 원칙을 준수하는가? 소프트웨어가 잘 작성돼 있는지 아니면 유지 관리가 불가능한 코드가 스파게티처럼 엉켜 있지 않은가? 얼마나 탄력적인가? 장애를 매끄럽게 처리할 수 있는가(이 주제는 7장에서 다룬다)? 등에 중점을 둘 수 있다. 대부분 아키텍트(실질적인 '플레잉 코치'인)는 그림 5.7에서 표시된 것처럼 수평적인 가치 흐름 정렬과 중첩된 모든 가치 흐름 레벨에서 일한다.

13 'The Architecture Owner Role', AgileModeling.com

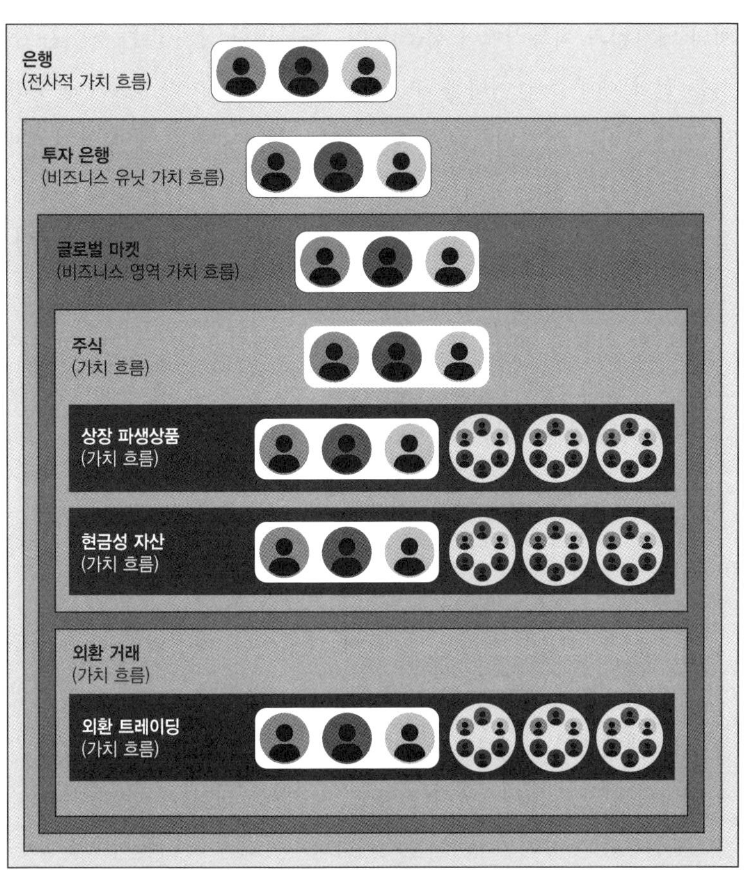

그림 5.7 모든 레벨에서의 세 가지 핵심 역할

소수의 아키텍트만 엔터프라이즈 아키텍트EA다. 이는 수평적 가치 흐름을 수직적으로 바라보는 '불투명한 상자' 아키텍처로, 가치 흐름에 맞춰진 팀의 대다수 아키텍트에게 거버넌스, 표준, 지원, 지침을 제공한다. 이것이 앞서 설명한 소규모 CoE(또는 사례 또는 길드)다(내 경험에 비춰보면 효과적인 패턴은 비즈니스 유닛당 하나의 아키텍처 CoE와 전체 중앙 아키텍처 CoE다).

여기에서 EA는 조직 전반의 아키텍처 원칙, 최소한의 실행 가능한 표준, 가치 흐름 전반에 불투명한 상자가 서로 소통하는 방식, 아키텍처의 애자일과 회복력에 중점을 둔다. '불투명한 상자'라는 용어는 뚜껑을 열어 내부를 들여다볼 수 없어서 사용한 것이다. EA는 불투명한 상자 사이의 아키텍처 패턴에 초점을 맞춘다. 예를 들어 아키텍처 CoE는 피할 수 없는 장애를 어떻게 매끄럽게 대처할 수 있는지에 중점을 둔다. EA는 필수 위험 스토리가 있는 안전 팀 구성원의 일부다. 더 자세한 내용은 6장을 확인하길 바란다.

이러한 역할의 삼위일체(가치 성과 리드, 팀 성과 리드, 아키텍처 성과 리드)는 중첩된 가치 흐름의 모든 레벨(그림 5.7 참조)에 존재한다. 팀 레벨, 팀 간 레벨(예: 주문 관리), 가치 흐름의 다음 단계(예: 주식 트레이딩), 그다음 단계들(투자 은행 → 은행)이 존재한다.

디지털 시대의 비즈니스 유닛 레벨에서의 개발 상황에서 이 삼위일체는 CEO(무엇을), CIO(어떻게, 업무 시스템, 전달의 변화), CTO(어떻게, 기술적으로, 회복력, 확장성, '능력')에 매핑된다. 대기업의 경우 그룹 CEO, 그룹 CIO, 그룹 CTO가 그 역할을 담당하며, 이 세 가지 역할은 모든 레벨에서 하나로 작동해야 한다. 우리는 올바른 성과 가설(가치)하에서 일하고 있나? 우리는 업무 시스템을 개선하고 있나(더 나은 가치를 짧은 시간에 안전하고 모두 만족하도록)? 그리고 기술적으로 모든 BVSSH를 개선하고 있는가? 예를 들어 새로운 기능을 출시하고 기술 부채를 발생시키는 것은 '우리 비즈니스'의 결정이며, 나중에 추가 비용이 발생할 수 있다.

코칭

이러한 역할의 행동은 서번트 리더와 코칭의 자세로 임해야 한다. "내가 시키는 대로 해"가 아니라 "내가 어떻게 도와줄까?"라고 물어봐야 한다. 코칭은 모든 직급의 리더가 해야 할 일이다. 특히 압박을 받는 중간 관리자라고 불리는 사람들에게는 분명한 책임이 있다. 마이크

로더가 토요타 개선 카타 및 코칭 카타에서 언급했듯이 이를 매일 습관화하는 것을 권장한다.[14] 자세한 내용은 6장에서 확인할 수 있다.

4. 가치 흐름에의 자금 지원

펀딩은 가치 흐름에 따라 조정되며, 각 가치 흐름은 오래 지속된 팀 및 역량에 따라 자금이 지원된다. 다시 말하면 자금은 가치를 극대화하기 위한 제약 조건이다. 지식 업무에서는 가치 흐름의 주요 비용이 사람이다. 이 비용은 쉽게 추가하거나 없앨 수 없다. 이는 프로젝트에서 프로덕트로, 결과물에서 성과로의 전환점이다.

프로젝트에는 자금 지원이 아닌, 가치 흐름이 있다. 성과 가설은 '가치 창출'을 극대화하기 위해 도출된다. 가치가 떨어지거나 실현되지 않으면, 우선순위가 지정된 백로그로에서 다음 비즈니스 성과 가설을 도출해 초기에 신속하게 전환할 수 있다. 다음 절에서 살펴보겠지만 비즈니스 결과에는 가치 측정(즉 비즈니스 사례)이 들어있다. 일반적으로 비즈니스 성과가 잘 작성되고 다음 단계의 연간 포트폴리오 성과에 대한 계보가 있는지 등 전략적 조율을 보장하기 위해 다시 만들어진 PMO(이에 대해서는 나중에 설명)에서 가벼운 점검을 수행한다. 이를 통해 가치의 빠른 흐름을 최적화하고 학습 비용을 최소화할 수 있으며 높은 수준의 인사이트를 바탕으로 레이스 도중 배팅을 변경할 수 있다.

더 이상 단발성 프로젝트 자금을 요청하기 위해 최소한의 정보만 알고 있는 상황에서 미래를 예측하고 조기에 해결책을 마련할 필요는 없다(가치를 확인하기까지 몇 년이 걸릴 것이므로 주방 싱크대도 추가하고,

14 Rother, 『Toyota Kata』

밀릴 것을 알고 있고 미래는 예측할 수 없으므로 30%의 버퍼를 추가하는 게 좋겠다… 같은). 이렇게 하는 것은 새롭고 고유한 지식 작업을 결정론적인 것으로 취급하게 된다. 이는 솔루션, 작업 및 이점을 예측한 다음 결과보다는 계획에 초점을 맞추게 된다. 이는 경마 중에 눈을 감은 채로 인사이트가 가장 적은 고정 배팅을 하는 것과 같으며, 레이스 도중에 여러 번 배팅을 변경할 수도 있다.

오래 지속된 가치 흐름에서 오래 지속된 제품에 대한 오래 지속된 팀의 자금 지원은 빠른 피드백으로 가치를 극대화하는 데 제약이 된다. 따라서 가치 곡선을 최대화하기 위해 '황금 벽돌'을 찾게 된다. 가치 곡선의 기울기가 0이 되기 시작하면(또는 전혀 상승하지 않으면), '꼬리를 자르고(즉, 해당 비즈니스 결과에 대한 작업을 중단하고 다음 비즈니스 결과를 끌어 올리는 것)' 처음부터 다시 반복한다(그림 5.8 참조). 황금 벽돌은 분기별 성과 가설, 즉 고객, 동료, 시민, 환경을 위해 가장 가치 있는 것으로 간주되는 것에 배팅한다. 가치와 배팅에 대한 실시간 피드백에 최대한 근접하기 위해 고객에게 가치를 자주 배포해 애자일 역량을 확보할 수 있다.

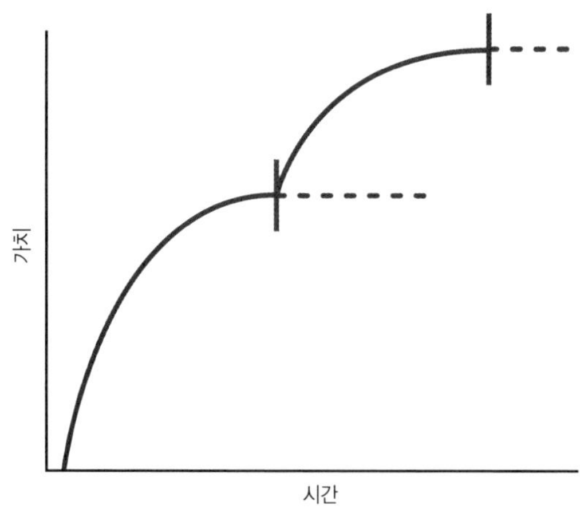

그림 5.8 가치 곡선의 극대화–꼬리 자르기

거시적인 경제 변화나 기회가 발생해 가치 흐름 전반에 걸쳐 자금을 변경하고 싶다면 한 분기별로 몰아서 자금을 변경하는 것은 피하라. 지식 기반 업무에 대한 자금 지원의 방향 전환은 사람들을 한 흐름에서 다른 흐름으로 이동시키는 것이다. 사람들이 새로운 영역에 적응할 때까지 시간이 필요하며, 이미 해당 가치 흐름에 있는 사람들은 업무 속도가 느려질 수 있다. 또한 기술력이 이를 대체할 수 있다고 가정한다.

내가 관찰한 바에 의하면 사람들이 이동하기보다는, 새로운 수요가 발생하면 팀에서 수행하는 업무의 우선순위가 바뀐다. 예를 들어, 규제 결과에 더 많은 시간을 할애하고 재량 결과에 따라 더 적은 시간을 할애한다. 브렉시트와 같은 드문 경우이긴 하지만, 전반적으로 변화에 대한 지출이 증가해 작업을 수행해야 하는 가치 흐름에 분산되고, 소규모의 중앙 팀이 그룹 중심의 가치 흐름에 앉아 중첩된 결과를 감독하는 것도 경험했다.

다분야로 구성된 팀은 지속적으로 '주요 작업'과 '부차 작업'을 우선순위가 지정된 하나의 백로그에 통합해 더 많은 '빌드하고 실행하라'를 수행한다. IT 운영 팀의 '캐치 앤 디스패치' 레이어가 더 얇아지면서 더 이상 한 사람이 자본화가 가능한 업무(자본 지출, 자산 구축)만을 하는 것은 불가능해졌으며, 두 가지를 모두 수행하는 사람들이 점점 많아지고 있다. 작업 표가 있을 때 이를 파악하는 한 가지 방법은 '자본 지출'과 '운영 비용' 두 가지로 구성하는 것이다. 이때 대략적인 균형치를 입력하는데, 예를 들어 자산 구축에 3일, 자산 지원에 2일 등이 들어갈 수 있다. 시간이 지남에 따라 '모든 것이 지속되는' 안정적인 환경에서는 80/20과 같이 팀 또는 팀 오브 팀의 경험적 균형치를 결정하고 타임 시트 없이 이 균형치를 사용할 수 있다.

요약하자면, 안전한 가치의 빠른 흐름을 종단 간으로 최적화하려면 장기적인 가치 흐름의 오래 지속된 제품에 대해 여러 분야의 장기적인 팀을 구성해야 한다.

안전 가치의 빠른 흐름을 최적화하는 것은 중요하다. 『How to Measure Anything』(Wiley, 2007)의 저자 더글라스 허버드Douglas Hubbard에 따르면 제품 개발에 투자할 때 가장 중요한 요소는 첫째, 제품이나 기능이 사용되느냐와 둘째, 얼마나 빨리 사용하느냐다.[15] 이는 비용을 포함한 다른 모든 데이터보다 중요한 요소다. 사용되지 않는다면 이는 투자된 것이 버려지는 것과 마찬가지다. 따라서 아주 작은 가치라도 가치 실현 시간을 최적화하는 것이 중요하다. 또 다른 관점에서 생각해 볼 수 있는 것은 시장 출시까지의 시간 지연으로 실현되지 않은 가치인 지연 비용이다. 혁신적인 아이디어를 얼마나 빨리 지속적이고 반복적으로 콘셉트에서 발전시켜 고객에게 전달할 수 있을까?

사례 연구: U.S Bank의 혁신의 여정

1천 800만 명 이상의 고객과 7만 명의 직원을 보유하고 있으며 1863년에 개시한, 무구한 역사를 자랑하는 U.S Bank는 몇 가지 새로운 도전에 직면해 업무 방식을 개선해야 할 필요성을 인식하게 된다. 그 도전은 핀테크의 전통 시장 잠식, 고객 인구 통계의 변화, 디지털 채널을 수용하려는 고객의 급증하는 욕구 등이다. 이에 대해 업무 방식의 리더인 베르너 루츠(Werner Loots)는 다음과 같이 이야기한다.

2017년 말부터 세 가지 주요 비즈니스 중점 분야를 선정하고 보다 애자일한 업무 방식의 기회를 포착하기 위해 팀을 구성했다. 우선순위 중 하나는 중소기업 대출 프로세스를 획기적으로 개선하는 것이었다. 당시 대출을 받으려면 고객이 지점을 방문하고 120개 이상의 데이터를 제공해야 했으며, 평균 11일이 소요되는 등 부단한 노력이 필요했다. 이 개선의 목표는 신청부터 고객 계좌에 입금이 되기까지 15분 안에 디지털 방식으로

15 Hubbard, 'The IT Measurement Inversion'

대출을 완료하는 것이다. 이를 통해 고객 만족도를 높이고 동시에 업무 효율도 높이고자 했다.

2018년 첫 번째 업무는 프로덕트 오너, 스크럼 마스터, 애자일 코치와 함께 모든 영역(비즈니스, IT, 규정 감사, 리스크, 법무, 디자인)으로 구성된 교차 기능 팀을 구성하는 것이었다. 이 팀은 비즈니스 성과를 달성하기 위해 21개의 서로 다른 IT 시스템을 탐색해야 했으므로 상황은 간단하지 않았다.

모두가 일련의 핵심 업무 원칙에 동의했다. 고객 지향은 이러한 원칙의 근간이 됐으며, 권한 부여, 공동 근무, 헌신적인 직원, 시간제한 단계, 성과에 대한 집중이 수행됐다. 헌신적이고 직접 대면한다는 개념은 모두에게 새로운 개념이었고, 파티션이나 사무실 벽이 없는 공간에 앉는다는 것은 많은 이에게 새롭고 두려운 일이었다.

숙련된 애자일 코치의 안내에 따라 팀은 애자일 사고방식의 킥오프를 수행한 후 디자인 스프린트에 돌입해 스토리 맵을 만들고 페르소나를 구축했다. U.S. Bank는 전통적으로 사전에 많은 리서치 · 분석을 수행했지만, 고객을 정기적으로 디자인 세션에 초대해 공동 제작 · 피드백을 하는 일에는 익숙지 않았다. 팀원들은 이전과는 완전히 다른 일을 하고 있다는 것을 곧 깨달았다. 비즈니스 리더와 기술자가 함께 앉아 있고 디자이너들이 고객과의 토론을 주도하며, 리스크는 결정이 내려지기에 앞서 고려해야 하며, 모든 인원이 전체적으로 목소리를 내는 등의 방식은 확실히 이전과는 다른 것이었다.

고객이 사무실로 직접 방문하는 것은 자연스러운 일이 됐다. 고객은 2주에 한 번 사무실을 찾았다. 쉬는 주에는 비즈니스 뱅커들이 방문했다. 매주 공동 창작 및 피드백 세션이 얼마나 강력한 힘을 발휘하는지, 고객 지향의 진정한 의미를 재정의한 것이 얼마나 중요한지 깨달았다.

소규모 비즈니스 오너와 함께하는 동안, 우리의 비즈니스 팀은 오너들의 계좌에 돈이 입금되는 속도에 집중했다. 입금 속도는 “항상 ‘빠르다’라고 말하지만 쉽지 않은데 어떻게 빠를 수 있겠어요"라고 하기 전까지는 계속 강조됐다. 이것이 팀에서 큰 전환점이었으며, 초점을 직관성과 단순성으로 바꿀 수 있었다. 이 두 가지 초점의 영역에서도 속도는 큰 이점이 됐다. 고객은 또한 팀에 중요한 변화를 제시했는데, 돈의 입금이 빠른 것도 중요하지만, 더 중요한 것은 대출 승인 결정이 빨리 내려지는 것이었다. 승인만 난다면 입금되기 전이라도 고객들은 자신들의 계획을 시작할 수 있었다.

이 팀은 새로운 팀원과 새로운 업무 방식으로 시작한 지 4개월 만에 15분 이내에 첫 번째 디지털 중소기업 대출을 제공했다. 후속 프레젠테이션에서 IT 리더는 '기존' 업무 방식이었다면 얼마나 걸렸을지 질문을 받았고 발표자는 '최소 2년'이라는 답변을 했다. 비즈니스 리더에게 동일한 질문을 했었다. "아, 그건 쉬워요. 우리는 대출 자체를 거부했을 겁니다. 완료되기도 전에 폐기했을 거예요." 오랫동안 유지됐고 성과가 높은 이 팀은 오늘날에도 함께 새로운 비즈니스 성과 기회에 잇달아 도전하고 있다. 이들은 물리적 업무 역할과 프로세스 기반의 사일로에서 일하던 예전 방식으로 돌아가는 것은 상상조차 하지 않을 것이다.

해야 할 것 5.2
성과 가설

새로운 생산 수단, 긴급성을 요하는 작업, 급변하는 지형적 마일스톤이 존재하는 디지털 시대에서는 결정론적 사고방식과 크고 작은 해결책을 미리 제시하는 일은 피해야 한다. 환경이 변하고 2톤짜리 마일스톤이 발목을 잡는 수가 있다. 이는 긴급성을 요하는 일에 어울리지 않는다.

제품 개발의 맥락에서 안전한 가치의 빠른 흐름에 최적화하려면 결정론적이고 고정된 대규모 사전 설계 솔루션에서 실험을 통한 성과 가설로 전환해야 한다. 고정된 계획을 따르는 것에서 가치를 극대화하는 것으로, 산출물에서 성과로 전환해야 한다. 이 패턴을 발생, 중첩된 성과, 비즈니스 성과, 연동 로드맵Rolling Roadmap과 고정된 날짜, PMO에서 VET로의 전환 등 다섯 가지 섹션으로 나눠 살펴보자.

1. 발생

앞서 설명했듯이 제품 개발은 예측 불가능한 독특하고 새로운 작업이다. 조직은 복잡한 적응 시스템이며 예측 불가능하다. 사람들이 무엇을 원하는지, 어떻게 만들어야 하는지, 도중에 어떤 장애물에 부딪힐지, 어떻게 만들어야 하는지, 어떤 장애물을 만날지, 시간이 지남에 따라 외부 시장의 힘이 어떻게 변할지 등을 정확하게 예측할 수 없으며, 우리는 시간을 이동해 앞으로 나아갈 길을 모두 볼 수 없다.

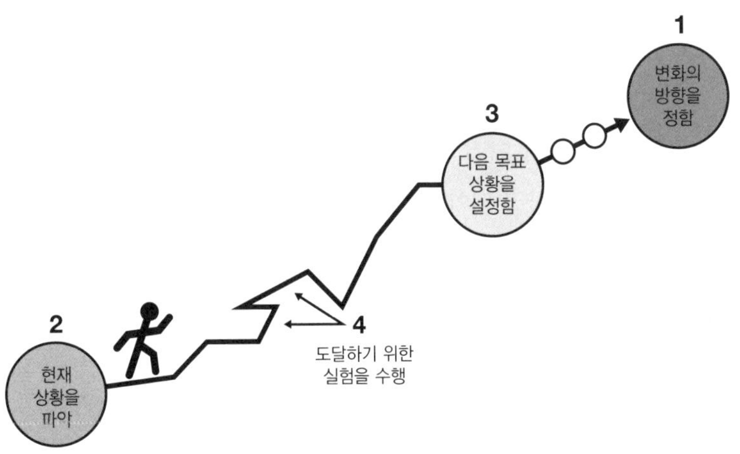

그림 5.9 A에서 B로의 여정(로더(Rother)의 『Toyota Kata』에서 발췌)

즉, 명확한 북극성, 명확한 미션이 있어야 한다. 이것이 바로 '크게 생각하고 작게 시작하며 빠르게 학습하자'에서의 '크게 생각하기'다. 이는 권한이 부여된 팀에 고도의 조율과 명확한 방향을 제공한다. 이러한 유형의 지식 작업에서 북극성은 고정된 솔루션으로 표현되거나 미리 정해진 작업으로 결과물이 나와서는 안 된다. A(현재 상태)에서 B(원하는 결과)로 가는 직선은 없다. A에서 B까지 거리가 멀수록 그 여정은 우리의 지식 임계값을 넘어서는 것이므로 알 수가 없다.

대신 그림 5.9에서 볼 수 있듯, 여정은 비즈니스 결과(BVSSH의 'V')를 극대화하기 위해 장애물을 극복하고 미지수를 드러내면서 A에서 B로 가는 미지의 흔들리는 선이다. 비즈니스 성과는 어떤 일이 일어날지 아무도 확실히 알 수 없으므로 가설, 즉 배팅의 형태로 비즈니스 가치를 표현한 것이다. 데이터 인사이트는 수집할 수 있지만, 알 수 있는 유일한 방법은 실행하는 것이다. 비즈니스 성과 가설을 조기에 그리고 자주 테스트하려면 빠른 피드백, 실패해도 안전한 실험, 심리적 안정감을 위해 시스템이 최적화돼야 한다.

고유한 작업이라면 가변성을 극대화하고, 상황에 따라 학습과 위험 제거를 극대화하기 위해 여러 실험을 할 수 있다. 예를 들어 소수의 대표 고객에게서 여러 프로토타입에 대한 피드백을 받는 것이다. 이 접근법을 사용하면 레이스가 진행되는 동안 배팅을 변경하거나 빠른 피드백을 바탕으로 이 레이스에 배팅하지 않고 다른 레이스로 완전히 전환할 수도 있다.

2. 중첩된 성과

중첩된 성과는 전략 조율 및 기본 제공 이익 실현을 가져온다. 마일스톤 대신에 일별, 주별, 월별, 분기별, 연간 및 다년간 중첩된 가설과 피드백 루프를 쓸 수도 있다. 핵심은 미리 정해진 마감일이 아니라 분기별 성과 가설, 즉 비즈니스 결과OKR에 있다. 성과에는 날짜가 있지만(정해진 날짜와 관련한 내용은 나중에 설명하겠다), 초점은 활동이 아니라 성과, 즉 고객에게 잠재적 가치를 빨리 그리고 자주 제공하는지의 측면에서 선행 및 후행 가치 측정값(OKR의 주요 결과)이 어떻게 변화하는지에 있으며, 그림 5.8과 같이 가치 곡선을 어떻게 최대화하느냐에 있다. 사용자 인수 테스트가 절반 정도 진행됐다는 얘기가 아니라 "새 서비스 파일럿에서 고객으로부터 +50의 순 추천 점수Net Promoter Score를 달성했나?"와 같은 맥락의 대화다.

분기라는 시간은 너무 멀지도, 가깝지도 않으며 우리의 지식 임계값을 약간 넘어서는 수준이다. 분기별 비즈니스 성과는 성과 가설을 테스트하기 위한 월별 '실험'으로 구성된다. 이러한 실험은 다시 '스토리(잠재적 가치가 있는 가장 작은 항목)'로 세분화되며, 이는 매일 그리고 선택적 시간별 '작업'으로 전환된다. 문제가 없다면 고객에게 자주(매일 또는 매주) 가치를 전달하는 게 좋으며, 첫 번째 배포가 분기 마지막에 이뤄지는 일은 없어야 한다. 이를 통해 학습, 인사이트, 전환 능력을 가능하게 하는 빠른 피드백 루프가 만들어진다. 다년간 전략적 의도에 대한 빠른 피드백을 제공해 비즈니스의 애자일 역량을 높일 수 있다.

성과 계층 구조를 따라 올라가면 분기별 비즈니스 성과는 각 가치 흐름에 대한 몇 가지 연간 **포트폴리오 에픽**Epic으로 그룹화된다. 이러한 포트폴리오 에픽은 성과 가설로도 표현되며, 전략의 조율로 이어지기 시작한다. 연간 포트폴리오 에픽은 사업부 수준의 전략 항목인 다년간 **포트폴리오 목표**로 그룹화된다. 대기업에서 이러한 목표는 조직 전체를 아우르는 최상위 수준의 전략적 의도인 몇 가지 **전략적 목표**에 들어가 있다.

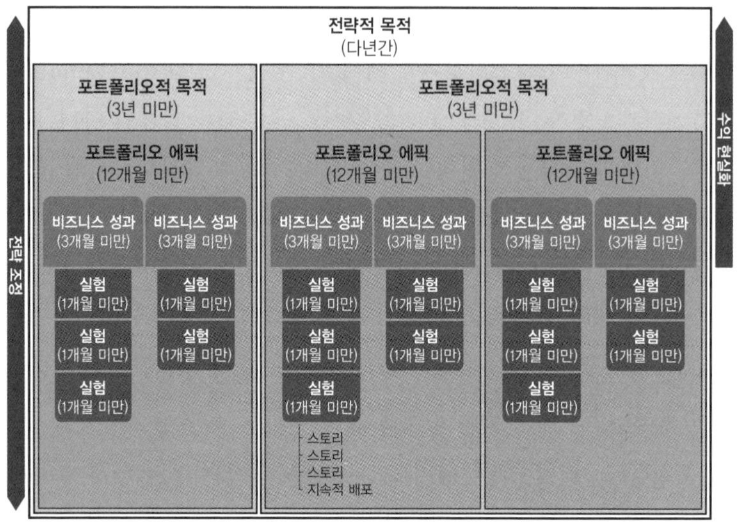

그림 5.11 전략적 목표

그림 5.10에서 볼 수 있듯이 중첩된 성과의 구조는 매우 강력하다. 중첩된 성과를 시각화하고 투명하게 드는 도구를 사용하면, 2시간짜리 작업을 하는 사람이 성과 계층 구조를 클릭해 자신의 작업이 몇 가지 전략적 결과 중 어디에, 어떻게 부합하는지 확인할 수 있다. 업무에 가장 근접한 사람이 원하는 성과를 달성하기 위한 혁신을 하는 가장 좋은 위치에 있는 법이다. 여기에는 전략적 조율이 있다.

중첩된 성과는 다년간의 전략적 의도부터 일일 스토리에 이르기까지 수직적으로 표시된다. 각 레벨에는 업무 시스템을 시각화하기 위한 자체 물리적 및 가상 보드가 있어야 하며, 성과 계층 구조의 모든 레벨에서 WIP가 제한돼 모든 레벨이 풀 기반이 되고 흐름에 최적화돼 있어야 한다. 진행 중인 비즈니스의 성과는 동시에 3~5개 이하로 유지해야 하며, 선행 및 후행 측정값이 너무 많지 않도록 주의해 지표 지옥을 피해야 한다. 측정값의 수는 적을수록 좋다.

예를 들어, 신용 카드 제공 업체의 다년간 포트폴리오 목표는 시장 점유율 3위 안에 들어 하락세를 반전시킨다. 이는 수익성을 높이며, 지속적인 고용 창출을 가능하게 하고, 더 많은 사람이 책임감 있는 금융 유동성을 확보할 수 있도록 돕는 것일 수 있다. 연간 포트폴리오 에픽은 항공사와의 제휴 카드 출시로 가정할 수 있다. 분기별 비즈니스 성과는 최소 1명의 고객에게 하나의 파트너 신용 카드를 발급하고, 이를 실제 환경에서 최소 1회 거래에 사용하면, 배송 위험이 줄어들고, 실패해도 안전한 환경에서 실험이 가능하며, 더 많은 항공 마일리지 또는 캐시백으로 고객 만족도가 높아져 시장 점유율이 증가할 가능성이 있을 거라는 가설이 있을 수 있다. 이 접근 방식은 실제 피드백, 학습 및 조치에 대한 대응으로 전환할 수 있는 능력을 갖춘 비즈니스 언어(IT 전문 용어가 아닌)로 성과 지향적이다.

위 예시에서 확인한 것처럼 성과는 계단식으로 내려오지 않으며, 전통적인 주문 제공자, 주문 수용자 방식으로 변경 없이 전달되지 않으며 나란히 정렬된다. 다음 패턴에서 볼 수 있듯이, 이 패턴은 더 짧은 범위를 가지며 중첩된 가치 흐름에서 더 낮은 레벨에 매핑된다. 이들은 중첩된 가치 흐름의 각 레벨에 있는 사람들, 특히 세 가지 핵심 역할을 하는 레벨에 의해 작성되고 '소유'된다.

코끼리를 한 번에 먹기보다 코끼리 카르파치오(고기를 얇게 저며 소스를 친 요리)를 목표로 하라. 실제 가치의 가장 얇게 수직으로 조각을 내고, 이를 실제 고객에게 전달하는 것을 목표로 하라. 이렇게 하면 전달 위험을 줄이고 학습을 극대화해 전략적 배팅에 대한 빠른 피드백을 제공한다.

3. 비즈니스 성과

고유한 제품 개발 작업을 결과 가설로 표현하면 가설이기에 유효하지 않을 수 있으며, 작업이 진행돼야만 밝혀질 미지수가 있다는 것은 분명히 예상할 수 있다. 또한 실험이 필요하다는 분명한 기대감을 조성해, 사람들은 자신들의 두뇌를 써서 가장 잘 달성할 방법이나 성과 가설을 계속 시도해 볼 가치가 있는지 알아볼 수 있는 권한을 부여받게 된다.

여러분은 성과 가설을 아래와 같이 적을 수 있다.

〈이 인사이트〉로 인해

우리는 〈이 배팅〉이

〈이러한 결과〉를 가져올 것이라 믿습니다.

〈선행 행동 가치 측정치(예: 콜센터 통화 수 또는 애플리케이션 다운로드 수)〉와 후행 행동 가치 측정치(예: 판매량, 시장 점유율, NPS(순 고객 추천 지수) 또는 탄소 배출량)〉가 일치하면 우리는 올바른 방향으로 가고 있음을 알 수 있다.

- 측정 1: 정량화되고 측정 가능한 선행 또는 후행 지표
- 측정 2: 〃
- 측정 3: 〃

예시

'NPS 스코어의 하향세'와 '신규 계정 신청의 감소'로 인해

'오프라인으로 직접 신규 계정을 신청하는 것 대신에 온라인에서 계정 신청을 5분 이내에 끝내는 게 가능'하다고 믿는다.

이 결과는 '고객의 만족'을 끌어낼 것이다.

다음의 체크 사항을 만족하면 올바른 방향으로 가는 것이다.

- 측정1(선행): 고객 특정 그룹의 NPS 스코어가 분기 안에 +50 또는 그 이상
- 측정2(선행): 모바일 애플리케이션 다운로드가 전 분기 대비 5% 증가
- 측정3(후행): 온라인 신규 계정 신청이 6개월 동안 매월 5%씩 증가

- 측정4(후행): NPS 스코어가 3분기가 끝날 때 10포인트 증가

다시 한번 말하지만, 이는 가설이다. 고객 행동, 시민 · 환경과 관련된 선행 · 후행 측정값을 통해 그 가치를 명확히 해 사회나 환경에 어떤 비용도 들이지 않는다는 점을 분명히 한다. 비즈니스 결과 측정은 완료를 의미하는 테스트의 완료나 IT 시스템의 구현을 측정하는 게 아니다. 이들은 비즈니스 가치의 정의다.

시간이 지남에 따라 숙련도가 높아지면 비즈니스 성과를 문샷, 즉 바로 보이는 목표로 작성하는 것을 고민하라. 기존의 목표 설정은 초과 달성의 성과를 보여주기 위해 평범하게, 또는 기대에 못 미치게 목표를 정하는 경향이 있다. 보통 비즈니스 결과의 60~70%를 달성하고 있다는 것은 잘하는 것이며 기간 내 100%를 달성하는 것은 목표 설정을 충분히 크게 하지 않았는지를 의심해야 한다. 구글의 '우리가 사실로 알고 있는 10가지'를 인용하겠다. "우리는 지금 당장 도달할 수 없다는 것을 알면서도 멀리 목표를 설정하는데, 이는 목표를 위해 노력하면 예상보다 더 멀리 갈 수 있다는 것을 알기 때문이다."[16]

그림 5.11처럼 캔버스를 사용해 OKR(비즈니스 결과)를 작성할 수 있다. 이 비즈니스 성과 캔버스에는 12개월 포트폴리오의 장대한 결과에 대한 전략적 연계가 포함돼 있다. 잠재적 고객 문제, 기회 및 혜택, 성과 가설, 선행 지표, 마지막으로 후행 영향 측정과 함께 고객 페르소나에 대한 관점이 담겼다.

16 'Ten things we know to be true', Google.com

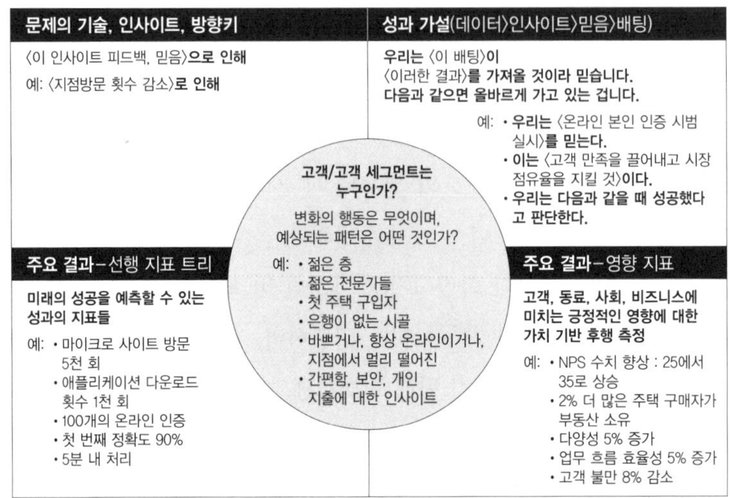

그림 5.11 비즈니스 성과 캔버스

4. 연동 로드맵과 고정된 날짜

요약하자면, 분기별 비즈니스 성과에는 본질적으로 분기별 한 번이라는 날짜가 들어있다. 그 안에는 월별 실험과 일일 목표가 있으며, 문제가 없다면 매일 고객에게 가치를 제공하는 게 좋다. 여기서 초점은 계획의 날짜에서 진행 중인 결과와 다음에 해야 할 일로 옮겨간다. 계획은 중첩된 여러 주기에 따라 지속적으로 이뤄진다. 아이젠하워의 말을 인용하자면 "계획은 필수 불가결이면서 쓸모가 없다."

여기서 성공적인 패턴은 다년 및 연간 성과에서 거꾸로 작동하는 분기별 결과의 12개월 연동 로드맵이다. 앞으로 갈수록 불확실성이 커지므로 단기 성과는 더 세분화되고, 향후 분기 성과는 더 거칠어진다. 영국 정부는 GOV.UK 온라인 서비스 개발을 계획할 때 의도적으로 불투명한 시각을 선택해 작업 로드맵을 작성했다. 말 그대로 한 치 앞을 내다볼 수 없는 상황이었기 때문이다.[17]

GDPRGeneral Data Protection Regulation(유럽 일반 개인 정보 보호법)이나 2008년 신용 위기 이후 도드 프랭크Dodd-Franlk 법안과 같은 의미적 규제 변경과 같이 고정된 범위와 고정된 날짜가 필요할 때가 있다. 나는 지금까지 많은 의무 규제 이니셔티브를 시행해 왔다. 모두 날짜와 범위가 정해져 있으며, 이행하지 않으면 비즈니스 활동을 중단해야 한다는 점에서 지연에 따른 비용은 컸다. 모두 애자일 원칙에 따라 시행됐고 모두 조기에 완료됐다. 여러분이 범위가 정해져 있다고 생각하더라도 법은 대개 거의 무한대에 가까운 방법으로 수행할 수 있도록 만들어졌다는 것을 알게 됐다. 또한 규칙이 고정됐다고 생각해도, 그렇지 않을 수도 있다.

그 예로, 2012년경에 내가 이끌던 가치 흐름에서 가장 위험하고 이해도 낮은 영국판 도드 프랭크 금융법을 구현했다. 팀은 프로덕션 데이터로 테스트해 첫 달 만에 이 법안이 영국을 전 세계 다른 금융 중심지보다 경쟁에서 불리하게 만들 수 있다는 것을 알았다. 이러한 인사이트를 영국 은행에 전달했고 영국 은행은 법안을 수정했다.

학습과 가치를 마지막까지 미루고 결과 대신 마일스톤과 산출물에 초점을 맞추는 워터폴 접근 방식은 정해진 날짜, 정해진 범위의 업무에 너무 위험한 접근 방식이다. 이는 비즈니스 활동이 중단되는 결과를 초래할 수 있다. 무지를 제거하고, 학습 시간을 최소화하고, 학습한 내용을 실행에 옮기는 데 최대한의 시간을 할애할 수 있도록 모든 노력을 기울여야 한다.

17 Williams, 'Experiments in roadmapping at GOV.UK'

5. 프로젝트 관리 기구(PMO)부터 가치 실현 팀(VET)까지

일시적인 프로젝트에서 장기적인 가치 흐름과 성과 가설의 순환 주기에 따라 장기적인 팀과 함께 장기적인 제품으로 전환할 때, 기존의 프로젝트 관리 기구PMO의 역할은 변화한다. 이런 변화를 명확히 하기 위해 팀 이름을 변경하는 것은 도움이 된다. 예를 들어 '가치 실현 팀Value Enablement Team, VET' 또는 '가치 실현 기구Value Realization Office, VRO'와 같은 이름으로 변경할 수 있다. 이러한 전환 과정에서 BVSSH의 가치Value에 중점을 둔 서번트 리더 팀으로 초점이 이동한다.

가치 실현 팀은 팀이 비즈니스 성과를 명확하게 표현하고 측정하도록 코치하고 지원한다. 백로그에서 비즈니스 결과의 우선순위를 정하도록 돕고, 모든 수준에서 WIP의 제한을 코칭하고, 중첩된 결과 계층 구조에서 조율을 돕는다. 또한 선행 및 후행 데이터의 수집을 도우며 가치 흐름 팀이 분기 및 연간 결과 가설을 검사하고 조정할 수 있도록 월별 주기에 대한 통합 데이터를 제공한다. 이 주제에 대한 자세한 내용은 'DevOps Enterprise Summit 2018' 프레젠테이션 'PMO는 죽었지만, PMO는 영원하리'[18]를 참조하길 바란다.

비즈니스 성과의 우선순위 지정과 관련해 지연 비용Cost of Delay, COD에 대해 살펴볼 필요가 있다. 다시 말하면 비활동의 비용인데, 이는 지금 시작했을 때와 나중에 시작했을 때의 시간 경과에 따른 이익(수익 증가 또는 비용의 회피)의 차이를 예측한 것이다. 예를 들어 신제품 출시가 늦어지면 시장 점유율이 거의 남아 있지 않으므로 지연에 대한 비용은 높다(바로 출시를 하든가 시장 점유율을 신경 쓰지 말아야 한다).

규제를 이행하지 않을 경우, 사업 운영을 중단하거나 거액의 벌금을 물어야 하는 경우에는 규제 업무도 지연 비용이 높다. 권장되는 우

18 Smart, 'The PMO is Dead, Long Live the PMO'

선순위 결정 방식은 지연 비용을 기간으로 나눈 값Cost of Delay Divided by Duration, CD3으로, 이는 가중 최단 작업 우선Weighted Shortest Job First, WSJF 우선순위 결정의 한 형태다. 즉, 단위 시간당 지연 비용이 가장 높게 예측되며 우선순위를 정하는 데 강력한 지표가 된다.

'해야 할 것 5.2'에서는 고정된 솔루션에 대한 고정된 마일스톤을 성과 가설로 바꾸면 질문이 바뀐다. "아직 끝나지 않았나요?"라고 끊임없이 묻는 대신 "어떤 가치를 관찰했고, 무엇을 배웠으며, 원하는 결과에 더 가까워지기 위해 다음에 어떤 단계를 밟아야 할까요?"라고 묻는다.

해야 할 것 5.3
지능형 업무 흐름

머리가 없는 닭의 상황에 빠지지 않으려면 조율에 집중해야 한다. 수평적으로 중첩된 가치 흐름과 수직적으로 중첩된 결과 계층 구조를 같이 생각해야 한다. 장기적인 제품과 장기적인 가치 흐름에 있는 장기적 팀은 각각 명확한 비즈니스 성과 가설을 갖고 있다.

중첩된 북극성 성과가 명확하면 고도의 조율이 이뤄진다. 다분야 구성 팀은 자신의 두뇌를 사용할 수 있는 권한을 부여받고, 중첩된 북극성을 가장 잘 달성할 방법을 결정하는 데 필요한 숙련도를 갖추고 있으므로 자율성도 높다. 전략은 최고 경영진부터 일일 스토리까지 연계돼 있으며, 분기별 비즈니스 성과 지표는 가치 실현을 명확하게 보여준다.

수평적 가치 흐름이 수직적 결과 계층 구조와 일치할 때(그림 5.12 참조), 다분야 구성 팀은 공통의 목적과 실험할 공동의 임무를 갖게 된다. 이렇게 하면 전통적으로 조직화된 기업에서 '비즈니스'와 'IT'를 구분하는 행동적 경계가 사라지기 시작한다. 명령을 내리는 사람과 명령을 받는 사람의 관계 대신, 사람들은 원하는 결과를 달성하고 실험하기 위해 함께 일한다. '집단'은 직무 역할이 아니라 가치 흐름이 된다.

애자일 팀은 더 이상 전략적 의도와 단절된 머리가 없는 닭이 아니다. 애자일 팀은 더 이상 자기 실현적 기능 공장이 아니다. 대신, 양방향 전략(다운 및 백업)과 신속한 테스트 및 학습을 통해 명확한 전략적 연계가 이뤄진다.

일반적으로 분기별 비즈니스 성과는 여러 가치 흐름에 걸쳐 있어야 하지만, 월별 실험은 그렇지 않다. 월별 실험은 비즈니스 결과의 일부로서 하나의 가치 흐름에만 맞춰져 있으며, 일일 스토리를 통해 빠르게 학습해 프로덕션에 자주 배포된다. 다른 가치 흐름의 기능은 서비스 가상화를 통해 에뮬레이션할 수 있다. 문제가 없다면 시간이 지남에 따라 종속성이 제거돼 각 가치 흐름이 자체적인 주기에 따라 독립적으로 변경 사항을 배포할 수 있다. 이는 아키텍처 재설계, 코드 소유권 공유, 내부 오픈 소스, 기능 토글 등을 통해 이뤄질 수 있으며, 상황에 따라 가치 흐름 전반에 걸쳐 통합 테스트가 필요할 수도 있다. 이 테스트는 조금씩 자주, 심지어 매일 수행하는 것이 바람직하다.

요약하자면, 제품 개발의 맥락에서 볼 때 장기적인 제품 및 장기적인 가치 흐름에 대해 장기적 다분야 팀('우리 비즈니스')에서 일하는 사람들을 모아 수평 · 수직적으로 여러 주기에 걸쳐 명확한 중첩된 결과 가설을 세우는 이 패턴은 BVSSH를 최적화한다.

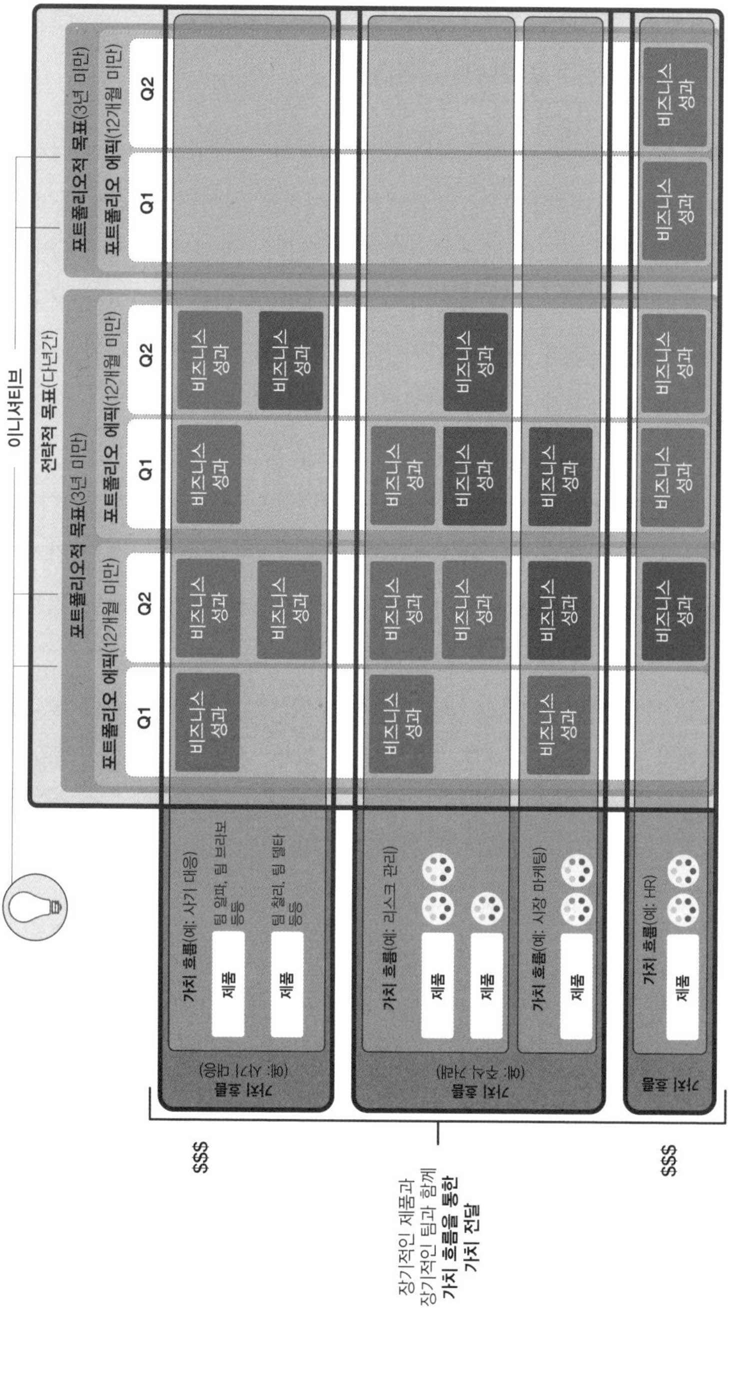

이니셔티브

전략적 목표(다년간)

포트폴리오적 목표(3년 미만)

포트폴리오 에픽(12개월 미만)

Q1 Q2 Q1 Q2

포트폴리오적 목표(3년 미만)

포트폴리오 에픽(12개월 미만)

Q1 Q2

비즈니스 성과

가치 흐름(예: 사기 대응)

제품 팀 알파, 팀 브라보 등

제품 팀 찰리, 팀 델타 등

가치 흐름(예: 리스크 관리)

제품

제품

가치 흐름(예: 시장 마케팅)

제품

가치 흐름(예: HR)

제품

$$$

장기적인 제품과
장기적인 팀과 함께
가치 흐름을 통한
가치 전달

$$$

그림 5.12 지능형 업무 흐름

해야 할 것 5.4

시작을 멈추고 끝냄을 시작하라

빠른 가치의 흐름과 피벗 기능을 최적화하기 위해 시작을 시작하는 것의 반대는 시작을 멈추고 끝냄을 시작하는 것이다. 도로에 있는 차량 수가 적을수록 더 빠르게 이동할 수 있다. '피해야 할 것 5.4'의 리틀의 법칙Little's Law에서 봤듯이 WIP를 줄이면 리드 타임이 줄어들며 가치 실현 시간과 학습 시간이 더 빨라진다. 이를 통해 위험을 줄이고, 전환을 가능하게 하며, 가치를 극대화할 수 있다.

또한 푸시 기반이 아닌 풀링 기반으로 WIP를 제한하는 것은 애자일 역량 향상을 위한 '활성화 제약 조건'이다. 이는 강제 기능이다. 장애물로 인해 작업 항목이 차단되면 팀은 다른 작업 항목을 가져가지 않는다. 이는 흐름에 방해가 되는 요소를 드러낸다. 팀원들이 전문성과 관계없이 장애물을 완화하기 위해 서로 돕게 되면서 스워밍Swarming으로 이어진다. 풀 기반 시스템에서는 한 항목이 완료되거나 중단될 때까지 새 항목을 가져갈 수 없으므로 일부 사람들이 유휴 상태일 가능성이 있다. 이때 공회전하는 대신 병목 현상을 완화하고, 흐름을 영구적으로 개선하고, 가치 창출 및 학습 시간을 단축하는 데 노력을 기울일 수 있다. 업무 시스템이 개선되는 것이다.

WIP를 줄이는 것은 마치 조수 간만의 차가 줄어드는 강물을 보는 것과 같다. 항상 존재했지만 이전의 긴 리드 타임과 높은 수준의 동시 작업으로 인해 수면 아래에 보이지 않았던 흐름 효율성의 장애물인 바위와 (버려진) 쇼핑 카트가 드러난다.

시각화

시작을 멈추고 끝냄을 시작하려면 업무 시스템에 대한 정보가 공개돼야 한다. 이상적으로는 업무 시스템을 볼 수 있는 가상 및 물리적 기업 가시성 룸EVR에서 공개된다. 여기에서는 많은 WIP와 차단된 항목이 매우 빠르게 드러나며 이전에는 보이지 않던 지식 업무의 업무 체계가 명확해진다. 종종 사람들이 실제로 전체 종단 간 가치 흐름을 본 것은 그때가 처음일 때가 많다. 여러 주기(다년, 연도, 분기, 월, 일)를 나타내는 여러 개의 칸반 보드와 함께 시간 경과에 따른 주기, 리드 타임, 처리량을 보여주는 매우 유용한 시각화인 누적 흐름 다이어그램이 있을 수 있다. 시각화를 통해 매우 빠르게 업무 시스템의 상태와 주의를 기울여야 하는 영역을 파악할 수 있다.

뒤에서 밀지 말고 앞에서 끌어라

'시작을 멈추고 끝냄을 시작하라'의 일부는 결과물, 실험 또는 스토리가 완료될 때까지 다른 스토리를 가져가지 않는 것이다. 그 결과 업무 시스템은 모든 레벨에서 푸시 기반이 아닌 풀 기반이 된다. 모든 업무 시스템에는 병목 현상에 따라 결정되는 자연스러운 처리량, 즉 한계 용량을 드러내어 개선할 수 있다.

사례 연구: 문피그가 비즈니스 애자일을 위해 반복한 방법

문피그(Moonfig)는 영국, 미국, 호주에서 개인 맞춤형 연하장, 꽃, 선물을 판매하는 디지털 비즈니스 업체다. 2007년에는 영국 온라인 연하장 시장의 90%를 차지했다. 전 애자일 코칭 책임자인 아만다 콜포이스(Amanda Colpoys)가 다음과 같이 설명한다.

2015년에 새로 부임한 문피그의 제품 디렉터 제인 허니(Jane Honey)는 제품 및 기술(Product and Tech, P&T) 부서와 나머지 조직 간의 연계가 부족하다는 사실을 발견했다. P&T는 대체로 서비스 제공 기능으로 취급됐고, 디지털 제품 이니셔티브는 전술적이고 사후 대응적이며 의견 중심적인 경향이 있었다. 허니는 성과에 초점을 맞춘 보다 전략적인 접근 방식을 주장해 성공했다. 그녀는 핵심 미션을 중심으로 교차 기능 팀을 구성할 것을 제안했다.

우리는 이를 '허니콤(honeycomb, 벌집)'이라고 불렀다. 허니콤은 전략적 성과를 중심으로 정렬된 제품, 기술 및 비즈니스 파트너 그룹을 한데 모아 가드레일 안에서 이러한 성과를 달성하는 방법에 대한 자율성을 부여했다. 허니콤 모델 덕분에 기능 간 협업이라는 개념이 P&T를 넘어 주류가 됐고, 미션에 대한 높은 연계성, 높은 자율성, 높은 협업의 이점을 인정받게 됐다.

허니콤은 디지털 제품 개발을 획기적으로 개선했지만, 조직의 다른 곳에서는 반드시 그런 것은 아니었다. 공유된 목표의 부재와 폐쇄적인 워터폴 프로세스로 좌절이 발생한 것이다. P&T는 실험 기반의 접근 방식을 취했지만, 나머지 조직은 여전히 결과물 중심적이고 '빅뱅' 지향성이 강했다. 디지털 제품 실험은 전달 주기가 짧은 반면, 캠페인용 이메일은 제작에 최대 4개월이 걸릴 수 있었다. 참여율도 크게 달랐는데, P&T 부서의 참여율이 조직 내 다른 부서의 참여율보다 두 배나 높게 나올 때도 있었다.

요컨대, P&T는 더 나은 가치를 더 빨리, 모두 만족하도록 제공하고 있었다. 이에 제임스 스터록(James Sturrock) 전무이사는 조직 전체에 애자일 업무 방식을 더 광범위하게 도입할 것을 고려하게 됐다. 이는 허니콤 모델의 다음 이터레이션으로 이어졌다. 지역적 맥락에서 이 모델의 이점을 입증한 다음에는 모든 고객 대면 부서를 미션을 중심으로 한 다분야 팀으로 재편했는데, 이를 '스쿼드'라고 부르기로 했다. 스쿼드의 원칙은 각 팀이 다른 팀과 독립적으로 달성할 수 있는 명확한 미션이 있어야 애자일 역량을 발휘할 수 있다는 것이었다. 이는 시간이 지남에 따라 의존성을 깨는 것을 의미했다. 스쿼드는 목표를 달성하는 데 필요한 기술을 한데 모으고 최소한의 제약 내에서 목표를 달성하는 방법을 결정할 수 있는 자율성을 갖는다.

스쿼드는 특정 분야의 우수성을 육성하는 기술 커뮤니티 중 하나이며 그 역할이 계속 바뀌었다. 부서는 더 이상 목표가 없거나 무엇을 해야 하는지 지시하지 않고, 대신 어떻게 하면 높은 수준으로 업무를 수행할 수 있는지에 집중했다. 지속적인 개선의 일환으로 스쿼드의 구조를 지속적으로 반복해 만들었다. 또한 처음부터 사람들이 변화에 대비할 수 있도록 준비시키는 데 투자했다. 우리가 전달한 메시지는 진화에 관한 것이었다. 우리는 장애물을 파악하고 비즈니스가 발전하고 확장됨에 따라 (스쿼드 구축을) 지속적으로 반복할 것으로 예상했다.

여정이 끝나지 않았지만 변화는 압도적으로 긍정적이었다. 성과를 달성했으며 종종 초과 달성하기도 했다. 팀은 건전한 매출 증가를 달성해 더 많은 가치를 창출했다. 배송 시간이 수개월에서 며칠로 대폭 개선돼 가치를 더 빨리 전달할 수 있었다. 행복도와 참여도도 향상됐다. 직원 설문 조사에서 직원들은 조직에 더 잘 적응하고 성공적으로 성과를 달성할 수 있음을 느꼈다고 답했다. 운영 모델을 발전시킴으로써 문피그는 온라인 카드 및 기프트 분야에서 지속적으로 성장하고 지배력을 유지할 수 있었다.

이를 통해 나는 원 사이즈 핏은 없다는 것을 알게 됐다. 상황에 맞게 최적화해야 한다. 긴 여정이었지만, 보람도 있고 큰 혜택도 얻을 수 있었다. 지금 바로 시작해보라.

요약

짧은 시간에 가치를…

업무 흐름은 일반적으로 눈에 보이지 않는다. 실제로 월요일 아침 동네 커피숍에서 줄의 끝을 볼 수 있는 것처럼 자신의 가치 흐름에서 엔드 투 엔드end-to-end 흐름을 볼 수 있는 사람은 거의 없다. 따라서 사람들은 엔드 투 엔드 흐름을 개선하는 것이 아니라 역할 기반 사일로 내에서 국지적 최적화를 만드는 경향이 있다.

국지적 최적화가 아니라 장기적 가치 흐름에서 장기적 팀이 개발한 장기적인 제품의 엔드 투 엔드 흐름에 초점을 맞춰야 한다. 고정되거나 움직일 수 없는 마일스톤은 성과 가설로 대체돼야 하며, 그 결과 중 일부는 고정된 날짜가 있을 수 있는 가치 창출을 최적화하는 규칙적인 주기로 대체돼야 한다. 그러나 A에서 B로 가는 경로는 여전히 조기에 자주 테스트해야 하는 가설이다. 조율은 머리 없는 닭을 목표와 방향이 있는 집단으로 바꾸고, '시작을 멈추고 끝냄을 시작하는 것'은 업무의 흐름을 지속 가능케 하고 짧은 시간에 가치를 창출하도록 한다.

이러한 패턴은 동네 커피숍에서 이름 철자가 맞지 않을 수도 있지만, 새로운 영역에서는 더 나은 가치 흐름을 만들어낼 것으로 기대할 수 있다.

원칙

안전한 가치의 지속 가능한 빠른 흐름을 위한 최적화

장기적인 제품, 장기적인 가치 흐름에 대해 고객과 연계된 장기적 다분야 팀

가치 흐름에 따른 집단 정체성

인간은 집단적인 생물이다. 기본적인 정체성은 직무 전문성보다는 가치 흐름과 고객에게 더욱 더 주어져야 한다.

솔루션의 마일스톤보다는 성과 가설

성과 가설과 실험을 통해 긴급성을 유리하게 활용할 수 있다.

전략적 조율을 위한 중첩된 성과

시작을 멈추고 끝냄을 시작하라

모든 레벨에서 WIP를 제한하라.

도로에 차가 적을수록 더 빨리 갈 수 있다.

뒤에서 밀지 말고 앞에서 끌어라

앞에서 끌어야 시스템 자체의 용량 및 업무 흐름의 방해 요소들이 드러난다.

방해 요소는 길 위에 있지 않다. 길 자체가 방해 요소다.

피해야 할 것 6.1
안전에 대한 안전의 결여

피해야 할 것 6.2
역할별 안전 사일로

피해야 할 것 6.3
리스크에 대한 고정된 사고방식

6 올바르게 만들어라: 지능형 제어

해야 할 것 6.1
안전에 대한 안전

해야 할 것 6.2
가치 흐름을 통한 조직의 안전

해야 할 것 6.3
지능형 제어

2017년 6월 코펜하겐의 어느 날 오후, 글로벌 해운 및 서비스 대기업인 A.P. 몰러 머스크Moller Maersk의 직원들이 노트북에서 비정상적인 동작을 발견했다. 컴퓨터가 저절로 꺼졌다가 재부팅됐다. 검은색과 빨간색 글자로 깜박이는 경고 메시지가 표시되기도 했다. '파일 시스템 복구 중입니다'라는 메시지가 뜨기도 하고, 다른 컴퓨터에서는 '죄송합니다. 중요한 파일이 암호화됐습니다'라며 암호 해독에 300달러 상당의 비트코인을 요구했다.

8만 8천 명의 전 세계 직원 중 누구도 이런 일이 벌어질 것이라고 상상하지 못했을 것이다. 조직 전체의 PC 화면이 줄줄이 검은색으로 변하자 IT 조직은 서서히 무슨 일이 벌어지고 있는지 깨달았다. 130개국에 걸쳐 350억 달러의 매출을 올리는 글로벌 기업 전체가 물속에 멈춰 서게 된 것이다. 이후 2시간 동안 노트북, 워크스테이션, 전화 및 운영 제어 시스템 전체가 중단됐다. 이는 전 세계 조직에 영향을 미쳤으며, 부두 측 제어 장비와 컨테이너 적하 목록이 지워지면서 머스크가 처리하는 전 세계 무역의 20%가 암흑 속으로 빠져들었다. 머스크는 낫페트야NotPetya 바이러스에 감염된 것이다.

이후 머스크의 짐 해게만 스나베Jim Hagemann Snabe 회장은 다보스에서 열린 세계 경제 포럼에서 사이버 패널들에게 머스크는 표적이 아니었으며, 우크라이나에 대한 국가 지원 사이버 공격으로 인한 '부수적 피해'일 뿐이라고 설명했다.[1] 국제 사회가 사이버 공간의 보안을 유지하는 방법에 대해 계속 논의하는 동안 기업들은 기다릴 여유가 없었다. 머스크의 피해량은 엄청났다. 피해액은 3억 달러로 추정되며, 이는 낫페트야 바이러스로 인한 전 세계 피해액 100억 달러의 3%에 해당했다.[2] 이 웜은 무차별적으로 확산돼 전 세계 기업, 유틸리티, 버

---

1 World Economic Forum, 'Securing a Common Future in Cyberspace'

2 Greenberg, 'The Untold Story of NotPetya'

스 정류장, 주유소, 공항, 은행, 병원에 영향을 미쳤다.[3]

스나베는 머스크가 인적 복원력과 고객들의 지원을 바탕으로 종이 시스템으로 돌아간 운영 방식을 통해 위기 속에서도 80%의 볼륨을 유지할 수 있었다는 사실을 확인했다. 그러나 '점점 더 많은 부분이 자동화'되고 선박 자체가 자율화되는 디지털 미래를 내다보면서 머스크의 회장은 "인간의 회복 탄력성만으로는 증가하는 디지털 의존도를 상쇄하기에 불충분할 것"이라며 "때마침 이런 경각심을 불러일으켰다"라고 우려했다.[4] 강력한 사이버 보안은 이제 국지적인 단기 손실을 훨씬 넘어 개인, 경제, 사회에 영향을 미치는 경쟁 우위 요소가 됐다.

6장에서는 BVSSH에서 S^Safer^(더 안전하게)의 측면을 다룬다. 제품 개발이 가속화되고 민첩성이 향상됨에 따라 리스크 관리 및 통제와 관련한 피해야 할 것과 해야 할 것을 보여준다. 여기서는 사기詐欺, 직장, 비즈니스 관행, 법률, 규제, 연속성, 복원력과 같은 리스크 유형과 엔터프라이즈 아키텍처 및 데이터 거버넌스와 같은 실행 리스크를 포함한 운영 리스크 범주(Basel II 프레임워크에 설명된 대로)에 중점을 둔다. 6장에서 다루지 않은 전략적 리스크(잘못된 전략적 비즈니스 결정으로 발생하는 손실 리스크)는 5장에서 이미 다뤘다.

최근에 만난 한 CIO는 첫 미팅에서 이렇게 말했다. "애자일 전문가들은 모두 뛰어나지만, 리스크와 통제의 관문에 부딪히면 업무 진행 속도가 떨어지는 것 같습니다. 리스크와 통제에 대한 의제가 준비된 애자일 전문가의 모습을 보여주세요." 이 말은 나에게 완벽한 단서였다. 이전 직책에서 나는 제품 개발을 위한 리스크 및 제어 표준의 재작성을 주도했다. 이를 위해서는 기존의 획일적인 다중 게이트, 다

---

3 Burgess, 'What is the Petya ransomware'

4 World Economic Forum, 'Securing a Common Future in Cyberspace'

중 아티팩트 승인 모델보다 의도를 재해석하고 근본적으로 더 간결한 접근 방식이 필요했다. 리스크 및 규정 준수 커뮤니티 팀들과 협력해 이 접근 방식은 현재 수만 명의 직원이 성공적으로 채택했으며, 이 접근 방식을 통해 리스크 결과와 제어 혁신이 개선되고 지속적인 배포가 가능해졌다. 애자일 및 린 개념을 적용함으로써(이 책의 다른 패턴과 일치하는 방식으로) **더 나은 가치 더 빠른 안전 더 행복한** 개선으로 이어지는 일종의 행동적 넛지를 도입할 수 있음이 입증됐다.

모든 기업은 고객과의 신뢰에 의존한다. 데이터 유출은 또 다른 새로운 기름 유출이다. 데이터 유출은 소프트웨어로 인해 발생할 수 있지만, 이는 소프트웨어 문제가 아니라 상업적 문제로 번진다. 데이터 유출의 빈도와 규모는 지난 10년간 꾸준히 증가해 왔으며, 규제 당국이 부과하는 벌금 규모도 꾸준히 증가하고 있다. 유럽 연합에서는 2018년 GDPR 규정에 따라 잠재적 벌금 규모가 연간 매출액의 최대 4%로 증가했다.[5] 2019년 7월 한 달에만 영국 항공이 데이터 유출로 1억 8천 300만 파운드의 기록적인 벌금을 부과받았고, 기업 인수를 통해 승계된 데이터 문제로 9천 900만 파운드의 벌금을 부과받은 호텔 매리엇Marriot, 2017년에 발생한 데이터 유출을 해결하기 위해 7억 달러를 지불하기로 합의한 에퀴펙스Equifax도 있었다. 캐피털 원Capital One은 데이터 유출로 리처드 페어뱅크스Richard Fairbanks 회장이 공개 사과와 유감을 발표했다.[6] 여러분의 회사도 이런 유출 사고에 직면해 있는가?

사이버 공격은 그 누구도 예외일 수 없으며, 특히 정치 영향 단체의 출현으로 더욱 그렇게 됐다. 워너크라이 랜섬웨어WannaCry Ransomware 바이러스는 150개국에 걸쳐 23만 대의 컴퓨터 시스템을 감염시켰으

5 'GDPR Fines/Penalties', GDPR-Info.eu.

6 'Capital One data breach', BBC

며 전 세계적으로 약 40억 달러의 재정적 손실을 초래했다. 이 바이러스는 영국 국민건강 서비스 병원에 광범위한 혼란을 일으켜 2만 건의 진료 예약이 취소됐다.[7] 이는 전 세계적으로 100억 달러의 손실을 초래하고 머스크, 제약 회사인 머크 등 주요 다국적 기업을 거의 파괴한 낫페트야 바이러스가 발생하기 불과 몇 달 전의 일이었다.[8]

제품 배송 주기가 빨라짐에 따라 운영 리스크 완화는 나중에 점검할 것이 아니라 미리 구축해야 한다. 에드워드 데밍W. Edwards Deming의 말을 인용하자면, "토스트 만들기에 비유하면 '네가 태운다면 내가 바로 긁어 없앤다'로 표현할 수 있습니다."[9] 무엇이든 잘못될 수 있다. 새로운 작업 방식은 '해야 할 것 7.3'에서 설명하겠지만 느슨하게 결합된 기술 구성 요소를 작게 자주 변경해 기존 접근 방식보다 훨씬 더 많은 제어를 제공함으로써 적당한 복잡성과 리스크가 제거된 전달로 이어질 수 있다.

피해야 할 것 6.1
안전에 대한 안전의 결여

거버넌스, 리스크 및 규정 준수 커뮤니티(나는 이를 '안전'이라고 부른다)는 항상 최전선에 있다. 안전 커뮤니티는 국가의 자원을 배후에 둔 공격으로부터 조직을 방어할 수 있는 시스템과 프로세스를 설계해야 하며, 이러한 요구와 혁신의 자유를 허용해야 하는 현실적인 상업적 압력 사이의 균형을 유지해야 한다.

하지만 이런 상황은 전통적인 대규모 조직에서 안전에 대한 안전이 결여됐다는 것을 의미한다.

7 Field, 'WannaCry cyber attack'; Anti-Corruption Digest, 'Total WannaCry losses'

8 Greenberg, 'The Untold Story of NotPetya'

9 'The Pursuit of Success & Averting Drift into Failure–Sidney Dekker'

안전 영역의 사람들은 어려운 처지에 놓여 있다. 안전 실무자들은 "업무는 너무 많은데 인력이 부족하다"라는 말을 하곤 한다. 모든 사람이 하는 일을 전부 검토할 수는 없을 것이다. 그러나 4장에서 자세히 설명한 리더십에서 피해야 할 항목은 전통적인 기업에서 너무나도 현실적인 문제다. 1966년의 애버판이든, 보잉의 내부 고발이든, 여러분과 가까운 조직이든, 사람들이 직장을 두려워하고 목소리를 내는 것을 두려워한다면 그 결과는 건강하지 못한 침묵이 될 것이며 문제는 은폐될 것이다. 안전 영역에서 심리적 안전이 부족하면 조직의 학습을 방해하고 운영 리스크를 증가시킨다.

호주 브리즈번의 그리피스대학교에서 안전 과학 혁신 연구소Safety Science Innovation Lab를 운영하는 시드니 덱커는 2012년 '안전은 다르게Safety Differently'라는 용어를 만들었다. 데커는 'DevOps Enterprise Summit in 2017'에서 다음과 같이 말했다.

> "…보고된 인시던트 수, 정직성, 잘못될 수 있는 상황에 대해 기꺼이 감수하려는 의지 그리고 실제로 잘못되는 상황 사이에는 반비례하는 관계가 있습니다. 더 많은 사고를 보고하는 항공사일수록 승객 사망 리스크가 낮습니다. 샌프란시스코에서 돌아오는 비행기를 타려면 사고 발생 건수가 가장 많은 항공사를 찾아서 무사히 목적지에 도착하는 것이 좋습니다. 이것이 교훈입니다."[10]

위 예시는 MIT에서 5년간 주요 항공사의 10만 건의 출발을 기반으로 발표한 통계를 기반으로 한 것이다. 보고된 사고 건수와 실제로 발생한 심각한 사고 간 동일한 역상관관계가 건설, 소매업 등 여러 산업에서 반복적으로 나타났다고 보고한다.[11]

---

10 'The Pursuit of Success & Averting Drift into Failure–Sidney Dekker'

11 'The Pursuit of Success & Averting Drift into Failure–Sidney Dekker'

최근 한 대기업의 규정 준수 담당자는 전통적인 안전 영역에서 일했던 자신의 경험을 다음과 같이 설명했다.

> "실패가 발생하면 탓할 대상을 찾기 위한 마녀사냥으로 이어집니다. 이는 결코 과장이 아닙니다. ISO9000 시리즈에서는 예외를 학습 이벤트로 취급해야 한다고 말하지만, 실제로는 그렇지 않습니다. 그 결과 리스크 부서의 모든 사람은 각자의 방어를 위해 자신에게 제기된 모든 질문은 다른 사람(주제 전문가, 관리자, 다른 부서)에게 상쇄시킵니다. 이러한 리스크 처리는 모든 단계에서 발생하므로 모든 사람이 자신의 방어를 하는 셈입니다. 저는 전혀 의미가 없는 매우 긴 승인 과정을 본 적이 있습니다. 공동의 목표도 없고 혁신에 찬성해야 할 메리트도 없습니다."[12]

론 웨스트럼의 관료주의적이고 병리적인 문화 모델은 오늘날 많은 조직에서 명백하게 드러난다. 규정 준수의 의미는 '규칙을 준수하는 행위'이지만, 규칙을 만드는 사람은 대리인 상태를 만들지 않도록 주의해야 한다(1장 참조). 외부의 법률 및 규제 규칙을 준수하는 것은 물론 필수적이지만, 지나치게 좁은 해석을 통해 조직 내부의 안전 영역이 너무 쉽게 확대돼 획일적인 내부 프로세스 및 제어 지침이 무수히 많이 만들어진다. 이러한 추가 사항은 좋은 의도가 있지만 심리적 안전이 없다면 진정한 조직 학습과 개선을 위한 도전과 피드백 루프가 발생하지 않는다.

사례 연구: 딥워터 호라이즌: 책임 문화, 안전 문화 및 통제

2010년 4월 20일, 딥워터 호라이즌(Deepwater Horizon) 석유 굴착 시설이 폭발해 근로자 11명이 사망하고 17명이 부상을 입었으며 약 500만 배럴의 원유가 멕시코만에 유출됐다. 이는 역사상 가장 큰 규모의 원유 유출

12 Anonymous, Personal communication with the authors

사고였다.[13]

얼마 지나지 않아 버락 오바마 대통령은 이 사고를 조사하고 개혁을 권고하기 위해 7명으로 구성된 위원회를 출범시켰다. 2011년 1월에 발표된 최종 보고서에서 위원회는 유정 폭발 사고의 원인에 대해 '업계 전체의 안전 문화를 의심하게 할 정도로 리스크 관리의 체계적 실패를 드러내는' 수많은 당사자의 일련의 실수였다고 결론지었다.[14] 보고서를 통해 "큰 위기가 없었고 심해 매장량으로 얻을 수 있는 놀라운 재정적 수익을 고려할 때 비즈니스 문화는 잘못된 안전 의식에 굴복했다. 딥워터 호라이즌 사고는 안일한 문화의 대가를 보여준다"라고 위원회는 밝혔다.[15] 이어 "이러한 안일한 문화는 정부뿐만 아니라 업계에도 영향을 미쳤다"라고 덧붙였다.

석유 플랫폼의 소유주인 트랜스오션(Transocean)은 2008년부터 2010년까지 연방 안전 조사를 촉발한 멕시코만 사고 4건 중 3건에 책임이 있는 것으로 보고됐지만, 이 회사는 여전히 규제 당국으로부터 안전 기록을 인정받고 있었다.[16] 유정이 폭발하던 날, 회사 임원들은 7년 동안 이어온 무사고 달성 축하 행사를 준비하고 있었다.[17]

실제로 사고 발생 몇 주 전에 실시된 트랜스오션 승무원을 대상으로 한 설문 조사에서 문제의 조직적 근원을 암시하는 결과가 나왔다. 지상 및 딥워터 호라이즌을 포함한 4대 시추선에 근무하는 수백 명의 직원을 대상으로 한 이 조사에서 공포 문화가 발견됐다. 약 절반의 직원만이 보복에 대한 두려움 없이 리스크를 초래할 수 있는 행동을 보고할 수 있다고 생

13 Rafferty, '9 of the Biggest Oil Spills in History'

14 National Commission on the BP Deepwater Horizon Oil Spill and Offshore Drilling, 「Deep Water」, vii.

15 National Commission on the BP Deepwater Horizon Oil Spill and Offshore Drilling, 「Deep Water」, ix

16 National Commission on the BP Deepwater Horizon Oil Spill and Offshore Drilling, 「Deep Water」, ix

17 National Commission on the BP Deepwater Horizon Oil Spill and Offshore Drilling, 「Deep Water」, ix

각한다고 답한 것이다.[18] 일부 직원은 허위 데이터를 제출해 시추선의 안전에 대한 인식을 왜곡했다.[19]

복잡한 시스템은 복잡한 방식으로 실패한다. "기업은 안전 문제가 있을 때 뭔가 조치하는 직원과 계약자에게 시간과 비용이 들더라도 보상을 제공하는 하향식 안전 문화를 널리 퍼뜨리는 것이 중요하다."[20]

적절한 안전 문화가 부재하고 보복에 대한 두려움으로 인해 비극적인 결과가 초래됐다.

심리적 안전이 보장된 그룹에서는 신뢰가 형성돼 동기 부여가 된 개인이 자신의 아이디어를 공유하고 솔직하고 열린 토론을 할 수 있다. '마녀사냥'이나 '개인 방어' 같은 용어는 그 반대의 의미로, 개인이 가혹한 평가를 받거나 무시당할까 봐 팀이나 조직을 개선하기 위해 발언하는 것을 꺼리는 분위기를 암시한다. 하버드 비즈니스 스쿨의 리더십 교수인 에이미 에드먼드슨은 다음과 같이 말한다. "심리적 안전이란…사람들이 자신을 편안하게 표현하고 자신을 드러낼 수 있는 분위기다."[21]

가장 적은 사고를 보고한 조직에서 가장 치명적인 사고가 발생한 것으로 나타났다. 딥워터 호라이즌의 사례가 대표적이다. 시추 장비는 사고 당일까지 몇 년 동안 '완벽한' 안전 기록을 갖고 있었다. 정직과 개방성이 보복에 대한 두려움으로 대체되면 나쁜 소식은 묻히고, 문제는 숨겨지며, 리스크는 보고되지 않거나 잘못 보고되고, 학습이 일어나지 않아 최악의 결과를 초래하게 된다.

---

18 National Commission on the BP Deepwater Horizon Oil Spill and Offshore Drilling, 「Deep Water」, 224

19 Chernoff, 'Study: Deepwater Horizon workers were afraid to report safety issues'

20 National Commission on the BP Deepwater Horizon Oil Spill and Offshore Drilling, 「Deep Water」, 126.

21 Edmondson, 「The Fearless Organization」

피해야 할 것 6.2

역할별 안전 사일로

기존의 대규모 조직은 종종 역할에 따라 조직을 구성하며 영업, 마케팅, IT 등 안전 도메인의 기능도 예외는 아니다. 정보 보안, 사기, 자금 세탁 방지, 데이터 프라이버시, IT 운영, 데이터 거버넌스, 엔터프라이즈 아키텍처는 역할 기반 사일로로 구성된다. 집단의 정체성은 직무 역할에 따른다. 2장에서 '정책, 표준 및 통제는 고용된 통제 대상 직원의 수에 따라 확장된다'에 관해 논의한 바와 같이, 이는 '피해야 할 것 4.1 국지적 최적화'와도 관련이 있다.

기능별, 역할별 사일로 조직은 안전 가치의 빠른 흐름을 방해하며, 안전 맥락에서 여러 가지 특정 문제를 발생시킨다.

1. 분야별 전문가(Subject Matter Expert, SME)가 틈새시장을 지배한다…그리고 틈새시장만 지배한다.

최근 한 최고통제실 직원이 아래와 같은 이슈를 이야기한 적이 있다.

> "신용 리스크 보고와 데이터 프라이버시 등 많은 규정이 있으며, 이러한 규정은 서로 충돌할 수 있는데, 이는 서로 다른 리스크가 높은 집단 간의 갈등으로 이어집니다. 문제가 확대되기는 하지만 투명성이 부족해 해결이 느리고, 프로세스 추적 기능이 없는 폐쇄적인 경향이 있으며, 연막을 치는 것과 같은 문제가 발생할 수 있습니다. 이는 리스크 팀에 스트레스를 유발합니다. 행동이 극단적인 개인적 갈등으로 치달을 수 있고 파트너에서 전투적인 관계로 바뀔 수 있다고 생각합니다."[22]

22 Anonymous personal communication with the authors.

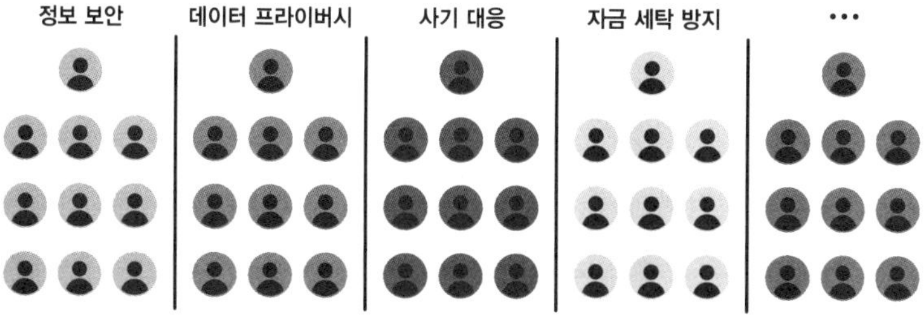

정보 보안 | 데이터 프라이버시 | 사기 대응 | 자금 세탁 방지 | ···

그림 6.1 공동의 목표가 없다

직무 역할별 전문화는 역할군에서 세분화된 프랙털 패턴이다. 데이터 프라이버시, 데이터 계보, 데이터 모델 관련 전문가가 있으며, 아키텍처 분야가 있다. 도움을 구하는 가치 흐름에서 사람들은 전체 범위의 안전 사일로를 탐색하고, 적합한 인력을 찾고, 이질적이고 모호하며 때로는 상충되는 지침을 수집하는 방법을 알아야 한다. 이는 어려울 수 있으며, 일반적으로 매번 다른 사람이 담당해 상황에 대한 이해가 부족할 수 있다.

안전 분야 전문가(주제별 전문가)의 관점에서 보면 모든 가치 흐름에서 무수히 많은 지원 요청이 들어오고, 이로써 여러 이니셔티브에 걸쳐 시간을 쪼개 쓸 수밖에 없다. 이러한 안전 사일로는 가치 흐름 전반에서 우선순위를 정할 수 있는 위치에 있는 게 아니어서, 담당자는 안전 가치의 빠른 흐름에 최적화되지 않은 업무 방식인 개인적 직관에 의존할 수밖에 없다.

한 조직에서 여러 역할 기반 사일로 간에 업무를 전달할 때 발생하는 규정 준수 오버헤드를 정량화하기 위해 간단한 'Hello World' 애플리케이션을 만들었다. 이 유형의 애플리케이션은 화면에 'Hello World'를 표시하는 코드 한 줄로 이뤄진 가장 단순한 애플리케이션이다. 이를 통해 프로세스 전반의 기존 거버넌스와 모든 안전 사일로가 애플리케이션의 프로덕션 배포를 승인하는 데 걸리는 시간을 측정했다. 각 안전 영역에서 요구하는 광범위한 리스크 검토 양식을 작성하고, 각 안전 영역에서 운영하는 표준 워크플로 프로세스를 추적하기 위해 프로젝트 관리자가 필요했다(촉진자 역할). 총 3개월이 걸렸으며, 그중 한 달은 순수 프로젝트 관리 기간이었다. 필요한 노력과 리스크 사이에는 전혀 연관성이 없었다. 여러 릴리스가 동시에 진행되는 1천여 개의 프로젝트로 확장한다면 일반 기업에서 감당하기 어려운 수준의 낭비가 발생할 것이었다.

이 프로세스를 따르는 것은 통제와 속도 저하로 이어진다. 이의 대안은 팀이 프로세스를 따르지 않기로 선택하는 것인데, 이는 통제력 없는 속도라는 '취약한' 결과를 초래한다. 이 문제는 2011년 카슨Carson과 줄리안 홈즈Julian Holmes가 제작한 'I Want to Run an Agile Project'라는 제목의 유튜브 애니메이션에 재미있게 표현돼 있다.[23]

2. 계층 구조로 조직을 제어하고 제한하기

안전 사일로는 가치 흐름에서 물리적 · 조직적으로 분리돼 있다. 이러한 구조의 정당성은 일반적으로 여러 규제 기관에서 제시하는 직무 분리Segregation of Duties, SoD 요건을 기반으로 한다. 예를 들어, 영국 금융 행위 감독청은 다음과 같이 명시하고 있다.

> 효과적인 직무 분리는 한 개인이 회사의 자산을 완전히 자유롭게 사용하거나 회사를 대신해 책임을 부담하지 않도록 보장하는 데 도움이 된다. 또한 직무 분리는 기업의 이사회가 재무 성과, 기업이 직면한 리스크 및 시스템의 적절성에 대한 객관적이고 정확한 정보를 수신하는 데 도움이 될 수 있다.[24]

23 Holmes and, Holmes, 'I want to run an agile project'

24 Financial Conduct Authority, 『FCA Handbook』

투명성과 정확성을 개선하고 내부 악의적 행위자의 잠재적 영향을 줄이려는 의도는 높이 평가할 만하다. 이러한 의도를 달성하는 방법은 여러 가지다. 하지만 이는 조직 설계, 직원의 지위, 업무 흐름에 대한 규범으로 작동하지 않는다. 예를 들어 여러 분야로 구성된 팀 안에서 업무 분리가 이뤄질 수 있다.

안전 사일로가 조직의 고객 중심 가치 흐름과 다른 목표를 가지고 있을 때는 안전 팀 업무의 '무엇'과 '어떻게'가 사일로 내에서 지시되면 전투적인 행동이 발생할 수 있으며, 리스크 회피를 목표로 하는 팀과, 상황에 민감한 리스크 욕구 내에서 가치를 제공하는 것을 목표로 하는 팀 간에 긴장감이 조성될 수 있다. '건설적인 긴장'은 창의적인 발전을 위한 원동력이 될 수 있지만, 매튜 딕슨과 브렌트 애덤슨이 『Challenger Sale』(Penguin Books Limited, 2012)에서 설명한 것처럼 적절히 배치돼야 한다.[25] 신뢰가 낮은 환경이나 공유된 목표가 없는 환경에서는 긴장이 '파괴적'이거나 '비생산적'이 될 수 있다.

가치 흐름에서 변화의 빈도와 양이 가속화됨에 따라 안전 분야 전문가는 진행 중인 작업WIP이 증가함에 따라 시간을 점점 더 얇게 쪼개서 쓰게 된다. 알다시피 이는 흐름에 좋지 않다. 컨텍스트 전환으로 흐름이 느려지면 제어 관련 작업 대기열이 쌓이고, 이와 관련된 핸드오프, 멀티태스킹, 긴 리드 타임 및 스트레스가 발생한다.

3. 템플릿 및 프로세스 좀비는 두뇌 작업을 좀먹는다

지원 부서는 요청을 관리하기 위해 일반적으로 참여 프로세스를 수립한다. 보통은 '여기에 세부 정보를 입력하고 서비스를 기다리세요'

25 Dixon and Adamson, 『The Challenger Sale』

라는 익숙한 전제가 있다. 각 부서는 엑셀과 이메일을 사용해 자신에게 적합한 프로세스를 고안한다. 여기에는 IT 운영, 엔터프라이즈 아키텍처, 데이터 거버넌스, IT 보안, 데이터 프라이버시, 사기 대응 및 기타 안전 사일로가 포함된다. 시간이 지남에 따라 리스크 이벤트, 규정 변경 및 조직 변화에 대응해 질문이 추가되고 프로세스가 약간 연장되는 등 선의의 개선이 이뤄진다. 이제 이 프로세스의 소비자가 여러 안전 사일로를 탐색하려고 한다고 생각해보라. 수많은 인트라넷 포털에 게시된 다양한 참여 프로세스와 일정이 있고, 각기 다른 참여 방법이 있으며, 각기 다른 전문 용어가 있어 매번 엔터프라이즈 고고학 발굴이 필요하다. 또는 모든 관료주의를 처리하기 위해 특별히 가치 흐름을 위해 고용된 메리Mary에게 연락해 프로세스를 탐색할 수도 있다. 부실한 업무 시스템에 대한 엉뚱하지만 흔한 해결책은 고용을 통해 해결책을 찾는 것인데, 이는 비용, 핸드오프, 대기열을 추가하고 BVSSH 결과를 개선하지 못하며 장애물을 그대로 방치하는 꼴이다.

각 안전 사일로는 프로세스에 대한 오해로 언제든 뒤쪽의 작업 대기열이 늘어나는 원인이 된다. '관리 및 제어 정체(거버넌스 정체)'는 프로젝트 팀과 제품 팀 모두에 익숙한 용어다.

한때 나는 고객 온보딩 경험을 개선하는 한 조직에서 일한 적이 있었는데, 당시 고객 온보딩 책임자가 이렇게 말했다.

> "일부 고객은 법무 부서, 규정 준수 부서, 제품 부서, 마케팅 부서 내 여러 팀에서 작성한 서명이 필요한 모든 문서를 운반하기 위해 자루가 담긴 트롤리를 가져와야 합니다. 부서마다 우선순위가 있고 상황은 오랜 기간에 걸쳐 변화해 왔습니다. 그러나 데이터는 대부분 중복돼 누구에게도 생산적이지 않고 고객에게 더 이상 지속 가능한 경험을 제공하지 못하고 있습니다."[26]

26 Anonymous, personal communication with the authors

이러한 접근 방식은 더 안전하거나 누구나 만족하는 결과를 위해 최적화되지 않은 것이다.

내부 제품 개발 프로세스의 관리 및 제어에서도 마찬가지다. 디지털 시대에 생존하고 번영하고자 하는 조직에는 더 이상 허용되지 않는다. 시간이 지나면서 안전 사일로가 전문화되고 세분화됨에 따라, 참여 템플릿은 다른 사일로의 요구 사항을 생성하며 이것이 중복되는 수도 있다. 이는 모두 최하위 공통분모로, 모든 팀이 가장 리스크가 낮은 시나리오에 대한 질문에 답하도록 강요하며 감사에서 좋은 점수를 어마어마하게 딸 수 있는 이점이 있다. 7장에서 설명할 엔트로피와 단순화에 대한 지속적인 관심은 관리 및 제어 프로세스의 맥락에서 기술적 우수성만큼이나 중요하다. 한 조직에서는 관리 및 제어 템플릿에 릴리스마다 거의 800개의 질문이 필요했다! 이는 분명 지속적 배포에 적합하지 않은 방식이다.

4. 제어 도구는 보고를 최적화하고, 작업을 중복시킨다.

안전 도메인의 효율성을 개선하기 위해 사일로의 직원은 추적 시스템을 구축해 워크플로를 관리하고 예외를 포착하며 책임을 할당한다. 이러한 워크플로에는 리스크 분산을 통한 우선순위 항목에 대한 신속한 처리와 개선 계획의 정책화가 포함될 수 있다. 안전 도메인의 도구화는 안전 도메인 자체에 대한 보고 및 워크플로를 최적화하도록 설계됐으나, 안전 가치를 종단 간 빠르게 전달하는 데 최적화돼 있지 않다. 더 큰 문제는 다른 유형의 작업을 관리하기 위해 가치 흐름에서 사용하는 일상적인 도구와 제어 도구(리스크, 제어 조치 및 수정 계획을 포함)를 분리하면 여러 다른 위치와 형식에서 기록을 번역하고 복제해야 한다는 점이다. 이러한 투명성 부족과 가치 흐름 업무 시스템과의 연결 부족은 마찰의 원인이 되며, 이해와 실행 모두에서 격차가 발생할 우려가 있다.

5. 정보 거품

사일로 간에 많은 종속성과 핸드오프가 있는 환경에서 정보의 흐름은 어려울 수 있다. 사람들은 경계를 넘어 공유하려는 경향이 적기 때문에 언어, 용어, 도구가 다를 수 있으며 고객과 가치 흐름에 맞춰 학습을 최적화하려는 명시적인 시도가 없을 수 있다. 정보 보안, 데이터 프라이버시, 사기 대응 등의 안전 영역은 중복되는 우려 사항을 나타낸 벤 다이어그램으로 표현할 수 있다. 우리는 서로 다른 안전 표준 간에 일관되지 않은 제어, 완화, 리스크 성향 및 업데이트 빈도로 인해 상당한 중복이 발생하는 것을 관찰해왔다. 각 영역의 대응은 해당 영역 안에서는 완전히 합리적으로 보이지만, 가치 흐름의 관점에서 종합하면 정보 거품으로 인한 혼란과 지연이 발생한다. 종단 간 업무 시스템에 중점을 두고 모든 안전 사일로를 감독하는 사람이 없는 경우가 많아서다. 이러한 중복되고 사일로화된 접근 방식은 BVSSH에 큰 장애가 된다(이에 대해서는 8장에서 자세히 설명한다).

피해야 할 것 6.3

리스크에 대한 고정된 사고방식

리스크와 규정 준수는 다른 분야이며 서로 영향을 미칠 수 있다. 리스크 관리에는 현실적인 위협을 평가하고 적절한 대응책을 찾는 것이 포함되는 반면, 규정 준수 분야에는 사전 예방 요건을 준수하는 것이 포함된다. 한 상황에서 효과가 있는 리스크 완화 방법을 발견하면 다른 상황에서도 동일한 완화 방법을 계속 적용하고 싶은 유혹이 있을 수 있다는 점에서 이 두 가지는 서로 연관돼 있다. 그러나 리스크 관리의 대용품으로 과거 체크리스트에 대한 준수 여부(규정 준수)를 측정하는 것은 리스크에 대한 고정된 사고방식이다. 안전 분야 전문가는 종종 '리스크에 대한 규정 준수 사고방식'이 리스크를 높일 수 있다고 지적한다. 어떤 이는 내게 이렇게 조언하기도 했다. "변화의 속도가 빨라지면서 과거는 미래에 어떤 리스크가 발생할 수 있는지에 대한 신뢰할 수 없는 지표가 돼 버렸다."[27]

0장에서 소개한 커네빈 프레임워크에 따르면, '난해성' 및 '복잡성' 영역에서는 작업이 예측 가능하며 리스크 완화를 위한 고정된 표준 접근 방식이 적절할 수 있다. 그러나 '복잡성' 영역의 제품 개발은 고유한 성질이 있다. 이전에는 전혀 또는 같은 맥락에서 수행된 적이 없으며 알려지지 않은 미지의 영역이 존재한다. 선택권을 유지하고 원하는 결과를 달성하기 위해 방향을 전환하려면 결과 가설과 빠른 피드백에 집중할 필요가 있다. 이는 리스크를 이해하고 완화할 때도 마찬가지다. 나는 리스크 작업 시 동료들과 함께 일할 때 커네빈 프레임워크가 유용하다고 생각하며, 이를 통해 리스크에 대해 더 큰 확신을 얻고 안전과 보안을 유지하기 위해 어떤 학습이 필요한지에 관한 의견을 나눌 수 있다.

1. 리스크와 규정 준수 사이에서 갈등이 커지는 상황

한 보안 분야 전문가는 최근 나에게 "보안을 유지한다는 것은 적을 연구하고 그들의 다음 행동을 선점하는 것을 의미한다. 보안 리더는 학

27 Anonymous, personal communication with the authors

문적 역량이 풍부하지만 해커처럼 생각하지 않는다. (내부) 규정 준수 사고방식은 우리가 이 일을 하는 이유를 잊어버리면 위험하게 바뀐다"[28]라고 설명했다.

이러한 불일치는 퍼블릭 클라우드 인프라를 도입하려는 기존 조직에서 분명하게 드러날 수 있다. 온디맨드 컴퓨팅을 사용해 퍼블릭 네트워크 환경에서 애플리케이션을 실행하는 상황은 경계 보안이 가장 중요하고 물리적 서버가 수년 동안 지속될 수 있는 기존의 '벽으로 둘러싸인 정원walled garden' 기업 네트워크와는 상당히 다르다. 새로운 환경에서는 새로운 리스크가 발생하고 새로운 완화 조치가 필요하기 마련이다.

최근 퍼블릭 클라우드를 구현하는 과정에서 한 조직이 기존의 리스크 관리 표준을 클라우드 환경에 적용하려고 시도한 적이 있다. 이 표준은 라이선스, 멀웨어, 패치와 같은 운영 리스크를 완화하기 위해 수년에 걸쳐 제정된 것이었다. 클라우드 플랫폼 팀은 이 표준을 준수하기 위해 클라우드에서 서버를 프로비저닝할 때 획일적인 접근 방식을 사용해야 했다. 이는 클라우드의 서버가 몇 년이 아닌 몇 분 동안 지속될 수 있다는 사실을 무시했기 때문에 다양한 완화 조치가 필요했다. 이전 표준은 클라우드 서버에서 구현할 수 있었지만, 상황에 맞지 않는 복잡성을 추가하고 실제로 악의적인 공격자가 사용할 수 있는 공격 대상을 증가시켰다. 이러한 규정 준수 접근 방식은 레거시 표준을 준수하지만 퍼블릭 클라우드의 이점을 대부분 제공하지 못하고 더 위험한 서비스를 초래했다. 이는 분명히 '더 안전하고'를 위한 최적화가 아니다.

28 Anonymous, personal communication with the authors

2. 원 사이즈 핏(One-size-Fit)은 없다

위의 예시를 보면 '클라우드'를 지원하기 위해 표준에 대한 일회성 업데이트가 필요하다고 결론 내릴 수 있지만, 이는 생각만큼 간단하지 않다. 점점 더 다양한 클라우드 지원 혁신 서비스(핀테크FinTech, 리걸테크RegalTech, 레그테크RegTech 등)가 고부가 가치 기능을 제공하고 있으며, 기본 소프트웨어, 하드웨어 및 서비스 제품도 매우 다양하다. 아마존 웹 서비스Amazon Web Services만 해도 지속적으로 업그레이드가 되는 보안 기능을 갖춘 맞춤형 하드웨어 및 소프트웨어를 포함해 매년 수백 개의 신규 및 변경된 서비스를 출시한다. 중요한 문제는 리소스의 제약이 있는 중앙 집중식 제어 조직이 새로운 기술과 새로운 위협에 대해 자체적으로 충분히 빠르게 학습해 모든 상황과 시나리오에 적합한 세부 제어 솔루션을 선제적으로 식별하고 문서화할 수 있느냐에 달렸다.

조직은 최대한의 규정 준수를 위해 규범적인 제어 표준을 시도하는 대신 대안을 모색해야 한다. 이 문제는 근본적인 문제이며 리스크에 대한 고정된 사고방식 때문에 발생한다. 전통적인 한 대형 글로벌 조직에서는 안전 도메인에서 약 300개의 정책 및 표준 문서를 운영했다. 총 5천 페이지에 달하는 문서 중 일부는 상당히 규범적인 내용이었다. 기술 변화의 속도가 빨라지면서 이러한 규범적인 접근 방식은 비생산적이 돼버렸다. 상황은 기업마다 매우 다양하다. 예를 들어 결제 플랫폼에 내재된 리스크는 직원 카페테리아 메뉴 애플리케이션에 내재된 리스크와 근본적으로 다르다. 기존의 접근 방식은 규정 준수 기능을 지속적으로 성장시키지만 항상 결과의 개선으로 이어지지는 않는데, 이는 조직과 분야에 걸쳐 발견되는 문제다.

2015년 강연에서 시드니 덱커는 호주에서 2000년대 초반 5%에 불과했던 규정 준수 담당자가 2015년에는 국가 전체 인력의 거의 10%로 증가했다고 언급했다. 하지만 같은 기간 동안 산업재해 사망률은 거의 변하지 않았다고 그는 말했다.[29] 관료주의를 강화한다고 해서 반드시 리스크가 감소하는 것은 아니며 오히려 역효과를 낼 수도 있다.

3. 대규모 사전 리스크 대응 계획

대규모의 사전 리스크 대응 계획은 프로젝트 또는 대규모의 복잡한 이니셔티브를 최소한의 정보가 알려진 시점에 조기에 추정하고 예측해 계획하는 것을 의미한다. 초기 단계의 리스크 평가는 모든 프로젝트 리스크를 미리 파악해 활동을 완화하는 데 드는 비용과 노력을 예측하는 것을 목표로 하며, 수명 주기 동안에는 거의 재검토되지 않는다.

프로젝트 시작 시 리스크 요구 사항을 수정하는 행동은 일반적으로 대규모 빅뱅 릴리스가 실행되기 직전에 안전 분야 전문가의 라이프사이클 후반부의 테스트 및 승인과 관련이 있다. 기존 프로젝트의 기간이 길기 때문에 프로젝트 시작 이후 제어 환경이 변경돼 새로운 제어를 구현해야 할 가능성이 크다. 라이프사이클 후반에 이러한 문제가 발견되면 계획에 없던 작업, 지연 그리고 간트 차트에서 끔찍한 적색 상태로 이어지게 된다. 또는 프로젝트가 면책을 요청하고 통제 부채를 부담해야 할 수도 있어 리스크는 증가한다. 관료주의, 조직적 장벽, 일괄적이고 순차적인 좌측에서 우측으로의 배포 계획은 제어를 통한 구축에 방해가 된다(차라리 마지막에 점검하는 게 낫다). 이는 안전한 가치의 빠른 흐름에 최적화되지 않는다.

29 Dekker, 'Safety Differently Lecture'

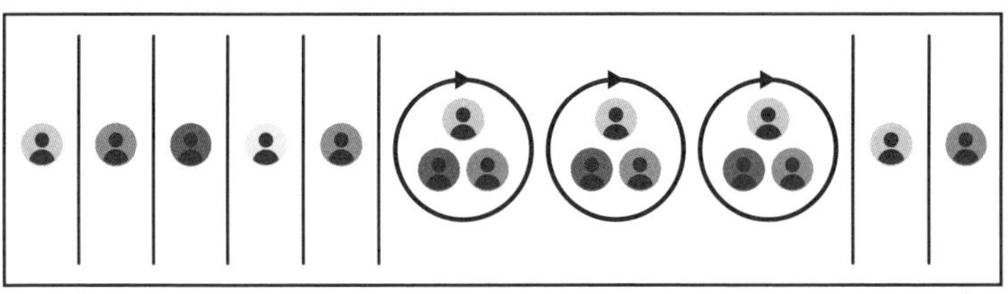

그림 6.2 대규모 사전 리스크 대응 계획

조직은 리스크를 해소하기 위해 더욱 점진적이고 반복적인 접근 방식이 필요하다. Prince2와 같은 전통적인 프로젝트 관리 프레임워크에서도 이러한 점을 지적하고 있지만, 『PRINCE2 Handbook』(Stationery Office, 2017)에서 인정하듯이 "프로젝트가 시작되자마자 잊히는 경우가 너무 많다."[30]

조직은 내부적으로 움직이는 많은 부분이 있는 복잡한 적응 시스템이다. 이러한 부분은 외부의 기회, 압력, 위협에 대응해 동시에 변화한다. 복잡한 적응 시스템에서는 리스크도 예측할 수 없는 방식으로 변화한다. 기업들은 머스크의 CIO인 애덤 뱅크스의 경고에 주목해야 한다. "범죄자를 막으려면 경계선이 필요하며 더 넓게 생각해야 합니다. 증가하는 국가 수준의 공격이 모두 100% 성공할 것이라고 가정해야 합니다."[31]

30 'Risk', Prince2.wiki

31 Adam Banks, as quoted in Ritchie, 'Maersk'

피해야 할 것에서 해야 할 것으로

좀비에서 탈출하라!

6장은 전 세계로 빠르게 확산돼 주요 시스템을 손상시키고 수십억 달러에 달하는 피해를 입힌 사이버 바이러스 공격이라는 실제 이야기에서 시작됐다. 이 공격의 급속한 확산은 낫페트야나 워너크라이와 같은 소프트웨어 바이러스가 유포되는 세상에서 조직의 생존을 위해 안전한 제품 개발 프로세스의 중요성이 점점 더 커지고 있음을 강조한다. 지금까지의 피해야 할 것들의 위험을 줄이고, 제어를 적용하고, 규정 준수를 강화하는 등 올바른 일을 하려고 노력하는 오늘날 많은 대기업 내부의 현실을 보여준다. 하지만 오늘날의 대기업처럼 복잡한 조직에서 이러한 행동은 예상치 못한 부정적인 결과를 초래할 수 있다. 경영 문화에서 두려움을 동기 부여의 도구로 사용하는 일이 너무 흔하며, 이는 그 자체로 위험 수준을 높일 수 있다. "무엇을 위해 최적화하고 있는가?"라는 질문을 자주 던져야 한다. 최저 공통분모에 대한 획일적인 규정 준수인가? 속도 저하 없는 제어인가? 역할 기반 안전 사일로 내의 로컬 최적화로 중복을 초래하고 있나? 아니면 상황에 맞는 방식으로 안전 가치의 빠른 흐름을 위해 최적화해 속도와 제어를 모두 실현하고 있나?

이어서 정리하는 해야 할 것들은 혁신적 접근 방식을 제공한다. 이들을 올바른 문화와 사고방식으로 채택한다면 사람들의 더 높은 수준의 참여와 향상된 '가치 민감성value-tivity'을 통해 안전한 가치를 신속하게 전달할 수 있다. 이로써 더 나은 가치를 짧은 시간에 안전하고 모두 만족하도록 제공할 수 있다.

해야 할 것 6.1

안전에 대한 안전

데이터 유출이 새로운 기름 유출처럼 발생해 고객과의 신뢰 부족과 벌금 증가로 이어지고, 사이버 범죄가 끊임없이 증가하고 기술 변화의 속도가 빨라지면서 새로운 리스크가 발생한다는 점을 고려할 때, 안전에 대한 안전이 필요하다. 심리적 안전(4장 참조)은 조직의 안전 기능의 맥락에서 매우 중요하다. '피해야 할 것 6.1'에서는 안전 조직 내 안전 부족이 어떤 영향을 미치는지 살펴봤다.

조직은 외부의 악의적 행위자보다 앞서 나가야 한다. 직장에서 높은 수준의 직원 참여도를 유지하고 신속한 학습을 위한 여건을 조성하는 것(8장 참조)은 안전에 있어 꼭 고려해야 한다. 에이미 에드먼드슨과 지케 레이Zhike Lei는 심리적 안전이 조직 학습에 있어 '가장 중요한 요소'이며 심리적 안전이 높은 개인일수록 직장에서 자신의 의견을 말할 가능성이 크다고 지적했다.[32] 갤럽 조사에 따르면 10명 중 3명만 직장에서 자신의 의견이 중요하다는 데 '매우 강력하게' 동의한 것으로 나타났다. 갤럽은 이 수치를 10명 중 6명으로 늘릴 수 있다면 안전사고가 40% 감소할 것이라고 예상했다.[33]

심리적 안전 연구의 선두주자인 에드먼드슨은 심리적 안전의 네 가지 차원을 다음과 같이 설명했다.[34]

1. **리스크와 실패에 대한 태도**: 실수를 허용하는 정도
2. **열린 대화**: 어려운 주제를 공개적으로 의논할 수 있는 정도

32 Edmondson and Lei, 'Psychological Safety'

33 Herway, 'How to Create a Culture of Psychological Safety'

34 Edmondson, 『The Fearless Organization』

3. **도움을 주고자 하는 의지**: 사람들이 서로를 기꺼이 돕고자 하는 정도
4. **포용성 및 다양성**: 자신을 드러내고 환영받을 수 있는 정도

안전 맥락에서 심리적 안전을 개선하는 데 사용할 수 있는 구체적인 액션의 예는 다음과 같다.

- 성공적인 이벤트는 물론 실패나 사고가 발생할 뻔한 후에도 정기적으로 팀 전체가 참여하는 디브리핑, 사후 검토, 사전 검시, 과실 없는 사후 검시를 해야 한다. 미군을 비롯한 여러 산업 분야에서 입증된 이 액션은 작업자가 아닌 업무 시스템을 개선하는 데 초점을 맞춘다는 구체적인 목표가 있다.
- 솔루션을 설계할 때 '악의적 행위자' 사용 사례와 고객의 여정을 고려해야 한다.
- 안전 분야 전문가와 제품 팀 간의 파트너십을 구축해 공동의 목표를 만들고, 필요한 경우 제어 목표를 충족하는 새로운 제어 패턴을 만들어야 한다.

2017년 프레젠테이션에서 시드니 데커는 병원 내 안전사고에 관해 이야기한 적이 있다. 실패의 근본 원인에 대한 조사에서 인적 오류, 절차 위반, 계산 착오 등이 발견됐다. 그러나 성공적인 결과에 대한 조사에서도 인적 오류, 절차 위반, 계산 착오 등 동일한 근본 원인이 확인됐다. 이를 통해 '성공과 실패의 차이는 부정적 요인의 부재가 아니라 긍정적 요인의 존재'라는 결론에 도달할 수 있었다.[35] 구체적인 긍정적 요인을 몇 가지 제시한다.

35 'The Pursuit of Success & Averting Drift into Failure—Sidney Dekker'

- '멈춰라'라고 말할 수 있는 능력: 만일 이것이 좋은 생각이 아니라고 말하는 사람이 있다면, 급박한 생산 압박에도 불구하고 멈출 수 있어야 한다.
- 과거의 성공이 지금을 보장할 수 없음: 역동적이고 복잡한 시스템에서는 과거의 성공이 현재의 성공을 보장할 수 없다.
- 의견의 다양성, 반대 의견: 사람들이 "나는 동의하지 않는다"라고 말할 때 기꺼이 반대 의견을 수용할 의사가 있는가?
- 활발한 리스크에 대한 토론: 다양한 의견을 경청할 능력이 있는가?

이 네 가지 요소는 모두 행동에 대한 것이며, 프로세스나 도구는 하나도 없다.

심리적 안전 문화가 안전한 환경을 유지하는 데 얼마나 중요한지는 아무리 강조해도 지나치지 않는다. 심리적 안전 문화는 투명성, 개방성, 지원, 학습, 업무 시스템 개선에의 포커싱, 소유권 공유, 안전 우선 문화로 나타난다. 심리적 안전은 더 나은 가치를 더 빨리 더 안전하게 모두가 만족하도록 제공하기 위해 매우 중요하다.

해야 할 것 6.2
가치 흐름을 통한 조직의 안전

제품 개발의 맥락에서 역할 기반 사일로에 따라 조직을 구성하면 BVSSH의 전달에 방해가 된다. 이에 해당하는 패턴은 5장에서 설명한 대로 제품 개발 팀과 동일한 접근 방식을 안전 기능에 적용해 안전의 가치를 빠른 흐름에 최적화하는 것이다.

1. 다양한 분야의, 장기적 안전 팀

안전 분야 전문가는 1970년대부터 일본의 제록스나 혼다 같은 기업에 알려진 고유한 제품 개발 패턴을 적용해 장기적인 가치 흐름에 맞춰 장기적 다기능 안전 팀으로 배치돼 왔다.[36] 이는 고객에게 맞춰진 안전 가치의 빠른 흐름에 최적화된 것이다. 집단의 정체성은 여러 상황과 프로젝트에 따라 시간 단위로 쪼개진 역할 기반 사일로에서 가치와 고객에 맞춰진 다양한 분야의 장기적인 안전 팀으로 전환된다. 이를 통해 안전 팀은 조직 구성, 혼돈, 규범화 및 수행을 거쳐 고객과 연계되고 가치 흐름 제품 개발 팀과 연계된 공통의 집단 정체성을 유지하면서 함께 일할 수 있다.

시간이 지남에 따라 안전 팀은 가치 흐름의 맥락을 깊게 이해하고 고객의 암묵적인 요구 사항을 파악할 수 있게 된다. 컨텍스트의 전환은 현저히 줄어든다. 또한 안전 가치의 빠른 흐름을 위해 일찍 그리고 자주 리스크 관련 대화의 최적화를 통해 장기적인 관계를 구축할 수 있다. 위험 관리가 제품 개발 활동의 보조적 역할이 아닌, 정상적인 업무 흐름의 일부가 되는 지속적인 대화를 가능케 한다. 시간이 지남에 따라 안전 분야 전문가는 사후 대응에 80%의 시간을 할애하던 것에서 그 반대인 사전 예방에 80%의 시간을 할애해 사후 대응 및 사고 처리에 걸리는 시간을 최소화하는 방향으로 변화하는 것을 관찰할 수 있었다. 안전 분야 전문가는 이제 '아니오'라고 말하는 대신, 안전한 방법을 찾기 위해 가치 흐름에 기대 안전한 방법을 찾도록 지원한다.

36 Takeuchi and Nonaka, 'The New New Product Development Game'

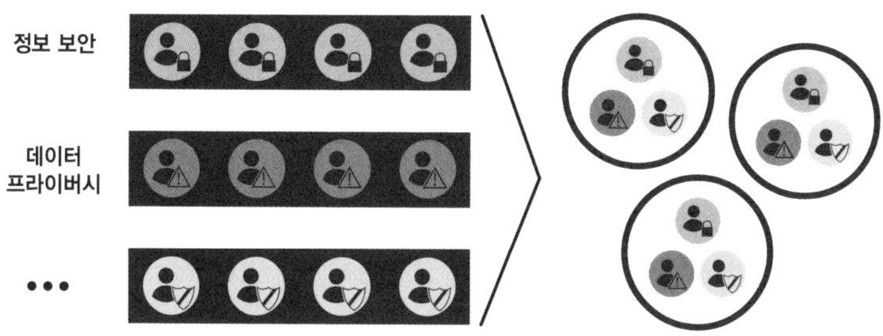

그림 6.3 안전 사일로에서 다양한 분야의 장기적 안전 팀으로

그림 6.3에서 보는 바와 같이 여러 부서를 아우르는 안전 팀은 가치에 맞게 조정된다면 안전 분야 전문가가 (일반적으로 생각되는 것보다) 더 많은 공통점을 갖고 있기 때문에 제 역할을 할 수 있다. 안전 분야 전문가는 새로운 비즈니스 이니셔티브를 이해하고 위험이 어디에서 발생하는지 파악하기 위해 이해관계자와 소통하는 데 드는 오버헤드를 공유한다. 이들은 비즈니스 컨텍스트가 필요하며 이를 위해 서로 배우고 도움을 줄 수 있다. 그러려면 관련된 사람, 데이터, 기술에 대한 이해가 필요하다. 또한 작업 중인 비즈니스 성과 가설과 일반적으로 리스크가 현실화되는 순간인 제품 출시 주기가 길다는 속성을 이해해야 한다. 안전 분야 전문가는 가치 흐름의 핵심 부분으로 사일로 전문가로서 개별적으로 할 수 있는 것보다 더 많은 것을 함께 달성할 수 있다. 전문가는 제어 표준 간의 중복 또는 불일치를 해결하고 틈새 전문 분야 전문가 간의 전통적 격차를 없애고, 생산성을 높일 수 있다.

2. 안전 팀은 가치 흐름에 맞춰 조정된다

가치 흐름별로 안전 팀을 구성하면(그림 6.4 참조) 가치 흐름에 속한 동료에게 명확성을 부여할 수 있다. 이제 제품 팀은 모든 안전 문제에 대해 일관되고 장기적인 컨텍 포인트를 갖게 된다. 관계와 신뢰가 발전해 안전 가치의 빠른 흐름에 최적화될 수 있다. 각 안전 팀의 안전 전문가는 가치 흐름에서 안전 도메인을 대표한다. 개인 지식에 부족한 부분이 있으면 다른 동료에게 도움을 요청해 프로세스 및 안전 커뮤니티 전반에서 자신의 지식을 배우고 넓힐 수 있으며, 핵심 인력의 전문가 의존도를 줄여 조직의 복원력을 높일 수 있다. 역할 기반 전문성으로 인해 정보 거품이 더 이상 고립되지 않는다. 이러한 접근 방식은 다양한 기능 제공 팀의 'T'자형 스킬과 동일하다.

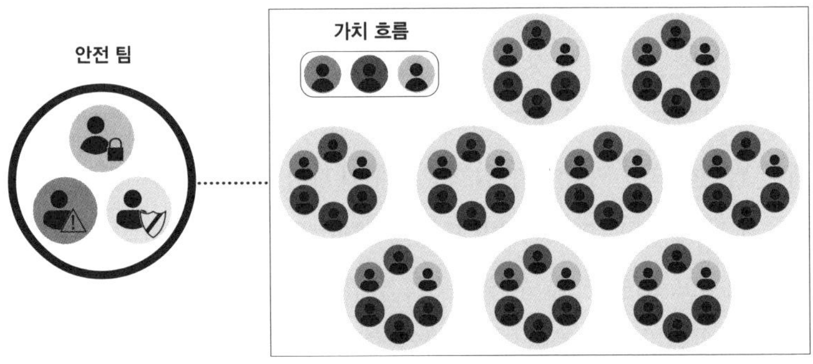

그림 6.4 안전 팀과 가치 흐름

안전 팀과 안전 팀이 연계된 가치 흐름은 모두 고객에게 안전한 가치를 신속하게 제공한다는 동일한 목표가 있다. 가치 흐름 비즈니스 성과를 통해 목적을 공유하고(5장에서 봤듯이) 안전에 대한 책임감도 공유할 수 있다. 안전 팀은 가치 흐름 리더십과 협력해 리스크의 인식을 높이기 위해 조직을 교육하고 코치할 수 있다. 예를 들어, '리스크 게임 데이'에는 기능적 업무를 중단하고 직원들이 안전 개선에 집중해 마지막에 그 결과를 보여준다.

안전 팀은 가치 흐름에서의 고객, 비즈니스 및 기술적 맥락을 이해함으로써 전달 담당자와 더 잘 소통하고, 신뢰를 높이며, 더 나은 리스크 조언을 더 빨리 제공할 수 있다. 제품 개발 팀과 동일한 가치 흐름, 집단 정체성을 가진 안전 분야 전문가가 '모든 것을 지속적으로' 작업하는 방식을 통해 고객, 사람, 상황을 깊이 이해하면서 위험과 완화 조치를 조기에 자주 식별하는 게 훨씬 간단해진다. 공통의 북극성이 있고, 높은 연계성이 있으며, 사람들은 동일한 성과에 대해 인센티브를 받는다. 안전한 가치의 빠른 흐름에 최적화돼 있는 것이다.

사례 연구: 대형 금융 기관의 빅데이터 연구 프로젝트

한 대기업의 연구 팀 구성원이 혁신적인 아이디어를 들고 내게 연락했다. "새로운 클라우드 플랫폼을 사용해 깊이 있는 분석을 실험하고 싶습니다."

이는 최근 AWS(Amazon Web Service)를 사용해 구축한 새로운 클라우드 서비스를 선보일 좋은 기회였다. 이 팀원은 "초기 데이터 세트는 90TB에 매일 약 1TB씩 추가됩니다. 공급업체가 AWS에 데이터를 저장하는 것은 어렵지 않을 겁니다"라고 조언했다.

그런데 안전 팀과 논의 중에 이는 멀웨어를 가져올 리스크가 있다는 것을 알게 됐다. 리스크를 완화하기 위해 취할 방법은 다음과 같았다.

1. **온프레미스 서버로 안전하게 다운로드하기.** 초기 분석에 따르면 대역폭 제한으로 몇 달이 걸리고, 인터넷 회선에 부하를 줄 수 있다.
2. **암호화된 1TB 디스크를 통한 물리적 전송.** 이는 권장되는 접근 방식이다. 하지만 데이터센터 간에 많은 물리적 디스크를 교환하는 데 상당한 물류 인프라가 필요했다. 많은 인력이 매일 투입돼 반복해야 하는 작업이었다. 수동적이고 비용이 많이 들며 지속 가능하지도 못했다.

클라우드 플랫폼 팀이 대안을 제시했다. AWS의 버튼 하나만 누르면 자동으로 빅데이터 정보를 전송할 수 있다는 것이다. "그럼 그냥 그렇게 하면 되겠네요?"라고 그들은 물었다. 안전 팀은 해당 서비스가 보안 평가를 받지 않았고, 그러한 조사를 준비하고 수행하는 데 6개월이 걸린다고 설명했다. 클라우드 팀은 두 번째 아이디어를 제안했다. "공급업체의

AWS 계정에서 직접 데이터를 복사해 클라우드에서 승인된 멀웨어 검사를 실행할 수 없을까요?" 안전 팀은 승인된 엔터프라이즈 스캔 솔루션은 클라우드에서 쓸 수 없다고 설명했다. 이 두 옵션이 모두 불가능해지면 남은 선택지는 중단하는 것이었다. #NoInnovation

하지만 이 기관에서는 이미 일하는 방식의 혁신이 진행 중이었다. 안전 팀은 상당 기간 클라우드 플랫폼 팀과 협력해 왔고 클라우드 플랫폼 팀만큼이나 비즈니스 가치를 실현하고 싶어 했다. 이 그룹은 화이트보드로 가서 옵션을 한 번 찾아보기로 합의했다. 세부적인 비즈니스 컨텍스트, 문제 파일 유형, 세부적인 기술 옵션을 면밀히 검토한 결과, 가벼운 클라우드 네이티브 멀웨어 방지 솔루션을 찾을 수 있었다. 얼마 후, 안전 팀의 감시하에 연구 팀과 애플리케이션 개발자들이 AWS 재구성을 완료할 수 있었다. 데이터 파이프라인이 확립된 것이다. 연구와 실험이 시작됐다.

기존의 획일적인 중앙 집중식 제어 모델과 고정된 사고방식으로는 이러한 성과를 얻을 수 없었을 것이다. 이후 이 기관은 클라우드 공급업체의 업체 콘퍼런스에 초대돼 대규모 병렬 기술의 새로운 사례를 포함한 이 작업의 사례를 발표했다. 이는 팀의 경력을 향상시키는 순간이자 BVSSH 성과에 초점을 맞춘 결과의 선순환을 보여주는 사례였다.

3. 안전 당국

기능별 역할 기반 사일로가 안전 팀으로 전환될 때, 안전 당국Safty Authorities은 공통 분야를 공유하며 책임 있는 자문 전문가로 조직 내에서 역할을 수행한다(따라서 권한이 있다). 이들은 권한 내에서 지식 관리, 커리어 패스 및 업무 라인 관리를 지원하는 유닛 단위로 활동한다. 이는 5장에서 설명한 소규모, 기술 중심의 CoECenter of Excellence와 유사한 구조다. 안전 분야 전문가의 역할은 지표화돼 있다. 주요 가치 흐름의 정렬에 따라 이들이 참여해야 하는 비즈니스 성과가 결정되고, 안전 분야 전문가가 속한 안전 당국은 이들의 업무가 전문적으로 수행되는 방식, 리스크 관리 및 보증의 비즈니스 프로세스를 결정한다. 안전 당국은 해당 분야의 학습과 혁신을 공유한다.

이 '해야 할 것'에서 안전 당국은 조직의 정책 및 표준 안에서 통제 목표를 명확하게 표현하고 상황에 맞는 리스크 성향을 표현할 책임이 있다. 규범적이고 획일적인 최저 공통분모 접근 방식은 피해야 하며, 가치 흐름에 맞춰진 안전 팀이 상황에 맞는 통제Minimal Viable Compliance, MVC(최소 실행 가능 규정 준수)를 '적절하게' 조정할 수 있도록 해야 한다. 안전 당국은 조직 전체에서 일관된 언어와 접근 방식을 만드는 데 도움이 되는 공통 리스크 카탈로그 생성에 도움을 준다. 가치 흐름에 맞춰 구성된 안전 팀의 안전 분야 전문가는 상황에 맞는 제어 방식을 결정할 수 있다.

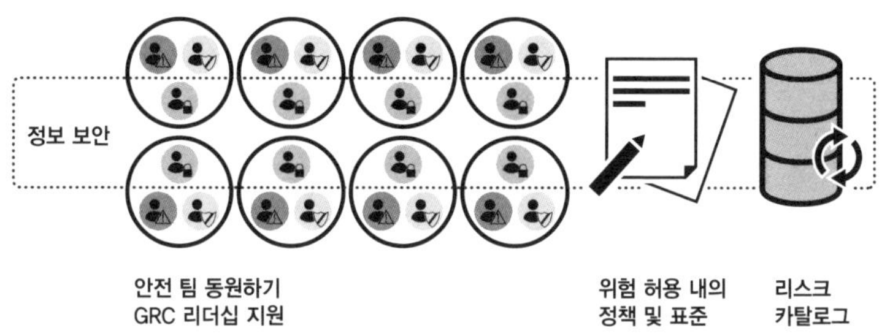

그림 6.5 안전 당국

안전 당국의 리더십은 서번트 리더십의 자세로 방향과 표준을 제시하고 규제 기관 및 업계, 단체와 연락하며, 가치 흐름 전반에서 혁신과 통찰력을 공유하고 가치 흐름에 부합하는 안전 분야 전문가들을 지원하면서 기술을 발전시켜야 한다. 여기에서는 안전 분야 전문가의 채용, 전문 학습 및 개발 지원, 지속적인 개선과 안전한 실험에 중점을 둬 BVSSH를 제공하기 위한 노력이 포함돼야 한다.

4. 리스크 카탈로그

안전 당국의 지식 관리 도구 중 하나는 리스크 카탈로그다. 안전 당국의 안전 분야 전문가가 업무 방식 개선 팀과 협력하는데, 이는 정책이나 표준의 리스크 기록들을 리스크 스토리 템플릿으로 변환하기 위함이다. 리스크 스토리 템플릿은 조직의 통제 목표와 통제 사항을 팀에 전달한다. 서로 다른 정책 영역(예: 데이터 프라이버시, 정보 보안)이 겹치는 경우, 리스크 스토리 해석 프로세스에서 중복을 제거하고 일관되고 명확한 입장을 제공한다. 리스크 스토리는 전달 팀이 이해할 수 있는 언어와 근거를 통해 명확히 전달돼야 한다. 해석은 양쪽 모두에 있어 어려운 작업일 수 있으며, 경험상 안전 분야 전문가와 업무 방식 개선 팀이 상당한 노력을 투자해야 한다. 이 작업에는 안전 조직에 대한 코칭이 포함된다. 가장 낮은 공통분모에 맞춰 획일화될 위험이 있는 규범적인 기술 지침보다는 의도를 설명하고 팀이 수용 기준을 충족하는 방법을 결정할 수 있도록 최대한 유연성을 부여하는 것이 바람직하며, 이를 통해 더 큰 혁신을 이룰 수 있다.

예를 들어 멀웨어 리스크 스토리 템플릿은 '각 서버에는 하나의 권장 제어 패턴의 기반이 될 수 있는 시만텍 안티바이러스 에이전트 Symantec Antivirus Agent가 포함돼야 하며, 매주 새로운 정의로 자동 업데이트된다'와 같은 기술 솔루션을 지정하는 것보다 모든 상황에 적용해야 하는 식별, 격리 및 경고 원칙을 설명하는 언어를 사용하는 것이 좋다. 격리 및 경고 문구는 일부 기술 환경(예: 특정 클라우드 기술들)에서는 불필요하게 제한적일 수 있다.

리스크 카탈로그를 사용하면 안전 팀 전체에서 일관된 언어와 접근 방식을 사용할 수 있으며 제품 개발 팀이 다른 곳에서 적용되는 제어 패턴을 이해하는 데 도움이 된다. 리스크 스토리 템플릿은 각 특정 사용 사례의 비즈니스 및 기술 컨텍스트를 반영하도록 사용자가 지정할 수 있어 시간을 절약할 수 있다.

그림 6.6은 퍼블릭 클라우드 채택과 관련된 리스크 완화에 사용된 리스크 스토리의 예시다.

리스크ID 60: 퍼블릭 클라우드 데이터베이스를 사용한 논리적 접근 관리

레벨3 리스크: 정보 자산의 기밀성 또는 무결성 또는 가용성을 보호하지 못하는 경우

관련 정책 및 표준 링크

〈document link 1〉

〈document link 2〉

GIVEN(조건, 주어진 것)
자동화된 인프라 계층 데이터베이스 논리적 평가 제어 없이 퍼블릭 클라우드 네이티브 데이터베이스를 사용하는 애플리케이션 팀의 상황

I WANT TO(내가 원하는 것)
애플리케이션 소유자에게 데이터 보존, 비밀번호 복잡성 규칙, 데이터베이스 로그인에 대한 일일보고 및 권한에 대한 책임을 이해시키고 싶다.

SO THAT(그래서)
조직은 다음을 수행할 수 있다.

a) 어떤 직원이 어떤 시간에 어떤 데이터에 액세스할 수 있는지에 대한 중앙 기록을 유지하며, 무단 액세스 조합을 보고하고 수정할 수 있다.
b) 실수 또는 고의적인 데이터베이스 삭제를 조사하고 복구할 수 있다.
c) 이동하거나 퇴사하는 직원의 데이터 액세스를 사전에 관리할 수 있다.
d) 비밀번호 해킹을 통한 승인되지 않은 데이터 액세스 위험을 완화한다.

완화 조치

1. 클라우드 리소스 컨테이너(일명 AWS 계정)의 모든 활성 데이터베이스 인스턴스에 대한 로그인 및 권한에 대한 로컬 자동 일일 탐지 보고서를 설정한다.
2. 각 로그인이 관리 직원에 의해 식별되는지 확인한다.

그림 6.6 리스크 스토리 예제

해야 할 것 6.3
지능형 제어

'피해야 할 것 6.3'에서는 리스크에 대한 고정된 사고방식이 어떻게 안전 가치의 빠른 흐름에 최적화되지 못하는지 살펴봤다. 복잡하고 변화무쌍한 환경에서 리스크에 대한 고정된 사고방식은 오히려 리스

크를 높인다. 고정적이고 규정적인 표준을 고집하는 것은 빠르게 변화하는 복잡한 디지털 시대에 적합하지 않다.

대신 가치 흐름에 맞춰진 제품 팀과 안전 팀이 일상적인 업무 흐름의 일부로 매일 협업하고, 사람들이 위험 성향 내에서 통제 목표를 충족하는 상황별 솔루션에 대해 안전하게 의견을 말하고 적극적으로 토론할 수 있는 환경을 조성해야 한다. 이를 통해 BVSSH를 위한 환경이 조성된다.

이러한 협업과 대화가 대기업 전반에 걸쳐 기존의 고정된 사고방식의 규정 준수 프로세스를 대규모로 대체하려면 사람, 프로세스, 도구의 순서로 최소한의 프로세스가 필요하다는 점을 염두에 둬야 한다. 프로세스를 간소화하면 일정 수준의 자동화를 도입할 수 있어 안전 팀과 당국이 리스크가 높은 영역을 시각화할 수 있다. 최소 실행 가능 프로세스는 속도와 제어를 모두 가능케 한다.

이 패턴은 위에서 설명한 운영 모델에서 시작된다. 안전 팀은 장기적 가치 흐름과 제품에 맞춰 설립되고 조정된다(5장 참조).

제품 팀은 단기적인 비즈니스 결과에 대해 안전 팀과 소통한다. 이러한 참여는 잠재적 리스크와 관련 정책에 관한 대화로 이어진다. 토론을 통해 위험을 탐색하고 완화 가설을 제안해 제품 백로그에 리스크 스토리를 생성한다. 그런 다음 안전 거버넌스는 리스크 스토리 수준에서 운영될 수 있으며, 안전 분야 전문가는 광범위한 승인 체인 없이 준비되면 검증할 수 있는 권한을 부여받는다.

제품 증분 릴리스 시(필요한 모든 리스크 스토리가 안전 분야 전문가에 의해 검증되고 종료된 경우) 가치 결과 책임자는 릴리스 준비 인증서를 발급할 수 있는 권한을 갖는다. 이러한 셀프서비스 접근 방식을 통해 제품 팀은 시간별, 일별, 주별 등 업무 시스템이 유지할 수 있는 모든 릴리스 주기를 채택할 수 있다. 리스크 스토리 검증 및 종결이 릴리스 프로세스와 분리돼 있으므로 릴리스별 안전 도메인 승인이 필요 없다.

이 패턴은 규제 수준이 높은 환경에서 수년에 걸쳐 진화하고 반복됐으며 수만 명이 모든 변화를 겪는 상황에서 입증됐다. 다음 절에서는 각 단계에 대해 좀 더 자세히 알아본다.

1. 지속적 참여

제품 팀은 안전 팀과 지속적으로 협력한다(그림 6.7 참조). 분기별로 새로운 비즈니스 성과가 나올 때 주요 이벤트가 발생한다. 비즈니스 성과의 특성을 나타내기 위해 '개인 데이터에 미치는 영향'과 같은 간단한 참여 설문지가 이 프로세스에 사용될 수 있다. 제품 비전의 현황, 아키텍처 비전의 현황 또는 주요 기능과 같은 의도를 설명하기 위해 위키 페이지가 사용된다. 사전에 자세한 설명은 필요 없다. 의미 있는 대화를 나누기에 충분한 정보만 있으면 된다.

2. 안전 참여 수준 설정

새로운 비즈니스 결과에 비춰 안전 팀의 각 구성원은 제품 팀과 얼마나 자주(예: 매일, 매주, 매월) 협력해야 한다고 생각하는지 재평가한다. 리스크가 가장 낮은 제품(예: 내부 휴일 애플리케이션)은 전혀 참여가 필요하지 않을 수 있다. 참여 수준을 설정함으로써 안전 분야 전문가는 반복적으로 작업 중인 비즈니스 결과에 대한 인식을 알린다. 제품 팀은 출시하는 제품의 안전에 대해 항상 책임을 진다. 안전 팀은 외부 규제 프레임워크, 사이버 위협, 기업 통제 목표를 이해하고 잠재적 위험 영역, 필요한 학습, 완화 가설을 함께 식별한다. 이러한 참여는 공식적인 통제 포인트로 볼 수 있다.

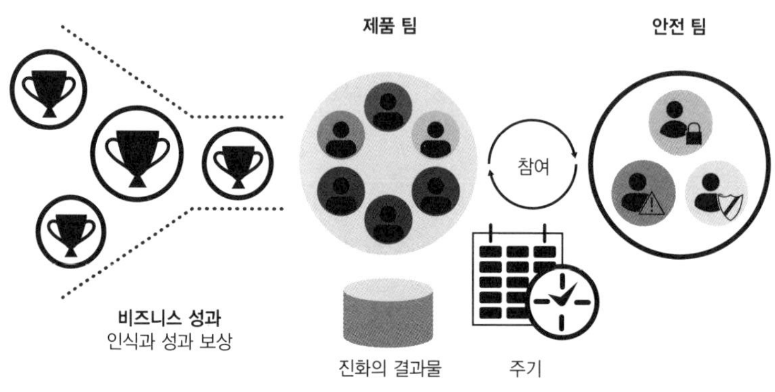

그림 6.7 지속적 참여

3. 리스크 스토리와 지속적 테스팅

안전 팀과 제품 팀은 합의된 주기로 만나 비즈니스 결과를 논의하고, 학습 내용을 검토하며, 제시된 리스크에 대한 공동의 이해를 구체화한다. 구현해야 하는 제어의 정확한 성격은 제어 목표와 비즈니스 및 기술적 맥락에 따라 달라진다. 여기에는 사업부의 리스크 성향도 포함된다. 통제 요건은 고정돼 있지 않다.

통제 요건 = 통제 목표 + 상황

앞서 살펴봤듯이 커네빈 사분면 '복잡성' 영역의 통제 요건을 미리 결정할 수 없으므로 통제에 대한 고정된 사고방식을 가질 필요가 없다. 리스크 카탈로그에서 리스크 스토리 템플릿을 사용할 수 있지만, 이러한 도구들은 안전 팀과 제품 팀 간의 논의와 합의를 통해 상황에 맞게 조정할 수 있다.

리스크 스토리는 사용자 스토리와 같은 다른 유형의 작업과 함께 백로그에 있는 작업의 한 유형이다. 제품 백로그에 들어가면 리스크 스토리는 다른 형태의 학습 및 작업과 거의 동일한 방식으로 처리되며, 가능한 상황이라면 자동화된 테스트를 통해 진화한다. 제품 팀과 안전 팀 간의 신뢰 수준에 따라, 완료된 리스크 스토리(조기에 자주 완료되는)는 완료 전에 안전 팀의 검증이 필요할 수도 있고, 가치 결과 리더에게 리스크 스토리 완료를 검증할 수 있는 전적인 권한이 부여될 수도 있다(그림 6.8 참조).

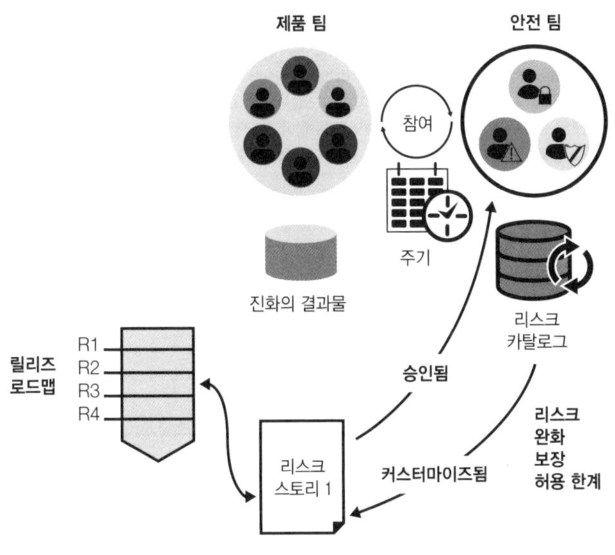

그림 6.8 리스크 스토리와 지속적 테스팅

새로운 리스크나 기존의 리스크 완화 방법이 적합하지 않을 때 리스크 스토리는 다음과 같은 형태의 가설로 표현할 수 있다. "X의 위험을 고려할 때, 활동 Y가 효과적인 완화책이 될 것으로 믿습니다. 주요 결과 Z를 관찰하면 이것이 사실임을 알 수 있습니다." 그림 6.9는 새로운 위험 완화를 달성하는 데 사용되는 위험 스토리의 예다.

멀웨어 리스크
레벨 3 리스크: 정보 자산의 기밀성 또는 무결성 또는 가용성을 보호하지 못함
관련 정책 및 표준 링크 〈document link 1〉 〈document link 2〉
GIVEN(조건, 주어진 것) 타사 퍼블릭 클라우드 계정에서 엔터프라이즈 퍼블릭 클라우드 계정으로 데이터를 복사할 때 발생하는 멀웨어 발생 위험 상황 **WE BELIEVE THAT(우리가 믿는 것)** 문제 데이터가 제3자 데이터 세트에 주입되고 이것이 성공적으로 감지 및 격리됐을 때 이것이 사실임을 알 수 있다. **완화** 멀웨어 탐지 패턴은 다음을 보장하도록 설계된다. a) 확인된 깨끗한 파일만 기업 클라우드 계정으로 복사할 수 있다. b) 예외가 감지된 파일은 '에어록' 내에서 격리 보관해 조사 c) 사이버 운영 팀이 예외에 대해 알림을 받을 수 있는 알림 프로세스가 존재한다. d) 주기적으로 제3자 데이터 스트림에 예외를 주입하고 긍정적인 탐지를 확인하기 위한 확인 프로세스가 확립돼 있다. 제3자 데이터 스트림에 예외를 주기적으로 주입하고 엔터프라이즈 모니터링 도구에서 긍정적인 탐지를 확인한다.
위험 스토리 종결에 대한 허용 기준 **허용 기준 1**: 패턴이 안전 팀과 합의되고 여기에 문서화된다. **허용 기준 2**: 코드가 자동화된 테스트 스위트를 통과해 각 설계 요소의 유효성을 검사한다. **허용 기준 3**: 코드가 정보 보안 아키텍처의 구성원에 의해 검토됐다. **허용 기준 4**: 알림 프로세스가 정보 보안 담당자와 합의됐다. **허용 기준 5**: 보증 프로세스가 정보 보안 담당자와 합의됐다.

그림 6.9 새로운 리스크 완화 스토리

사례 연구: 오토 트레이더의 통제 혁신

1977년에 설립된 오토 트레이더(Auto Trader)는 영국 최대의 디지털 자동차 마켓플레이스로, 800명의 직원과 함께 1만 3천 200명의 고객에게 서비스를 제공하고 있다. 오토 트레이더는 종이에서 디지털로 전환하는 혁신의 여정을 걸어왔다. 운영 책임자인 데이브 화이트(Dave Whyte)와 인프라 및 운영 책임자인 러스 워먼(Russ Warman)이 '더 나은 가치 짧은 시간에 안전하고 모두 만족하도록'을 제공하는 데 최적화하기 위한 안

전과 획일적이지 않은 사고방식에 관한 이야기를 공유한다.

오토 트레이더는 프라이빗 클라우드 플랫폼을 구축해 개발자가 자체적으로 애플리케이션을 구축하고 자체 릴리스를 수행하며 데브옵스 문화를 수용하는 데 성공했다. 오토 트레이더는 이 플랫폼을 전사적으로 확장할 계획이었다.

기업 고객 중 한 곳은 최종 사용자의 개인 식별 정보를 종단 간에서 완전히 암호화해야 한다는 요구 사항이 있었다. 이 요구 사항은 당사의 전송 플랫폼에서 아직 해결하지 못한 문제였다. 엔지니어링 팀은 메인 애플리케이션과 별도로 암호화를 처리하는 기술 솔루션을 사용하면 약 6주 이내에 이를 달성할 수 있다고 생각했다. 하지만 약 12주가 지나자 기술적인 문제와 복잡성으로 고객의 기대에 부응할 수 없다는 사실이 드러났다. 또한 엔지니어가 이를 유지 관리해야 하는 지속적인 노력이 상당한 부담이 될 것이라는 점도 나타났다.

시간이 얼마 남지 않은 상황에서 몇몇 엔지니어는 제3자 플랫폼에서 사용할 수 있는 기능을 통해 같은 방식으로 동일한 결과를 얻는 것이 본질적으로 더 빠르고 쉬울 것이라는 가설을 테스트하기 위해 표준 퍼블릭 클라우드 서비스를 사용해 다른 방법을 시도하기로 했고, 며칠 만에 제어 허용 기준을 충족하는 개념 증명을 성공적으로 만들었다. 개념 증명의 성공으로 데이터센터 내에서 프라이빗 클라우드를 운영하던 것에서 완전히 전환해 2년 이내에 퍼블릭 클라우드로 전환하는 것을 목표로 대대적인 퍼블릭 클라우드 마이그레이션을 시작하게 됐다. 현재 이 여정의 3/4이 진행됐으며, 퍼블릭 클라우드를 통해 지속적 배포를 도입할 수 있게 되면서 많은 이점을 누리고 있다. 안전에 대한 안전이 있고, 고정된 사고방식은 없었기에 더 나은 가치를 짧은 시간에 안전하고 모두 만족하도록 제공할 수 있었다.

그림 6.10은 퍼블릭 클라우드를 도입해 지속적인 배포를 통해 더 자주 릴리스할 수 있는 능력을 어떻게 변화시켰는지 보여준다.

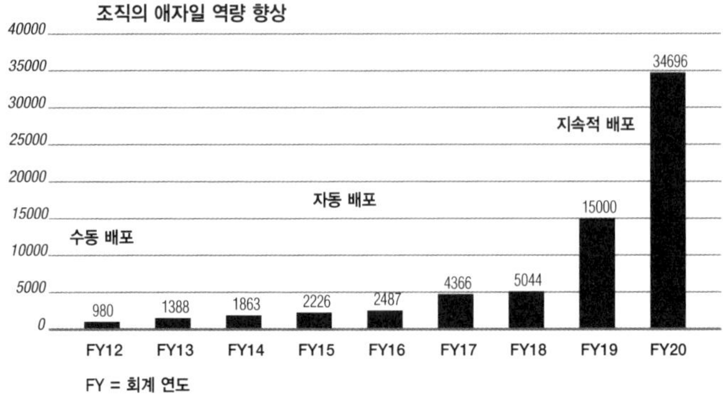

그림 6.10 오토 트레이더의 2019/2020년도 클라우드 채택 성과

우리는 무엇을 배웠는가?

고객의 요구는 고객의 안전을 지키기 위해 다른 방식으로 생각하도록 우리를 밀어붙였다. 우리가 상상하는 첫 번째 해결책이 항상 옳은 것은 아니다. 리스크를 완화하는 방법에 대한 유연성을 확보함으로써 뭔가 효과가 없다는 것을 인지했을 때 기존 접근 방식에 집착하거나 얽매이지 않으면서 경험하고 배울 수 있었다. 또한 진정한 클라우드 네이티브가 되면 더 적은 노력, 위험 및 비용으로 더 빠르게 실험할 수 있다는 사실도 알게 됐다.

실제로 한 고객을 위한 리스크 완화에 대한 유연한 접근 방식의 영향이 전체 비즈니스에 긍정적인 영향을 미쳐 더 나은 가치를 짧은 시간에 더 안전하게 모두 만족하도록 제공할 수 있게 됐다.

4. 리스크 인식

안전 팀은 표준과 관련된 구조화된 프로세스 외부에서 주로 기여한다. 이는 가치 흐름 전반에 걸쳐 리스크 인식 수준을 높일 폭넓은 기회다. 리스크 인식 수준이 높을수록 안전 팀은 부족한 전문가 리소스

를 가장 위험도가 높은 영역에 더 잘 분류하고 집중할 수 있다. 여기에는 인증 기관인 CSTAR CREST(Certified Registered Enterprise Security Technician) International for Simulated Target Attack and Response와 데브섹옵스 운동의 정신적 리더인 섀넌 라이츠Shannon Leitz가 설명하는 모의 공격의 사용이 포함될 수 있다.[37]

사이버 보안 방어 게임에서 공격 팀은 일반적으로 레드 팀, 방어 팀은 블루 팀으로 알려져 있다. 지능형 제어 운영 모델 내에서 이러한 방어 게임은 정보 보안 · 사이버 안전 부서의 책임이며 안전 팀의 일상적인 운영으로 확장될 수 있다. 루이스 크레멘Louis Cremen은 'Introducing the InfoSec Color Wheel'을 통해 이러한 게임에서 개발 팀이 긴밀한 파트너가 돼야 할 필요성을 설명한다. "레드 팀과 블루 팀으로 구성된 보안 팀만으로는 충분하지 않다. 방어해야 하는 것을 구축하는 사람들도 포함해 노란색 팀인 '구축자'를 정보 보안의 일부로 포함해야 한다."[38]

5. 진화의 결과물

기존 SDLCSoftware Development Life Cycle와 마찬가지로 일부 결과물은 소통에 컨텍스트를 제공하는 데 유용하다. 이러한 결과물이 없다는 것은 안전 팀의 관점에서 제품 위험이 커졌음을 나타낼 수 있다. 제품은 장기적이며 지속적으로 업그레이드되며, 지능형 제어 패턴(그림 6.10 참조)은 제품의 기존 운영 문서를 리스크 평가를 위한 주요 정보 소스로 사용한다. 결과물은 시간이 지남에 따라 자연스럽게 개선되고 발전하

37 Leitz, 'Shifting Security to the Left'

38 Cremen, 'Introducing the InfoSec colour wheel?'

며 모든 결과 또는 OKR에 대한 중복이 필요하지 않다. 관련 결과물은 일반적으로 다음이 포함된다.

- 제품 비전
- 아키텍처 비전
- 아키텍처 위키
- 제품 로드맵
- 위협 모델
- 린 테스트 전략
- 운영 수행 가이드

6. 릴리즈 후보의 유효성 검증

릴리스 후보(잠재적으로 릴리스 가능한 코드)의 유효성 검증은 그림 6.11에서 볼 수 있듯이 지능형 제어 패턴의 두 번째 제어 지점이다. 여러 단계에 걸친 승인이 필요한 기존 SDLC와 달리 릴리스와 관련된 위험 스토리가 적절하게 마무리되면 제품의 가치 결과 책임자가 릴리스를 승인할 권한을 갖는다. 필수 위험 스토리가 종료되지 않으면 릴리스 검증이 승인되지 않으며 더 이상의 제품 릴리스가 진행되지 않는다.

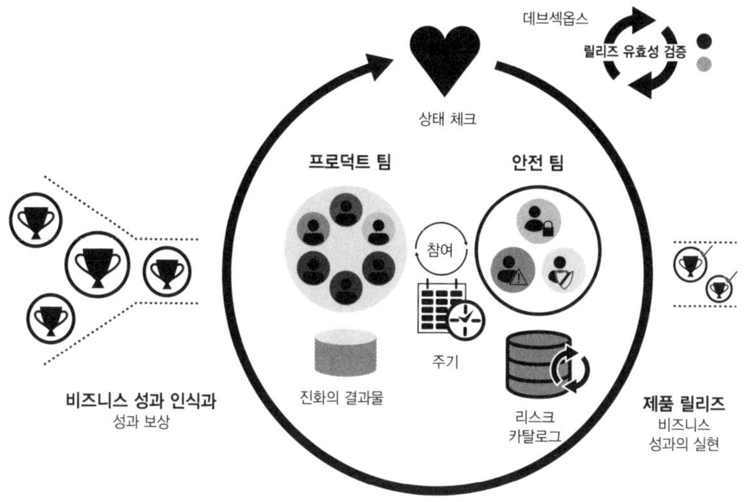

그림 6.11 지능형 제어

실제 릴리스 시점에 가상 IT 변경 요청CR, Change Request 프로세스를 적용해 기술 종속성 알림과 같은 IT 관리 목표를 해결할 수 있다. 지능형 제어 '검증된 릴리스' 인증서로 지원되는 CR은 더 빨라지고, 일부 상황에서는 자동 결합된 승인 흐름을 따라 정기적인 주기로 프로덕션 환경으로 이동할 수 있다.

조직에서 데브 섹 옵스DecSecOps 프로세스의 성숙도가 높아짐에 따라 프로세스 추적성이 향상돼 스토리, 릴리스, CI 보고서, 결과 및 변경 요청을 할 수 있다. 이 프로세스는 모든 소프트웨어 빌드에 대해 자동화된 취약성 검사 및 라이브러리 스캔을 표준으로 제공하므로 나중에 검사하는 것이 아니라 빌드 때마다 안전이 내재해 있는지 확인할 수 있다. 제품 개발 파이프라인에 보안을 구축하는 것은 지능형 제어를 통한 안전 팀 참여 활동의 일부다.

가상의 안돈 코드

안전 팀과 제품 팀 간의 소통이 원활하지 않거나 직원 부재, 응답성 부족, 최소한의 결과 미비 등 서번트 리더십이 해결해야 할 문제가 있을 때는 언제든지 어느 쪽이든 도움을 요청할 수 있다. 토요타 생산 라인의 안돈 코드처럼, 가상 안돈 코드를 사용해 서번트 리더십 스타일로 안전 부서과 가치 흐름 리더에게 도움이 필요하다는 사실을 알릴 수 있다. 이 프로세스가 제대로 작동하려면 문화가 무엇보다 중요하다. 리더는 "팀원 여러분, 무엇을 도와드릴까요?"라는 자세로 이 문제에 접근해야 한다. 사후에 책임을 묻지 않고 업무 시스템을 개선하는 데 초점을 맞춰 지원해야 한다. 이는 지속적인 개선 문화를 장려하는 데 도움이 된다.

7. 능동적 리더십 지원

지능형 제어 패턴을 사용하면 대규모의 사전 청사진이나 순차적인 관리 및 제어 단계 게이트 없이도 관리 및 제어, 리스크 및 규정 준수의 선험적 관계를 '지속적인 모든 것'의 제품 개발 주기에 주입할 수 있다.

가치 흐름 리더십은 이 패턴에서 가치를 극대화하는 데 다음과 같은 핵심적인 역할을 한다.

- 리스크에 대한 책임을 지고 팀 전체에 리스크 의제를 적극적으로 홍보한다.
- **더 나은 가치를 더 빨리 더 안전하게 모두가 만족하도록** 제공할 최고의 방법이라면, 안전 당국 리더십과 협력해 안전 팀이 잠재적으로 공동 자금 조달을 포함한 역량을 갖출 수 있도록

보장한다(장애물은 경로에 있는 것이 아니라 경로가 장애물임을 기억하라).

- 가치 흐름의 일부로 안전 팀과 협력하고 리더십을 확장해 긍정적인 면에 초점을 맞추고 리스크에 대한 논의를 계속 진행한다.

8. 리스크 지표

지능형 제어 프로세스에서 캡처한 데이터를 통해 가치 흐름의 리더십은 상대적 리스크 영역을 시각화해 리스크가 높은 곳에 더 많은 지원을 제공할 수 있다. 안전 부서의 리더십은 다른 관점이 필요할 수 있으며. 모든 사람이 동일한 데이터에 접근해야 한다.

높은 리스크 수준을 이해하는 것은 프로세스 규정 준수보다 더 미묘한 관점이다. 주요 리스크 지표로 사용할 수 있는 데이터 포인트가 많으므로, 관련 팀에 리스크 요인이 무엇인지에 대해 성역 없는 질문을 던져 업무 시스템을 개선할 수 있다. 전달 프로세스의 주요 위험 지표의 예는 다음과 같다.

- 가치 흐름에서 비즈니스 결과물 제작이 진행 중인 제품은 총 몇 개인가? 안전 팀과 꾸준히 소통하지 않는 제품이 있는가? 이유는 무엇인가?
- 가치 흐름에서 안전 팀에 지속적으로 안전도가 낮은 상태라고 경고가 뜨는 제품이 있는가? 이유는 무엇인가?
- 가치 흐름에서 리스크 스토리가 있는 제품이 오랜 기간 지속적으로 해결되지 않은 채 방치돼 있는가? 이유는 무엇인가?
- 특정 기간에 구현된 변경 요청CR이 있는 가치 흐름의 제품

중 검증된 릴리스 인증서와 관련이 없는 CR은 몇 개인가? 이유는 무엇인가?

9. 도구화

기업에서 수많은 가치 흐름, 개발 중인 수백 개의 제품, 많은 수의 안전 팀이 있을 때 팀이 효율적으로 운영되고, 투명성 또는 프로세스를 구축하려면 확장에 앞서 일정 수준의 도구 통합 및 자동화가 필수적이라는 사실을 알게 됐다.

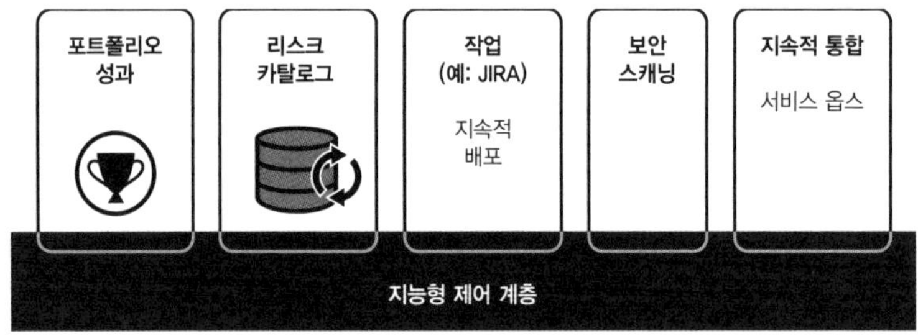

그림 6.12 지능형 제어 계층

최소 실행 가능한 도구화의 원칙은 제품 팀의 핵심 배포 도구를 사용해 데이터 중복을 최소화하는 것이다. 많은 대기업에서는 포트폴리오 관리, 표준 및 정책, 작업 관리, 지속적 배포 및 서비스 운영 전반에 걸쳐 도구가 단절된 것이 일반적이다. 지능형 제어 도구는 이러한 영역을 연결해 안전 팀이 제품 개발 가치 흐름 전반에 걸쳐 가시성을 확보하고 간단히 대시보드에 액세스해 특히 위험과 관련된 작업 시스템을 시각화할 수 있도록 지원한다(그림 6.12 참조).

요약

더 나은 가치에 더 나은 안전성을
짧은 시간에 안전하고 모두 만족하도록

6장에서는 제품 개발 주기를 가속화할 때 리스크를 증가시키는 여러 가지 피해야 할 것들을 확인했다. 새로운 제품을 제대로 개발하는 것은 주로 사람의 문제이며 사람, 프로세스, 도구가 그 관련 순서다. 이 장에서는 중앙에서 결정된 고정된 정책에 관한 규정 준수 사고방식에서 안전 팀과 제품 팀에 상당한 책임을 위임하는 권한 부여형 성장 사고방식으로의 전환과 함께 효과적인 리스크 관리에서 인적 및 심리적 안전 측면을 강조했다. 리스크에 대한 논의를 활발히 하는 조직일수록 더 안전한 조직이 될 가능성이 크다.

데브섹옵스 운동은 오랫동안 '보안을 코드로 개발'[39]하는 것을 지지해 왔으며, 6장에서 설명하는 패턴은 이러한 활동을 보안을 넘어 거버넌스 리스크 및 규정 준수 영역 전반으로 확장하는 것을 지지하며, 이를 광범위하게 '안전'이라고 부른다. 이 패턴은 이러한 모든 안전 관련 소통에서 왼쪽으로 이동해 가치 흐름의 정상적인 업무 체계로 구축하는 것이 중요하다는 점을 강조한다. 상황에 맞는 참여 접근 방식은 리스크 완화가 항상 적절하게 이뤄지도록 보장하며, 제품 팀이 신속하게 움직이고 리스크가 허용하는 범위로 유지할 수 있도록 한다.

통제 요건 = 통제 목표 + 상황

마지막으로, 이러한 패턴들은 위협 인식을 계속해서 높이기 위해

39 Cremen, 'Introducing the InfoSec colour wheel?'

레드Red, 블루Blue, 옐로우Yellow 팀 접근법의 중요한 역할을 담당한다. 취약점 스캔과 이론적 취약점에 의존하기보다 '해킹 시도를 테스트' 한다.[40] 제품 개발 수명 주기에서 리스크 인식을 왼쪽과 오른쪽으로 이동시키면서, 데브섹옵스DevSecOps의 의도는 다음과 같이 표현될 수 있다.

RiskDevRiskOpsRisk

낫페타야 바이러스로 인한 피해 이후 머스크가 다시 온라인 상태가 되기 위해 영국 메이든헤드에 있는 구조 센터에서 600명의 복구 직원이 필요했다. 처음에는 아무것도 복구할 수 없을 것 같았다. 데이터 복구에 필요한 회사의 네트워크 컨트롤러가 모두 바이러스에 의해 지워진 것처럼 보였기 때문이다. 하지만 실제로는 한 대가 남아 있었다. 가나의 정전으로 원격 사무실에 있는 네트워크 컨트롤러 한 대의 연결이 끊겼고, 이 컨트롤러는 바이러스에 감염되지 않은 상태였다. 시간이 없는 상황에서 긴장한 머스크 직원은 가나에서 나이지리아로 날아가 공항에서 하드 드라이브를 런던으로 가는 데 필요한 비자를 소지한 다른 직원에게 전달했다.[41]

6장의 패턴이 파괴적이고 비용이 많이 드는 바이러스를 만드는 것을 막을 수는 없지만, 안전성이 향상되면 팀원이 나이지리아 공항에서 조직의 전체 데이터를 넘겨야 하는 위험은 낮출 수 있을 것이다.

7장에서는 애자일 환경에서의 리더십에 관해 이야기하겠다.

---

40 'Manifesto', DevSecOps.org

41 Doctorow, 'The True Story of Notpetya'

원칙

안전에 대한 안전

심리적 안전을 키운다.

부정적 요소의 부재뿐만 아니라 긍정적 요소의 존재도 추구해야 한다.

가치 흐름에 맞춰진 안전 팀

장기적 가치 흐름에서의 장기적 안전 팀

안전한 가치의 지속 가능한 빠른 흐름을 위해 최적화하라

공유된 안전 오너십

현존하는 리스크에 대한 논의를 지속하라

최소 실행 가능한 규정 준수(Minimal Viable Compliance, MVC)

정황과 위험을 고려한 적절한 규모의 리스크 완화

사람, 프로세스, 도구의 순서다

행동, 협업, 대화가 가장 큰 레버리지다.

피해야 할 것 7.1
서두르다가 더 느려질 수 있다

피해야 할 것 7.2
빈 껍데기 애자일

피해야 할 것 7.3
팀과 아키텍처의 불일치

피해야 할 것 7.4
사람보다는 도구에 집중

7 기술적 우수성에 대한 지속적 관심

해야 할 것 7.1
빨리 가려고 서두르지 않기

해야 할 것 7.2
지속적인 기술적 우수성

해야 할 것 7.3
업무 흐름을 위한 아키텍트와 조직

해야 할 것 7.4
로봇과 함께하는 스마트한 사람, 스마트한 팀

1938년 남아프리카공화국 이스트런던East London 박물관의 큐레이터였던 마조리 코트네이 라티머Marjorie Courtenay-Latimer는 지역 부두에서 한 통의 전화를 받았다. 한 어부가 이상하게 생긴 물고기를 잡았다고 그녀에게 알리는 전화였다. 어부는 코트네이 라티머가 평소 특이한 표본을 보는 데 관심이 많았기 때문에 어획물을 직접 보고 싶어 할 것으로 생각했다.

부두에 도착한 코트네이 라티머는 그물을 열고 이물질을 걷어냈다. 그녀는 지금까지 본 것 중 '가장 아름다운 물고기'를 그때 봤노라고 말했다.[1]

코트네이 라티머는 아마도 이전에 많은 물고기를 봤을 것이다. 이 표본은 길이가 5피트였고, 옅은 연한 청색에 희미한 흰 반점이 희미하게 있고 전체적으로 무지갯빛의 은청록색 광택을 띠고 있었다.[2] 그녀는 이 물고기를 강아지와 비교하며 '팔다리 같은' 지느러미 4개와 울퉁불퉁한 꼬리를 가졌다고 표현했다.

코트네이 라티머는 이 물고기를 박제해 어류학자 J.L.B. 스미스J.L.B Smith에게 보여줬다. 스미스는 즉시 이 물고기가 6천 500만 년 전에 멸종한 것으로 알려진 코엘라칸스coelacanth라는 사실을 알아냈다. 코트네이 라티머는 진화 기록의 살아있는 일부인 '살아있는 화석'을 발견한 셈이었다.[3]

생물학적 진화 이론가들은 시간이 지남에 따라 점진적으로 진화된다고 믿는 학파와 오랜 기간 안정기를 거친 후 중대한 지질학적 사건에 의해 갑자기 종의 변화가 일어나 진화가 이뤄진다고 믿는 학파로 나뉘었다. 이 두 학파는 이제 대부분 화해한 상태다. 변화는 점진적으로 일어나기도 하고 단계적으로 일어나기도 한다.

1 Weinberg, 『A Fish Caught in Time』

2 Weinberg, 『A Fish Caught in Time』

3 Weinberg, 『A Fish Caught in Time』

조직도 마찬가지다. 변화는 점진적으로 이뤄지며 새로운 혁신, 규제 또는 시장의 이벤트로 발생하는 파괴적인 변화로 점철되는 스타카토가 아니다. 이에 대한 용어는 성취(기존 비즈니스 모델)와 탐험(새로운 비즈니스 모델)이 있다. 또한 린과 마찬가지로 카이젠(개선)과 카이카쿠(개혁)도 있다. 진화 생물학에서는 '불연속적 점진주의Punctuated Gradualism'라고 부른다(그림 7.1참조).

'점진주의Gradualism'는 점점 더 가파르게 진행되고 있으며, 지속적인 변화의 속도는 점점 더 빨라지고 있다. 때로는 이 과정에서 유물이 남겨지기도 한다. 예를 들어 1993년부터 컴팩 PC는 이베이eBay에서 부품을 구해 중요한 생산 라인을 가동하고 있었고, 2008년부터 지원이 중단된 비주얼 베이직Visual Basic으로 만들어진 애플리케이션이 아직도 비즈니스 운영을 유지하고 있는 때도 있다. 몇몇 화석은 어떻게든 살아남아 가끔은 통합 개발 환경에서 발견되곤 한다.

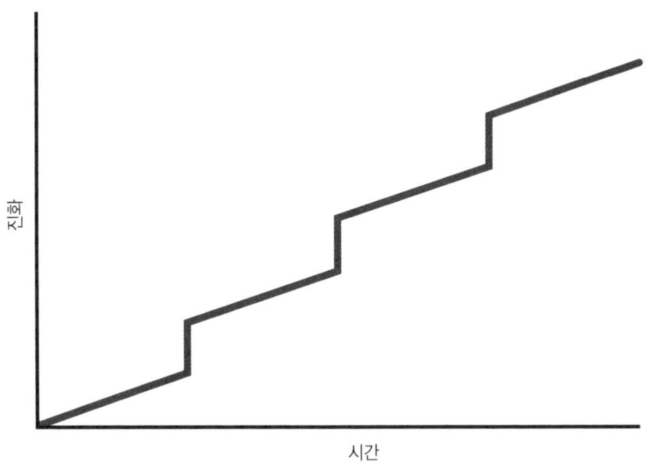

그림 7.1 불연속적 점진주의

제품 개발 팀은 오랫동안 잊힌 물고기를 발견하는 일이 드물지만, 엔터프라이즈 애플리케이션의 잔해를 처리하는 과정에서 여전히 화석화된 코드 레이어에 걸려 넘어지는 경우가 종종 있다.

디지털 시대에도 많은 오래된 기업에서는 여전히 살아있는 소프트웨어 화석이 진화하고 있다. 일부 회사는 신입 사원에게 COBOL을 교육해 1960년대와 1970년대에 작성된 메인프레임 소프트웨어를 개발하도록 한다. 1990년대와 2000년대 클라이언트 서버 아키텍처를 위해 구축된 대규모 모놀리식 데이터베이스를 유지하는 회사도 있다. 현재 많은 업계에서 기본적으로 브라우저를 프론트엔드로 구축하고 있지만, 아직도 많은 조직에서는 두꺼운 클라이언트 데스크톱 인터페이스를 사용한다.

전통적인 업무 방식을 가진 조직에서 변화(고유한 제품 개발의 맥락에서)는 스타카토다. 진화 생물학 용어로는 '불연속적 점진주의'가 아니라 '점진적 균형'이다. 오랜 기간 정체가 있다가 파괴적인(종종 부정적인 의미의 파괴적인) 변화가 폭발적으로 일어난다. 지속적이고 계속적인 개선이 부족하다. 큰 예산, 긴 타임라인, 큰 오버런, 빅뱅으로 점철된 상태로 안주하려 한다.

미래를 예측하려는 프로젝트 중심 사고방식과 조급한 해결책을 제시하고 결정론적 사고방식을 장려하는 재무 프로세스로 '구두점'이 생기고, 또 다른 새로운 IT 제품(애플리케이션)이 배포되는 경향이 있다. 이전 프로젝트는 중단되고 기존 지식이 분산됨에 따라 애플리케이션은 보통 정체 상태에 놓인다. 애플리케이션은 항상 '가동 중' 상태로 실행되며 새로운 애플리케이션이 추가될 때마다 '실행'에 들어가는 비용이 증가한다. 창조적 작업에 사용할 수 있는 지출이 줄어든다. 이는 정원 가꾸기와 비슷해서 잡초가 자라도록 내버려 두는 것과 같다. 운영 체제, 컴파일러, 타사 라이브러리는 더 이상 지원 및 패치가 제공되지 않는다. 결국 정원이 너무 무성해져서 돌이킬 수 없는 시점이 지나고 나면, 유일한 접근 방식은 대규모 예산이 투입되는 또 다른 빅뱅 방식의 그린필드 교체 소프트웨어 시스템을 구축하는 것뿐이다. 광기는 계속되고 있다. 이는 BVSSH를 위한 최적화가 아닌 정반대의 방향이다.

애플리케이션은 강아지와 공통점이 있다 "애플리케이션은 평생을 같이할 것이다. 크리스마스에 잠깐 쓰고 버리는 게 아니다."

여기에 나오는 '피해야 할 것'은 기술적 우수성에 대한 지속적인 관심의 중요성, 어떻게 스타카토가 변하는지, '구두점 균형'이 왜 성과 최적화에 실패하는지를 보여준다.

반면에 '해야 할 것'은 정원을 가꾸고, 비행 중 비행기를 업그레이드하고, 지속적으로 진화하고 '불연속적 점진주의' 접근 방식을 취하는 것이 어떻게 BVSSH의 전달에 최적화되는지 보여준다.

피해야 할 것 7.1

서두르다가 더 느려질 수 있다

이 패턴에서 팀은 무언가를 만들어내는 기능 공장이며 결과물에 초점을 맞추고 있다. 팀 내에서는 '속도'와 '비율로 말하라!(더 묻지 말아라)'라는 말이 자주 사용된다. 물건의 생산이 무엇보다 우선되며, 전날 완료했어야 한다. 지속적인 개선, 리팩토링, 코드의 유지 보수성, 확장성, 복원력, 자동화 수준 향상 등을 위한 시간적 여유가 없다.

새로운 기능이 추가될 때마다 수동 테스트 오버헤드가 증가한다. 지원 기능이 내재돼 있지 않으므로 IT 운영 비용은 증가한다. 코드는 세 살배기가 스파게티를 한 그릇 먹은 것처럼 엉망진창이 돼 버렸다. 코드는 읽기 어렵고, 유지 관리 및 코드 추가는 물 건너갔다. 기능 출시에 대한 끊임없는 압박에 맞추기 위해 여기저기가 깎여나가고 있다. 코드 변경에는 1년 전보다 두 배나 오래 걸린다. 개발 비용은 상승하고, 리드 타임, 개념에서 수익화까지의 시간, 학습 시간, 고객 피드백에 대응하는 시간이 점점 더 길어지고 있다. 인시던트가 증가하고 팀의 이직률도 높아진다.

팀원 중 가장 오래 근무한 프리야Priya만 시스템의 가장 복잡한 부분이 어떻게 작동하는지 이해했고, 모든 장애가 발생할 때마다 항상 대기하고 있다. 출시, 출시, 또 출시…. 출시의 압박감으로 많은 이의 손을 타게 된 코드가 부풀어 올랐다. 별도로 분리하려 해도 우선순위가 정해지지 않았다. 모든 사람이 출시와 테스트를 동시에 조율해야 했다. 하나로 뭉쳐진 진흙덩이 같았다.

진행 속도가 느려질수록 이해관계자의 압박은 더 세진다. "애자일이라면서요?!" 이에 팀 성과 책임자는 "하지만 우리는 더 많은 스토리 포인트를 전달하고 있어요."라고 항변하는데, 이는 황소에게 붉은 천을 던지듯이 받아들여진다. 일정을 맞추려고 이것저것 깎여나간다. 결국 누군가가 "그만! 이 애플리케이션은 이제 레거시가 돼 버렸고 처음부터 다시 구축하기 위해 투자를 유치해야 합니다"라고 말한다. 이렇게 레거시 코드 구축의 회전목마는 계속 돌아간다.

운동, 자동차 정비, 집 청소 및 정리, 공장 기계 정비를 위해 유지보수 시간을 따로 잡지 않으면 여러분의 집, 자동차, 기계가 예기치 않게 치명적인 방식으로 성능이 저하되며, 이는 누구도 원치 않을 것이다. 여기에 더해서 부채가 발생하는데, 피트니스 부채, 유지 보수 부채, 리모컨을 찾지 못해 발생하는 부채, 기술 부채 등이 있다. 이런 부채를 갚지 않으면 모든 것이 더디게 진행된다.

이게 **더 나은 가치를 짧은 시간에 안전하고 모두 만족하도록**에서 '더 빨리'가 아닌 '짧은 시간에'라는 표현을 쓴 이유다. 학습 시간과 대응 시간, 리드 타임을 단축해 성과를 극대화하고, 혁신할 수 있고, 고객과 대화하는 데 시간을 할애할 수 있는 것이다. IT 제품이나 업무 시스템을 지속적으로 개선하는 대신 생산량을 늘리는 게 아니다.

이 피해야 할 것은 앞에서의 '피해야 할 것 4.3, 5.2, 5.3'과 함께 나타날 수 있다. 중첩된 학습 루프를 통해 비즈니스 결과를 최적화하는 대신 비현실적이고 미리 정해진 계획, 활동에 대한 '약속', '마감일' 또는 '데드라인'을 정하고 이를 지키지 못하면 죽는다는 비유를 사용한다. 기술적 우수성, 리팩터링은 물론 자부심과 동료 참여도 사라지게 되며 기술 부채는 증가하고 진행 속도는 느려지게 된다. 이러한 악순환은 파트너십 부족, 지속적인 개선 요구, 시스템 엔트로피 세 가지 요소로 나눌 수 있다.

1. 파트너십 부족

흔히 "비즈니스는 더 많은 기능을 원할 뿐"이라는 말을 한다. 이는 집단 사고, 희생자 사고방식, 지속적인 리팩터링의 중요성에 관한 대화 부재 등이 원인일 수 있다. 또는 이해관계자가 이해가 부족해 독재적인 태도를 보이거나 이를 유지하기도 한다. 때로는 새로운 기능을 추가하기로 한 결정이 단기적인 기술 부채를 감수할 만한 가치가 있는 시장 선점의 이익이 있으므로 타당하고 기업가적인 결정일 수도 있다.

이러한 결정은 의도적이어야 하며 가치 성과 책임자, 팀 성과 책임자, 아키텍처 성과 책임자가 함께 내려야 한다. '우리끼리', '명령하는 사람 · 명령받는 사람'으로 표현되는, 독재적이고 명령과 통제를 따르는 낡은 업무 방식이 '피해야 할 것 7.1'의 핵심이다.

가치 흐름보다는 직무 역할에 따른 집단의 정체성과 함께 비즈니스와 기술 간 전통적인 구분, 우리끼리의 행동 규범은 소프트웨어 개발 업무의 본질에 대한 오해를 완화하는 데 도움이 되지 못한다. 더 많은 사람이 'T'자형 인재가 돼야 한다. IT뿐만 아니라 '비즈니스' 전반에서 말이다. 기술 전문가가 아니더라도 기술에 대한 이해가 있다면 더 많은 가치를 창출할 수 있다. 기술 전문가는 자신이 속한 비즈니스 가치 흐름을 잘 파악하고 있어야 한다. 그렇지 않으면 '지시하는 사람' 입장인 일부 사람들은 비즈니스 기능을 구현하는 데 직접적으로 소요되는 작업만 가치 있다고 생각하는 경향이 있다.

이해관계자나 파트너가 장기적으로 리팩터링과 기술적 우수성을 전혀 중요하게 생각하지 않고 독재적으로 미시적인 관리 방식을 취하면 팀이 업무 흐름을 유지하거나 늘리게 되며, 이러한 노력이 향후 작업의 노력, 비용, 가치 및 창출 시간을 줄여준다는 믿음으로 기술 개선 작업을 실제로 숨기는 경우가 많다.

디지털 시대임에도 장기간 개선 작업이 우선순위에 놓이지 않아서 조직과 성과를 위한다면서 사람들이 동료들에게 감추려는 필요성을 느낀다면, 이는 말도 안 되는 일이라고 말하고 싶다. 기술 패턴을 이해하고, 기술 전문가가 피해자 의식을 보이지 않도록 노력하며, 기술 부채 상환에 집중하지 않으면 시간이 지남에 따라 '가치 민감성'이 감소한다는 비즈니스 사례를 만들기 위해서는 모든 측면에서 오너십이 필요하다.

이러한 파트너십 결여는 측정 대상과 측정 방법에서도 나타날 수 있다. 업무가 아닌 작업자를 측정하는 것은 피해야 할 것이다. 가끔 개발자의 생산성을 측정하려는 시도가 보인다. 이는 테일러주의적이고, 명령과 통제를 중시하며, 심리적 안전이 결여된 접근 방식으로 개인의 기술적 우수성을 측정하려는 것이다. 이는 빅 브라더, 신뢰 부족 문화를 조장하며 참여를 권장하는 문화에 도움이 되지 않는다. 더 나쁜 것은 측정에 '생산적인 시간'이나 코드 라인 수가 포함되면 시스템이 게임화된다는 것이다. 측정해서는 안 되는 지표를 게임을 위해 장황하게 부풀려진 코드로 만들어낼 것이다. 이는 혁신과 고객 및 이해관계자와 대화하는 데 소요되는 시간을 잡아먹는다.

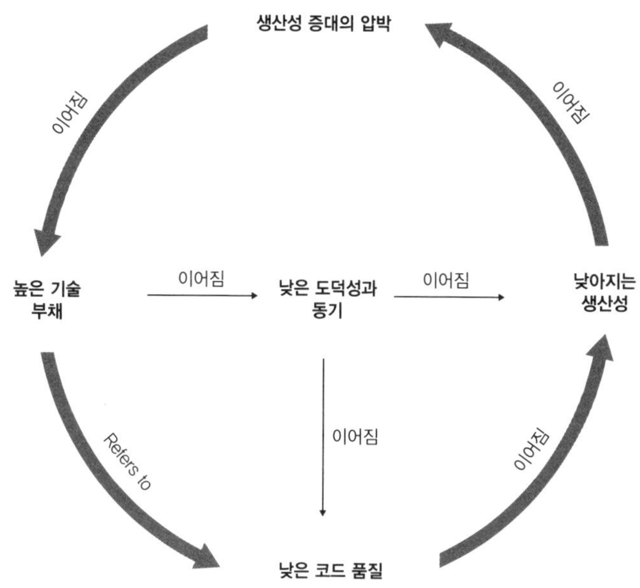

그림 7.2 기술 부채로 인한 고통의 순환

2. 지속적인 개선이 요구되는 긴급 상황

이런 패턴에서는 작업은 고유한데 무엇을 모르는지 모를 때 필요한 지속적인 리팩터링과 지속적인 개선이 부족해 BVSSH의 결과가 잘못된 방향으로 향하게 된다.

제품 개발은 긴급성을 요한다. 사람들은 이전에 경험이 없어서 자신이 원하는 게 무엇인지, 소프트웨어를 어떻게 개발을 해야 할지 정확히 알지 못한다. 동일한 소프트웨어를 수천 번 작성하지 않는다. 한참 전에 작성된 것도 몇 번 다시 수정해야 하고 여러 번 실행된다. 따라서 소프트웨어가 개발될 때마다 회고와 학습을 한다는 것은 독특한 시도다. 뒤에 깨닫는 것은 멋진 일이다.

이런 회고와 학습 후에 행동한다면, 회고에 지속적인 개선 능력이 있다면, 더 빨리 가기 위해 서두르지 않으면, 미래의 모든 소프트웨어 개발은 빠르게 이뤄질 수 있다. 지적, 과학적, 예술적, 협업적인 활동인 소프트웨어 개발에는 정기적인 코드 리팩터링이 필요하다. 이는 유지 보수성과 확장성을 개선하고, 더 읽기 쉽고, 덜 복잡하고, 결함을 더 쉽게 수정하고, 변경하기 쉽게 만들고, 모놀리식을 구성 요소별로 분해하는 데 필요하다. 더 간단한 코드 작성에 시간이 더 오래 걸린다.

속도를 높일 목적으로 학습된 것을 무시하고 지나가면 인사이트의 이점을 구현할 수 없다. 물론 시장에 먼저 출시하는 것이 기술 부채를 감수할 만한 가치가 있는 예외 상황도 있을 수 있다. 그러나 결국 이런 부채는 갚아야 한다. 그렇지 않을 때 더 빨리 가려고 하면 결국 더 느려질 수 있다.

엔지니어링은 코드 리팩터링 외에도 '목적에 적합'하도록 지속적인 개선을 함으로써 이점을 얻을 수 있다. 인간으로 보면 잘 자고, 잘 먹고, 잘 움직이는 것이다. 개인 건강을 위해 시간을 투자하는 것과 마찬가지로 엔지니어링 건강에도 시간을 투자해야 한다. 테스트 우선 개발, 자동화된 테스트, 정적 코드 분석, 트렁크 기반 개발, 비기능적 테스트, 확장성, 지원 가능성, 관찰 가능성, 복원력 등이 이에 해당한다. 이러한 요소에 시간을 투자하지 않으면 결국 품질은 저하되고, 더 느리고 위험하며 불행히도 더 낮은 가치가 제공된다.

더 나은 가치를 짧은 시간에 더 안전하고 모두 만족하도록 제공하기 위해서는 리팩토링과 지속적인 개선에 전념할 수 있는 시간 확보가 중요하다.

3. 시스템 엔트로피

모든 시스템은 시간이 지남에 따라 엔트로피를 경험한다. 엔트로피 때문에 아무것도 하지 않는 것은 가만히 있는 것보다 나쁘며, 실제로는 퇴보하는 것이다. 열역학 제2법칙에 따르면 폐쇄된 시스템은 무질서를 향해 나아간다.

IT 시스템을 둘러싼 환경은 끊임없이 변하고 있다. 데이터의 형식, 유형, 적시성, 비즈니스 활동, 하드웨어, 운영 체제, 컴파일러, 타사 소프트웨어 라이브러리, 보안 취약점, 인력, 프로세스 등 모든 것이 변한다.

내가 본 어떤 조직에서는 기술적 우수성에 대한 지속적인 관심이 부족해 지원되지 않는 컴파일러를 사용하는 미션 크리티컬 시스템이 있었다. 그 결과 지원되지 않는 운영 체제가 필요했으며, 지원되지 않는 하드웨어도 필요했다. 그리고 이런 지원되지 않는 환경에서 코드를 계속 개발할 의지가 있는 개발자가 필요했다. 이미 돌이킬 수 없는 지점을 넘어선 상태였으며, 새로운 비즈니스를 처리할 수 없었다. 결국 시스템을 줄이거나, 소각하는 것 외에는 선택지가 없었다. 기술적 우수성에 대한 지속적인 관심보다 훨씬 더 높은 비용과 위험을 감수하면서까지 막다른 골목으로 엔트로피가 확장돼 버렸다.

엔트로피를 막고 지원되는 기술과 최신 보안 패치로 애플리케이션을 유지하려면 '에버그리닝Evergreening'이 필요하다. 그렇지 않으면 6장에서 살펴봤듯이 낫페트야나 워너크라이WannaCry 바이러스의 영향과 같이 심각한 결과를 초래하는 취약점이 광범위하게 노출될 수 있다.

기술적 우수성에 관한 관심은 가끔이 아니라 지속적으로 이뤄져야 한다. '지속적인 모든 것' 접근 방식에서는 모놀리스에서 마이크로서비스로, 온프레미스에서 클라우드로 전환하는 것과 같이 정기적으로 대규모 리팩토링을 조금씩 자주 수행한다. 진화와 마찬가지로 소프트웨어도 결과를 최적화하기 위해 불연속적 점진주의를 통해 진화해야 한다.

수년 동안 기술적 우수성보다는 '충분히 좋은' 기술력으로 운영해 온 팀(내가 여러 번 봐 왔던 팀이다)은 BVSSH를 제공하고자 하는 열망이 있다면 업무 방식을 개선하는 데 시간을 할애해야 할 것이다. 그렇다고 비즈니스 기능에 대한 작업을 완전히 중단할 필요는 없다. 매주 또는 매월 몇 시간 또는 며칠을 예약해 아키텍처, 테스트, 배포 업무 개선에 집중하라. 지속적인 개선이 일상적인 업무 일부가 될 것이다. 장기적으로 지속적인 기술적 우수성을 우선순위에 두지 않는 것은 BVSSH를 최적화를 어렵게 만든다.

피해야 할 것 7.2
빈 껍데기 애자일

'피해야 할 것 7.2'는 기능에 대한 끊임없는 압박이 없더라도 스크럼과 같이 기술적 우수성에 초점을 맞추지 않은 애자일 방식인 '빈 껍데기 애자일'에 관한 것이다. 이는 애자일 작업 관리 전용으로, 대규모 사전 아키텍처 설계 및 검토가 필요한 환경에서 주로 발생한다.

여기에는 애자일 껍데기만 있고 핵심에 기술적 우수성이 부족해 성과에 최적화가 되지 않는다.

애자일 선언문에서는 분명히 다음과 같이 언급한다. "기술적 우수성과 좋은 디자인에 대한 지속적인 관심은 애자일 역량을 향상시킨다." 이는 애자일 12원칙 중 하나다.[4] 여기서 지속적이라는 단어에 주목해야 한다.

스크럼이나 칸반 방법은 일하는 방식에 대한 접근법으로서 기술적 우수성 원칙과 실천을 명시적으로 다루지는 않는다. 이 방법들은 소프트웨어 개발보다 더 광범위한 맥락에서 적용되도록 설계됐다. 이

4 Beck 외, 「Manifesto for Agile Software Development」

로 인해 소프트웨어 개발이 주된 활동인 조직에서는 스크럼이나 칸반의 메커니즘, 업무 관리에만 집중하고 기술적 우수성에는 충분히, 또는 전혀 관심을 기울이지 않을 때가 많다. 시간이 지나면 코드 베이스의 유지 관리가 어려워지면서 진행 속도가 느려진다. 시간이 지나면서 총 소유 비용은 증가하고 흐름은 감소한다. 이는 더 많은 결과가 아닌 더 적은 결과로 귀결되며 누구도 원치 않는 것이다. 마틴 파울러는 이를 '무기력한 스크럼Flaccid Scrum'이라고 부른다.[5]

1. 와자일 솔루션 아키텍처

더 큰 문제는 워터 스크럼 폴Water-Scrum-Fall 방식에는 반복 기반 접근 방식 이전에 여전히 전통적인 대규모의 선행 솔루션 아키텍처 및 설계 단계가 존재하는 경우가 많다는 것이다. 그 결과 기술 설계가 충분하게 의도가 반영되는 게 아니라 결정론적이며 세부적이고, 변화가 억제되고 거품 속에서 설계하는 데 너무 많은 시간이 소요되며, 실행을 통한 진정한 학습이나 피드백 루프가 없다. 이러한 '와자일WaterFall + Agile = Wagile' 접근 방식에는 '기술적 우수성과 디자인에 대한 지속적인 관심'이 없기에 결과를 최적화할 수 없다. 기술 아키텍처는 더도 말고 덜도 말고 딱 필요한 만큼만 구상해야 한다. 장기적인 IT 제품에 대한 일별, 주별, 월별, 분기별 중첩된 성과 주기에 맞춰 지속적으로 수행돼야 한다.

5 Fowler, 'FlaccidScrum'

2. 전통적인 엔터프라이즈 아키텍처

또한 프로젝트 및 솔루션 아키텍처 레벨 이상에서는 린이나 애자일이 엔터프라이즈 아키텍처일 때가 종종 있으며, 기술적 우수성과 좋은 설계에 대한 지속적인 관심을 지원하지 않을 때가 많다.

내 경험상 엔터프라이즈 아키텍처가 하는 기능은 일반적으로 어떤 형태의 기술에 대한 관리 및 제어와 중복성 감소와 관련이 있으며, 기술 표준, 소프트웨어 및 인프라 개발 정책에 중점을 둔다. 전통적인 업무 방식의 엔터프라이즈 아키텍트는 일반적으로 중요한 신규 구축 또는 리팩터링의 초기 단계, 즉 설계 문사가 정책이나 표준을 준수하는지 검토하고 또 다른 대규모 사전 승인을 받는 단계에서만 소프트웨어 개발 이니셔티브에 관여한다. 그게 끝이다.

팀에서 기능을 제공하는 데 몇 분이 아니라 몇 달이 걸릴 때도 대규모 사전 설계 검토는 무용지물에 가깝다. 애플리케이션 배포 팀은 실제 소프트웨어를 구축하는 동안 거의 매번 복잡함을 발견한다. 이는 설계 기관이나 아키텍처 위원회에 제출된 설계가 지금과 다르다는 것을 의미한다. 안전한 가치의 빠른 흐름이라는 상황에 적합하지 않은 통제의 연극인 것이다.

일반적으로 기술적 우수성에 대한 지속적인 집중이 부족하면 BVSSH의 실현에 장애가 된다.

피해야 할 것 7.3
팀과 아키텍처의 불일치

이번 절에서 다룰 것은 기술 아키텍처와 인력 아키텍처가 최적화되지 않았거나 일치하지 않은 경우다. 이를 방치하면 기술적 우수성에 주의를 기울이지 못하고 결과를 최적화하는 데 실패하게 된다. 이와 관련한 또 다른 시나리오는 기술 계층별로 인력을 구성하는 것이다. 이는 기술적 우수성 사례와 흐름을 저해한다.

1967년 컴퓨터 과학자 멜 콘웨이Mel Conway는 '콘웨이의 법칙Conway's law'으로 알려진 논문을 발표했다. 그는 논문에서 "시스템을 설계하는 조직은 그 조직의 커뮤니케이션 구조를 모방한 설계를 하도록 강요받는다"라고 했다.[6]

즉 100명으로 구성된 프로젝트 팀 중 30명이 개발자일 때와 마찬가지로 대규모의 역할 기반 팀으로 구성되면 모놀리식 소프트웨어를 만들 가능성이 크다. 반면, 사람들이 소규모 다분야로 팀이 구성되면 요소화된 구조의 소프트웨어를 만들 가능성이 더 크다. 2008년 하버드 비즈니스 스쿨은 이 가설을 확인하는 연구 논문을 발표하기도 했다.[7]

응집력이 높고 결합이 적은 컴포넌트화된 기술 아키텍처는 복잡성이 낮고 팀의 인지 부하가 적으며 의존성도 낮아서 애자일 역량이 향상된다. 팀은 각자의 속도에 맞춰 가치를 릴리즈할 수 있는 능력이 향상된다. 따라서 인적 커뮤니케이션 이점 외에도 소규모 다분야 팀이 많은 편이 바람직하다.

콘웨이의 법칙의 결론은 조직 구조 자체가 수년 전에 설계한 아키텍처에 의해 제약받을 수 있다는 것이다. 그리고 의도적인 조치가 없다면 이는 'catch-22'[8]다. 아인슈타인은 "문제를 만들 때와 같은 수준의 사고로는 문제를 해결할 수 없다"라고 했다.

이러한 패턴의 예를 들면, 기술 아키텍처를 고려하지 않은 운영 모델을 적용해 추가적인 종속성과 핸드오프로 이어지는 경우다. 기술 아키텍처 환경이 어떻게 진화할지 고려하지 않은 모놀리식 역할 기반

---

6 Conway, 'How do Committees Invent?'

7 MacCormack, Rusnak, and Baldwin, 'Exploring the Duality between Product and Organizational Architectures'

8 2장 참조 – 옮긴이

의 대규모 팀에서 가치 흐름에 맞춰 소규모 다분야의 팀으로 순진하게 재조직하면 최적화되지 않는 개선으로 이어질 것이다.

최악의 경우, 조직 개편으로 또 다른 조정 및 심층 관리 계층이 추가될 수 있다. 새로운 팀은 여러 구성 요소에 걸쳐 기능을 변경해야 하고 다른 가치 흐름과 조율이 필요한 애플리케이션 아키텍처로 작업하게 돼 리드 타임이 느려지고 흐름 효율성이 떨어질 수 있다.

1. 기술 계층별로 엔터프라이즈 구성하기

또 다른 시나리오는 그림 7.3에 따라 종단 간 흐름을 제공할 수 있는 능력이 아닌 기술 계층별로 인력과 아키텍처를 모두 구성한 조직이다. 예를 들어 조직, 사업부 또는 가치 흐름 전반에 걸쳐 계층화된 기술 아키텍처가 있다고 하자. 애플리케이션 개발 역할 사일로 내에서 이는 모든 프론트엔드 개발자를 한 풀에 배치하고 데이터베이스 개발자를 다른 풀에 배치하는 것과 같다. 종종 프로젝트에 더 적은 인원이 필요한 상황이 생기고, 이때 더 저렴하게 수행될 수 있을 거라는 생각으로 이뤄진다. 하지만 역설적으로 더 많은 핸드오프, 종속성 및 작업 대기, 흐름 효율성 감소, 낮은 흐름, 모두 만족하지 못하는 상황, 더 많은 시간 쪼개기, 더 느린 가치 전달로 결국에는 조직에 더 큰 비용이 발생한다.

사람들이 애플리케이션을 볼 수 없는 자신의 계층에만 갇혀 있으므로, 중요한 기능 설계의 상당 부분이 팀 외부에서 또는 다른 하위 전문 분야인 솔루션 아키텍트에 의해 수행되고 나서야 팀에서 작업할 수 있게 된다. 팀에는 자율성이 거의 없으며, 동기화된 제공을 하기 위해 시간을 예측하고 약속해야 한다. 가장 간단한 기능 중 일부는 가치를 전달하기 위해 여러 팀이 협력해야 하는데, 계층별로 지식이 국지화돼 버리면 예측, 설계, 빌드, 테스트 디버그 및 지원을 수행하기가 어렵다. 결과에 대한 소유권 공유가 거의 또는 전혀 없다. 가치를 제공하는 데 필요한 것을 모두 갖춘 한 팀도 있을 수 없다.

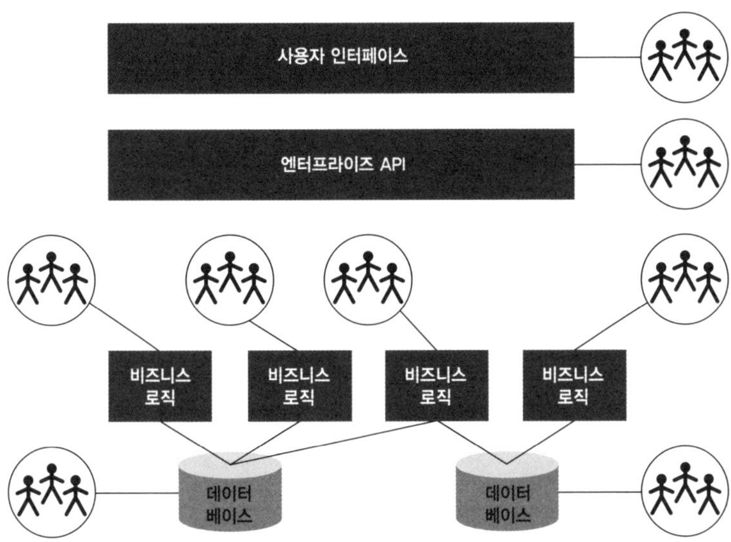

그림 7.3 기술적 계층으로 구성된 조직

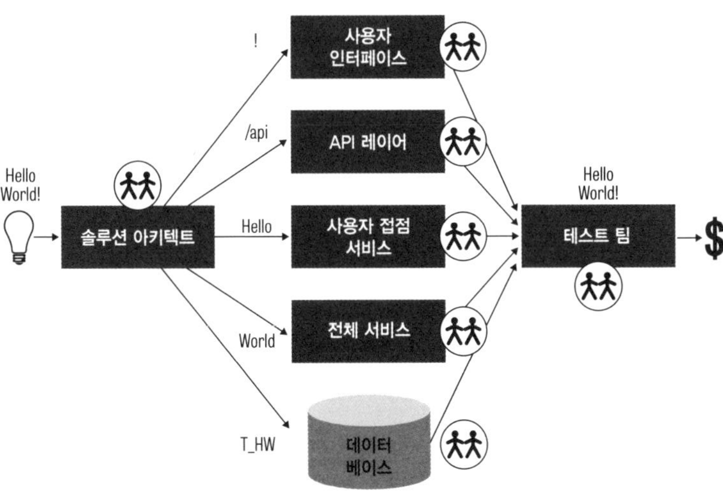

그림 7.4 솔루션 아키텍처와 계층 구조의 조직('Hello World!'가 계층적으로 쪼개지는 모습)

보고서 「State of DevOps Report」와 책 『Accelerate』(IT Revolution, 2018)는 기술적 우수성과 성과가 우수한 조직 간의 상관관계를 설명한다.[9] 성과가 우수한 팀과 조직에서 사용 중인 몇 가지 기술적 사례를 살펴보면, 인력의 구조와 엔터프라이즈 아키텍처가 기술 계층별로 구성될 때 상당한 효과를 잃는다는 것을 알 수 있다.

『팀 토폴로지』(에이콘, 2021)에서 매튜 스켈톤Matthew Skelton과 마누엘 페이스Manuel Pais가 설명했듯이 "조직 설계와 소프트웨어 설계는 양면의 동전과 같으며, 둘 다 동일한 정보를 가진 사람들이 수행해야 한다."[10]

피해야 할 것 7.4

사람보다 도구에 집중

기술적 우수성에 대한 지속적인 관심의 또 다른 일반적 패턴은 사람보다 도구에 집중하는 것이다. 다시 말하면 'Jira와 Jenkins를 설치하면 애자일이다!'라고 외치는 것이다. 기술 전문가를 위한 경력 경로가 부족하고 자동화에 지나치게 의존하는 것도 종종 관찰된다.

프로세스, 업무 시스템, 행동 규범, 즉 사람들의 조직화와 성과에 대한 보상 방식이 바뀌지 않는다면 도구에만 초점을 맞추는 것으로 성과는 개선되지 않는다. 도구가 먼저가 아니라 사람→프로세스→도구의 순서가 돼야 한다.

1. 도구화에 중점을 둔 데브옵스 전환

특히 일반적으로 관찰되는 시나리오는 데브옵스 전환을 시작하는 조

9 Forsgren et al., 「State of DevOps Report 2017」, Forsgren, Humble, and Kim, 『Accelerate』

10 Skelton and Pais, 『Team Topologies』, 24.

직이 주로 도구를 대상으로 전환하는 것이다.

빌드 및 릴리스 자동화, 소스 코드 제어, 바이너리 결과 리포지토리와 같은 도구는 데브옵스, 애자일 및 린 소프트웨어 개발의 근간이 되는 협업과 흐름 효율성의 많은 부분을 위한 필수 기반을 제공한다. 최신 개발 도구 체인을 설치하는 것이 데브옵스 여정이라고 생각하는 경우가 많은데, 실제로는 마치 테니스공 기계처럼 그물망을 통해 IT 운영 팀으로 소프트웨어 바이너리를 점점 더 빠른 속도로 전송하는 것과 비슷하다. 예를 들어, 기업에서는 자동화된 빌드 및 배포를 지원하는 도구에 집중하는 경우가 많고, 여기에 'CI/CD'라고 이름을 붙이는데, 이러한 도구를 사용하는 대부분 팀은 지속적 통합이나 지속적 배포를 실행하지 않으며, 특히 지속적 배포를 실행하지 않을 때가 많다.

표 7.1 기술적 우월성의 사례와 기술 계층별 조직

기술적 사례	기술 계층별 조직에서의 장애
테스트 자동화 · 지속적 테스팅	너무 타이트하게 결합이 되면 상당수의 통합 테스트 없이는 자신감을 얻을 수 없다는 것을 의미하며 (이것 때문에) 다른 팀을 기다려야 한다.
배포 자동화	개별 구성 요소의 자동화된 배포에는 팀이나 비즈니스 기능을 구현하기 위해 여러 팀의 기여를 기반으로 한 정교한 자동화된 오케스트레이션이 필요하다.
느슨하게 결합된 아키텍처	하나의 비즈니스 기능을 구현하기 위해 여러 계층이 함께 일할 때 느슨한 결합은 불가능하지는 않더라도 어렵다. 기능을 변경하려면 일반적으로 여러 팀에 걸쳐 조율된 변경이 필요하다.
지속적 통합	예를 들어 '모노리포(하나의 코드 저장소)' 접근 방식을 사용하면 팀 간 지속적인 통합이 어렵지만 가능은 하다. 이를 위해 비표준 도구 및 프로세스에 상당한 투자가 필요하다.
자주 또는 지속적인 리팩터링	팀 경계를 넘나드는 리팩토링은 상당히 어려우며 도구와 프로세스를 변경해야 한다.

사람보다 도구에 초점을 맞추고 IT의 국지적 최적화에 초점을 맞추는 '좁은 데브옵스'는 성과를 최적화하지 못한다. 데브옵스, 지속적 통합, 지속적 전달(또는 지속적 배포)의 토대는 안전한 가치를 빠르게 전달하기 위한 역할 간 협업에 중점을 둔 문화를 기반으로 한다. 도

구는 이러한 기술, 문화, 업무 흐름을 지원하고 기껏해야 이를 장려할 수 있을 뿐이며 도구가 이들을 대체할 수는 없다. 데브옵스 운동의 대부인 패트릭 드부아는 다음과 같은 말을 자주 했다. '데브옵스는 사람의 문제다'[11]

2. 실무 소프트웨어 개발자를 위한 기술 커리어 패스 부재

기술 전문가에게 커리어 패스(인정, 영향력, 급여, 안정, 흥미로운 일, 원한다면 관리직, 원치 않는다면 개인적인 기여)를 제공하지 못할 때가 있다. 커리어 패스를 제공하는 것은 IT 조직에서는 당연한 일이지만, 수만 명에 달하는 엔지니어를 보유하고 있음에도 불구하고 전통적인 비IT 조직에서는 그렇지 않은 게 현실이다.

많은 기업이 적어도 실무 소프트웨어 엔지니어링 역할을 맡은 고위급 개인(관리자가 아닌)의 기여를 인정하지 않는다. IT 업계 외의 전통적 조직에서는 소프트웨어 개발자가 고위직으로 승진하기 위해 코딩을 그만두고 라인 관리나 파워포인트 업무를 맡아야 하는 일이 비일비재하다.

자신이 수행하던 직무의 관리직으로 승진하는 것은 잘 알려진 커리어의 경로이며 일부 사람들에게는 선망의 대상이다. 그러나 소프트웨어 엔지니어링 마인드를 가진 사람들에게는 실무 엔지니어에서 관리 엔지니어로의 전환은 어려울 수 있다. 인사 관리가 모든 사람에게 맞는 것은 아니며, 경력을 쌓고 싶은 엔지니어에게 인사 관리만이 유일한 선택이 돼서는 안 된다.

다른 방향으로 실무 코딩에서 파워포인트나 비지오[Visio] 등을 사용

11 Willis, 'DevOps Culture–Part 1'

하는 '설계' 또는 '아키텍처' 역할로 '상향 이동'하는 것 역시 많은 조직에서 계속 관찰되는 현상이다. 기술이 빠르게 발전하는 상황에서 소프트웨어 개발 및 운영 경험이 없는 사람이 아키텍처 및 설계를 통해 명령 및 제어 지시를 내리는 것은 상당히 위험할 수 있다.

3. 로봇이 테스트를 대체하다

때로는 자동화, 특히 테스트 자동화에서 균형이 많이 기울어질 수 있다. 자동화가 고려되지 않는 시나리오를 테스트할 때 사람의 손이 여전히 필요하고 '예외 경로'에서는 특히 그렇다. 또한 현재 자동화는 지속적으로 개선될 수 없는데 이는 테슬라Tesla에서 관찰된 문제로 일론 머스크Elom Musk에 따르면 자동화에 너무 많은 노력을 기울인 결과 예상 생산량을 충족하지 못하는 결과를 초래했다.[12]

자동화된 테스트와 테스트 우선 개발은 소프트웨어 엔지니어링의 핵심이다. 자동화된 기능 테스트는 새로운 기능으로 새로운 결함이 발생하는 것을 방지한다. 이는 소프트웨어에 작은 기능이 도입될 때마다 반복적으로 실행되며, 소규모 배치 작업과 지속적인 배포 작업으로 전환하는 데 필수적이다. 애자일 소프트웨어 개발, 데브옵스 및 지속적 배포의 어떤 실천도 포괄적이고 자동화된 기능 테스트 없이는 효과를 기대하기 어렵다.

테스트 주도 설계(또는 동작 주도 설계 또는 예제 가이드 중심 설계)는 시간이 지남에 따라 성장할 수 있는 단순하고 유지 관리가 용이하며 애자일한 소프트웨어를 구동하기 위한 핵심이다. 소프트웨어 컨설턴트인 마이클 페더스Michael Feathers는 "코드 변경에 대한 테스트를 작성

12 Hawkins, 'Tesla relied on too many robots to build the Model 3'

하기 어렵다면 코드를 더 모듈화할 수 있으며, 모듈은 상대적으로 더 작아야 한다…버그는 잘못된 이해의 산물이다. 모듈화되면 품질이 뒤따르게 마련이다"[13]라고 말했다.

그러나 조직에서는 개발자가 작성한 자동화된 테스트 때문에 테스트 전문가가 더 이상 필요하지 않다고 생각하는, '목욕물과 함께 아기를 버리는' 일이 많다. 테스터를 더 이상 팀에 포함하지 않음으로써 '예외 경로'를 찾는 데 탁월한 사람들을 놓치게 된다.

컨텍스트 주도 테스트 학파의 지지자인 마이클 볼튼Michael Bolton과 제임스 바흐James Bach는 이 접근 방식의 위험성을 경고한다. 이들은 프로그래밍과 같이 본질적으로 인간의 활동으로 설명하는 테스트를 수동 테스터가 종종 수행해 소프트웨어 자동화를 할 수 있는 동작을 설정, 실행 및 확인하는 잠재적으로 반복적인 작업인 확인과 구별한다.[14]

볼튼과 바흐는 테스트의 인적 요소는 실험을 통해 품질을 평가하기 위해 구축된 제품이나 기능을 운영 환경에서 탐색하는 것이라고 주장한다. 이들은 '탐색적 테스트'의 반복(이는 테스트일 뿐)을 거부하고 '만족하다satisfy'와 '충분하다suffice'를 결합한 허브 사이먼Herb Simon의 '충분하게 만족하다satisficing'[15]의 개념을 사용해 테스트 활동이 제품이나 기능에 결함이 전혀 없음을 완전히 증명할 수 없다고 주장한다. 테스트 프로세스는 아무리 자동화돼 있더라도 어떤 탐색과 평가가 수행됐을지를 사람들에게 전달하고 사용자에게 기능을 출시할 때의 위험에 대해 조언할 수 있을 뿐이다.

13 Feathers, 'Unit Tests Are Tests of Modularity'

14 Bolton and Bach, 'Testing and Checking Refined'

15 Simon, 'Rational Choice and the Structure of the Environment

피해야 할 것에서 해야 할 것으로

우수성 확보

7장에서 피해야 할 것들의 공통점은 기술적 우수성에 대한 지속적인 관심을 충분히 기울이지 않는다는 것이었다.

중장기적으로 기능 찍어내기에 지나치게 집중하고 향후 작업을 '짧은 시간에' 완료할 수 있도록 기술 부채를 갚거나 기술 신용을 쌓기 위한 지속적인 개선에 충분히 집중하지 않아 '속도Velocity'라는 단어에 지나치게 집착할 수 있다. 애자일 작업 관리에만 초점을 맞추고 기술적 애자일 역량에는 관심이 부족할 수 있다. 기술 아키텍처와 인력 구조가 서로 맞지 않거나, 사람을 잊은 채 도구에만 초점을 맞추고 있을 수도 있다.

물론 이러한 패턴에 대응할 방법이 있다. 여기에서는 제품 개발과 관련해 제조 및 소프트웨어 개발 분야에서 수십 년간 쌓아온 경험을 활용한다.

우선 '더 빨리 가기 위해 서두르지 않기'가 있다. 지속적으로 개선하기 위해 일정 비율의 케파에 우선순위를 정한다. 기술 부채에 대한 복리 이자를 피한다. 이렇게 해서 악순환에서 선순환으로 전환을 한다. 두 번째로는 '탄탄한 기술 핵심을 바탕으로 애자일 역량을 확보하고 기술 원칙과 실천에 우선순위를 두기'. 세 번째로는 '팀의 인지적 부하를 고려해 설계하고 종속성을 끊어 흐름을 설계하고 조직화하기', 네 번째로는 '로봇 활용(자동화)과 함께 스마트한 사람에 집중하기'가 있다. 토요타가 말하는 '자동화'는 인간적인 접근을 갖춘 자동화다.

이러한 패턴을 상황에 맞게 적용하면 BVSSH의 전달을 더 최적화할 수 있다.

해야 할 것 7.1

빨리 가려고 서두르지 않기

높은 성과를 내는 조직은 더 빠르게 나아가려면 더 느리게 가야 하는 것을 알고 있다. 마라톤이나 사이클 같은 육체적 지구력 종목을 위한 훈련과 마찬가지로 회복을 위한 일정도 훈련 일정만큼이나 중요하다. 충분한 회복 시간을 확보하지 못하면 과도한 훈련과 피로가 누적돼 결국 질병이나 부상으로 이어질 수 있다. 서두르는 것에만 집중하면 기술 부채가 발생해 속도가 느려지는, '피해야 할 것 7.1'에서 이와 유사한 제품 개발 사례를 우리는 확인했다.

BVSSH를 위해 최적화하는 조직은 모든 소프트웨어 개발 노력의 일부를 매주, 심지어 시간 단위로 기능 제공에만 집중하는 대신 기술 우수성에 대한 지속적인 관심에 할애해야 한다는 것을 알고 있다. 물론 시장 선점의 기회를 위해 의도적으로 기술 부채를 발생시키는 예외적인 상황도 있을 수 있다. 그러나 이는 부채를 갚아야 하고 향후 작업 속도를 늦출 수 있다는 것을 알면서 의도적으로 행해지는 것이다. 우리는 이제 시각화, 일상 업무보다 일상 개선 우선순위, 기술적 우수성 코칭, 측정 및 피드백 루프 등 네 가지 핵심 사항을 살펴보도록 하겠다.

1. 시각화, 시각화, 시각화

'행동적 닌자 기술behavioral ninja move'은 각 반복 또는 시간 경과에 따라 완료되는 다양한 유형의 가치 있는 항목의 수를 시각적으로 표현하는 것이다. 도미니카 드그란디스Dominica DeGrandis의 말을 인용하면 "작업을 가시화하라."[16] 이 작업에는 최소 네 가지 유형이 있다. (1) 새로운 기

16 DeGrandis, 『Making Work Visible』

능 (2) 장애 요구(결함 수정) (3) 리스크 스토리(5장 참조), 그리고 7장에서 가장 중요한 (4) 개선 스토리다. 믹 커스텐은 그의 플로우 프레임워크Flow Framework에서 기능, 결함, 리스크, 부채라는 단어를 사용해 이 네 가지 유형의 작업을 표현한다.[17] 일반적으로 이러한 가치 항목은 애자일 용어로 '스토리' 수준에 해당하며, 사이즈는 크지 않아야 한다.

이런 각 유형의 작업 시간 경과에 따른 수치를 시각화하면(그림 7.5 참조) 어두운 방에 불을 켜는 것과 같다. 기능은 파란색, 결함은 빨간색, 위험은 노란색, 부채는 녹색으로 표시한다고 하자. 만일 파란색의 바다라면(기능을 찍어내는 공장) 미래의 어느 시점에 이르러 빨간색(결함)과 초록색(부채)으로 변하면서 파란색(새로운 기능)을 위한 여유 공간을 압박할 것이다.

모든 작업 유형이 조금씩 균형을 맞추면서 기술적 우수성에 지속적이고 유지 가능한 주의를 기울이면, 기능에서 수정으로 이어지는 요요 현상이 발생할 가능성이 크게 줄어든다. 또한 향후 전달에 대한 성과 개선으로 이어진다. 이는 팀이 점검하고 적응할 수 있는 훌륭한 시각화가 될 수 있다.

개선 작업(부채를 갚거나 애초에 부채가 발생하지 않도록 사전 예방하는 작업)은 대부분 카이젠(개선), 즉 지속적 개선이다. 이는 인사이트를 바탕으로 개선하기 위한 끊임없는 성찰과 실행 과정인 애자일과 린의 핵심이다. 토요타에서는 지식 근로자가 업무 시간의 40%를 카이젠 활동에 할애할 것으로 예상한다.[18]

때때로 개선 작업은 단순한 애플리케이션 리팩토링이 아닌 재작성, 클라우드로의 전환, 자금 및 시간이 필요한 기타 중요한 아키텍처 변경과 같은 카이카쿠(개혁) 또는 급진적 변화다. 업무 유형 간의 균형과

17 Kersten, 『Project to Product』, 78.

18 Anonymous, personal communication with the authors

마찬가지로 개선 작업에서도 카이젠과 카이카쿠 간의 균형이 필요하다.

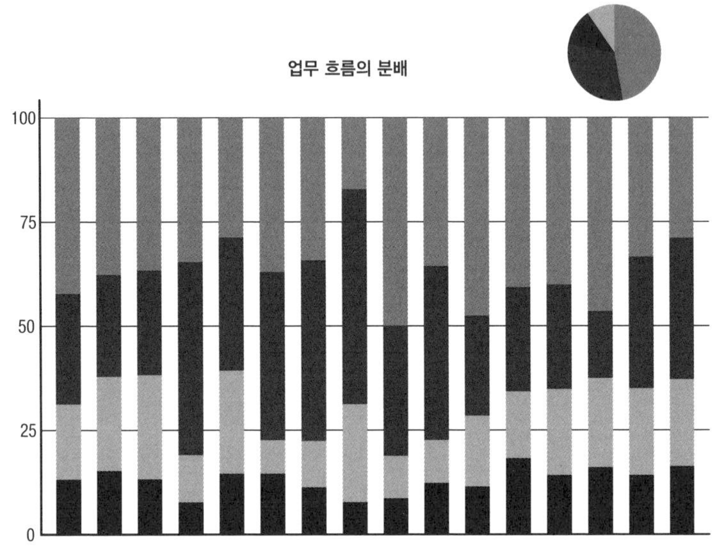

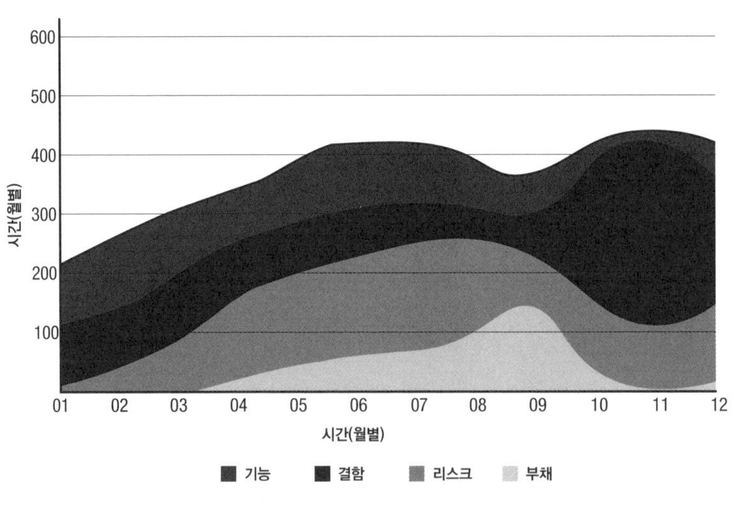

그림 7.5 업무 흐름의 분배

2. 일상 업무보다 일상 업무의 개선에 우선순위를 둔다

진 킴은 『The Unicon Project』에서 "세 번째 이상적인 모습은 일상 업무의 개선이다. 일상 업무의 개선을 일상 업무 자체보다 더 중요하게 생각해야 한다는 토요타의 안돈 코드가 우리에게 주는 교훈을 생각해보라"[19]라고 했다. 이것은 빠르게 가기 위해 서두르지 말아야 한다는 두 번째 '해야 할 것'이다.

조직과 팀은 최소한 업무 백로그의 일부를 기술 개선 활동을 위해 확보해야 한다. 경험상 최소 20%는 돼야 한다.

기능 작업과 개선 작업의 균형은 장기적으로 합의해야 한다. 일정 기간 비즈니스 기능에 집중해야 할 때, 다음 기간은 업무 유형의 비율을 균등하게 조정해야 한다.

나는 조직의 고위급(이상적으로는 CXO 레벨)에서 합의가 이뤄졌을 때 가장 효과적이었던 것을 봤다. 여기에는 단기적인 기능에 대한 헌신, 기능, 지속적인 개선으로 이룰 기능의 균형, 시장 선점 기회 등을 이유로, 의도적으로 발생한 단기 부채를 허용한다는 이해와 지원, 격려가 있었다.

'피해야 할 것 7.1'에서 봤듯, 무엇을 모르는지도 모르는 영역이 많으므로 긴급을 요하는 영역에서는 지속적인 리팩토링이 필요하다. 또한 시간이 지남에 따라 폐쇄형 시스템의 엔트로피가 어떻게 변하는지 살펴봤다. 이 두 가지 상황에서는 모두 기술적 우수성과 설계에 지속적인 관심을 기울여야 한다.

BVSSH에 초점을 맞추고 인센티브를 제공하면 바람직한 행동에 영향을 준다. 각 BVSSH 측정 항목에서 긍정적인 추이를 보이려면 지속적인 기술 개선이 필요하다. 이를 위해 가치 성과 리더, 팀 성과 리더,

19 Kim, 『The Unicorn Project』, 110.

아키텍처 성과 리더라는 세 가지 역할의 원활한 협력, 조정, 파트너십이 필요하다.

3. 기술적 우수성 코칭

'해야 할 것 2.1'에서는 작은 것을 통해 큰 것을 달성하는 것에 관해 설명했다. 애플리케이션 배포 팀이 기술 사례를 채택하는 데도 동일한 접근 방식이 적용된다. 좋은 사례가 있긴 하지만, 우리가 긴급성을 요하는 업무 영역에 있다는 점을 고려할 때 '최고의' 사례는 없다. 기술적 우수성과 좋은 설계를 구현하는 대부분 사례는 상황에 맞게 조정해야 한다. 그리고 대부분은 이 사례를 다뤄본 적이 있는 소프트웨어 개발 전문가의 도움을 받아 팀에서 채택하는 것이 좋다. 이는 조직 내 여러 팀에 걸친 코칭 참여일 수도 있고, 타겟Target, 버라이즌Verizon, 월마트Walmart에서 채택한 것처럼 별도의 학습 환경인 '도조dojo(道場의 일본식 발음)'일 수도 있다.

'피해야 할 것 7.4'에 따라 사람보다 도구가 우선하는 일이 있어서는 안 된다. 도구만으로는 유지 관리성이 높은 소프트웨어를 위한 모범 사례를 수행하거나 만들 수 없다. 하지만 일부 도구화 요소는 사람의 안내와 함께 사용되면, 팀이 기술적 우수성을 향해 가는 데 도움이 될 수 있다. 표 7.2에서는 주요 기술 사례와 도구화의 지원 정도가 나와 있다.

표 7.2 도구만으로는 어려우며 사람의 안내가 필요한 기술적 사례

기술적 사례	도구의 지원	인적 요소	도구 요소
테스트 주도(또는 행위 주도 또는 예제 주도) 설계 · 개발(TDD/BDD/EDD)	지원함	테스트, 모듈화, 테스트 더블의 신중한 사용 간의 상호 작용을 이해한다. 중첩된 행동 수준 이해 기능 주입 수준의 고객 또는 사용자 행동부터 메서드 또는 함수 행동에 이르기까지 중첩된 행동 수준을 이해한다. 자동화 없이 BDD를 사용해 피처 인젝션으로 보강된 시나리오를 탐색한다.	테스팅 · 행위 주도 개발과 모킹 프레임워크가 있으며 테스트 자체의 품질 체크를 위해 뮤테이션 테스팅 프레임워크도 있다.
도메인 주도 설계(DDD)	지원 안 함	유비쿼터스 언어 또는 바운디드 컨텍스트(Bounded context)와 같은 DDD 소설 및 디자인 패턴을 적절히 적용한다.	N/A
단순 설계: 클린 코딩	지원함	단순성에 기반한 YAGNI(You aren't Gonna Need It)의 결정. 예를 들어 좋은 네이밍, 적절한 크기의 클래스, 메소드 등이다.	N/A
공동 코드 소유권 & 코딩 표준	지원함	코드의 개인 소유에서 높은 문화적 단계로의 변화	최신 소스 코드 제어는 집단적 코드 소유권을 강력하게 지원한다. 최신 코딩 표준은 일반적으로 고도로 자동화돼 있다.
SOLID 원칙	일부 지원함	적절한 애플리케이션	의존성 주입 프레임워크를 정적 타입 언어에 사용할 수 있다. (적절한 경우에만).
리팩토링	강하게 지원함	리팩토링의 목적은 사람과 사람의 커뮤니케이션을 돕는 것이다.	대부분 최신 IDE는 상당수의 리팩토링을 지원한다.
지속적 배포(CD)	일부 지원함	파이프라인을 통한 배포 품질에 대한 지속적인 신뢰에 배포 팀의 여러 이해관계자의 판단을 포함시킨다.	위와 같이 원클릭 배포부터 프로덕션 시스템까지 확장된 지속적 통합(CI) 및 트렁크 기반 개발(TBD)기능이 필요하다.

기술적 사례	도구의 지원	인적 요소	도구 요소
트렁크 기반 개발 · 지속적 통합	지원함	지속적인 통합(CI) · TBD는 협업을 지원하기 위해 마스터 · 트렁크에서 지속적으로 사용할 수 있는 완전히 통합되고 작동하는 코드베이스를 목표로 한다. 중단 및 수정 사례(예: 모든 사람이 깨진 빌드를 수정하는 데 집중하는 것)과 원활한 흐름을 보장하기 위해 페어 프로그래밍을 사용하거나 소규모 풀 리퀘스트를 신속하게 검토하는 것은 중요한 문화적 변화다.	소스 코드 제어 시스템, 빌드 서버 및 테스트 자동화가 함께 필요하다. 일부 툴을 사용하면 빌드 오류를 수정하는 데 도움이 될 수 있다.
관찰 가능성	강하게 지원함	개발 · 운영 팀이 프로덕션 문제를 신속하게 진단하는 데 필요한 정보의 우선순위를 정해야 한다.	최신 도구들은 구조화된 로깅, 모니터링, 시각화, 대기열 관리 및 알림 기능을 제공한다.
프로덕션에서의 테스팅	강하게 지원함	프로덕션 환경에서 테스트하려면 새로운 기능의 제한적이고 고도로 통제된 영향 반경에 대한 이해관계자의 깊은 신뢰가 필요하다. 이 테스트는 모든 일반적인 형태의 테스트에 추가되는 것이지 대신하는 것이 아니므로 더 안전하다. 사전 프로덕션 환경과 프로덕션 환경의 실제 차이를 인정함으로써 위험을 크게 줄이고 빅뱅이 아닌 점진적인 단계의 프로덕션 릴리스를 허용한다.	블루 · 그린 배포, 카나리아 · 링 배포, 기능 플래그 지정 등을 지원하기 위한 인프라

팀과 조직은 내부의 전문 지식과 경험을 활용하거나 외부의 전문 애자일 소프트웨어 개발 코칭을 받아야 한다. 이러한 코칭 기술은 '애자일 프로세스 코칭'보다 훨씬 드물다. 업무 관리 애자일 또는 제품 개발 애자일과 소프트웨어 개발 애자일은 분명히 구분된다. 코치는 사람들의 스킬을 향상시키고 애자일 방식으로 작업할 때 소프트웨어 엔지니어링 활동이 이전과 어떻게 다른지 이해하도록 도와야 한다.

익스트림 프로그래밍XP에서 사용하는 설계 코칭 패턴은 팀이 '난잡한promiscuous' 페어 프로그래밍을 통해 적절한 기술 사례에 대해 지속적으로 코칭하는 것이다. 이에 대해서는 '해야 할 것 8.2'에서 자세히 설명한다. XP에서는 팀에 경험을 심어주는 '코치'라는 분명한 역할이 있다. 이는 설계 품질에 대해 명령과 통제가 아닌 협력적 접근 방식이다.

8장에서 설명할 토요타 카타Kata 기법도 여기서는 매우 유용하게 적용할 수 있다. 카타 기법은 실행을 통해 배울 수 있게 하며, 팀 리더는 일반적으로 코칭의 자세를 갖게 한다.

4. 측정과 피드백 루프

'빠르게 가기 위해 서두르지 않는다' 패턴의 네 번째 파트에서 중요한 것은 측정하는 것이다. 측정할 수 없으면 개선할 수 없다. 중요한 모든 것을 측정할 수 있는 것은 아니며, 측정할 수 있대도 모두 중요한 것은 아니다. 기술적 우수성에 대한 지속적인 관심이라는 맥락에서 모든 BVSSH 측정 항목은 중요하며 서로 균형을 이뤄야 하지만, 그중 두 가지 중요 측정 항목은 '짧은 시간에(주기)'와 '더 나은(품질)'이다. 이 두 가지를 개선하면 모두 만족하며, 더 안전하고 더 가치 있게 만드는 선순환 효과를 얻을 수 있다.

'짧은 시간에'는 지속 가능한 전달 속도를 측정한다. 측정하기 쉬운 지표는 소프트웨어 릴리스 빈도를 나타내는 릴리스 주기다. 쉽게 측정할 수 있는 만큼 가장 유용성이 떨어지는 지표다. 일례로 각각 6개월의 리드 타임이 있고 한 달씩 시차를 두고 있는 6개의 '프로젝트'가 동시 실행되는 것을 본 적이 있는데, 이는 팀에서 매월 이터레이션을 실행하는 것처럼 보이게 만든다. 실제로는 컨텍스트의 간섭이 많았고 흐름 효율성은 여전히 낮았으며, 6개월의 리드 타임 때문에 기술적 우수성은 떨어지고 흐름에 대한 장애물은 해결되지 못한 채 남아 있었다.

「The State of DevOps Report」와 『Accelerate』에서는 개념에

서 수익화까지의 가치 흐름의 하위 섹션인 코드 체크인에서 프로덕션까지 걸리는 시간을 집중적으로 다룬다. 이는 종단 간 흐름의 한 부분으로 기술적 우수성을 위해 집중할 수 있는 좋은 지표다. 자동화된 테스트 실행, 획기적으로 빠른 빌드가 가능한 빌드 시간 등의 구성 요소를 포함해 이를 최적화시키고 가능한 한 빠르게 만드는 것은 기술적 우수성에 대한 필요를 유도하고 빠른 피드백 루프를 제공하므로 가치 있는 노력이다. 하지만 우리는 국지적 최적화에 주의해야 하며 항상 종단 간 관점을 취해야 한다. BVSSH 결과에 대한 체인에서 가장 약한 링크가 아니라면 강화를 중단하고 가장 약한 링크로 이동해야 한다.

우리는 개념에서 수익화에 이르는 광범위한 종단 간 리드 타임과 '피해야 할 것 5.1'에서 설명한 '긴급성의 역설urgency paradox'을 고려하면서 '해야 할 것 7.2'에서 엔터프라이즈 아키텍처의 역사, 의사 결정 및 설계가 각 제품 개발 팀이 개선할 수 있는 것 이상으로 '짧은 시간에'라는 지표에 중대한 영향을 미치는 방법에 관해 알아볼 것이다.

속도에 영향을 미칠 수 있는 또 다른 지표로 봐야 할 것은 바로 품질인 '더 나은'이다. 나중에 검사하는 것이 아니라 가장 기본적으로 제공돼야 한다. '더 나은'의 후행 측정 항목은 '프로덕션에서 발생한 인시던트'다. 푸딩을 먹어봐야 평가할 수 있듯이 이 항목이 가장 중요하다. 생산 중이 아닌 결함은 측정하는 것이 아니라 미완성 작업일 뿐이다.

정적 코드 분석 메트릭과 같은 주요 품질 측정 지표도 있다. 소나 큐브SonarQube 같은 도구를 사용하면, 코드 수준 설계의 일부를 고품질 데이터로 시각화할 수 있다. 또한 보안 취약성, 잠재적 버그, 테스트 코드 커버리지, 중복 코드 잘라내기 및 붙여넣기, 코딩 표준 위반, 코드 복잡성 등을 발견할 수 있으며, 개발자의 IDE에 플러그인된 이와 같은 도구(SonarLint, SonarQube용 IDE 플러그인 또는 FXCop, Checkstyle, ESLint 및 기타 수많은 언어별 도구)는 검사를 더 쉽게 수행하도록 돕는다.

결과를 최적화하려면 개별 라인부터 메서드나 함수, 설계의 중첩된 모듈에 이르기까지 코드 유지 관리가 핵심이며, 설계의 중첩된 모듈까지 코드를 이해하는 게 중요하다. 정적 코드 분석은 필요 이상으로 복잡해질 수 있는 부분을 찾아내는 데 도움을 준다.

단계적 접근 방식으로 이를 구현하면 상당한 성공을 거둘 수 있다. 코드 품질을 시각화해 팀원들에게 보여주는 것부터 시작한 다음, 팀원들이 스스로 품질의 기준을 정하도록 하라. 예를 들어 소나큐브는 스톡(이전) 코드와 플로우(새로운) 코드를 구분하고 팀이 코드 흐름에 대한 품질 기준을 설정해 지속적인 개선을 할 수 있도록 한다.

측정 대상과 상관은 없지만, 작업자보다는 작업을, 절대적인 수치보다는 시간 경과에 따른 추세에 집중해야 한다. '피해야 할 것 7.1'에서 본 것처럼 작업자를 측정한다고 해서 결과가 최적화되지 않는다. 팀은 함께 성공하고 함께 배운다. 업무의 원자 단위는 IT 제품 또는 팀이다. 목푯값을 비교하고 무엇이 잘 작동하는지 확인하려면 팀을 비교하라. 그런 다음 지속적으로 개선하거나 다른 팀을 코치하는 등의 활동은 팀의 몫이다. 팀에서 품질이 낮은 코드를 생성하는 개인이 있다면 해당 팀에서 이를 해결하는 것이 가장 좋다.

해야 할 것 7.2
지속적인 기술적 우수성

'피해야 할 것 7.2'에서 어떻게 애자일 업무 관리가 기술적 우수성 사례의 개신 없이 '빈 껍데기 애사일'을 만드는지 설명했다. 이에 대응하기 위한 패턴은 팀 레벨 및 엔터프라이즈 레벨의 기술 에코시스템으로 초점을 맞춘다. 이는 탄탄한 기술 코어를 바탕으로 애자일을 가능케 한다.

다이아나 라센Diana Larsen과 제임스 쇼어James Shore는 2012년 애자일 능숙도 모델Agile Fluency Model을 소개하면서 팀과 조직이 여러 단계의 애자일 접근 방식을 채택할 수 있는 진화적인 접근 방식을 제시했다. 이 모델은 성숙도 모델도 아니고 팀이나 조직의 목표에 대한 기준도 아니다. 켈시 헌터Kelsey Hunter는 이 모델에서 "더 낮은 수준의 능숙도가 상황에 적합하다면 팀이 의도적으로 후퇴할 수도 있다"[20]라고 했다.

능숙도 레벨1은 포커싱Focusing이며 애자일 작업 관리와 관련이 있다. 라센과 쇼어는 이것은 '애자일의 기본'이라고 설명하며 "성공을 입증하고 추가 투자에 대한 동의를 끌어내는 좋은 방법이다"[21]라고 말한다.

능숙도 레벨2는 전달Delivering이며 상당한 이점이 생기기 시작하는 단계다. 라센과 쇼어는 익스트림 프로그래밍의 기술 사례와 데브옵스의 일부 기술적 측면이 스크럼이 제공하는 순수한 작업 관리의 '포커싱'의 이점을 넘어 '결합이 적고 생산성이 높은' 작업을 어떻게 생성하는지 설명한다. 이들은 레벨2가 "기술적으로 가장 집중적인 능숙도 영역"이라고 말한다.[22]

레벨1은 애자일 도입이나 전환이 가장 지연되는 곳이다. 많은 애자일 코치가 편안함을 느끼고 대부분의 프로세스 교육이 집중되는 곳이기도 하다. 그러나 『Accelate』에서 입증된 것처럼 '낮은 결합과 높은 생산성'은 애자일의 능숙도 레벨2 이상의 기술 사례와 상관이 있으며, 이 역시 코칭이 필요하다.[23]

20 van Hasster, 'Road-mapping Your Way to Agile Fluency'; 'The Agile FluencyTM Model', Agile-Fluency.org

21 'The Agile FluencyTM Model', AgileFluency.org

22 'The Agile FluencyTM Model', AgileFluency.org

23 Forsgren, Humble, and Kim, 『Accelerate』

1. 일상 업무 전반에 걸친 기술적 우수성

이 패턴은 소프트웨어 배포에서 기술 작업과 기능 작업을 별개의 문제로 취급하지 말 것을 요구한다. '빈 껍데기 애자일'은 없어야 한다. 전반적인 기술적 우수성 원칙과 상황에 맞는 활동이 잘 정의돼 있고 프로세스 일부가 돼야 한다. 견고한 기술적 우수성이 있어야 한다.

익스트림 프로그래밍과 그 지지자들은 소프트웨어에 애자일을 적용하려면 업무 전반에 걸쳐 경량 소프트웨어 사례를 도입해야 한다는 점을 알고 있다. 위에서 설명한 많은 활동은 개념의 높은 수준의 정의부터 가치 제공에 이르기까지 지속적으로 함께 적용돼야 한다. 기술적 우수성 활동은 일상 업무의 일부가 돼야 한다.

이러한 기술적 활동은 주로 팀과 개별 애플리케이션 수준에 초점을 맞추고 있다. 이러한 개별 팀과 단일 애플리케이션이 어떻게 함께 변화해 가치 있는 비즈니스 성과를 창출하는지 살펴볼 필요가 있다.

2. 서번트 리더십 제공

기술 엔지니어링에 대한 서번트 리더십은 소프트웨어 엔지니어링뿐만 아니라 인프라 엔지니어링(최신 클라우드 환경에서는 소프트웨어 엔지니어링으로 전환되고 있음)을 모두 포함해야 한다.

탄탄한 기술 핵심을 구비한 애자일 역량을 갖추려면 '해야 할 것 4.1'에 따라 소규모의 공유형 엔지니어링 CoE Center of Excellence(우수센터, 길드 또는 활동이라고도 함)와 자발적이고 모두에게 개방적인 CoP Community of Practice(활동 커뮤니티)가 효과적이다. CoE는 가치 흐름에 맞춰 조직의 엔지니어링 전문가를 지원하고, 회사의 소프트웨어 엔지니어링 원칙을 보유하며, 활동에 대해 조언하고, 실행 가능한 최고의 가드레일을 결정한다. 거품이 낀 장애물을 포착하고 팀에서 이러한 장애물을 제공하며, 사람들을 연결하고 프로세스를 개선하며 도구를 제공하고, 학습의 거품을 공유하며 기술 커리어 패스를 육성하고 엔지니어를 유치 및 유지하며 궁극적으로 BVSSH를 지원하는 소규모 팀이다.

3. 엔터프라이즈급 아키텍처 개발의 우수성

기존의 엔터프라이즈 아키텍처EA, Enterprise Architecture 설계, 특히 고도로 계층화된 아키텍처와 그 조직 구조가 업무 흐름에 큰 장애가 될 수 있음을 확인했다. 이는 팀 수준의 기술 활동의 효율성에 상당한 영향을 미칠 수 있으며, 대신 팀 수준 또는 애플리케이션 아키텍처뿐만 아니라 엔터프라이즈 수준의 아키텍처 우수성에도 집중해야 한다.

엔터프라이즈 아키텍처 활동은 5장에서 설명한 비즈니스 성과 중심 접근 방식과 같아야 한다. 또한 엔터프라이즈 애플리케이션 자산 전체에 걸쳐 안전한 가치를 빠르게 전달할 수 있도록 최적화하도록 전략을 발전시켜야 한다. 개별 애플리케이션뿐만 아니라 엔터프라이즈 애플리케이션 에코 시스템의 상호 작용을 위한 업무 흐름과 자율성을 위한 아키텍처에 중점을 둬야 하는데, 이는 기존 EA 기능에서는 직관적이지 않을 때가 많다. 팀은 포트폴리오 로드맵에 따라 엔터프라이즈 아키텍처 리팩터링에 초점을 맞춘 분기별 비즈니스 성과를 달성할 수 있다. 이 접근 방식의 장점은 리팩터링의 비즈니스 가치를 명확하게 표현해 '우리 비즈니스' 팀으로 협력하는 데 도움이 될 수 있다는 것이다.

5장에서 살펴봤듯이, EA가 가치 흐름 팀과 상호 작용하는 방식은 안전 가치의 빠른 흐름에 최적화돼야 한다. EA 구성원은 가치 흐름 안전 팀의 일원이 돼 앞만 보는 것이 아니라 상황에 따라 빈번하고 가벼운 상호 작용을 해야 한다.

'해야 할 것 5.1'에서 설명한 대로 장기적 IT 제품에 대한 지속적 카이젠 활동도 비즈니스 성과와 연계돼야 한다. 팀은 이번 분기에 이러한 일련의 실험을 수행할 때 올바른 방식으로 수행하며 팀 자율성을 더 잘 지원하는 구조로 엔터프라이즈 아키텍처를 발전시킬 수 있다는 것을 체감해야 한다.

해야 할 것 7.3

업무 흐름을 위한 아키텍트와 조직

'피해야 할 것 7.3'에서 콘웨이의 법칙에 주의를 기울이지 않는 것을 봤다. 팀과 기술이 구성 요소 계층을 중심으로 조직되는 모델과 인력 아키텍처와 기술 아키텍처의 불일치가 가져오는 영향도 확인했다. 이는 기술 아키텍처를 변경하지 않고 팀 모델을 변경하려는 혁신 시도를 통해 이뤄질 수도 있고, 그 반대 상황도 마찬가지다.

'해야 할 것 4.1'에서 살펴본 것처럼 가치 흐름을 중심으로 지향하는 조직은 가치의 빠른 흐름에 최적화하고 있다. 성과를 극대화하고 추가적인 종속성을 도입하지 않으려면 가치 흐름에 IT가 포함되는 소프트웨어 작업의 본질적인 기술적 특성을 염두에 두고 이를 수행하는 것이 중요하다.

콘웨이의 법칙과 그 역법칙이 내포하는 의미를 고려해야 한다. 대규모 레거시 기술 자산을 보유한 기업의 기술 아키텍처는 두 가지를 함께 개선하려는 의도적인 노력이 없다면 조직의 가장 효율적인 구조 구축에 제약이 사라지지 않는다(그림 7.6 참조).

1. 일시적인 공유 서비스 가치 흐름

모놀리식 시스템은 하나의 진흙으로 만든 공과 같다. 다수의 가치 흐름을 위해 여러 개의 일을 한다. 서로 긴밀하게 엮여 있는데 컴포넌트화가 안 돼 있어, 애자일 역량을 보여주기가 어렵다. 많은 사람의 손이 필요하며 한 사람의 머릿속에 들어가지 않는 복잡성을 지녔다. 일반적으로 모든 사람이 원하든 원하지 않든 동시에 테스트하고 릴리즈해야 한다. 이는 업무 흐름과 품질에 있어 살아있는 기술적 병목이며, BVSSH에 최적화하기 위해서는 개선해야 할 부분이다.

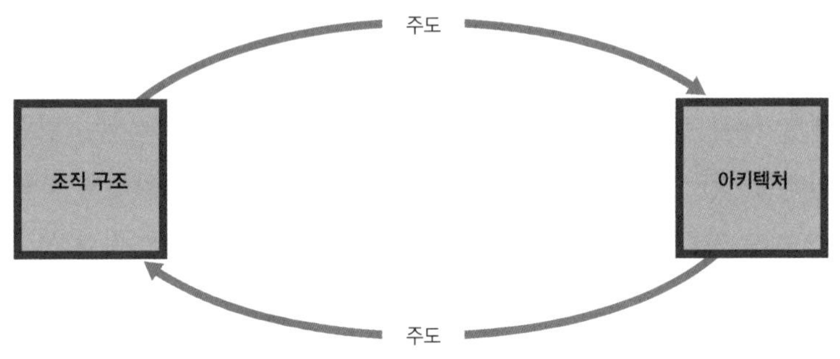

그림 7.6 조직 구조와 아키텍처의 상호 주도

업무 흐름을 설계하고 구성하려면 '해야 할 것 5.1'에서 본 것처럼 임시 공유 서비스 가치 흐름에 보관하라. 그런 다음 수년에 걸쳐 소규모 애자일 팀과 소규모 애자일 구성 요소와 같은 적합한 인력 구성을 사용해 독립적으로 테스트 및 배포가 가능한 여러 개의 작은 구성 요소로 분할하는 작업을 수행하라. 여기서 '교살 패턴'을 적용할 수 있다. 교살 패턴은 2004년 마틴 파울러가 호주 스트랭글러(교살) 무화과에서 이름을 따왔다. 파울러는 다음과 같이 말한다.

> 대규모 재작업을 대체할 또 다른 방법은 기존 시스템의 가장자리에 새로운 시스템을 만들어서 기존 시스템이 질식할 때까지 서서히 성장시키는 것이

다. 이렇게 하기가 실제로는 쉽지 않겠지만, 충분히 시도해볼 만한 작업이 라고 생각한다.[24]

분할된 구성 요소는 시간이 지남에 따라 적절한 장기적 가치 스트림에 배치돼야 한다. 결국 모놀리식 '진흙덩어리'가 더 이상 존재하지 않게 되면서 임시 가치 흐름을 폐기할 수 있다. 여기에는 시간이 걸리며 빠른 해결책은 없다. 바로 지금이 시작하기 딱 좋은 때다.

2. 팀의 인지 부하를 고려한 설계

매튜 스켈톤과 마누엘 페이스는 공저서 『팀 토폴로지』에서 콘웨이의 법칙을 참조해 아키텍처와 조직의 교차점을 설명한다. 이들은 독립적으로 배포 가능한 소프트웨어 구성 요소는 T자형 기술을 보유한 약 9명의 애자일 팀(8장 참조)이 개발 및 운영할 수 있는 규모여야 한다고 주장한다. 또한 이런 구성 요소 대부분은 소수의 전문화된 구성 요소와 얇은 인프라 계층을 통해 독립적인 비즈니스 가치를 제공해야 한다고 덧붙인다.[25]

스켈톤과 페이스는 이러한 접근 방식이 반드시 마이크로서비스 아키텍처를 사용해야 하는 것을 의미하지 않는다는 점을 분명히 한다. 다시 말해, 잘 설계된 최신의 '대규모' 마이크로서비스 환경(너무 마이크로하게 만들지 않도록 주의)의 특성은 이 패턴에 부합한다. 이러한 마이크로서비스는 자체 데이터를 소유해야 하며, 해당 서비스만 직접 액세스할 수 있는 단일 논리적 데이터 저장소 또는 데이터베이스에 데이터를 보관해야 한다. 자체 비즈니스 로직이 있어야 하고, '경

24 Fowler, 'StranglerFigApplication'

25 Skelton and Pais, 『Team Topologies』, 15 – 29.

계가 있는 컨텍스트'를 기반으로 하며, 마이크로 프론트엔드 패턴으로 자체 프론트엔드를 소유할 수 있어야 한다. 또한 이벤트나 메시지를 통해 다른 서비스와 느슨하게 연결되고 API 호출에 대한 의존도가 낮아야 하며 독립적으로 테스트, 배포 및 확장할 수 있어야 한다.

업무 흐름을 위한 아키텍처를 설계하고 조직할 때는 스켈톤과 페이스가 '팀 인지 부하'[26]라고 부르는 것, 또는 댄 터홀스트 노스Dan Terhorst-North의 말처럼 '머릿속에 꼭 맞는 소프트웨어'[27]에 맞게 설계하는 것이 바람직하다.

이를 위해서는 비행 중에도 비행기를 업그레이드하는 등 지속적인 개선에 매우 의도적으로 집중해야 하며, '에버그린'과 지속적인 기술 개선이 일류 업무의 범주에 속한다는 사실을 모두가 인식해야 한다. 7장에서 살펴본 바와 같이, 이는 지속적인 개선(카이젠)과 때때로 단계적 개혁(카이카쿠)가 일상적으로 이뤄지는 프로세스다. 불연속적 점진인 것이다.

내가 과거에 성공적으로 사용했던 원칙은 '다중 속도 병렬'이다. 여기에는 매일 작은 가치를 배포해 빠른 피드백과 빠른 가치를 창출, 새로운 기술에 대한 첫 번째 소규모 실험, 응집력이 부족해지기 시작한 마이크로서비스의 분할과 같은 월별 리팩터링이 있을 수 있다. 또한 온프레미스에서 클라우드로 처음으로 전환하거나 데이터 스트리밍을 위한 새로운 기술을 실험하는 등 분기별로 대규모 개선(여전히 소규모로 시작해 빠르게 학습하고 위험을 제거하는 접근 방식)도 있을 수 있다.

26 Skelton and Pais, 'Monoliths Vs Microservices'

27 North, 'Microservices'

3. 종속성을 관리만 하지 말고 끊어내라

기술 구성 요소와 팀 간의 종속성은 관리에 주의를 기울이는 한편, 이를 깨뜨리기 위한 노력도 기울여야 한다. 종속성을 끊으면 애자일 역량의 향상과 BVSSH가 가능해진다.

과거에 내가 본 실수 중 하나는 종속성을 끊는 대신 관리하는 데 너무 오랜 시간을 소비하는 것이었다. 그러다 종속성을 끊는 데 많은 노력을 기울이는 방향으로 전환했다. 종속성을 깨는 방법에는 위와 같이 모놀리스에서 독립적으로 테스트 및 배포 가능한 구성 요소로 전환, 서비스 가상화(종속 서비스에서 수행한 작업을 모방하기 위해), 기능 토글(작업을 출시하고 토글을 해제할 수 있도록), 코드 소유권 공유, 때에 따라 개발자를 다른 팀에 배치(인적 종속성 완화) 등 여러 가지가 있으며 각자의 상황에 맞게 선택할 수 있다. 가장 중요한 것은 점검하고 적응하며 지속적으로 개선할 수 있는 역량이다. 습관적인 행동과 지원은 메타 수준의 역량을 구축하는 데 중요하다.

이러한 접근 방식은 엔터프라이즈 아키텍처에서 높은 응집력과 느슨한 결합을 증가시켜 애자일 역량을 향상시킨다. 특히 엔터프라이즈 애자일 프레임워크의 많은 업무 관리 측면을 제거할 수 있다. 종속성이 깨지고 팀이 높은 자율성과 높은 연계성, 고객 가치를 프로덕션에 독립적으로 릴리스할 수 있는 기술적 능력을 갖추게 되면 조율, 릴리스 동기화, 대규모 통합 테스트 또는 종속성 조정에 시간을 할애할 필요성이 줄어든다.

이러한 프레임워크의 확장 활동은 대부분 팀 간에 강한 종속성을 확장 관리하기 위한 것이다. 기업은 전통적으로 안전한 가치의 빠른 흐름보다는 강한 종속성 관리를 위한 구조를 최적화해 왔다. 그러므로 프레임워크 확장에 사용되는 몇 가지 활동부터 시작하는 것이 유용할 수 있지만 이를 최종 목표로 간주하면 안 된다. 이 방법은 자율적인 팀과 아키텍처를 통해 이룰 수 있는 급진적이고 기하급수적인 개선이 아닌 점진적인 효율성 향상을 가져온다.

사례 연구: CSG, 획일적인 애자일 방식에서 벗어나 행동과 결과에 집중하다

2007년, 통신 업계에 소프트웨어와 서비스를 제공하는 CSG 인터내셔널(CSG International)은 20년 넘게 이어온 워터폴 방식에서 올인 애자일(all-in Agile) 방법론으로 전환하기로 했다. 빅뱅 방식으로 채택된 이 방법론은 50개 팀 600여 명으로 구성된 전체 포트폴리오에 동일한 사례와 역할을 구현했다. 하지만 2년 후 이 노력은 중단됐다. 소프트웨어 엔지니어 부분 수석 부사장인 스콧 프루트(Scott Prught)가 이에 관해 설명한다.

획일적인 접근 방식 대신 한발 물러나 소프트웨어 개발의 맥락에서 처음에는 몇몇 팀의 기술 사례에 집중했다. 이러한 사례는 몇몇 팀에서 비슷한 방식으로 '프로덕션으로 가는 길'을 열어줬다. 크게 생각하고 작게 시작하며, 빠르게 배우는 접근 방식이었다. 이런 접근 방식은 피드백을 가속화하고 학습을 크게 촉진하며, 사람들의 업무 및 행동 방식을 변화시키는 데 결정적 역할을 했다.

2009년, 기능 구현까지의 리드 타임이 여전히 길었고 고객들은 불만을 토로했다. 애자일 역량일 지속적으로 개선하지 않으면 전반적인 리드 타임이 개선되지 않는다는 것을 깨달았다. 특히 핸드오프와 대기열로 인한 대기 시간이 종단 간 가치 실현의 대부분을 차지한다는 사실을 알게 됐다. 200개 이상의 기능으로 구성된 대규모 작업 배치와 430일이 넘는 출시 기간으로 업무 흐름 효율성이 낮았으며 품질은 여전히 문제가 있었다. 역할 기반 핸드오프가 많았기 때문에 '우리만 문제없으면 돼!' 문제가 발생했다.

1900년대 초의 테일러주의를 연상시키는 역할 기반 사일로를 통해 이러한 핸드오프와 종단 간 책임의 부재를 해결하지 않으면 다음 단계로 나아갈 수 없을 것이었다. 2012년 우리는 역할 사일로에서 여러 분야의 팀으로 구성된 제품 연계 그룹으로 조직을 재편했다. 팀은 릴리스 주기를 1년에 두 번에서 분기에 한 번으로 두 배 늘렸다. 그 결과 배치 크기가 절반으로 줄었고 고객에게 더 빠르게 가치를 제공할 수 있었다.

그다음 드러난 장애물은 빠른 속도로 어려움을 겪고 있는 IT 운영 팀이었다. 이를 개선하기 위해 비프로덕션 환경과 프로덕션 환경을 모두 '소유'하고 매일 비프로덕션 환경에 배포하는 '공유 운영 팀'을 출범시켰다. 처음에는 이러한 행동의 변화가 매우 어려웠다. 팀이 환경 간의 차이를 합리화하고 매일 배포하는 데 필요한 많은 수작업을 자동화하는 데 수개월이 걸렸다. 하지만 이 실험의 결과는 놀라웠다. 운영 팀은 매일 배포를 연습함으로써 예정된 기능과 변경 사항에 대해 학습하고 배포 및 운영 환경을 지속적으로 개선할 수 있었다. 이 새로운 습관 덕분에 릴리즈는 문제가 되지 않았고, 운영 엔지니어들은 릴리즈가 배포되는 동안 비디오 게임을 즐길 수 있었다!

릴리스 품질은 매우 좋았지만 프로덕션에서 발생하는 문제의 98%가 릴리스 이후에 발생했으며, 그중 92%는 IT 운영 팀에서 신속하게 수정해야 하는 문제였다. 빠르게 진행되기는 했지만, 운영의 벽 너머에는 많은 재작업이 필요하다는 사실을 발견했다. 소프트웨어를 프로덕션에 적용하려면 여전히 많은 수작업 프로세스가 필요했는데, 더 큰 문제는 개발자들이 프로덕션 현실에 대해 거의 이해하지 못했고, IT 운영 팀은 실행하기 어려운 소프트웨어로 '제대로 작동'해야 한다는 압박을 받고 있다는 점이었다.

우리는 같은 팀에서 소프트웨어와 소프트웨어의 실시간 실행 방식에 대한 책임과 이해를 모두 갖도록 팀 토폴로지를 설계하기로 정했다. "직접 빌드하고 운영도 같이하라." 이를 위해 개발 팀과 운영 팀을 통합해 교차 기능의 '데브옵스 팀'을 구성했다. 이 팀은 제품의 설계부터 운영까지 전체 수명 주기를 관리한다. 또한 더 많은 셀프 서비스 프로비저닝을 제공해 핸드오프와 대기 시간을 더욱 줄였다.

여기까지 오는 데 전반적인 개선 여정은 수년이 걸렸고, 앞으로도 결코 끝나지 않을 것이다. 지금까지의 결과는 놀라웠다. 전반적인 품질(Better)은 약 80% 개선됐으며 거래(Value)는 700% 이상 증가했다. 기능을 출시하는 데 걸리는 시간(출시 시간)과 학습 시간(학습 시간)은 249일에서 56일로 단축돼 거의 5배 가까이 개선됐다. 가장 놀라운 부분은 직원들이 모두 만족해한다는 것! 이 기간에 전체 직원의 순 추천 고객 지수가 400% 이상 증가했다! 앞으로도 더 많은 개선을 통해 더 나은 가치를 더 빨리 더 안전하게 모두 만족하도록 제공할 것이다.

해야 할 것 7.4

로봇과 함께하는 스마트한 사람, 스마트한 팀

'피해야 할 것 7.4'에서는 인적 요소를 고려하지 않고 도구 우선 접근 방식을 취하는 것이 결과를 최적화하지 못하는 이유를 살펴봤다. 소프트웨어를 구축하고 운영하는 데 있어서 기술적 발전이 숙련되고 유능한 인재의 필요성을 없애지는 못했다. 오히려 숙련되고 재능 있는 인재들이 반복적인 고된 업무 대신 창의적인 지식 업무에 집중할 수 있는 토대를 마련하는 데 도움이 됐다. 스마트한 팀에 스마트한 인재와 로봇을 매칭하는 것, 즉 도요타가 '자동화jidouka'라고 부르는 자율화는 **더 나은 가치를 짧은 시간에 더 안전하게 모두가 만족하도록** 만들어준다. 이 전략에는 행동을 통한 문화 변화(작은 것부터 시작하고 실험하기), 기술 커리어 개발, 자율화(로봇과 함께하는 품질 전문가), 회복 탄력성 구축 등 네 가지 부분이 있다.

1. 행동을 통한 문화 변화: 작은 것부터 시작하고 실험하기

가장 먼저 기억해야 할 것은 사람이 우선이라는 점이다. 기술적 우수성과 좋은 설계에 지속적인 관심을 기울이려면 새로운 프로세스나 반짝이는 도구가 아닌 문화적 변화가 필요하다. "처음에 어떻게 보이든 간에 결국은 사람의 문제로 귀결된다."[28] 도구가 도움이 될 수 있지만, 지속적인 성공을 위해서는 과거의 지식을 버리고 새롭게 배우고, 안전한 실험, 혁신 확산 곡선에 따른 혁신가 초대, 사회적 증거 창출과 같은 문화적 변화 패턴이 필요하다. 사람 → 프로세스 → 도구 순으로 중점을 둬야 한다.

린 글로벌 네트워크의 회장인 존 슉John Shook은 행동보다 문화나 사고방식을 먼저 바꾸지 말고, "새로운 사고방식으로 행동하라"를 통해 작은 방식으로 행동을 먼저 바꾸면 사고방식이 따라온다고 주장했다.[29] 프로세스를 강제하는 것이 아니라 사람들의 맥락에서 사례를 공유하거나 제안하는 방식으로 모범을 보여야 한다.

나는 기술적 우수성을 코칭하는 데 이 방법을 사용해 큰 성공을 거뒀다. 예를 들어, 팀과 함께 트렁크 기반 개발 사례를 도입하는 실험을 하고, 일을 다르게 하는 방법을 공유하고, 팀에 이 방식으로 작업하는 데 어떤 장애물이 있는지 묻고, 왜 이 방식이 더 나은지 공유한 다음, 몇 주 동안 팀을 내버려 두고 실험을 계속하거나 이전 작업 방식으로 되돌아갈 수 있도록 하는 등의 방식으로 활용했다.

'해야 할 것 2.1'에서 본 바와 같이, 일반적으로 이런 변화는 '작은 것을 통해 큰 것을 성취'하는 형태와 사람들이 과거 지식을 버리고 새롭게 배우는 속도에 따라 문화적 변화가 나타나는 S곡선 채택의 형태

28 Weinberg, 『The Secrets of Consulting』

29 Shook, 'How to Change a Culture'

를 취하는 것이 최적이다. 이는 강제할 수는 없고, 순풍이 될 수도 있고 역풍이 될 수도 있을 뿐이다. 우리는 이를 통해 기존 행동에 새로운 라벨을 붙이는 것을 피할 수 있다. 개발과 운영, 개발과 테스트, 비즈니스 분석과 개발, 고객과 비즈니스 분석 간의 장벽을 허무는 일은 대기업에서 하루아침에 이뤄지지 않는다. '해야 할 것 3.2' 패턴에 따라 강요보다는 초대를 해야 한다. 타고난 챔피언 혁신가부터 시작하게 하라.

존 숙이 관찰한 것처럼, 공식적인 프로세스를 변경하면 행동의 변화를 촉진할 수 있다. 우리는 일반적으로 사람들에게 프로세스를 강제하고 싶어 하진 않는다. 하지만 모든 중대형 조직에는 제어 환경의 일부로 변경 사항 전달 및 서비스 관리를 위한 정책, 표준, 제어 및 프로세스가 문서화돼 있을 것이다.

나는 여러 조직에서 '업무 방식 팀'이 공식적인 소프트웨어 배포 수명 주기SDLC 또는 릴리스 관리 프로세스와 같은 프로세스에 대한 소유권을 갖고, 팀이 실제로 애플리케이션을 소유한 것처럼 행동하도록 허용하고 인센티브를 제공하기 위해 프로세스를 어떻게 업데이트를 하는지 봤다. 이러한 공식적인 프로세스는 명확한 제어와 일관성을 위해 필요하므로 안전한 가치를 신속하게 전달하기 위해 지속적인 배포에 최적화되도록 업데이트해야 한다는 근거를 바탕으로 수행된다. 이는 고위 경영진과 내부 감사의 공식적인 지원을 통해 이뤄진다.

팀의 자율성이 높아지면 결과물에 대한 주인 의식이 높아져 기술적 탁월성과 품질이 향상될 수 있다. 또한 팀은 가치 흐름에 부합하고 다분야에 걸쳐 활동하게 된다. 파트너의 관점에서 볼 때 '우리'와 '그들'이 구분돼서는 안 된다. 역할 기반 핸드오프도 없어야 한다. 집단 정체성은 가치 흐름 안에 있으며 팀은 함께 성공하거나 함께 배운다. 잘 수행하면 선순환이 이뤄진다.

물론 앞서 살펴본 것처럼 일부 최신 도구가 도움이 될 수 있다. 일반적으로 이 작업은 학습 속도와 변화를 흡수하는 능력 등 '사람'의 맥락에서 이뤄져야 한다.

2. 기술 커리어의 개발

조직에서 최고 수준의 기술 경력 경로를 개발하고 지원해야 한다. IT 기업에 비해 뒤늦게 이러한 변화에 동참한 많은 전통적 조직에서 소프트웨어 엔지니어를 위한 기술 전문가 경력 경로를 공식화하기 시작했으며, 다른 엔지니어를 관리하거나 파워포인트 작성 이상의 옵션을 제공하기 시작했다.

전문 엔지니어 프로그램

IBM을 비롯한 기술 기업들은 오래전부터 전문 엔지니어만의 역할이 있었으며 다른 기업, 특히 금융 서비스 업계에서도 뛰어난 개인 컨트리뷰터를 인정하고 보상하기 위해 유사한 프로그램을 시작했다. 조직에 따라서는 기술 전문가 경력 경로의 정점을 찍을 수도 있다.

일반적으로 수만 명 또는 수십만 명 규모의 조직에서 두 자릿수에 달하는 소수의 뛰어난 개인에 대한 단독 표창은 가치가 있지만, 숙련된 개발자가 경력을 쌓아가는 과정에서 동기를 부여하고 유지하며 보상하는 데는 충분하지 않다. 피더 프로그램을 통해 더 많은 주니어 및 고도로 인정받는 전문가 또는 엔터프라이즈 엔지니어를 기술 명장 Distinguished Engineer과 같은 저명한 엔지니어 트랙 아래 난계로 끌어올릴 수 있다.

IT 안팎의 일부 산업에는 명확한 관리직 'M' 트랙과 기술 전문가 'S' 트랙이 있다. 어떤 방식으로 구축되든 조직의 경력 구조는 실무자로 남고 싶어 하는 소프트웨어 및 인프라 엔지니어를 위한 승진 및 인정 경로로 명확하게 표시돼야 하지만, '영웅' 또는 '록스타' 문화를 피하고 이들의 경험이 차세대 재능 있는 기술자를 지도하고 등대 역할을 할 수 있도록 보장해야 한다.

영국 정부 디지털 서비스 기술 경력 프레임워크

기술 분야 경력 개발 프레임워크의 좋은 예이자 다른 많은 기업에 영감을 준 것은 영국 정부 디지털 서비스에서 나온 것이다.[30] 이 프레임워크는 다양한 연차 수준에 따라 일련의 기술과 기대 기술 수준을 가진 역할을 설명한다. 예를 들어, 소프트웨어 개발자 역할은 견습생부터 수석 개발자까지 6단계의 직급을 거친다. 기대되는 기술 수준이 다른 두 가지 트랙(관리 및 기술 전문가)이 있으며, 최고 직급까지 실무적인 역할로 남아 있다.

3. 인간적인 접근을 갖춘 자동화: 로봇과 함께하는 품질 전문가

이 패턴의 세 번째 파트는 '인간적인 접근을 갖춘 자동화'다. 앞의 '피해야 할 것'들에서 우리는 자동화만으로 BVSSH를 최적화할 수 없다는 것을 확인했다.

품질이라는 큰 틀에서 테스터가 가져다주는 가치는 '예외 상황'을 찾아내는 것이다. 일반적으로 인간 테스터는 개발자가 완벽하게 구현했다고 생각하는 기능에서 결함을 발견할 수 있다. 최신 테스트 접근 방식은 품질 초점을 왼쪽으로 이동시킨다.[31] 테스트 우선(정상적 상

30 Gov.uk, 'Digital, Data and Technology Profession Capability Framework'

31 품질 초점을 왼쪽으로 옮긴다는 의미는 품질 초점을 오른쪽(배포, 릴리즈)에 두는 것보다 왼쪽(설계, 개발)으로 옮긴다는 의미다. – 옮긴이

황) 개발을 통해 가능한 한 많은 반복적인 점검을 자동화하고, 개발자가 300가지 인지 편향이 작용해 놓쳤거나 고려할 수 없는 시나리오에서 고유한 테스트 사고방식과 기술이 필요할 때 사람이 개입할 수 있는 공간을 남겨둔다. 이러한 사례에는 새로운 기능이나 스토리 개발을 시작하기 전에 고려하지 않은 결함이나 불만족스러운 경로를 발견하는 것이 포함될 수 있다. 개발자가 몇 분 또는 몇 시간 안에 작고 가치 있는 조각을 구축하는 과정에서 인적 테스트도 수행할 수 있다. 팀에 속한 테스트 전문가는 공식적인 핸드오프를 기다리지 않고 데스크톱이나 채팅 소프트웨어를 통해 개발자와 긴밀하게 협력한다. 기능이 출시에 가까워지면 구축 후 테스트를 수행할 수 있으며, 테스터는 사용자 경험 및 비즈니스 기능에서 예측할 수 없는 최종 '미완성 작업'을 발견할 수 있다. 또한 '직접 빌드하고 실행하는' 방식으로 운영하기에 더 가까운 팀을 위해 프로덕션에서 결함을 추적할 수도 있다.

조직을 위해서는 제품 개발 팀에서 테스트 전문가 역할을 할 인재를 교육하고 육성해야 한다. 이러한 품질 보증 작업은 로봇이 수행할 수 있고 또 수행해야 하는 반복적인 작업이 아니라 창의력을 발휘하는 사람에 초점을 맞춰야 한다. 사람이 미리 정해진 수백 개의 수동 테스트가 담긴 스프레드시트를 작성해서는 안 된다.

4. 회복력 구축

테스트에 대한 인식이 품질에 더 중점을 두게 되면서 시스템이나 인수 테스트보다 팀 내에서도 회복 탄력성에 초점을 맞추는 방향(예를 들어 테스트 우선 개발)으로 전환해야 한다. 즉, 과거처럼 실패를 피하려고 애쓰다가 실패가 발생했을 때 파국적으로 실패하는 것이 아니라 실패가 일어날 것이라고 미리 가정하고 우아하게 처리하는 것이다.

이는 실패 사이의 평균 시간보다 복구까지의 평균 시간에 초점을 맞춘다.

회복력은 기술적 우수성의 일부이며 지속적으로 고려해야 한다. 시간이 지남에 따라 학습한 내용을 바탕으로 설계 및 테스트를 수행하고 개선해야 하며, 여기서는 사전 예방적 접근 방식이 필요하다. 회복 탄력성을 구축하기 위한 한 가지 접근 방식은 카오스 엔지니어링이다. 사이버 환경에서 레드 팀 테스트와 유사하게 의도적인 실패를 프로덕션 환경에 주입하는 것이다. 이를 통해 빠른 피드백 루프가 가능하므로 실제 중단이 발생하기 전에 제한된 '영향 반경'으로 결함을 식별할 수 있다. 개발자가 실제 장애 패턴과 내결함성을 갖도록 시스템을 설계하는 방법을 더 잘 고려하도록 돕는다. 이것은 복원력을 구축하기 위해 실패를 주입하는 도구로 지원되는 인간의 '예외 상황' 테스트의 조합이다.

요약

빠르게 가려면 서두르면 안 된다. 서두르면 더 느려진다

새로운 기능의 집중으로 쌓이는 기술 부채, 파트너십의 부족, 엔트로피 문제, 견고한 기술 우수성 무시, '빈 껍데기 애자일'을 개발하고, 인력 구조와 기술 아키텍처의 매칭을 못 시키며, 사람보다 도구를 우선시하는 등의 기술적 우수성 관련 '피해야 할 것'들이 있다.

소프트웨어 제공 속도와 품질에 대한 문제는 기술적 우수성과 설계에 대한 지속적인 관심 부족에서 비롯된다. 지속적으로 관리하지 않으면 시스템은 엔트로피를 경험하게 된다. 소프트웨어의 지속적인 단순화는 어렵다.

주니어 개발자는 코드를 작성하고, 선임 개발자는 코드를 삭제하고, 전문 개발자는 애초에 코드 작성을 피한다는 오래된 프로그래머들의 농담이 있다. 엔터프라이즈 수준에서 단순성과 기술적 우수성을 확보하려면 의도와 우선순위를 정해야 한다. 여기에는 의도적인 연습이 필요하다.

작업 유형을 시각화하고, 개선 우선순위를 정하고, 코칭하고, 측정하고, 기술적 우수성을 일상 업무의 일부로 만들고, 서번트 리더십을 제공하고, 인력 구조와 기술 아키텍처를 조율하고, 종속성을 끊고, 로봇과 함께 스마트한 사람과 스마트 팀을 활용함으로써 더 빠르게 나아갈 수 있다.

이러한 패턴은 시간이 지남에 따라 BVSSH를 최적화한다.

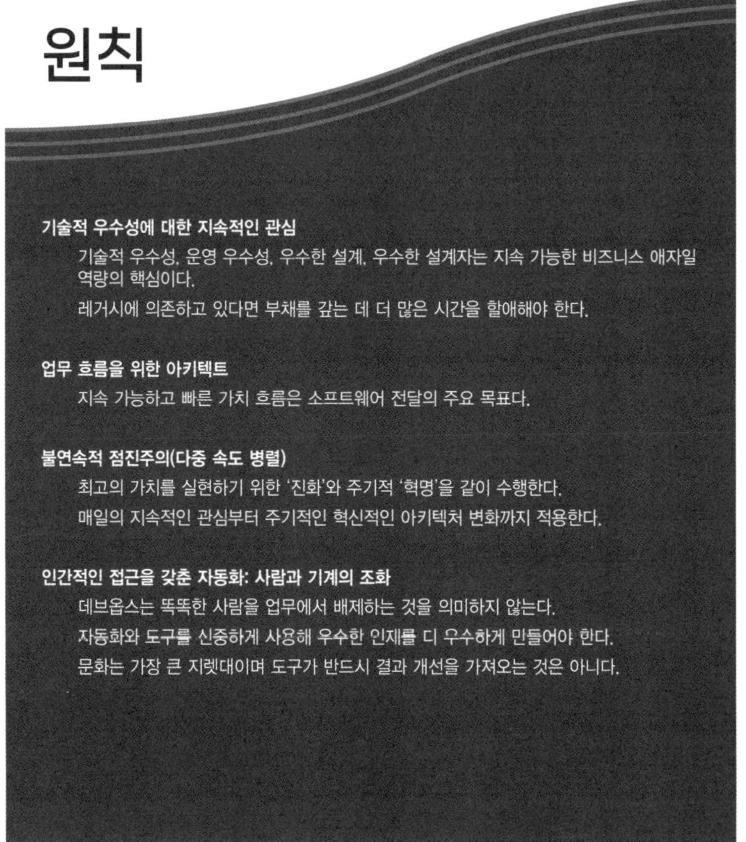
원칙

기술적 우수성에 대한 지속적인 관심

기술적 우수성, 운영 우수성, 우수한 설계, 우수한 설계자는 지속 가능한 비즈니스 애자일 역량의 핵심이다.

레거시에 의존하고 있다면 부채를 갚는 데 더 많은 시간을 할애해야 한다.

업무 흐름을 위한 아키텍트

지속 가능하고 빠른 가치 흐름은 소프트웨어 전달의 주요 목표다.

불연속적 점진주의(다중 속도 병렬)

최고의 가치를 실현하기 위한 '진화'와 주기적 '혁명'을 같이 수행한다.

매일의 지속적인 관심부터 주기적인 혁신적인 아키텍처 변화까지 적용한다.

인간적인 접근을 갖춘 자동화: 사람과 기계의 조화

데브옵스는 똑똑한 사람을 업무에서 배제하는 것을 의미하지 않는다.

자동화와 도구를 신중하게 사용해 우수한 인재를 더 우수하게 만들어야 한다.

문화는 가장 큰 지렛대이며 도구가 반드시 결과 개선을 가져오는 것은 아니다.

피해야 할 것 8.1
정보와 학습의 사일로

피해야 할 것 8.2
성과보다는 산출물

피해야 할 것 8.3
버블 효과

피해야 할 것 8.4
긴급을 요하는 도메인에 결정론적 접근법 적용

피해야 할 것 8.5
지표의 무기화

8 학습 에코시스템 구축

해야 할 것 8.1
학습을 위한 최적화

해야 할 것 8.2
내재 피드백 루프를 통한 중첩된 학습

해야 할 것 8.3
소통, 소통, 소통

해야 할 것 8.4
불확실성에 익숙해져야 한다

해야 할 것 8.5
학습의 척도

1910년부터 1920년 사이에 디트로이트의 인구는 두 배로 증가해 100만 명에 달했다. 이러한 성장의 대부분은 새로운 자동차 산업에서 일자리를 찾으려는 이민자들의 도착에서 비롯됐다. 이들은 오스트리아-헝가리, 이탈리아, 러시아 및 동유럽 여러 나라에서 왔다. 1915년 조사에 따르면 모델 T를 생산한 포드 하이랜드 파크 공장의 노동자들이 구사하는 언어는 50개 이상으로 나타났다.[1] 그렇다면 공통 언어(영어)에 능통하지 않은 수많은 노동자가 어떻게 그토록 복잡한 엔지니어링의 걸작을 조립하기 위해 함께 일할 수 있었을까?

테일러주의와 포드주의 시대에는 노동자들이 서로 대화할 필요가 없었다. 공장 라인의 조립공들은 분업화돼 있었다. 첫 번째는 나사를 조이고, 두 번째는 볼트를 조였으며 세 번째 작업자는 나사와 볼트를 검사하고 상자에 체크 표시를 했다. 각자가 해야 할 일을 정확히 알고 있었기 때문에 옆 라인에 있는 사람에게 말할 필요가 없었고, 계획을 세우거나 정보를 공유하거나 학습 내용을 교환할 필요도 없었다. 단순히 나사를 조이거나, 조이고 확인만 하면 됐다. 같은 공장에서 50개의 서로 다른 언어를 사용하는 데도 공통 언어를 구사할 수 있는 사람은 거의 없었으며 의사소통은 불필요했다. 사람이 기계나 마찬가지였으니까….

100년이 지난 오늘날의 인력은 전 세계에 흩어져 있는 지식 근로자로 구성돼 있다. 예를 들어 마이크로소프트 사는 190개국에서 비즈니스 활동을 하고 있다.[2] 동일한 가치 흐름에서 일하는 팀은 여러 언어를 사용할 수 있지만, 제품 개발이 고유한 디지털 시대에는 협업과 학습 공유의 부족이 생산성과 조직 성과에 직접적인 부정적 요소로 작용한다. 팀은 위치나 모국어와 관계없이 소통하고, 협업하고, 공동

1 Fukuyama, 『Trust』

2 Microsoft, 「Diversity and Inclusion Report 2019」

창작하고, 반영하고, 발견한 내용을 공유하고, 학습 에코시스템을 구축할 수 있어야 한다.

8장에서는 개인, 팀, 기업이 가장 빠르게 학습하는 조직이 돼 지속적으로 **더 나은 가치를 짧은 시간에 더 안전하고 모두 만족하도록** 조직 내부에서 학습과 지식을 공유하는 방법에 대해 중점적으로 설명한다.

피해야 할 것 8.1

정보와 학습의 사일로

어렸을 때 '가십, 텔레폰 또는 비밀메시지'라는 게임을 해본 적이 있을 것이다. 이 게임에서는 모두가 일렬로 줄을 서거나 둥글게 앉는다. 첫 번째 플레이어가 두 번째 플레이어에게 메시지를 속삭이고 그 사람이 세 번째 사람에게 메시지를 속삭이는 식으로 메시지가 줄 끝에 도달하거나 원의 시작 부분으로 돌아올 때까지 계속 속삭인다. 마지막 사람이 큰 소리로 메시지를 반복하고, 메시지가 사람과 사람 사이를 이동하면서 어떻게 변했는지를 보면서 모두가 웃는다. 이는 의도하지 않은 누적된 오류로 정보가 얼마나 빨리 손실될 수 있는지를 보여주는 가장 간단한 예시다.

이와 같은 정보 손실은 비즈니스 환경에서도 발생한다. 분석가가 설계자에게 작업을 넘기고, 설계자는 다시 개발자에게 넘기고, 개발자는 다시 테스터에게 넘길 때마다 작업에 대한 일부 정보가 손실된다. 각 핸드오프에는 문서가 함께 제공될 수 있지만, 작업과 상호 작용할 때마다 문서화할 수 없고 공유하기 어려운 경험인 '암묵적 지식'도 생성된다. 마이클 폴라니Michael Polanyi는 그의 저서 『암묵적 영역』(박영스토리, 2017)에서 "우리가 말할 수 있는 것보다 더 많은 것을 알 수 있다는 사실에서 출발해 인간의 지식을 재고해야 한다"[3]라고 말했다.

3 Polanyi, 「The Tacit Dimension」

린 소프트웨어의 선구자인 메리 포펜딕Mary Poppendieck과 톰 포펜딕Tom Poppendieck은 모든 핸드오프에서 50%에 달하는 정보가 손실된다고 추정했다.[4] 다시 말해, 업무가 단 4번의 핸드오프를 거치는 동안 수신자는 업무와 관련된 지식의 6%만 얻게 된다는 뜻이다.

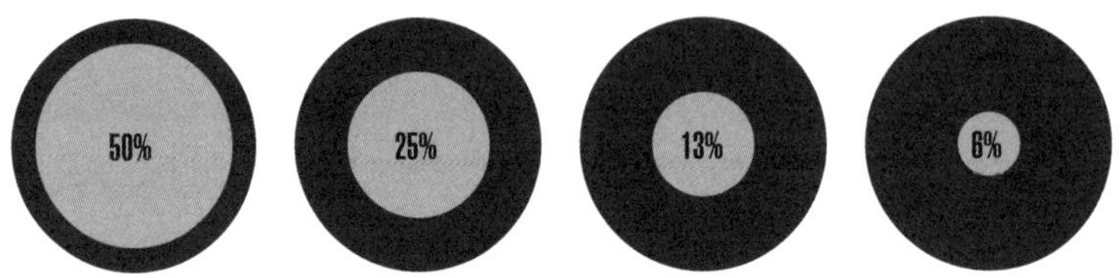

그림 8.1 핸드오프 시 정보의 손실

나는 2000년대에 병원 정보 시스템을 구축하는 대형 의료 소프트웨어 회사에서 일한 적이 있다. 이 회사는 의사, 간호사, 선량 측정사 등 임상 분석가들을 고용했는데, 모두 다년간의 실무 경험이 있는 해당 분야의 전문가들이었다. 전문 직원들은 요구 사항 문서를 작성하는 임무를 맡았으며, 요구 사항을 통해 개발자가 기능을 계획할 수 있도록 다양한 의료 상황에서 시스템이 병원 직원에게 언제, 무엇을 보여줘야 하는지 설명하는 것이 그들의 역할이었다. 예를 들어 수술실에서 수술이 진행되는 동안 소프트웨어는 환자 기록, 바이탈 사인 등을 표시해야 한다.

요구 사항 문서는 50페이지가 넘는 긴 문서였다. 전통적인 의미에서 요구 사항으로 간주할 수 있는 정보는 거의 포함되지 않았으며, 비즈니스 로직을 제공하거나 입력 및 테스트 가능한 예상 출력을 설명하지 않았다. 개발자는 감마나이프 수술이 어떻게 수행되는지에 대한 흥미로운 설명을 읽을 수 있지만, 감마나이프 수술 소프트웨어가 정확히 무엇을 해야 하는지에 대해서는 판단하기가 어려웠다.

4 Poppendieck and Poppendieck, 『Implementing Lean Software Development』

다행히도 이 회사는 문제를 인식하고 '시스템 분석가'를 고용했다. 이들의 역할은 전문 직원이 작성한 장문의 문서를 개발자가 이해할 수 있는 언어로 번역하는 것이었다. 이들은 전문 직원들에게서 귓속말을 받아 개발자에게 전달하고, 개발자는 다시 테스터에게 귓속말로 전달하는 식으로 업무를 수행했다.

가십 게임처럼 이 과정에서 승자는 없었지만 재미도 없었다. 핸드오프할 때마다 정보가 손실돼 누적된 오류가 발생했다. 이렇게 방대한 사전 요구 사항 문서를 작성하는 데 수개월이 걸리고 번역, 설계, 코딩, 테스트에 몇 달이 더 걸리기 때문에 원래 아이디어와 최종 결과물을 비교하는 사용자 승인 테스트는 12~15개월 후에 진행! 이는 개념에서 학습까지 오랜 시간이 걸리는 것을 의미했으며, 또한 매우 긴 가십 게임이기도 했다. 원본 문서에 담긴 의도와 최종 결과물의 차이에 대한 반응은 웃음이 아니었으며, 열띤 토론과 논쟁, 손가락질과 비난이 이어졌다.

문제는 회사의 구조가 품질 게이트로 벽이 보호되는 사일로로 구성돼 있다는 것이었다. 정보는 사일로 간에 고정된 형식으로 끊임없이 전달돼야 했으며 동기 부여는 사일로 내부에서 이뤄졌다.

이러한 구조는 흔히 볼 수 있다. 기업들은 종종 역할 기반 정보 및 학습 사일로를 만들며 임시 팀을 구성하기도 한다. 이들은 프로젝트를 임시 수단으로 삼아 임무를 수행하기 위해 사람들을 모아 팀을 구성한다. 프로젝트가 끝나거나 축소 단계에 접어들면 팀은 해체되고 팀원들은 다른 프로젝트에 배정된다. 팀이 프로젝트 기간에 쌓아온 학습은 사라진다. 또한 새로운 팀을 구성할 때마다 터크먼Tuckman이 제시한 형성, 혼돈, 규범화, 수행 단계를 다시 거쳐야 하므로 추가 비용이 발생한다.[5] 팀이 쌓아온 학습, 응집력, 사회적 유대감은 의미를 상

---

5 Tuckman, 'Developmental sequence in small groups'

실하고 만다.

기술 컨설턴트 댄 터홀스트 노스는 사고思考 관련 실험을 좋아한다. 동일한 팀, 동일한 조직적 제약, 동일한 맥락에서 프로젝트를 다시 진행할 수 있다면, 그래서 처음에 팀이 축적했던 지식, 경험, 학습만 달라진다면 두 번째 작업은 얼마나 오래 걸릴 것으로 생각하는가? 일반적으로 첫 번째 실행에 소요된 시간의 절반에서 5분의 1 정도라는 답변이 나왔다. 이것이 바로 팀에서 발견한 학습의 가치다. 댄의 말을 인용하자면, "무지無知는 처리량을 방해하는 가장 큰 장애물이다."[6]

1936년에 T.P. 라이트Wright 박사는 항공기 비용에 관한 연구를 바탕으로 학습 곡선 이론을 개발했다. 간단히 말해, 그는 어떤 일을 더 많이 할수록 더 잘할 수 있다는 사실을 발견했다. 이러한 경험과 이를 통해 얻은 지식은 생산 비용 절감이라는 측정 가능한 가치를 지니고 있다. 이러한 지식은 사일로를 너머서 공유될 때만 조직에 완전한 가치를 제공한다.[7]

피해야 할 것 8.2
성과보다는 산출물

예전 자동차 공장 라인에서는 항상 '얼마나 바쁜가'와 생산성, 즉 투입 단위당 산출량 사이에 직접적인 상관관계가 있었다. 작업자가 더 많은 나사를 조이고 더 많은 볼트를 조일수록 공장의 생산성이 높아졌으며 그 유산은 여전히 살아있다.

조직은 여전히 이러한 원칙을 지식 근로자의 세계에 적용하려고 한다. 이는 효과가 없다. 생산된 코드 줄 수, 전달된 스토리 포인트 수, 충족된 요구 사항 수 또는 설계된 기능 수와 같은 결과물은 사람들이

6 Terhorst-North, 'Introducing Deliberate Discovery'

7 Wright, 'Factors Affecting the Cost of Airplanes'

얼마나 바쁜지를 보여줄 뿐이며, 조직의 성과에 대해서는 아무것도 말해주지 않는다. 일부 기업에서는 극단적으로 키보드 사용 시간을 파악하고 하루 동안의 키 입력 횟수를 측정해 개발자의 생산성에 대한 결론을 도출하기도 한다. 이는 마치 경기 중 이동 거리만 보고 축구 선수의 경기력을 측정하는 것과 같다. 경기 내내 경기장 측면을 뛰어다닌 교체 선수는 골키퍼보다 90분 동안 더 많은 거리를 달렸을 것이다. 하지만 골키퍼가 경기 결과에 훨씬 더 큰 영향을 미쳤을 것은 분명하다.

일반적으로 보면 여전히 성과보다 결과에 초점을 맞춘다. 콘퍼런스에서 한 발표자가 긍정적 태도로 박수를 받으며 전년도에 어떻게 회사가 1천 500개 이상의 기능을 제공했는지 설명했다. 하지만 고객의 반응, 구독한 기능의 수, 조직 성과에 미친 영향 등 결과에서 얻은 인사이트는 밝히지 않았다. 결과는 성과보다 정의, 모니터링, 추적하기에 언제나 쉽다.

우리가 아이디어, 설계, 구축 및 제공하는 모든 것, 우리가 만들어내는 모든 결과물은 우리와 팀 그리고 조직에서 나온다는 점에 유의해야 한다. 그러나 우리가 가치 있는 결과물을 제공했는지 아닌지는 우리가 아닌 고객으로부터 알 수 있다. 따라서 성과 대신 결과물을 정의하고 추적하는 데만 집중하면 잠재적인 학습을 방해할 수 있다. 또한 결과에 집중하면 지속적인 학습과 성찰이 거의 필요가 없다. '마지막'에서의 학습과 함께 정해진 계획을 따르라. 반대로, 정기적인 피드백 루프와 함께 성과에 초점을 맞추면 급변하는 환경에서 고유한 업무를 위해 결과를 가장 잘 달성하는 방법에 대해 사람들이 성찰하면서 학습을 일상적인 활동으로 구축할 수 있다.

피해야 할 것 8.3

버블 효과

에이미 린 추아Amy Lynn Chua는 자신의 저서 『정치적 부족주의』(부키, 2020)에서 인간은 집단이라는 점에 주목하면서 시작한다. 추아는 "우리는 집단에 소속돼야 한다"라며 "우리는 유대감과 애착을 갈망하기 때문에 클럽, 팀, 동호회, 가족을 좋아한다. 은둔형 외톨이는 거의 없다. 승려와 수도사조차 수도회에 소속돼 있다. 하지만 집단 본능은 단순히 소속 본능만이 아니다. 배제의 본능이기도 하다"[8]라고 강조한다. 이러한 배제는 의식적이든 무의식적이든 사회적 거품을 만드는 데 일조한다. 이러한 사회 구조는 긍정적인 이점 외에도 몇 가지 원치 않는 역효과와 버블 효과도 공유한다.

- **사일로 사고방식**: 버블 안에 있는 사람과 팀은 사일로 사고방식을 갖게 된다. 이들은 같은 회사 내 다른 사람들과 정보를 공유하지 않고 자신의 정보는 보호받기를 원한다.
- **제한된 외부 접근성**: 버블 외부의 학습, 지식 및 정보에 도달할 수 없거나 발견이 제한되는 경우다. 우리는 우주 또는 멀티버스에 살고 있나?
- **학습 유지력 상실**: 사람들이 회사를 떠나면 학습한 내용이 영원히 사라진다.
- **중복**: 공유가 제한되면 업무가 중복된다. 여러 사일로에서 동일한 아이디어가 개발되고 동일한 장애가 여러 사일로에 중복으로 발생한다.

우리는 역할 기반 사일로, 애자일, 스크럼, 칸반 팀, 장기적인 가치 흐름으로 조율된 팀 등등 조직 내 다양한 버블의 형태를 볼 수 있다.

8 Chua, 『Political Tribes』, Introduction.

1. 워터폴 버블

새로운 Jira 설정의 효과에 대한 콘퍼런스 콜에서 작업이 한 상태에서 다른 상태로 이동할 때 알림 메커니즘을 구성하는 방법에 대해 긴 토론이 벌어진 적이 있다. 어느 순간 나는 알림이 왜 필요한지 물었다. "개발자가 보드에서 작업을 이동하는 것을 잊어버리고 알림이 트리거되지 않으면 어떻게 될까요?"

돌아오는 대답은 침묵이었다. 프로세스의 다음 단계에 있는 사람이 대기 중인 작업이 있다는 사실을 알게 할 다른 방법은 아무도 생각하지 못했다. 지식 근로자들은 도구를 사용하고 각자의 사일로에서 작업하는 데 너무 익숙해져서 서로 말을 걸거나, 전화를 받거나, 책상을 가로질러 소리를 지르며 작업을 끝냈다는 사실을 알리는 방법을 생각하지 못했다.

기존의 폭포수식 순차적 전달 방식은 각 역할 기반 사일로에서 거품을 만든다. 분석가는 분석가와 대화한다. 아키텍트는 함께 저녁 식사를 한다. 테스터가 테스트하는 동안 개발자는 술집에 앉아 있다. IT 운영 팀은 화재 진압에 너무 바쁘다. 워터폴 버블 사이의 정보는 '피해야 할 것 8.1'에 설명할 것이지만 지식 손실과 함께 핸드오프와 문서 전달을 통해 이동한다.

2. 애자일 팀 버블

애자일 팀에는 여러 가지 긍정적인 행동 패턴이 있다. 명확한 초점, 책임감, 자기 조직화를 위한 자율성을 갖춘 소규모의 다기능, 다분야, 장기적인 조직이다. 구성원들은 조직의 나머지 부분과 연결하고 학습을 공유하는 것이 아니라 내면을 바라보는 행동을 한다. 애자일 팀은 매일 직접 협업해 진행 상황, 장애물, 기회를 계획하고 논의한다. 애자일 팀이 잘 작동하면 구성원들은 강력한 사회적 연결과 충성도를 구축한다. 팀은 함께 성공하고 함께 배운다.

이러한 연결이 강화되면 조직의 나머지 부분과 단절된 거품을 형성할 위험이 있다. 복잡한 업무에 긍정적인 조직이라 하더라도 고의적 의도가 없다면 학습이 조직 전체에 자유롭게 흐르지 않고 보이지 않는 장벽에 갇힐 수 있다.

3. 가치 흐름 버블

장기적인 가치 흐름을 중심으로 구성된 장기적인 팀은 최적의 안정적인 소통과 학습 흐름을 제공하고 팀이 더 나은 설계를 할 수 있도록 해야 한다. 이러한 팀 오브 팀도 거품이 될 수 있다.

문제는 가치 흐름을 통해서만 소통을 진행할지, 아니면 조직의 다른 팀과 공유할지 그 방법과 시기의 균형을 맞추는 것이다. 가치 흐름 정보와 학습의 흐름을 최적화하기 위해 조직은 때때로 가치 흐름을 넘어서는 소통 라인을 의도치 않게 차단하기도 한다. 이는 전반적인 조직 성과에 최적화되지 못한다.

피해야 할 것 8.4

긴급을 요하는 도메인에 결정론적 접근법 적용

아인슈타인도 가끔은 틀릴 때가 있다. "신은 주사위 놀이를 하지 않는다"라는 그의 말은 말 그대로 사실일지도 모르겠다. 하지만 이 세상은 하이젠베르크의 불확실성 원리에 의해 지배되며 확실한 것은 없다. 우리는 위험과 확률에 관해서만 이야기할 수 있다. 우리가 확실성에 근접한 것에 대해 말할 수 있는 유일한 것은 결정론적이고 테일러주의적인 접근 방식을 새로운 업무 영역에 적용해 알 수 없는 것을 알 수 있는 것으로 취급할 때 동일한 실수가 반복해서 발생할 것으로 예상할 수 있다는 것이다.

결정론적 사고방식의 이면에는 불확실성에 대한 두려움, 즉 일이 언제 완료될지 알 수 없다는 두려움이나 세부적인 계획이 없으면 사람들이 올바른 일을 하지 않을 것이라는 두려움이 있다. 이러한 두려움은 전통적으로 긴 사전 계획 프로세스와 대규모의 사전 아키텍처 및 설계로 이어지며, 가장 적은 것을 알고 있는 시점에서 미래를 세부적으로 예측하려고 시도한다. 이는 업무에 대한 접근 방식(결정론적)과 업무의 영역(긴급성) 간의 불일치를 가져온다. 제품 개발에 긴급성이 필요하다는 인식이 부족하거나, 긴급성을 지렛대로 삼아 시간이 지남에 따라 가치를 높이는 새로운 업무 접근 방식을 배우는 것에 대한 내부적인 두려움이 있을 수 있다. 5장에서 봤듯이, 고정된 날짜와 로드맵을 갖는 것은 여전히 가능하다. 다만 다른 방식으로 수행해 긴급성의 활용, 학습, 흐름에 대한 최적화, 학습을 기반으로 피벗해 성과를 극대화하는 능력을 활용할 수 있다.

결정론적 사고방식은 일반적으로 명령 및 통제 스타일의 리더십과 함께 나타난다. 이러한 행동 패턴을 보이는 리더는 실제로 이동해야 하는 경로와는 거의 관계가 없는 일련의 이정표가 포함된 결정론적 계획을 원한다. 이러한 계획은 어떤 사람에게는 편안할 수 있지만, 많은 사람에게는 알 수 없는 미지의 미래를 고정시키려 하므로 불편함을 유발한다. 최고의 장소에 도달하기 위해 학습하고 방향을 전환하는 데 초점을 두지 않는다. 그 대신 두 단계 이전의 기술 혁명에서처럼 명령을 따르는 형태를 고수한다.

앞서 살펴본 바와 같이, 이런 일이 발생하면 목표가 가짜로 설정되고 달성되지 않는다. 출시 마감일 며칠 전까지는 모든 것이 정상이라는 녹색 표시등이 켜지다가 갑자기 모든 것이 빨간색으로 바뀐다. 프로젝트의 겉은 녹색이지만 속은 빨간색인 수박 효과는 이전에 해본 적이 없고, 환경이 어제보다 더 빠른 속도로 변화하는 등 예측할 수 없는 상황에서 결과물이 고정돼 있을 때 발생하기 마련이다. 또한 심리적 안전이 부족해 나쁜 소식을 묻어 두거나 패배의 문턱에 다다를 때까지 학습을 보류하기 때문이기도 하다.

이로 인해 개인과 조직 전체가 학습할 공간이 없거나 제한돼 '크게 생각하고, 크게 시작하고, 천천히 배우자'는 접근 방식으로 무지를 조장하고, 대응할 시간을 늦추게 된다.

프레더릭 테일러는 『과학적 경영 원리』(e퍼플, 2023)에서 전통적인 폭포수 업무 방식의 근간이 되는 이 접근 방식에 대해 냉철한 시각을 제시한다. "우리 계획에서는 부하들에게 주도권을 요구하지 않습니다. 우리는 어떤 주도권도 원하지 않습니다. 우리가 부하들에게 원하는 것은 우리가 내리는 명령에 복종하고, 시키는 대로 하고, 빨리 해내는 것뿐입니다."[9] 즉, 배우지 말라는 것이다.

피해야 할 것 8.5
지표의 무기화

찰스 굿하트Charles Goodhart는 목표를 기준으로 통화 정책을 적용하는 것의 어려움에 대해 "관찰된 통계적 규칙은 통제 목적으로 압력을 가하면 무너지는 경향이 있다"라고 지적했다.[10] 마릴린 스트라선Marilyn Strathern은 학업 시험 결과에 대한 기대치에서 비슷한 어려움을 발견하고 더 간단한 버전을 제시했다. "측정값이 목표가 되면 더 이상 좋은

9 Taylor, 『Principles of Scientific Management』, 11.

10 Goodhart, 'Problems of Monetary Management'

측정값이 아니다."[11] 측정값을 목표로 사용하는 것은 전통적인 조직에서 항상 나타나는 현상이다.

애자일 행사에서 주최자가 파란색 셔츠를 입고 등 뒤에 다음과 같은 질문이 적힌 것을 볼 수 있었다. "당신은 얼마나 애자일합니까How agile are you?" 이 질문의 의도는 팀의 애자일성을 측정하고 궁극적으로는 회사의 애자일 역량을 측정하기 위한 것이었다. 조직은 소프트웨어 지출 중 애자일 방식으로 수행되는 업무에 사용되는 소프트웨어 지출의 비율을 알고 싶었다. 고위 경영진은 진행 상황을 측정하기 위해 이 수치를 요청했다.

이 요청을 위한 측정 지표는 '동원', '전환', '확립', '최적화'라는 4가지 애자일 레벨로 구성했다.

처음 두 레벨은 '애자일을 수행 중'인 팀을 대상으로 했다. 두 번째 두 단계는 '애자일 역량을 확보한' 팀을 대상으로 했다. 각 레벨에는 조직화, 문화, 프로세스 및 기술적 우수성이라는 일련의 기준이 있었다. 예를 들어, '동원'에는 프로세스 개선, 정기적인 회고, 권한이 부여된 제품 소유자, 교차 기능 팀, 코딩 및 분기 표준 등이 필요했다. '확립'된 애자일 역량에는 단일 제품 또는 플랫폼에 맞춰진 소규모의 장기적인 다분야 팀, 적응형 계획, 짧은 릴리스 주기, 자동화된 빌드, 반복적인 작업의 높은 수준의 자동화, 긴급성에 대응하는 아키텍처 등이 필요했다.

팀들은 주기적으로 스스로를 평가하고 여정의 진행 상황을 보고했다. 이러한 정의와 기준을 지침으로 제공함으로써 팀들이 이러한 활동을 더 잘 적용하고 다음 단계로 나아갈 수 있기를 바랐다.

하지만 그런 일은 일어나지 않았다. 이 책 전체에서 살펴본 것처럼 모든 상황은 고유하다. 모든 상황에 적합한 단일 여정과 애자일의

11 Strathern, 'Improving Ratings'

크기는 존재하지 않는다. 방해 요소와 집중해야 할 우선순위는 상황에 따라 모두 다르다. 또한 '완료'란 없다. 개선은 끝이 없다. 최고 수준에 도달했다고 해서 멈출 수는 없는 것이다.

곧 조직의 사업부들은 연말까지 30% '확립'과 같은 목표를 달성하기 위해 노력했고, 잘못된 행동을 낳았다. 팀들은 메트릭 게임을 시작했다. '피해야 할 것 1.1'에서 다룬 바와 같이, 이는 화물 숭배 행동으로 이어졌다. 개인은 개인 목표를 정의하는 데 지표를 사용했다. 지침을 제공하려는 의도는 긍정적이었지만, 이 지표는 애자일이 추구하는 **더 나은 가치 짧은 시간에 더 안전하고 모두 만족하도록**의 성과 기반 혜택과는 아무런 상관관계가 없었다.

2001년 영국의 「보건 서비스 저널」은 병원 사고 및 응급실 내 '헬로 너스Hello nurse'의 활용을 설명했다. '헬로 너스'의 임무는 환자가 병원에 도착한 후 5분 이내에 환자를 만나 관련 목표를 충족시키는 것이었다. 그런 다음 환자는 몇 시간 동안 치료 대기를 위해 방치되는데, 이는 의도한 목표가 아니다.[12]

'얼마나 애자일한가?'라는 목표 지표를 충족하는 것이 반드시 개선된 결과와 상관관계가 있진 않다. 대개는 기존의 행동 방식에 새로운 라벨을 붙이는 데 그친다. 매일 스탠드업하거나 격주로 의무화된 스프린트 주기(예: 분석 스프린트 5회, 개발 스프린트 5회, 테스트 스프린트 5회 또는 예측 계획에 따라 워터 스크럼 폴 간트 차트에서 10회 스프린트)가 반드시 더 나은 결과를 가져오는 것은 아니다. 여러 기능으로 구성된 팀도 여전히 역할 기반의 부족별 사일로가 있을 수 있다. 기술적 우수성이 부족한 자동화된 파이프라인은 팀이 올바른 것을 제공하고 있다는 것을 의미하지 않는다. 품질이 낮은 코드를 더 빨리 푸시하는 기능 공장으로 작동하고 있을 수도 있다.

12 Mathieson, 'Take Aim...'

결과의 극대화를 위해 검사하고 조정하는 게 아니라, 목표 달성에 초점을 맞추고 있다. 체크리스트를 따르면 학습 문화를 구축하는 데 덜 집중하게 된다. 가드레일 안에서 팀 스스로의 두뇌를 사용해 결과를 개선하는 방법을 결정하도록 요청하면 학습 문화를 구축하는 데 더욱 중점을 둘 수 있다.

또한 이러한 사례에서 알 수 있듯이 목표를 달성하려는 시도는 때때로 비윤리적인 행동 패턴을 조장한다. 이는 애자일 역량을 발휘하는 대신 애자일을 수행하는 데 중점을 둬 원하는 결과를 가장 잘 달성하는 방법에 대한 학습을 방해한다.

피해야 할 것에서 해야 할 것으로

연결과 공유

이러한 '피해야 할 것'들은 기존 조직에서 흔히 볼 수 있다. 여러 번의 핸드오프로 정보가 손실되고, 결과를 극대화하기 위한 학습과 전환보다는 미리 정해진 결과물에 집중하며, 정보 공유가 없는 정보 거품이 존재하고, 무기화된 지표로 인해 목표 달성 여부나 결과보다는 활동에 집중하게 된다.

이는 업무 흐름에 최적화하지 못하며, 불확실성에 대한 두려움, 숙련도를 잃는 것에 대한 두려움, 정보가 곧 권력이라는 생각, 병리적이거나 관료적인 문화적 규범, 결과보다는 '얼마나 바쁜지'에 초점을 맞추는 사일로 사고방식 그리고 투명성을 높이고 학습을 공유하거나 조기에 자주 학습해 실행에 옮기는 피드백 루프 행동 규범을 구축하기 위해 명시적인 조치를 하지 않은 결과다.

이러한 각각의 '피해야 할 것' 패턴은 학습의 창출과 유지를 제한하고 개인 간 그리고 회사 전체에 걸친 정보 공유를 저해한다는 점에서 동일한 효과를 가져온다. 이러한 패턴은 회사가 학습하는 조직이 되는 것을 방해해 BVSSH 성과의 극대화를 막는다.

다행히도 정보 흐름을 촉진하고 팀원들이 학습한 내용을 공유할 수 있는 여러 가지 방법이 있다.

해야 할 것 8.1
학습을 위한 최적화

옛날에는 개인의 지식은 평생, 아니 그보다 훨씬 더 오랫동안 관련성을 유지했다. 대장장이가 어렸을 때 말굽이나 칼 만드는 방법을 배우면 평생 같은 방식으로 말굽이나 칼을 만들었다.

대장장이는 죽기 전에 자신의 지식을 젊은 견습생에게 전수했다. 견습생은 다음 세대에 그 지식을 전수하는 식으로 이어졌다. 공예품 생산 시대에는 기술이 느리게 변화한 데다 작업이 반복 가능하고 알 수 있었기 때문에 동일한 지식이 오랫동안 가치를 유지했다.

오늘날 지식은 훨씬 더 빨리 쓸모없어진다. 새로운 기술의 가치 반감기는 몇 년 단위로 측정할 수 있게 됐다. 그래서 직장인들은 훨씬 더 빨리 과거의 지식을 버리고 새로 배워야 한다. 배리 오라일리는 베스트셀러인 『Unlearn』에서 과거 지식의 폐기와 재학습의 사이클을 폐기, 재학습, 돌파의 3단계로 정의했다.[13] 폐기와 재학습은 자신과 비즈니스의 발전을 가로막는 행동과 사고방식을 폐기하는 것으로 시작해 새로운 기술을 재학습하고, 사이클의 마지막 단계는 새로운 관점과 아이디어를 수용해 오래된 사고 모델과 습관을 돌파하는 것이다. 암기식 학습이 아닌 진정한 숙달이 필요하다. 실제로 메타 수준에서 볼 때, 조직이 디지털 시대에 생존하고 번영하기 위해서는 이를 빠르고 효과적으로 수행할 수 있는 역량이 필수적이다.

13 O'Reilly, 『Unlearn』

학습을 최적화하기 위해 조직은 암묵적 지식과 명시적 지식의 차이 그리고 어떤 활동을 적용해야 하는지에 대한 함의를 파악해야 한다. 또한 사일로를 식별해 깨뜨리고, 자기 조직화 팀을 활성화하며, 대화를 위한 채널을 구축해야 한다.

1. 암묵적 지식과 명시적 지식

마이클 폴라니는 암묵적 지식을 '전달하기 어려운 정보'라고 설명했는데, 이는 반복적으로 알고 있는 작업을 위한 수신자가 쉽게 이해하고 전달할 수 있는 명시적인 지식과는 정반대다.[14] 예를 들어 레고 모델을 조립하는 단계를 보면 쉽게 이해할 수 있다. 빠진 부품이 하나도 없다고 가정할 때, 설명서를 따르는 사람은 상자 표지에 있는 모형과 똑같은 결과물을 만들어낼 가능성이 매우 크다.

반면에 모델을 설계한 소프트웨어를 구축하는 데 필요한 세부 지침을 만드는 것은 훨씬 더 어렵다. 이러한 지침이 설계자, 개발자, 테스터에게 전달될 때쯤이면 원래의 개념과는 매우 다른 결과가 나올 것이다.

'피해야 할 것 8.1'에서 살펴본 바와 같이, 핸드오프를 할 때마다 상당한 정보 손실이 발생한다. 모든 지식이 글로 적어서 전달한다고 해서 쉽게 전달되는 것은 아니다. 수영 교사는 학생에게 수영 매뉴얼을 주면서 가르치지 않는다. 학생들을 수영장에 넣고 팔과 다리를 움직여 도움 없이 물에 떠서 수영장 끝까지 갈 수 있을 때까지 연습하도록 지도한다.

일부 지식은 브레인스토밍 세션, 짝짓기, 직접 대면하는 상호 작

14 Polanyi, 『The Tacit Dimension』, 4.

용, 행동 편향과 같은 공유 학습 경험을 통한 사회화를 통해서만 공유할 수 있다. 대장장이가 견습생을 훈련시키는 것처럼 행동으로 배우는 것이다.

0장에서 데이브 스노든이 커네빈 프레임워크라고 부르는 다섯 가지 영역에서 업무가 어떻게 이뤄지는지 살펴봤다. 이 프레임워크는 그림 8.2에 설명된 대로 지식에도 적용할 수 있다. 이 프레임워크는 도메인에 따라 학습을 최적화하는 방법에 대한 유용한 가이드를 제공한다. 오른쪽에는 명시적 지식이 있으며, 이는 '정렬된 영역'이다. 왼쪽에는 암묵적 지식이 있으며, 이는 '정렬되지 않은 영역'이다.

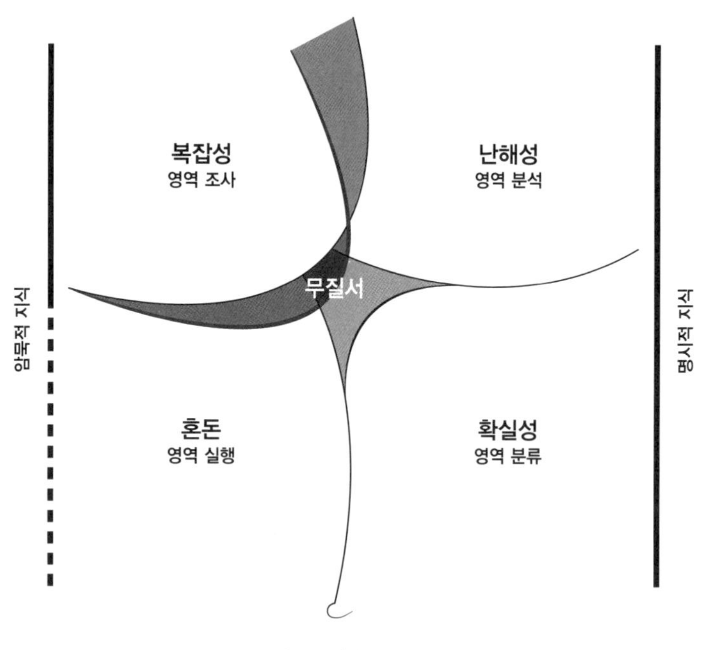

그림 8.2 커네빈 지식 맵

- **확실성** 영역에서 작업자는 규칙을 따르고 모범 사례를 적용한다. 명시적 지식 영역은 레고 모델 만들기와 같이 간단한 지침, 스크립트 및 가이드라인을 통해 학습 내용을 공유할

수 있는 영역이다.

- **난해성** 영역은 분석하고 대응하는 전문가가 필요하다. 이것은 어린아이가 할 수 있는 일이 아니다. 이 영역의 작업은 이전에도 여러 번 수행됐으며, 알려진 것과 알려지지 않은 것이 있다. 많은 세부 사항이 필요할 때도 학습 내용을 문서화하고 전달할 수 있는 명시적 지식의 영역이다.
- **복잡성** 영역은 사람들이 탐구하고 대응하는 영역이다. 이 영역의 업무는 고유하거나 상황이 독특하다. 긴급성을 요하고 알려지지 않은 미지의 영역이 존재한다. 작업자는 학습을 위해 확률론적 접근 방식을 적용하고 가설을 테스트해야 한다. 이것은 암묵적 지식의 영역이다. '피해야 할 것 8.1'에서 살펴봤듯이, 암묵적 지식은 학습한 정보에 대한 의미 있는 손실 없이 핸드오프를 통해 전달될 수 없다. 이 새로운 영역에서 기술 기반 사일로는 절대로 피해야 할 것이다. 대신, 최적화된 학습은 한 사람에게 의존하는 것을 피하기 위해 실행과 공동 창작을 통해 행동 편향 방식으로 이뤄진다.
- **혼돈** 영역은 원인과 결과 사이의 경계가 모호하다. 여기서 규칙은 먼저 행동하고 좋은 일이 일어나기를 바라는 것이다. 모든 학습은 암묵적 지식을 생성한다.
- **무질서** 영역은 어떤 도메인에 속해 있는지 확실하지 않은 경우다. 이때 더 작은 작업 영역을 만들어보라.

정보 및 지식의 맥락에서 커네빈을 적용하면 학습이 생성되는 방식과 이를 최적화하는 방법에 대한 유용한 지침과 통찰력을 얻을 수 있다.

2. 사일로를 찾아내고 부숴라

종단 간 투명성을 도입하면 사일로와 병목 현상을 가시화해 흐름의 개선점을 파악하는 데 도움이 된다.

지식이 어떻게 생성되든, 암묵적이든 명시적이든 상관없이 지식은 흘러갈 수 있어야 한다. 정보 및 학습 사일로는 지식의 자유롭고 중단 없는 이동을 방해한다. 또한 가치 흐름 전반에서 학습이 창출되는 것을 차단한다. 가치 흐름 매핑은 이러한 장애물을 만드는 대기열, 핸드오프, 정보 및 학습 사일로를 식별하는 데 도움이 될 수 있다.

개념에서 생산에 이르기까지 워크플로의 각 단계 대표자가 가치 흐름 매핑에 참여해야 한다. 참석자는 스프린트, 흐름 기반, 애자일, 워터폴 등 무엇이 됐든 자신의 주기를 무시하고 작업의 흐름과 생산을 완료하기 위해 왼쪽에서 오른쪽으로 이동하는 데 필요한 단계에만 집중할 수 있다. 이 연습은 두 시간 이상 소요될 수 있으며 두어 개의 긴 테이블이나 커다란 벽, 다량의 스티커 메모가 필요할 때가 많다. 참가자들은 작업의 전체적인 흐름, 누가 무엇을 하는지, 시간이 얼마나 걸리는지에 대해 자신이 얼마나 잘 모르는지 깨닫게 되므로 항상 훌륭한 학습 활동이 된다.

이 활동을 통해 사일로, 대기열, 장애물 및 여러 개선 항목에 대한 투명성을 확보하고 조치한다. 일반적으로 병목 현상, 긴 대기 시간, 지나치게 많은 WIP에 스포트라이트를 비춘다. 보통 활동의 성과는 남아 있는 활동 관계를 전환해 조기에 자주 협업할 수 있도록 구축해야 한다는 필요성 인식이다. 투명성과 협업이 증가하면 정보, 지식, 학습의 흐름이 개선된다. 이러한 학습 주기를 분기별 1회 등 정기적으로 반복하면 흐름, 정보, 학습이 지속적으로 개선되고 궁극적으로 BVSSH 성과가 향상된다.

3. 자체 구성팀 활성화

안전한 가치, 피드백, 학습을 종단 간 빠르게 전달하는 데 필요한 모든 기술을 갖춘 자율 구성 팀과 팀 오브 팀을 육성해야 한다. 이를 통해 정보 손실을 최소화하면서 이해를 공유하고 결과를 극대화하기 위해 신속하게 전환할 수 있는 능력을 키울 수 있다.

그러나 필요한 모든 기술을 갖춘 팀, 즉 다기능 팀만으로는 팀원들이 기존의 기술 기반 사일로에서 일하는 것을 막을 수 없으며, 협업, 페어링 및 공동 창작을 통해 작업이 이뤄지지 않는 한 불가능하다. 팀원들이 습득한 지식을 가장 필요한 곳에 자유롭게 전달하려면 팀원들이 스스로 조직을 구성할 수 있는 자율성이 필요하다.

팀이 스스로 조직할 수 있는 자율성 외에도 다른 중요한 조력자가 필요하다. 휴먼 시스템 역학 연구소The Human System Dynamics Institute의 설립자인 글렌다 어양Glenda Eoyang은 휴먼 시스템 역학에 대한 이론과 실제를 개발했다. 글렌다 어양의 자기 조직화 시스템 모델은 컨테이너, 차이, 교환이라는 세 가지 차원으로 구성돼 있다.[15] 이 개념을 조직 맥락에 적용한 몇 가지 사례를 다음과 같이 제시한다.

- **컨테이너**: 명확한 전략적 의도와 공유된 전략적 목적, 목표, 비즈니스 성과, 공유된 신념 및 정신 모델을 갖춘 오래 지속되는 중첩된 가치 흐름이다. 안전한 가치의 빠른 흐름에 최적화돼 있고 고객에 맞춰져 있다. 높은 응집력(한 가지 일을 잘 수행)과 낮은 결합(시간 경과에 따른 의존성 최소화)이 있어야 한다. 컨테이너는 상호 의존적인 서비스다.
- **차이**: 기술, 지식, 경험, 성별, 문화적 배경의 다양성. 이는 여러 분야로 구성된 팀에서 분명하게 드러나야 한다.

15 Eoyang, 'Conditions for Self-Organizing in Human Systems'

- **교환**: 소통, 피드백 루프, 정보 및 학습의 흐름이다.

다양성을 수용하고 자유로운 학습 교환을 허용하는 컨테이너에서 자기 조직화 패턴이 나타난다. 사람들은 전문성을 깨고 새로운 기술을 개발하고자 한다. 이들은 하나의 심도 있는 전문 기술에서 여러 개의 심도 있는 전문 기술로 뒷받침되는 폭넓은 교차 기술 지식으로 이동하며, I자형에서 T자형, π자형, 빗살 모양으로 변화한다. 그림 8.3은 이의 발전 상황을 보여준다.

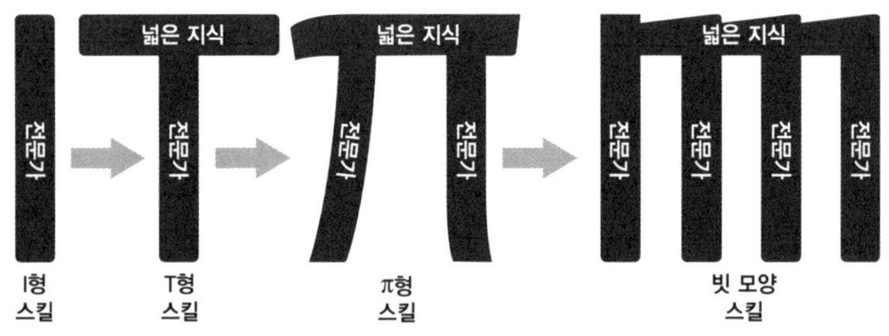

그림 8.3 스킬은 형태가 있다

물리학자 제레미 잉글랜드Jeremy England는 자연에서는 물질이 특정 조건하에 자발적으로 자기 조직화된다고 주장했다.[16] 이는 공식적이든 비공식적이든 팀과 조직에도 적용된다. 팀은 자신의 경계 안에서 스스로 관리하고, 스스로 설계하고, 스스로 통치할 수 있는 자율성을 가져야 한다. 리더는 팀과 개인에게 실질적인 권한을 부여해 그들이 원하는 업무 방식과 따라야 할 팀 수준의 프로세스를 결정할 수 있도록 해야 한다. 권한을 부여받은 팀과 개인은 목표 및 결과 로드맵 설정에 참여한다. 이들은 공동의 목표를 설정하고 어떻게 달성할 것인지를 결정할 수 있다.

인센티브는 개인이 아닌 팀을 대상으로 적용해야 하며, 측정 가능

16 Wolchover, 'A New Physics Theory of Life'

한 팀 차원의 공유된 성과에 기반해야 한다. 성과가 좋은 개인에게 더 많은 급여를 제공하는 기존의 테일러주의적 접근 방식은 팀 기반 업무에서 부정적인 결과를 초래할 수 있다.

1968년, 오하이오 주립 벅아이즈Buckeyes 풋볼 팀은 매 경기 후 최고의 선수에게 보상을 주는 전통을 도입했다. 코치들은 그 주인공에게 벅아이 잎사귀가 그려진 스티커를 줘 헬멧에 붙이도록 했다. 선수들은 각자 자신에 대한 찬사를 확인하고 상을 받기 위해 노력했으며, 그해 이 팀은 전국 챔피언십에서 우승했다. 곧이어 다른 팀들도 이 전통을 모방했다.[17]

2001년에도 같은 인센티브가 계속 유지됐지만 벅아이즈는 리그 중위권의 평범한 팀이었으며 뚜렷한 반등책이 없었다. 팀의 새 감독인 짐 트레셀은 노력에 대한 보상으로 선수들에게 인센티브를 제공하는 새로운 방식을 도입했다. 터치다운에 성공했을 때 개인에게 보상을 주는 대신 팀이 승리하거나 한 경기에서 24점 이상을 득점했을 때 모든 선수에게 보상을 주기 시작했다. 개인이 아닌 팀 전체를 대상으로 한 보상은 성과를 거뒀다. 이 팀은 전국 챔피언십에서 우승했고, 이후 가장 성공적인 팀 중 하나가 됐다.[18]

4. 대화

MIT 조직 학습 센터MIT Organizational Learning Center의 공동 설립자이자 연구소 대화 프로젝트의 책임자인 윌리엄 아이작스William Isaacs는 대화를 '서로 다른 관점을 포용하는 것, 말 그대로 함께 생각하는 기술'이라

17 van Bavel and Packer, 'The Problem with Rewarding Individual Performers'

18 van Bavel and Packer, 'The Problem with Rewarding Individual Performers'

고 설명했다.[19]

애자일 업무 방식은 대화를 기반으로 한다. 팀 성과 리더는 대화를 장려하고, 모든 팀원의 아이디어를 끌어내며, 모든 사람의 목소리를 들을 수 있도록 하는 역할을 담당한다. 이들은 출처와 관계없이 모든 목소리와 아이디어가 존중받을 수 있도록 촉진하고 지도한다. 또한 HiPPO 효과(3장 참조)와 같은 힘의 차이나 '피해야 할 것'이 주도권을 잡는 것을 방지한다. 대화는 학습의 최적화를 지원한다. 의견과 생각의 다양성을 존중하고 다른 사람의 의견을 적극적이고 정중하게 경청하며 모든 사람에게 말할 기회가 주어지는 것이다. 이는 팀 헌장의 일부가 될 수 있으며 학습을 최적화하는 데 도움이 된다.

해야 할 것 8.2
내재 피드백 루프를 통한 중첩된 학습

성과보다 산출물(결과)에 초점을 맞추면 지속적인 학습, 성찰, 적응 대신 가장 적게 아는 시점에 미리 정해진 계획을 따르고, 학습은 늦게 이뤄지며, 이에 대응할 시간은 최소화하는 방향으로 행동이 유도된다.

학습 조직에서는 개인 수준, 팀 수준, 조직 수준에서 동시에 지속적인 학습이 이뤄진다. 이러한 계층 중 어느 하나라도 없으면 학습 조직이 만들어지지 않고, 지식이 학습 거품 안에 갇혀 있게 된다. 중첩된 학습 루프를 통해 성과에 집중하면 조직의 학습과 지속적인 개선이 촉진된다. 이 패턴은 개인, 팀, 조직 수준으로 나뉜다.

19 Isaacs, 『Dialogue and the Art of Thinking Together』

1. 개인

『드라이브』의 저자 다니엘 핑크는 목적과 자율성 외에 개인에게 동기를 부여하는 핵심 요소 중 하나로 개인적 숙달personal mastery을 설명한다. 그는 개인에게는 기술을 향상하고, 새로운 지식을 습득하고, 자기계발하려는 내재적 동기가 있다고 말한다.[20]

조직을 통해 정보가 원활하게 흐르면 개인은 자신이 끊임없이 발전하고 있으며 항상 다음 단계로 나아가고 있다고 느낄 수 있다. 학습자가 규칙을 따르는 기초 단계, 규칙을 깨는 중기 단계, 새로운 규칙을 만드는 고급 단계 등 수파리守破離 학습 여정의 세 가지 단계를 통과하고 싶어 한다. 학습자는 항상 학습 중이다.

'해야 할 것 8.1'에서 살펴본 것처럼 자율성, 권한 부여, 의도, 목적이 있을 때 개인은 기술을 개발하고 숙련도를 쌓으려고 한다.

이를 위한 분명한 선택 중 하나는 교육이다. 강사가 강의실 앞에 서서 긴 파워포인트 자료를 넘기는 강의실 교육 세션에 참석한 적이 있는가? 기분이 어땠는가? 효과적이었나? 얼마나 많은 것을 배웠나? 낮잠은 잘 잤나?

정보가 전달되는 방식은 학습 효과가 얼마나 오래 지속될지를 결정하기 때문에 중요하다. 샤론 보우먼Sharon Bowman은 베스트셀러인 그녀의 저서 『Training From the BACK of the Room』(Wiley, 2008)에서 연결Connection, 개념Concept, 구체적인 사례Concrete Practice, 결론Conclusion이라는 네 가지 C의 기법을 소개한다.[21] 전체 교육과 하위 모듈은 네 가지 C가 중첩된 형태로 설계돼 있다. 연결에서 학습자는 이전 경험과 지식을 탐색해 주제에 연결한다. 개념과 구체적인 사례는 대부분 스스로

20 Pink, 『Drive』, 35 - 41.

21 Bowman, 『Training from the Back of the Room!』

학습하며, 다양한 대화형 실습 기법을 사용한다. 결론에서 학습자는 학습 경험에 대해 자기 성찰을 하고 수업에 이를 활용한다.

학습자 자신의 맥락도 중요하다. 학습자가 연습하고 자신의 상황에 맞게 적용할 때 학습이 이뤄진다. 예를 들어, 개념이 비즈니스 성과일 때 강사는 각 그룹에 플립차트를 주고 제품에 대한 비즈니스 성과를 표현하도록 요청할 수 있다. 이를 통해 가시적인 결과와 시사점을 얻을 수 있으며 개념과 사례를 지속적으로 사용할 수 있다.

사내 또는 외부 모임, 콘퍼런스에 참여하거나 협업을 통해 전문성을 깨는 등 기술을 개발하고 새로운 지식을 습득하는 방법도 있다. 이와 관련한 내용은 이 패턴의 뒷부분에서 자세히 살펴본다.

2. 팀 레벨

개인 학습은 이전 절에서 설명한 대로 적절한 조건이 갖춰진다면 비교적 간단하지만, 팀 레벨에서의 학습은 더 복잡하며 중첩된 학습 루프, 지속적인 개선, 협업 등 다양한 방식으로 이뤄진다.

중첩된 학습 루프

일일 조정, 스탠드업, 주간 리뷰, 회고, 월간 발표 공유회와 같은 팀 이벤트는 모두 팀 학습 세션이다. 이러한 세션은 결과에 대한 학습 외에도 팀 프로세스, 정책, 업무 방식, 그 효과 및 개선해야 할 사항에 대해 배울 수 있는 메커니즘이다. 회고의 구체적인 사례로는 디브리핑이 있다. 전투기 조종사와 외과의가 각 임무 또는 수술 후 정기적으로 사용한다. 디브리핑의 목적은 무슨 일이 일어났는지, 왜 실패했는지, 어떻게 개선할 수 있는지를 공유하고 소통하며 배우는 것이다. 효과적인 회고 또는 디브리핑의 가장 중요한 요소는 심리적 안전, 즉 팀원들이 문제와 우려 사항을 제기할 수 있다고 느끼는 안전한 환경을 조성하는 것이다. 따라서 디브리핑에는 '직급 없음'이라는 규칙이 있으며, 이와 유사하게 회고에는 '보고 라인 없음'이라는 규칙이 있다.

학습 조직에서 학습은 분기별, 연간, 다년 단위로 중첩되고 측정 가능한 선행 및 후행 지표를 포함하는 루프에서 이뤄진다. 이를 통해 원하는 결과를 달성하고 있는지를 정기적으로 학습할 수 있다. 학습 루프에는 일별, 주별, 격주 단위로 기능, 스토리, 작업 분석 피드백이 모두 포함된다. 이를 통해 매일 학습하고 전략적 의도에 대한 피드백을 받을 수 있다.

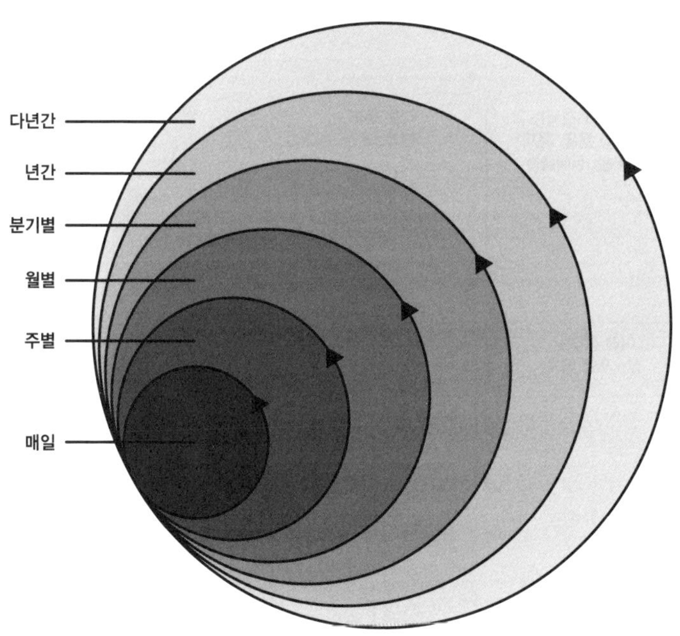

그림 8.4 중첩 학습 루프

지속적 개선

이렇게 피드백을 구하고 받는 루틴을 확립했다면, 다음 단계는 이러한 학습을 개선에 활용하는 것이다. 이 책에서 앞서 설명한 강력한 실천 방법의 하나는 마이크 로더가 설명한 토요타 개선 카타다.[22] 이 방법은 현재 상태에서 원하는 새로운 상태로 반복 이동하는 루틴이다. 이를 통해 해결해야 할 장애물을 발견할 수 있다. 지미 얀렌Jimmy Janlen의 '개선 테마'[23]를 발전시킨 그림 8.5에서 왼쪽 두 사분면은 데이터로 뒷받침되는 현재(위쪽) 및 미래(아래쪽) 상태와 선행 및 후행 지표의 명료성을 보여주며, 오른쪽 위에는 다음 목표 상태가 표시된다. 오른쪽 아래는 다음 목표 상태에 도달하는 데 필요한 단계가 표시된 칸반 보드다.

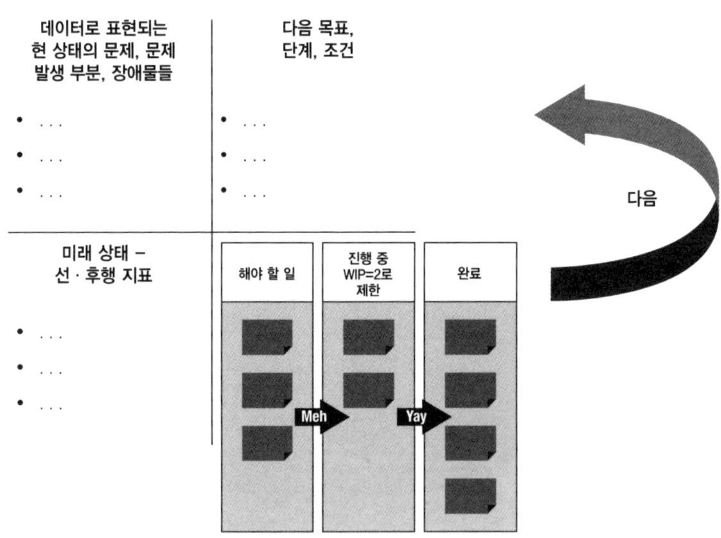

그림 8.5 토요타 개선 카타 캔버스

22 Rother, 『Toyota Kata』

23 Janlen, 'Improvement Theme'

함께 일하기

팀이 항상 정보를 받을 수 있도록 하는 간단한 방법은 모든 사람이 가치 흐름에서 어떤 일이 일어나고 있는지 볼 수 있도록 하는 것이다. 칸반 보드는 이러한 결과를 만들어낼 수 있지만, 함께 작업할 때도 마찬가지다.

개발은 종종 개인이 스크린 앞에서 헤드폰을 착용하고 수행하는 외로운 작업이다. 애자일의 선구자인 앨리스테어 콕번Alistair Cockburn은 제품 개발을 '협동 게임cooperative game'이라고 표현했는데,[24] 이는 그룹에서도 실행될 수 있다. 예를 들어, 페어 프로그래밍을 할 때는 두 명의 프로그래머가 함께 앉아 있다. 뜨거운 자리에 앉은 프로그래머는 코드를 작성하고 차가운 자리에 앉은 프로그래머는 이를 지켜본다. 시간이 지나면 역할을 바꾼다. 어떤 사람들은 페어 프로그래밍을 랠리 운전에서 운전자와 내비게이터의 역할에 비유하기도 한다. 운전자는 무엇을 어떻게 할 것인가에 집중하고 내비게이터는 무엇을 왜 할 것인가에 집중한다.

모든 조직이 페어 프로그래밍을 확실한 이점으로 보는 것은 아니다. 두 사람이 같은 작업을 한다고 해서 생산성이 50% 감소하는 것은 아니다. 알리스테어 콕번Alistair Cockburn과 로리 윌리엄스Laurie Williams의 연구에 따르면 페어 프로그래밍을 사용하면 개발 시간이 약 15% 증가하며,[25] 생산 사고 감소, 설계 품질 개선, 인력 배치 위험 감소, 기술 역량 강화, 팀 소통 개선, 즐거움 증대 등의 이점과 함께 더 빠르게 가기 위해 느리게 가는 좋은 예라고 한다. 또한 작업을 더 좋고, 더 안전하고, 모두 만족하도록 만들며, 작업 중에 발생하는 모든 학습을 공유해 더 빠르고 더 나은 가치로 이어지게 한다. 공동의 코드 소유권으로

24 Cockburn and William, 'The costs and benefits of pair programming'

25 Cockburn and William, 'The costs and benefits of pair programming'

이어지고 공유된 학습 경험을 통해 전문성을 깨뜨린다.

조직은 여기서 더 나아갈 수 있다. 몹Mob 프로그래밍은 팀 전체가 같은 컴퓨터에서 같은 시간에 같은 코드를 함께 작업하는 페어 프로그래밍의 확장이다. 익스트림 프로그래밍에 뿌리를 두고 있지만, 페어 프로그래밍과 마찬가지로 코딩에만 국한되지 않는다. 분석, 사용자 스토리 정의 등과 같은 다른 유형의 작업에도 사용할 수 있다.

미국 소매업체 타겟Target의 사례처럼 몰입형 학습을 위한 공간인 도조Dojo를 만들면 제품을 함께 학습하는 데 매우 유용할 수 있다. 협업이 가능할 정도의 공간과 시설이 갖춰진 회의실만 있으면 된다. 목표는 전문가와 코치의 도움을 받아 공유와 협업을 통해 기술적이든 제품의 우수성과 관련된 새로운 기술을 배우는 것이다.

3. 조직 레벨

조직 수준에서 학습이 이뤄지도록 하는 것은 가장 복잡하고 조직화하기가 어려운 일이다. 조직 전체에서 개인과 팀의 학습을 공유하는 방법에는 여러 가지가 있다. 여기에는 내부 모임, 콘퍼런스, 언콘퍼런스unconference, 웨비나, 브라운백 세션brown-bag session, 쇼앤텔show-and-tell 등이 포함된다. 이러한 행동을 인정하고 보상하는 것이 좋다.

언콘퍼런스는 참가자 주도형 세션이다. 참가자는 의제를 주도하고, 자신의 아이디어를 가져오고, 토론하고 발전시킨 아이디어에 투표한다. 언콘퍼런스의 대표 스타일은 참석자가 스티커 메모에 아이디어를 적고 점으로 투표해 가장 많은 점을 얻은 아이디어에 관해 토론하는 린 커피Lean Coffee다. 토론은 시간제한이 있으며 참가자는 투표를 통해 같은 항목에 대해 다른 시간 동안 계속 토론하거나 가장 많은 점을 얻은 다음 항목으로 넘어갈 수 있다.

오픈 스페이스Open Space는 또 다른 인기 있는 형태의 언콘퍼런스다. 린 커피와 마찬가지로 참석자가 자신의 아이디어와 주제를 가져와 토론한다. 벽에 빈 시간표가 있거나 시간이 표시된 플립차트가 있고(그림 8.6 참조), 토론을 위한 전용 스테이션이나 소그룹 공간이 있다.

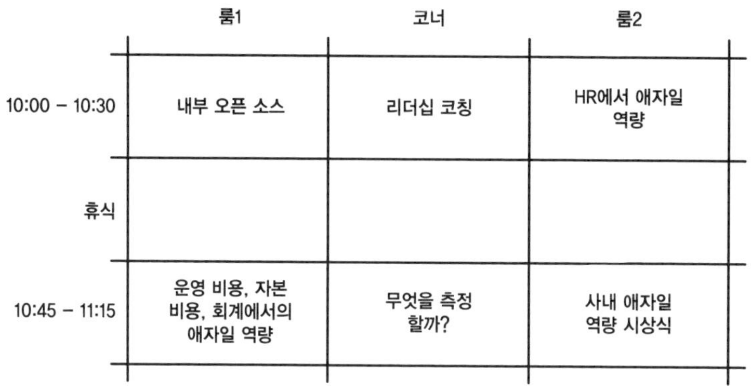

	룸1	코너	룸2
10:00 – 10:30	내부 오픈 소스	리더십 코칭	HR에서 애자일 역량
휴식			
10:45 – 11:15	운영 비용, 자본 비용, 회계에서의 애자일 역량	무엇을 측정할까?	사내 애자일 역량 시상식

그림 8.6 오픈 스페이스의 타임 테이블

참석자들은 자신의 주제를 알리고 자유 슬롯에 배치한다. 하려는 주제가 자유 슬롯보다 많을 때는 퍼실리테이터가 주제들을 그룹화한다. 그런 다음 각 라운드의 주제는 정해진 시간 동안 소그룹으로 지정된 소회의실 공간에서 논의된다.

누가 오든 부적합한 사람은 없고, 무슨 일이 일어나든 중복되는 일은 없다. 지금 시작할 때가 적절한 시작 시점이며, 지금 끝내는 시점이 적절한 종료 시점이라는 네 가지 원칙이 오픈 스페이스를 이끌어 간다. 여러분이 원하고 기여할 수 있는 곳이 오픈 스페이스의 원칙이다.

해야 할 것 8.3

소통, 소통, 소통

'피해야 할 것 8.3'에서는 다양한 형태의 학습 거품이 어떻게 생겨나고 사일로 사고방식, 제한된 발견 가능성, 낮은 학습 유지율, 업무 중복과 같은 바람직하지 않은 효과를 조장하는지 확인했다. 조직에서 단절된 거품을 터뜨리는 방법으로는 포상, CoP, ASREDS 루프 등이 있다.

1. 포상

학습하는 조직에서는 소통이 필수적이며, 이러한 소통은 다양한 형태로 이뤄진다. 스토리텔링, 사례 연구, 경험 보고서는 모두 조직 학습에 매우 유용하다. 하지만 이러한 이야기와 인사이트를 표면화하지 않으면 좋은 내용도 거품 속에 머물러 다른 팀과 조직 전체에 혜택을 가져다주기는 어려울 것이다.

또한 '해야 할 것 3.2'의 혁신 확산 곡선에서 봤듯이, 초대보다 동기 부여가 더 중요하다. 초기 다수가 새로운 것을 기꺼이 채택하기 전에 사회적 증거를 만들어야 한다. 일단 안전하다고 여겨지고 인정받으면 지속적인 소통과 안전, 인정을 통해 빠르게 팔로워를 확보해 전환점에 도달하는 데 도움을 줄 수 있다. 사람들은 변화가 상황에 맞게 작동하고 있으며 이러한 성공이 인정받고 있음을 인식한다.

한 조직의 업무 방식 팀의 일원으로서 나는 회사 사보와 인트라넷에 게재할 팀과의 인터뷰를 진행한 적이 있다. 바쁜 사람들과의 인터뷰 일정 조율은 쉽지 않았다. 인터뷰는 여러 차례의 편집 과정을 거친 후 출판 승인을 받아야 했으며, 선택의 폭이 제한적이었다. 고위 경영진의 소식을 전할 수 있는 특별한 장소를 제공하면서 취재 요청을 해도 응답이 거의 없었다.

그래서 **더 나은 가치를 짧은 시간에 더 안전하게 모두 만족하도록** 상Awards을 도입했다. IT 관련 제품 개발 여부와 상관없이, 규모나 영역과 관계없이 조직 내 모든 팀이 응모할 수 있도록 했다. 2주 동안 80개 이상의 스토리가 제출됐는데, 이는 이전에 훨씬 더 오랜 기간 수집했던 것보다 훨씬 많은 수다.

각 팀은 사실적인 증거, 데이터, 고객 및 동료의 인용문을 제공해 애자일, BVSSH 측면에서 어떻게 개선됐는지 보여줘야 했다.

- **더 나은**Better: 품질, 생산 인시던트 감소, 평균 복구 시간 단축, 복원력 향상 등 품질이 향상된다.
- **가치**Value: 시장 점유율, 고객 유지, 추천, 수익, 탄소 배출량, 다양성 등의 선행 및 후행 지표와 함께 분기별 비즈니스 성과로 측정된다.
- **짧은 시간에**Sooner: 종단 간 리드 타임 단축, 가치 있는 품목의 처리량 증가, 흐름 효율성 개선.
- **더 안전하게**Safer: 지속적인 규정 준수를 통해 팀이 취약하지 않고 민첩하게 대응 가능. 사전 예방적 작업 수행과 같은 선행 지표와 제어 또는 규정 준수 관련 문제 감소와 같은 후행 개선 지표로 안전성이 개선된 사례들.
- **모두 만족하도록**Happier: NPS(순 고객 추천 지수), 유지율, 추천 수 증가, 프로젝트 주위 사람들의 만족과 환경에 대한 개선된 결과를 통해 알 수 있다.

더 많은 스토리와 풍부한 인사이트를 제공하는 데이터와 사례가 접수됐다. 각 사업부의 숙련된 실무자들로 구성된 패널이 제출된 내용을 검토했다. 1차 콘테스트가 끝난 후 수상 팀 대표들이 패널에 참여해 인터뷰를 진행했으며, 이를 통해 여러 부문에서 우승자, 준우승자, 특별상 수상자가 선정됐다.

업무 방식 콘퍼런스와 시상식은 이러한 여정과 경험담을 공유하는 끝이 아니라 시작이었다. 뉴스레터를 통해 일 년 내내 이를 공개했다. 각 팀은 내부 회의와 조직 전체가 참석하는 쇼앤텔show-and-tell에서 발표하도록 요청받았다. 그 결과, 여러 팀과 개인이 수상 팀의 동료들과 연락을 취하고 조언과 실질적인 도움을 요청했다. 이 콘테스트를 통해 조직 전체에 인맥이 형성되고 정보 채널이 열렸으며 학습이 가속화됐다. 또한 사회적 증거를 제공하고 팀 차원에서 눈에 띄는 인정을 받을 수 있었다.

사례 연구: 어떻게 아디다스(Adidas)는 업무 방식 성과를 업그레이드했을까?

아디다스가 창립된 지 70년이 지난 2019년 초, 사람들은 제품 개발을 위한 팀의 업무 방식을 개선하는 데 도움이 될 수 있는 보다 혁신적인 방법을 모색하기 시작했다. 플랫폼 엔지니어링 부사장인 페르난도 코르나고(Fernando Cornago)는 다음과 같이 설명한다.

우리에게 중요한 것은 '애자일을 하는 것'이 아니었습니다. 우리는 원칙과 활동을 모두 실천해야만 당시 가장 도전적인 업계에서 필요한 속도로 성과를 낼 수 있다는 사실을 인정했습니다. '리테일 대재앙'으로 소매업과 디지털 이커머스는 「2019 Accelerate State of DevOps survey」에 명시된 대로 가장 어려운 전쟁터였습니다.[26]

우리 모두 지난 5년간 부단한 노력으로 쌓아온 팀 수준의 자동화를 보호해야 한다는 데 분명히 동의했습니다. 동시에 시스템을 더 활성화하고 더 발전시켜야 한다는 사실도 깨달았습니다.

아디다스는 스포츠와 경쟁이라는 강력한 DNA를 가진 회사입니다. 독

26 Forsgren et al., 「Accelerate State of DevOps 2019」

일 헤르조겐나우라흐(Herzogenau rach)에 위치한 본사 사무실에 들어서거나 스페인 사라고사(Zaragoza)에 위치한 테크 허브에서 열린 스프린트 회고전에 참석하면 이를 느낄 수 있습니다.

우리는 목적, 발전, 재미를 더하기 위해 회사의 강점과 문화를 활용하기로 했습니다. 그래서 첫 번째 '아디다스 데브옵스 컵'을 만들었습니다. 이 대회는 성과 개선을 가속화하고 소프트웨어를 통해 비즈니스 가치를 제공하는 팀의 기술적 숙련도를 평가하는 두 가지 목표가 있었습니다.

또한 우리는 CALMS(문화(Culture), 자동화(Automation), 린(Lean), 측정(Measurement), 공유(Sharing))에 맞춰진 일련의 지표로 측정된 팀의 성과 개선을 목표로 대회를 만들었습니다. 팀은 이러한 개선을 통해 얻은 비즈니스 가치를 입증해야 했습니다.

대회는 대성공을 거뒀습니다. 22개 팀에 220명이 자원해 참가했습니다. 이들은 9개월 동안 다양한 부서의 고위 리더에게서 코칭받으며 지식 공유를 촉진하고 학습, 원칙 및 사례를 이종 접합하는 방식으로 경쟁했습니다.

팀들은 고객에게 가치를 제공하는 빈도(짧은 시간에), 시스템 문제 발생 시 복구 시간(짧은 시간에) 등의 요소에서 큰 폭으로 개선됐습니다. 또한 조기에 자주 릴리스(짧은 시간에)하고 자동화를 통해 상당한 비용을 절감(가치 및 짧은 시간에)함으로써 해당 영역의 수익이 크게 증가(가치)했다고 보고했습니다. 가장 중요한 것은 경쟁을 통해 비즈니스 팀과 기술 팀이 더욱 가까워졌다는 점입니다(모두 만족하도록).

최종 우승자인 아디다스 모바일 애플리케이션 개발 팀은 현재도 전 세계 여러 아디다스 팀을 대상으로 가상 월드 투어를 진행하며 자신들의 이야기를 들려줍니다. 이들은 비즈니스 가치를 더하는 성공적이고 지속 가능한 디지털 제품을 만들기 위해 기술 숙달이 얼마나 중요한지에 대한 인식을 제고하고 있습니다.

아디다스의 문화를 고려할 때, 이 대회는 하향식 명령 방식에서는 불가능했을 팀 주인 의식, 책임감, 동기를 유지하면서 변화를 가속화하고 인센티브를 제공할 수 있는 완벽한 메커니즘이었습니다. 이 모델은 현재 기술 부채 게임(Game of Technical Debt, GOTD) 또는 008-Licence to Automate와 같은 다른 사내 경연 대회에서도 계속되고 있습니다.

2. 활동 커뮤니티(Communities of Practice, CoPs)

공유 학습을 위한 매우 효과적인 메커니즘은 활동 커뮤니티(이하 CoP)다. 이러한 커뮤니티는 회사 내부에 있으며, 자발적이고 모두에게 개방돼 있으며 다원주의적이다. 사람들이 만나야 가치가 생긴다. 그렇지 않으면 가치가 생기지 않는다. CoP는 인위적으로 유지되는 것이 아니다. CoP는 전문가 센터Center of Excellence, CoE, 길드 또는 실무와 연계될 수 있다. 핵심은 모두에게 열려 있다는 것이다. 이를 통해 타고난 챔피언, 혁신가, 열정적인 사람, 반란군 동맹을 식별하는 데 도움이 된다.

한 조직에서는 6년 동안 CoP를 구축한 끝에 37개의 CoP에 1만 5천 명의 직원이 자발적으로 참여했다. 애자일 CoP에는 2천 500명이 있었다. 모든 CoP나 멤버가 항상 활동하는 것은 아니었는데, 이는 의도된 것이었다. 누가 나타나든 적합한 사람들이다. 무슨 일이 일어나든 인정해야 한다. 풀타임으로 활동하는 사람은 한 명뿐이었고, 나머지는 모두 자원해서 CoP의 의장을 맡거나 기여했다. 또한 내부 소셜 미디어를 통해 CoP를 지원했다.

경험상 성공적인 CoP는 두 명의 공동 의장과 소수의 핵심 기여자 그룹(10명 미만)으로 구성된다. 의장과 핵심 기여자는 내부와 외부 모두에 정제된 쇼엔텔의 백로그를 준비한다. 모든 사람과 누구에게나 열린 초대가 있으며, 참석하는 사람들이 항상 예상했던 사람이 아닐 수도 있으며, 이는 공유 학습을 늘리는 데 도움이 된다. 사람들이 듣기 전용 모드로 있어도 괜찮다. 소셜 미디어를 사용해 공유를 촉진하고 전문가를 찾을 수 있도록 하라.

CoP의 좋은 주기는 적어도 2주에 한 번씩 정기적으로 모이는 것이다. 이것은 매우 중요하다. 이 모임은 런치 앤 러닝Lunch and learning으로 진행할 수도 있고, 일과를 마친 후 저녁에 음료나 피자 등 사교 활동을 함께하는 모임으로 진행할 수도 있다. 글로벌 조직이라면 한 곳에서 시작해 가능하면 주로 직접 만나서 일하고 가상으로 참여할 수 있도록 CoP를 구성하라. 더 성장하면 지역 지부를 만들어 커뮤니티를 구축하라.

온라인 회의보다 대면 회의가 바람직하다. 네트워크와 관계를 구축하라. 분기별 성과에 대한 로드맵을 작성해 장기적인 조직의 북극성에 맞춰 분기별로 합의된 북극성이 있으면 이상적이다. 또한, 자발적인 활동이라는 점을 염두에 둬라. 다른 결과가 있다면 이는 보너스다.

각 CoP에는 아이디어를 실행에 옮기고 최고 테이블의 과제, 우려사항 또는 질문을 전달할 수 있도록 선임 리더 스폰서가 있어야 한다. 마지막으로, 산을 옮겨야 할 때는 점들을 연결하고 산을 옮기는 데 도움 줄 수 있는 전체 실행 위원회 스폰서가 있어야 한다.

3. ASREDS 루프

학습이 거품에 갇히면 지식이 보이지 않게 된다. 팀들은 비슷한 문제에 직면하고, 비슷한 실험을 실행하고, 같은 패턴으로 개발하지만, 서로의 학습을 활용하지 못한다. 이러한 패턴에 대한 우리의 대응책이 바로 ASREDS 학습 루프다(그림 8.7).

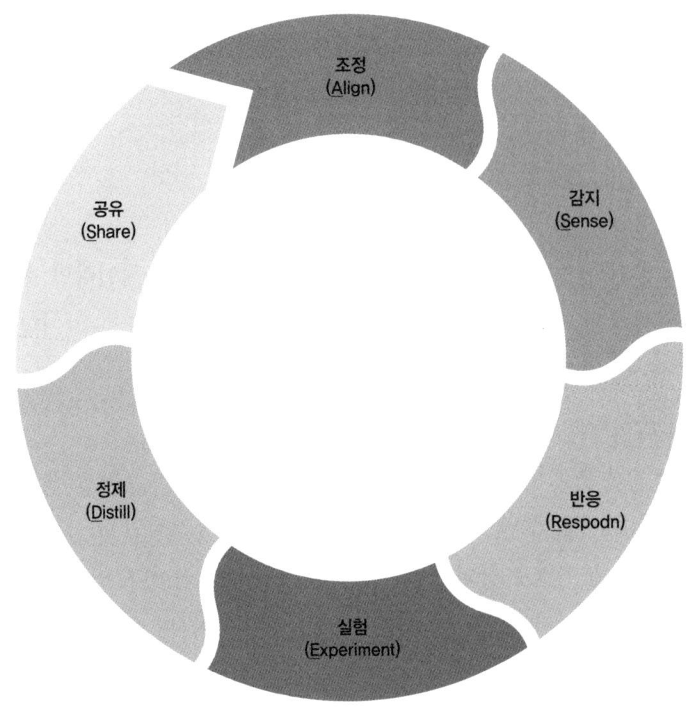

그림 8.7 ASREDS 학습 루프

이 루프는 상위 수준의 의도, 목표, 북극성, 미션 또는 결과 가설에 대한 명확성을 보장하기 위해 조정Align하는 것부터 시작된다. 이는 학습 루프의 첫 번째 단계로, '해야 할 것 5.3'에서 봤듯이 수직적 투명성을 설치하고 전략 팀과 전달 팀의 서로 연결되지 않은 거품을 연결한다. 여기에서 학습하고자 하는 가설을 조정하고 결정해야 한다.

조정이 끝나면 컨텍스트, 고객, 지형, 역사, 행동 패턴, 피해야 할 것, 기본 멘탈 모델, 가치, 지금까지 학습한 내용 등을 감지Sense할 차례다. 출발점인 고유한 맥락을 배우고 이해하는 것은 기본이다. "울타리가 왜 세워졌는지 알기 전에는 절대로 울타리를 허물지 말라"라는 G.K. 체스터턴G.K. Chesterton의 말처럼 말이다. 현재 위치에서 시작하라.

다른 사람들의 학습을 구독하고 외부 세계를 감지해 새로운 성공의 잠재적 패턴을 배워야 한다. 다음으로 가설을 테스트하기 위해 하나 이상의 실험을 설계하며 반응Respond해야 한다. 이러한 실험은 새로운 실험일 수도 있고 이전 실험을 확대하거나 축소한 것일 수도 있다. 그런 다음 실험Experiment을 실행하고 결과를 정제Distill해 인사이트와 지표를 생성한다. 실험 참여자들과 토론하고, 회고 또는 디브리핑을 실행해 학습 내용을 파악한다.

마지막으로, 학습 내용을 게시하고 패턴을 업데이트해 공유Share하라. 이렇게 하면 다른 사람들이 감지 단계에서 학습 내용을 확인할 수 있다. 루프의 마지막 공유 단계는 필수적이지만 수행되지 않을 때가 훨씬 많다.

해야 할 것 8.4
불확실성에 익숙해져야 한다

'피해야 할 것 8.4'에서 불확실성에 대한 두려움이 어떻게 결정적인 문화와 명령과 통제 스타일의 리더십을 조장하는지 살펴봤다. 이번 패턴에서는 불확실성에 익숙해지는 것이 어떻게 더 나은 BVSSH 결과로 이어지는지 살펴볼 것이다.

우리는 불확실성의 세계에 살고 있다. 여기에는 변동성, 불확실성, 복잡성, 모호성이 존재하며, 변화의 속도는 지금보다 느려지지 않을 것이다. 또한 조직은 복잡한 적응형 시스템이며, 본 적이 없는 것이 나타나고, 독특한 제품 개발이 등장하고 있다. 이러한 세상을 헤쳐나가고 BVSSH 결과를 최적화하려면 실험적인 사고방식이 필요하다. 시행착오를 수용하고, 실험을 정의하고 실행하며, 지속적으로 학습하고, 그 결과를 새로운 실험을 정의하는 데 사용해야 한다.

캐롤 드웩Carol Dweck은 사고방식을 고정과 성장의 두 가지 형태로 나눴다. 각각은 능력, 재능, 지능의 발달에 대한 서로 다른 정신 모델

을 설명한다.[27]

고정된 사고방식을 가진 사람들은 도전을 피하고 쉽게 포기하며 다른 사람의 성공에 위협을 느낀다고 드웩은 주장한다. 이들은 조기에 정체돼 자신의 잠재력을 충분히 발휘하지 못하는 경향이 있다. "고정된 사고방식을 가진 리더는 일반적으로 고정된 사고방식을 가진 사람들과 마찬가지로 어떤 사람은 우월하고 어떤 사람은 열등한 세상에 살고 있다"라고 드웩은 말한다. "그들은 자신이 우월하다는 것을 반복해서 확인해야 하며, 회사는 이를 위한 플랫폼일 뿐이다."[28]

성장 마인드가 있는 사람들은 도전을 받아들이고, 좌절에도 굴하지 않으며 성공 사례를 통해 영감을 얻는다. 드웩은 성장 마인드를 가진 조직의 직원이 고정 마인드를 가진 조직의 직원보다 동료를 신뢰할 수 있다고 생각할 가능성이 47% 더 높다는 사실을 발견했다. 회사에 대한 강한 주인 의식과 헌신을 느낄 가능성이 34% 더 높고, 회사가 위험 감수를 지원한다고 답할 가능성이 65% 더 높으며, 회사가 혁신을 촉진한다고 답할 가능성이 49% 더 높다.[29] 이러한 직원 몰입도 지표는 높은 재무 수익률 및 채용 도구 역할을 하는 문화와 상관관계가 있다.

성장 마인드를 가진 리더는 실험을 장려한다. 이들은 혁신을 일상 업무의 일부로 여기고 혁신을 공유한다. 스탠리 맥크리스탈Stanley McChrystal 장군은 체스의 고수처럼 조직의 모든 측면을 통제해야 할 필요성을 느끼는 리더와 정원사 같은 리더를 비교한다. 정원사는 간트 차트와 마일스톤에 있는 상세한 작업 분류 구조로 식물이 자라도록 명령하지 않는다. 정원사는 씨앗을 심고 물을 주며 정성스럽게 정원

27 Dweck, 『Mindset』

28 Dweck, 『Mindset』

29 Dweck, 『Mindset』, 112.

을 가꾸고, 잘 가꾸면 다양하고 풍성한 정원을 만들어낸다.[30] 리더가 육성하는 문화에서 사람들은 높은 성과를 내는 팀의 가장 중요한 요소인 심리적 안정감을 구축할 수 있다. '정원사' 리더가 장미가 자라야 할 곳에 데이지가 자라는 위험을 감수할 수 있다면 팀원들은 자신의 취약점을 공유할 수 있을 만큼 안전하다고 느낄 것이다.

해야 할 것 8.5

학습의 척도

더글라스 허바드Douglas W.Hubbard는 베스트셀러인 『How to Measure Anything』(Wiley, 2007)에서 "측정이 중요한 이유는 그것이 의사 결정과 행동에 어떤 영향을 미칠 수 있어야 해서다. 제안된 측정값에 의해 영향을 받을 수 있는 의사 결정과 그 의사 결정을 어떻게 바꿀 수 있는지 파악할 수 없다면 그 측정값은 아무런 가치가 없다"[31]라고 지적한다. '피해야 할 것 8.5'에서 살펴본 것처럼 지표의 무기화를 피하려면 학습 측정값을 빌딩 블록처럼 쌓아야 한다.

학습에 대한 측정값은 양파처럼 복잡하며, 가장 안쪽 레이어의 데이터에서 시작해 메트릭, 분석 및 시각화를 통해 쌓여가는 여러 계층으로 구성돼 있다. 이러한 지표는 눈에 잘 띄지만 가장 바깥층에 있는 학습에 대한 사고방식인 기본 멘탈 모델이 뒷받침되지 않으면 학습을 생성하지 못한다(그림 8.8 참조).

30 McChrystal 외., 『Team of Teams』

31 Hubbard, 『How to Measure Anything』, 47.

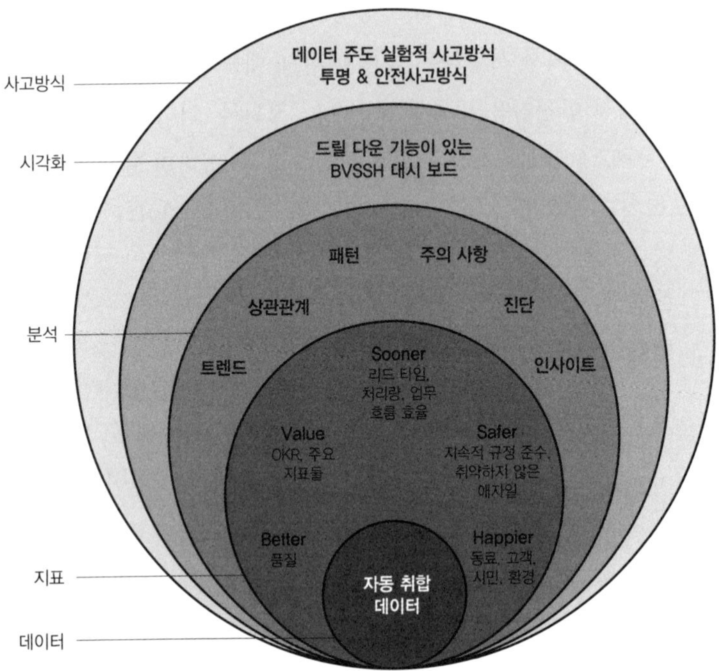

그림 8.8 학습의 양파에 대한 척도들

1. 학습을 위한 사고방식

불안정하고 불확실하며 복잡하고 모호한 세상에서 데이터 주도적이고 실험적인 사고방식을 장려하는 것은 기본이다. 데이터 주도적 사고방식의 중요성은 마리사 메이어Marissa Mayer의 인용문에서 가장 잘 드러난다. "숫자가 없으면 핵심 결과가 아니다."[32] 이러한 숫자는 '해야 할 것 5.2'에 설명된 대로 선행 및 후행 지표의 형태다. 리더십이 심리적 안전 환경을 조성하는 것도 마찬가지로 중요하다. 여기서 심

32 Mayer, 'It's not a Key Result unless it has a number'

리적 안전이란 데이터를 공개하고 공유하는 데 두려움이 없다는 것을 의미한다. 데이터는 채찍으로 사용되는 것이 아니라 학습과 지속적인 개선을 위해 사용된다. 학습을 위한 모든 조치를 수립하려면 투명성과 안전이 필요하다.

이전에는 얼마나 느리게 전달됐는지, 지금은 얼마나 빠르게 전달되고 있는지 알지 못하면 더 빨리 전달할 수 없다. 도미니카 드그란디스가 '시간 도둑'이라고 부르는 이들과의 싸움에서 투명성을 확보하고 업무를 가시화하는 것은 첫 번째 기본 요소다.[33] 투명성을 확보하면 흐름을 측정하고, 추세를 살펴보고, 업무 방식에 대한 변화가 미치는 영향을 파악할 수 있게 된다.

2. 학습에 대한 성과의 지표

산출물에서 성과 지표로 전환해야 한다. 사양, 개선 사항, 기능의 수와 같은 결과물을 측정하면 잘못된 행동이 점점 더 많이 발생해 바쁨의 함정에 빠지게 되며, 인사이트나 교훈을 얻지 못한다. 어떤 회사가 작년에 1천 500개 이상의 기능을 제공했다면 그것이 어떤 의미가 있을까? 흥미로운 인사이트는 고객이 얼마나 많은 기능을 구독했는지 아는 것이다. 얼마나 많은 기능이 사용되지 않았나? 고객 추천 지수NPS나 시장 점유율 증가 또는 탄소 배출량 감소와 상관관계가 있는 기능은 몇 개나 될까?

반면에 성과 지표는 해당 선행 및 후행 지표로 명확하게 표현된다. 이러한 지표는 인사이트와 학습을 감지하고 생성하는 데 도움이 되도록 설계된다.

33 DeGrandis, '5 Time Thieves and How to Beat Them'

BVSSH 지표는 다음을 포함한다.

- **더 나은**Better: 더 나은 것은 품질이다. 상황에 따라 품질 측정에는 시스템 중단, 복구 시간, 예외 처리율, 오류율, 조정 중단, 재작업 등이 포함될 수 있다.
- **가치**Value: 가치는 비즈니스에 고유하며 OKR(목표Object 및 핵심 결과Key Results), 특히 선행 및 후행 가치 측정치인 KRKey Results을 통해 측정된다. 여기에는 매출, 시장 점유율, 이익률, 사이트 방문 수, 신규 고객 유치, 고객 유지율, 거래량, 다양성 등이 포함될 수 있다.
- **짧은 시간에**Sooner: 시장 출시 시간을 의미한다. 이는 가치 있는 상품에 대한 작업을 시작해 고객에게 전달되기까지의 리드 타임이다. 이는 특정 기간에 가치 있는 아이템의 수(리드 타임이 줄어들수록 증가)인 처리량과 작업이 대기 중인 시간의 비율을 측정하는 흐름 효율성이다. 이는 집중해야 할 가장 중요한 사항 중 하나다. 업무가 진행되지 않는 부분을 살펴봐야 한다. 흐름에 방해가 되는 요소를 제거하면 리드 타임이 줄어들고 처리량이 증가한다. 이는 최단 시간 안에 최고의 가치를 창출하는 '가치 생산성'을 높여준다.

  그림 8.9는 리드 타임 분포의 시각화다. 이 그래프는 가치 있는 품목에 대한 작업이 시작된 시점부터 고객에게 전달될 때까지의 일수(x축)와 동일한 리드 타임이 발생한 횟수(y축)를 비교해 보여준다. 이 곡선은 일반적으로 왼쪽으로 치우친 정규 분포와 같은 베이블Weibull 분포를 나타낸다. 일반적으로 긴 리드 타임의 긴 꼬리가 있다. 이 히스토그램에서는 85번째 백분위수를 측정하는 것이 좋다. 즉, 경험적 증거에 따르면 비슷한 크기의 가치 항목(이상적으로는 모두 거

의 같은 크기의 작은 항목)은 해당 시간 안에 완료될 확률이 85%이다. 이 차트를 정기적으로 작성해 모양이 어떻게 변하는지 확인해야 한다. 백분위수 85번째 지점이 남은 시간으로 이동하면 고객에게 더 빨리 가치를 제공하고 있는 것이다(그림 8.9 참조).

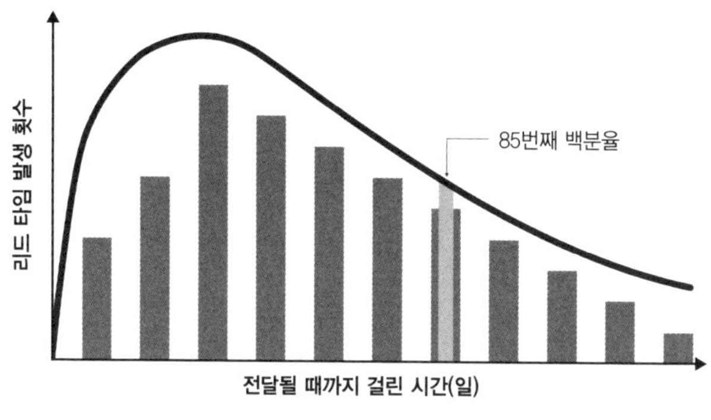

그림 8.9 리드 타임의 분포

- **더 안전하게**Safer: 더 안전하다는 것은 거버넌스, 리스크 및 규정 준수로 대표된다. 사이버, 사기, 자금 세탁 방지, 데이터 프라이버시, 고객 데이터 유출 방지, 뉴스 헤드라인을 피하는 것 등이 이에 해당한다. 취약점을 드러내는 게 아니다. 소프트웨어의 경우, 필수 위험 스토리 미이행, 공식 제어 환경과의 연결 없이 릴리스된 소프트웨어 바이너리, 안전사고와 같은 규정 준수 위반의 비율 감소를 측정할 수 있다. 또한 안전 분야 전문가가 사후 대응 업무(예: 화재 대응)에 소비하는 시간 대비 사전 예방적 업무(예: 사전 안전 점검)에 소비하는 대략적인 비율을 추적해 볼 가치가 있다. 안전은 문화이며, 위험에 관한 대화를 지속하고, 과거의 성공을 미래의 성공 지표로 삼지 않으며, 안전 안에서 심리적 안전을 확보하는 것이다.

- **모두 만족하도록**Happier: 만족의 대상은 동료, 고객, 시민, 환경 모두를 포괄한다. 참여도가 높은 동료, 만족도가 높은 고객, 기업의 사회적 책임CSR은 우리가 사는 사회와 환경에 모두 도움이 된다. 측정 항목에는 고객 순 추천 지수NPS, 직원 순 추천 지수, CSR 성과, 재생 경제에 따른 탄소 배출 네거티브 및 재사용과 같은 기후 측정이 포함될 수 있다.

3. 학습의 분석

흐름의 측정 가능성을 확립하고 리드 타임, 처리량, 흐름 효율성을 측정하기 시작하려면 시간이 걸린다. 기존 작업 관리 도구에서 추출해 진단을 실행할 수 있는 데이터를 얻을 수 있는 경우가 많으며, 이를 통해 종단 간 흐름에 대한 높은 수준의 인사이트를 조기에 도출할 수 있다. 이러한 진단은 팀 및 경영진의 이야기와 함께 현재 상태에 대한 가설을 세우는 데 필수적이다.

트렌드를 도출하고 상관관계를 찾아야 한다(예: 릴리스 주기가 길어지면 프로덕션에서 인시던트가 더 적게 발생하나?). 이러한 인사이트는 업무 방식에 긍정적인 영향을 미치기 위해 다음에 어떤 지렛대를 사용할지 결정하는 데 도움이 된다.

상관관계는 인과 관계가 아니다. 두 데이터 세트가 상관관계가 있다고 해서 하나가 다른 하나를 유발한다는 의미는 아니라는 점에 주의해야 한다. 제프 베조스Jeff Bezos의 유명한 인용문인 "제가 발견한 것은 이야기와 데이터가 일치하지 않을 때는 대개 이야기가 옳다는 것입니다. 측정하는 방식에 문제가 있다는 이야기입니다"[34]에서 알 수

34 Jeff Bezos as quoted in Bort, 『Business Insider』

있듯이 실제 사례를 통해 결론을 확인하는 것이 중요하다.

4. 시각화

데이터를 정보로 전환한 다음 도구를 통해 시각화해 지식으로 만들어야 한다. 예를 들어, 매일 티켓 수를 세고 평균 티켓이 전반적으로 이동하는 데 걸리는 일수를 계산하기 위해서는 물리적 보드와 펜과 종이만 있으면 된다. 더 많은 데이터 요소, 더 많은 소스 시스템 및 규모가 필요하고 추세, 상관관계, 자동화된 계산 및 시각화를 원한다면 별도의 대시보드를 만들어야 한다.

대시보드는 팀과 경영진이 조직 전체에서 셀프서비스 방식으로 액세스할 수 있어야 한다. 이를 달성하는 가장 좋은 방법은 파이프라인 전반의 모든 데이터 원본에서 데이터를 자동으로 수집하는 데이터 엔진을 구입하거나 직접 만드는 것이다. 이러한 데이터 계층을 사용해 **더 나은 가치를 짧은 시간에 더 안전하고 모두 만족하는** 벡터 지표, 시간 경과에 따른 추세를 설정하고 시각화하며 애플리케이션, 팀, 제품, 가치 흐름 및 조직과 같은 다양한 수준에서 집계할 수 있으며 투명성, 진행 상황 보기, 학습 및 피드백 루프를 제공하는 데 필요한 수치를 확보할 수 있다. 팀과 경영진이 데이터를 자체 소비하는 방법, 자르고 분석하는 방법, 인사이트를 도출하는 방법을 배울 수 있도록 교육 및 워크숍 서비스를 제공한다. 대시보드를 하나의 제품으로 취급하며, 가설을 세우고, 실험을 실행하고, 제공된 메트릭과 서비스가 얼마나 유용한지에 대한 피드백을 수집한다. 정기적으로(예: 매월) 포스터와 인포그래픽을 만들어 정보 확산 수단으로 활용한다.

학습의 측정에 대한 팀과 리더십을 위한 코칭 서비스를 제공한다. 측정이 왜 중요한지, 무엇을 측정해야 하는지, 지속적인 개선과 궁극적으로 더 나은 BVSSH 결과를 도출하는 데 이 측정이 어떻게 도움이 될까?

학습을 위한 또 다른 훌륭한 도구는 동료와 고객의 목소리를 수집하는 설문 조사다. 나는 업무 방식 팀의 일원으로서 반기 마다 실시하는 일하는 방식 설문 조사에 참여했다. 이 설문 조사는 가브리엘 베네필드Gabrielle Benefield가 2005년 야후Yahoo!의 150개 팀을 대상으로 스크럼과 애자일 활동의 효과를 조사한 연구에서 영감을 얻은 것이다.[35] 설문 조사에서도 참가자들에게 생산성, 학습, 개발, 성장, 협업, 고객 만족도, 품질, 시간 낭비 등을 평가하도록 요청했다.

또한 참가자들에게 이러한 업무 방식을 동료에게 추천할 의향이 있는지와 추가 의견이 있는지도 물었으며, 설문 조사는 안전성을 확보하고 솔직함을 장려하기 위해 익명으로 자발적으로 진행됐다. 평균적으로 약 1천 건의 응답이 접수됐으며, 그중 4분의 1은 추가 의견이 포함됐다. 설문 조사의 질문은 자가 평가를 위해 설계됐으며, 비교를 기반으로 했다. 동료들에게 6개월 전과 비교해 팀의 업무 방식이 '훨씬 나빠졌다', '나빠졌다', '좋아지지도 나빠지지도 않았다', '좋아졌다', '훨씬 좋아졌다'의 척도로 평가해 달라고 요청했다. 질문에는 '팀 내 협업', '팀이 제공하는 결과물의 전반적인 품질', '학습, 개발 및 성장 능력' 등의 문항이 포함됐다.

매번 같은 질문을 던졌기 때문에 서로 비교하고, 추세를 파악하고, 상관관계를 찾을 수 있었다. 애자일 여정의 시작 단계에 있다고 생각하는 팀은 이점Benefits과 순 추천 점수NPS에서 일관되게 낮은 점수를 받았다. 앞서 비유한 스키를 능숙하게 타는 팀들은 이점과 NPS가 훨씬 더 높게 평가됐다. 어쩌면 당연한 결과일 수도 있으며, 2장에서 설명한 퀴블러로스 곡선도 매번 작동하는 것을 볼 수 있었다. 처음에는

35 Benefield, 'Rolling Out Agile in a Large Enterprise'

상승세를 보이다가 사람들이 생각보다 스키를 타는 것이 어렵다고 느끼면서 하락세를 보이고 결국에는 시작점 이상으로 상승했다. 3년 후, 제품 개발 팀의 외부 동료 참여 점수는 기록을 시작한 이래 가장 높은 수치를 기록했다. 사람들은 더 인간적이고 보람 있는 방식으로 일하면서 더 행복해졌다.

가장 유익한 데이터는 자유 답변란이었다. 사람들은 때때로 전략, 우선순위, 다음 결과 가설을 수립하는 데 도움이 되는 내용을 한 페이지에 달하는 긴 댓글로 남겼다. 우리는 자유 답변 데이터를 마이닝하기 위해 워드 클라우드를 생성했다. 설문 조사를 진행할 때마다 피드백은 더욱 깊고 정교해졌다. 이는 조직이 학습하고 있다는 분명한 지표였다. 그리고 우리는 이를 학습에 활용했다.

첫 번째 설문 조사의 자유 답변은 팀 대부분이 여정의 초기 단계에 있음을 보여줬다. 그들의 의견은 팀 수준의 활동과 역할 및 애자일 역량 자체에 대한 질문에 초점을 맞춰졌다. 이후 설문 조사에서 제기된 문제는 조직 전반의 질문, 예산 책정, 비즈니스, 개발 및 운영이 함께 작동하는 방식에 관한 것이었다. 이러한 질문은 기업 전체의 애자일 역량과 리더십 행동에 관한 것이다. 조직은 학습 중이었다.

요약

학습 생태계로의 전환

사일로 사고방식은 단절된 학습의 거품, 낮은 학습 유지율, 제한된 지식 발견 가능성, 중복된 업무로 이어진다. 결정론적 사고방식과 명령과 통제 문화에서는 개인과 조직 전체를 위한 학습 공간이 없거나 제한적이다.

팀과 개인에게 자율성과 권한이 부여되고, 적절한 리더십이 지원돼 스스로 조직하고, 협업하고, 새로운 기술을 개발하고, 전문성을 깨뜨릴 수 있다면 정보, 지식, 학습의 흐름이 개선될 것이다. 피드백 루프가 내재된 중첩 학습은 개인, 팀, 조직 수준에서 지속적인 개선과 학습으로 이어진다. ASREDS, 어워드, CoP와 같은 활동은 단절된 학습 거품을 터뜨리는 데 도움이 되며, 이러한 패턴의 조합은 결국 학습 생태계를 조성하는 데 촉진제가 된다.

디트로이트는 예전과는 많이 달라졌다. 2018년 미국 인구 조사국은 디트로이트의 인구를 67만 3천 명 미만으로 추정했는데, 이는 최고치의 3분의 1에 불과하다.[36] 2020년 1월의 한 설문 조사에 따르면 디트로이트의 고용 시장은 미국 182개 도시 중 최하위를 차지했다.[37] 근로자가 자신의 지식, 경험, 학습을 공유하지 않고 생산 라인에 서는 시대는 끝났다. 오늘날의 조직은 재학습 조직이 돼야 한다.

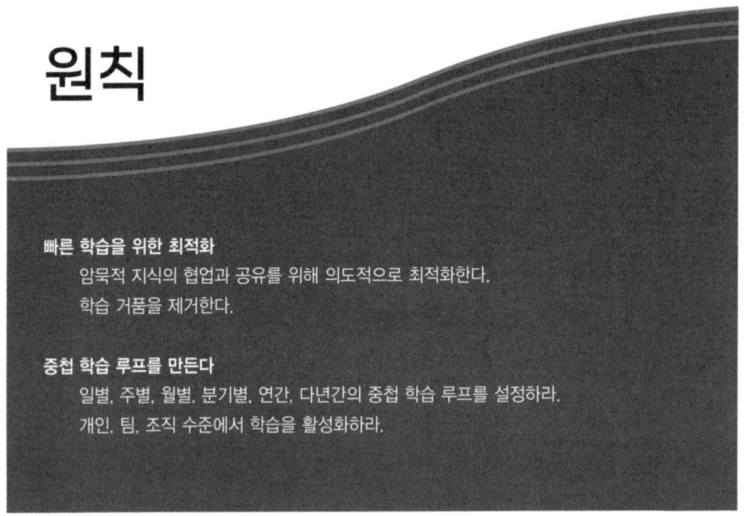

원칙

빠른 학습을 위한 최적화

암묵적 지식의 협업과 공유를 위해 의도적으로 최적화한다.
학습 거품을 제거한다.

중첩 학습 루프를 만든다

일별, 주별, 월별, 분기별, 연간, 다년간의 중첩 학습 루프를 설정하라.
개인, 팀, 조직 수준에서 학습을 활성화하라.

36 'Quick Facts: Detroit city, Michigan; United States', Census.gov

37 Khaleel, 'Detroit Ranked Last in Report on Best Cities for Jobs'

소통, 소통, 소통

필요하다고 생각하는 것보다 3배를 더 소통하면 실제 필요 소통의 1/3을 달성한 것이다.

ASREDS, CoP, 어워드와 같은 활동을 통해 단절된 거품을 해소한다.

불확실성에 익숙해지는 법을 배운다

선택지의 유지, 실험 장려, 성장 마인드 갖기, 적응하기

학습의 척도

데이터 중심의 피드백 루프를 가져라.

대시보드에 다이얼을 만들어라.

데이터 주도 실험적 사고방식을 지원하고 BVSSH의 측정 가능성을 만들어라.

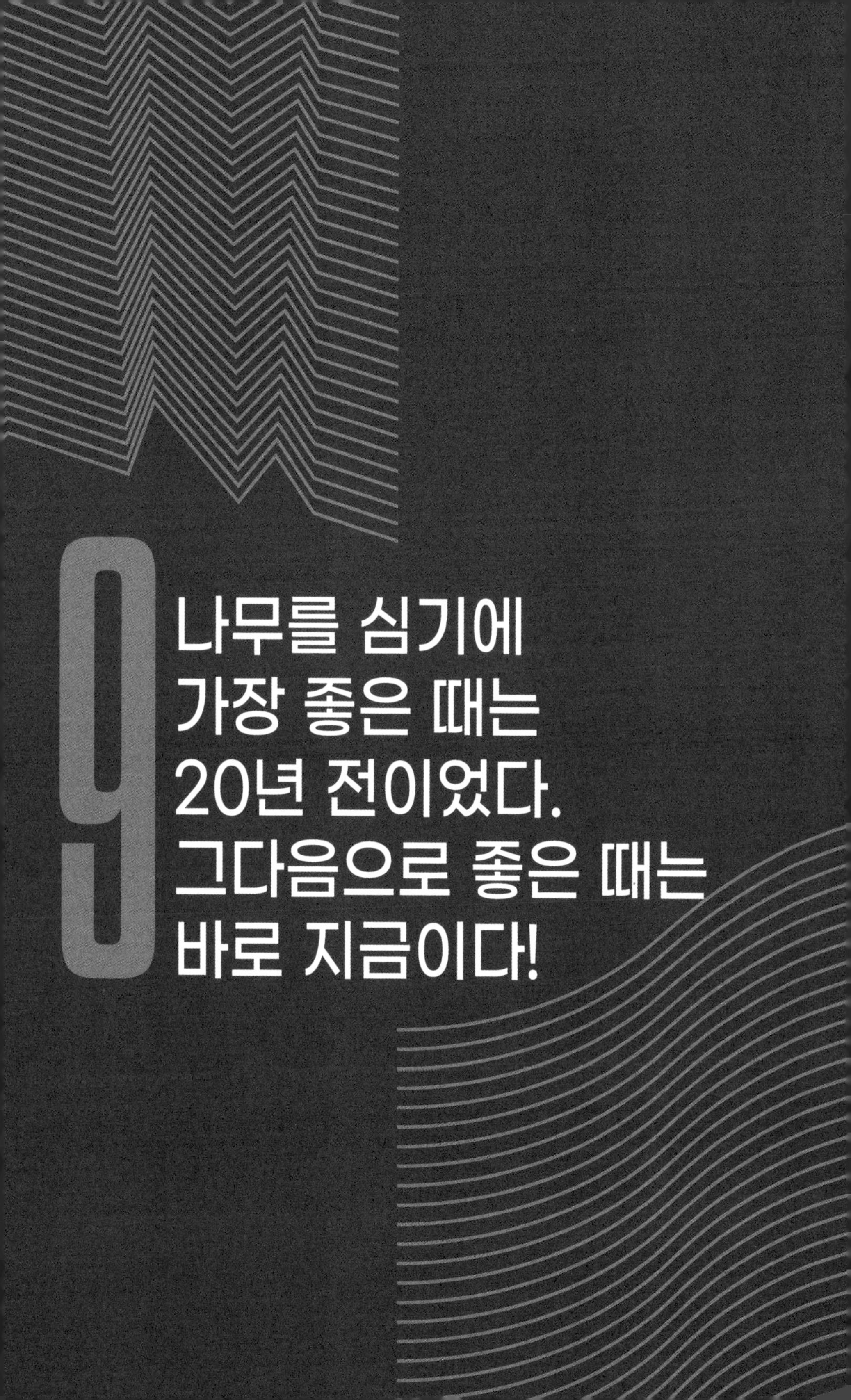

9 나무를 심기에 가장 좋은 때는 20년 전이었다. 그다음으로 좋은 때는 바로 지금이다!

"우리는 전형적인 대기업이었습니다." 2017년 9월, 당시 제너럴 일렉트릭의 CEO였던 제프리 이멜트Jeffery R. Immelt는 「하버드 비즈니스 리뷰」에 기고한 글에서 이렇게 말했다. "사람들은 우리를 125년 된 스타트업이라고 부르지만, 우리는 이제 사물 인터넷의 미래를 정의하는 디지털 산업 기업입니다. 아직 여정이 진행 중이지만 전략, 포트폴리오, 글로벌 입지, 인력, 문화를 개선하는 데 큰 진전을 이뤘습니다."[1]

10개월 후인 2018년 6월, GE는 1896년 다우존스 지수의 마지막 구성 종목으로 남아 있던 다우존스 지수에서 제외됐다. 2017년부터 2018년까지 GE의 주가는 75% 하락했고, 배당금은 주당 0.01달러로 무려 95%나 감소했다. 가장 큰 원인은 발전소용 터빈을 만드는 GE 파워GE Power였다. GE는 석탄과 가스에서 재생 에너지로의 전환에 대비하지 못하고 있었다. 제프리 이멜트의 지휘 아래 GE는 2015년 95억 달러를 들여 알스톰의 전력 사업을 인수하면서 화석 연료에 대한 의존도를 두 배로 낮췄는데, 이 거래는 2018년에 220억 달러를 상각하는 등 재앙으로 판명됐다.[2] 고점 매수, 저점 매도 방식을 계속 이어가던 GE는 2017년 7월에 석유 및 가스 대기업인 베이커 휴즈 인수를 완료했고, 1년이 채 지나지 않은 2018년 6월, GE는 62.5%의 지분[3]을 매각하고 96억 달러를 상각할 것이라고 발표했다.[4] 2019년 9월 현재 베이커 휴즈는 다시 독립된 회사가 됐다.

2019년 GE의 매출 기준 가장 큰 사업 분야는 항공이었다. 하지만 COVID-19 팬데믹으로 인해 다른 많은 기업과 마찬가지로 전 세계가 여행을 중단하면서 가장 큰 수익을 창출하는 비즈니스가 큰 타격을

1 Immelt, 'How I Remade GE'

2 Egan, 'GE Slashes 119-year old dividend to a penny'

3 Egan, 'GE to raise $4 billion by selling chunk of Baker Hughes'

4 Hipple, Sanzillo, and Bucley, 'GE's 7.4 Billion dollars Loss, Write-off on Baker Hughes'

입었다. 또한 2020년 4월에는 팬데믹으로 비축유가 부족할 수 있다는 우려가 생기면서 미국 유가는 사상 처음으로 마이너스로 돌아섰다.

우리는 석유와 대량 생산의 시대에서 디지털 시대로 넘어가는 전환점이라는 40~60년에 한 번 있을 법한 사건을 겪고 있으며,[5] 전 세계적인 팬데믹으로 과거 성공의 희생양이 돼 최신 기술 혁명과 그에 따른 업무 방식에 너무 늦게 대응한 조직들의 몰락이 가속화되고 있다.

디지털 시대에는 경쟁하고자 하는 의지만 있다면 모든 기업이 정보 기술 기업이 돼야 한다. 산업 기업 역시 IT를 아웃소싱해도 되는 '비용 센터'로 간주해서는 안 된다. 자율 주행 차량, 디지털 트윈Digital Twin, 플라이 바이 와이어fly-by-wire[6] 비행기(에어버스 A380에는 2만 5천 개의 센서가 장착돼 있음), 초당 5천 개의 데이터 포인트로 정보를 수집하는 제트 엔진, 머신러닝, 사물 인터넷, 모바일 애플리케이션으로 잠자리에 들 수 있는 침대 등, 생존과 번영을 위해 조직은 새로운 생산 수단과 새로운 업무 방식에 대한 역량을 갖춰야 한다.

7장에서 살펴본 것처럼 진화는 '불연속적 점진주의', 즉 지속적인 진화와 간헐적 혁명을 통해 이뤄진다. 카이젠(지속적 개선)과 카이카쿠(파괴적 혁신)를 가장 잘하는 조직, 심리적 안정감, 서번트 리더십, 실험, 빠른 피드백 루프, 결과보다는 성과에 집중하는 조직이 생존하고 번성할 것이다. 바다에는 살아있는 코엘라칸스coelacanths가 거의 없다.

이 책에서는 졸트 베렌트, 마일스 오길비, 사이먼 로러와 함께 더 나은 가치를 짧은 시간 안에 **더 안전하고 모두 만족하도록 제공하기 위해 더 나은** 업무 방식을 채택할 때 나타나는 '피해야 할 것'과 '해야 할 것', 즉 어려운 과정을 통해 얻은 교훈을 살펴봄으로써 구멍을 피하고 더 인간적이고 더 가치 있는 업무 방식을 향한 여정을 즐길 수 있도록 돕

5 Perez, 『Technological Revolutions and Financial Capital』

6 항공기 비행, 조종시스템의 하나로서 기계적 제어가 아닌 전기 신호에 의한 제어를 의미한다. – 옮긴이

고자 한다. 이러한 학습은 수십 년간 축적된 실무자의 경험을 기반으로 하며, 직접 실행하고 어려운 과정을 통해 정리됐다. 다시 말해 팀은 함께 일하고, 실험하고, 더 빨리 성공하기 위해 값싸고 빠르게 실패한다. '시니어'[7]를 통해 배우고, 피벗하고 다시 시도하고, 결과를 개선하기 위해 용기와 회복력을 유지하려고 꾸준히 노력한다. 경험에 따르면 심도 있는 학습은 첫 1~2년 안에 이뤄지는 것이 아니라 그 이후에 이뤄진다. 인간은 과거 지식을 버리고 새로 배우는 것의 속도가 제한돼 있어서 행동 변화에 시간이 걸린다. 그 이전에도 사람들이 학습을 중단하고 싶다고 선택하는 데는 시간이 걸린다. 더닝 크루거 Dunning Kruger 효과에 따르면, 우리는 아직 배울 것이 많고 앞으로도 계속 배울 것이다. 이 책은 결코 끝나지 않는다. 당연히 이 책을 집필하는 과정에서 새로운 통찰력을 얻었다. 이 책은 앞으로도 계속 업데이트될 것이며, 동반 웹 사이트인 BVSSH.com을 통해 여러분이 관찰한 '피해야 할 것'과 '해야 할 것'을 공유하고 다른 사람들로부터 배울 수 있도록 할 것이다.

어디서부터 시작할까?

애자일을 시작하기 전에(또는 다시 시작하기 전에), 어떤 대규모 조직도 100% 폭포수 같은 전통적인 업무 방식에서 시작할 가능성은 극히 낮다는 점을 인식하는 것이 중요하다. 조직과 상관없이 반란을 일으켰든, 조직이나 다른 곳에서 일했던 사람들의 활동으로 시작했든, 모든 회사는 애자일 및 린 업무 방식에 대한 경험이 어느 정도 있을 것이다. 이러한 경험은 누구와 대화하느냐에 따라 긍정적이거나 부정적일

7 Brian Eno of 'Scenius,' Facebook post

수 있으며, 순풍 또는 역풍이 될 수도 있다. 혹은 서로 연결되지 않은 '애자일 섬'이 존재할 수도 있다. 따라서 '어디서부터 시작해야 할까?'는 중요하지 않다. 고민해야 할 주제는 "조직 전체의 성과를 최적화하기 위해 현재의 출발점과 조직의 기억에서 어떻게 계속 나아가 빠른 학습을 더 잘할 수 있을까?"이다. 하지만 이를 제목으로 하기엔 너무 길다.

중요한 점은 조직의 공감을 끌어내는 것이다. 이전의 조직 내 상처들을 대충 넘어가는 것은 좋은 결과로 이어지지 않는다. 상황 인식을 구축하고 역사, 사람, 감정, 두려움에 대해 잘 알고 있어야 한다. 지형을 이해하고 현재 위치에서 시작해야 한다. '해야 할 것 3.1'에서 자세히 살펴본 것처럼 각자의 상황은 고유하다. 모든 상황에 들어맞는 정답은 없다.

다음은 시작하기(또는 다시 시작하기)에 도움 되는 목록이다. 이 목록은 그 자체로 하나의 패턴이며, 성공률이 높은 것으로 밝혀진 접근 방식이다. 결과는 개인마다 다를 수 있다. 권장 단계는 다음과 같다.

1. '왜'로 시작하기
2. 성과에 집중한다: BVSSH
3. 리더는 먼저 행동한다
4. 업무 방식 지원 센터 만들기
5. 작은 것부터 시작해 S커브 변화 만들기
6. 강제보다 초대하기
7. 위부터 아래까지 모두 참여하기
8. 행동 편향
9. 재학습하는 조직이 돼라. 끝이란 없다

궁극적으로는 대시보드의 다이얼을 올바른 방향으로 움직일 수 있는 조직 고유의 문화적 방법을 찾아내 이를 확대하는 것이다. 결국,

이는 성과를 최적화하기 위해 모든 사람이 학습하고 학습에 따라 행동하는 새로운 습관이 돼야 한다.

1. '왜'로 시작하기

'해야 할 것 1.2'에서 살펴본 것처럼, '왜'가 아직 명확하게 정립되지 않았다면 이것부터 시작해야 한다. 답해야 할 질문은 "왜 애자일인가?" 또는 "왜 린인가?"가 아니라, "왜 변화해야 하는가?"이다. 애자일과 린은 목적을 위한 수단이지 목적이 아니다. 변화하고 싶다면 학습에 대한 불안감을 줄이고 장애물들을 극복해야 한다. 장애물 중에는 수십 년 동안 뿌리 깊게 박힌 습관이 있을 것이다. 현상 유지가 지속된다면 어떻게 될까? "그래서 뭐 어때요?" 왜 사람들은 변화의 불편함과 숙달의 부족을 겪어야 할까? 이기적인 유전자에 호소하는 것은 무엇일까? 사람들은 "다행이다. 드디어!"부터 "내가 변하지 못하면 어떡하지?", "또 시작이다", 심지어 "될 리가 없지"까지 다양한 감정을 느낄 것이다. 조직 고유의 설득력 있는 이유, 즉 행동 유도 문안이 있어야 한다. '우리는 애자일 역량을 더 키우고 싶다'는 '더 적은 비용으로 더 많은 성과를 내기 위해'와 마찬가지로 불충분한 행동 유도 문안이다. 왜 애자일 역량을 키워야 할까? 왜 더 적은 비용으로 더 많은 것을 해야 할까?

나는 토요타에서 개발한 기법인 '파이브 와이five whys' 연습이 여기에 상당히 유용하다는 것을 알게 됐다. '왜 변화해야 하는가?'라는 질문을 시작으로 한 팀이 짝을 이뤄 교대로 다섯 가지 이유를 묻고, 각 답변이 다음 질문의 기초가 되는 방식으로 진행한다. 이를 통해 일반적인 표면적 사고보다 더 깊이 있는 사고를 할 수 있다. 보통 누군가 실존적 요점을 제시하곤 한다. "우리가 변화하지 않으면 우리는 조직으로서 존재하지 않을 것이다."

이 '왜'의 이유는 흔히 그렇듯이 단기적인 주주 수익률, 재정적 이익 또는 비용 절감에만 국한돼서는 안 된다. 사람들은 자신이나 동료가 실직하는 것을 원하지 않는다. 이유에는 사회, 기후, 고객, 회사, 팀, 개인을 포괄해야 한다.

BVSSH의 '모두 만족하도록Happier'에는 동료, 고객, 시민, 환경 포함된다. 이것이 이유의 핵심이다. 더 인간적인 업무 방식이며 참여도가 더 높다. 더 나은 품질과 더 빠른 배송으로 고객 만족도가 높아진다. 그리고 사회적, 환경적 혜택이 있어야 한다. 더 나은 업무 방식은 불우한 이웃을 돕고 계속 증가하는 화석 연료의 연소로 인해 돌이킬 수 없는 기후 변화를 초래하는 흐름을 시급히 전환하는 것이어야 한다.

여기에는 경제학자 존 케이John Kay가 만든 용어인 경사도라는 중요한 개념이 있다.[8] 복잡성 영역에서 재무와 같은 목표에 직접적으로 집중하면 좋지 않은 결과를 초래할 가능성이 크다. 예를 들어, 6장에서 살펴본 보잉의 문제가 그렇다. 품질, 가치, 시장 출시 기간, 안전, 동료, 고객, 시민, 환경의 행복에 중점을 두는 등 비스듬한 각도에서 목표에 접근하면 재무 목표를 달성할 가능성이 더 크다.

2. 성과에 집중하라! 더 나은 가치를 짧은 시간 내에 안전하고 모두 만족하도록...

변화가 필요한 이유를 파악한 다음 단계는 '해야 할 것 3.1'의 'VOICE'에 따라 가치와 원칙을 명확히 하고 '해야 할 것 1.1'에 따라 바람직한 결과에 합의하는 것이다. 가치와 원칙은 모든 사람이 매일 내리는 모

8 Kay, 'Obliquity'

든 결정의 기준이 된다. 가치와 원칙은 행동 지침을 제공하고 트레이드오프가 있으면 무엇을 최적화해야 하는지 알려준다. 또한 하급 직급에 있는 사람들이 상위 직급에 있는 사람들에게 건설적으로 도전할 수 있게 해준다. '해야 할 것 3.1'에 따라, 이 책에 의도적으로 길게 나열된 원칙을 포함해 업무 방식에 적합한 원칙에 대한 영감을 얻을 수 있는 많은 정보원이 있다. 완벽을 추구하지 말고 어딘가에서 시작해 조직에 가장 적합한 원칙이 시간이 지남에 따라 점진적으로 개선할 수 있도록 의도해야 한다.

행동을 안내할 초기 원칙 목록을 작성했다면, 다음으로 집중해야 할 것은 바람직한 성과다. 노키아 모바일에서 알 수 있듯이 애자일을 실행하는 것이 목표가 아니다('피해야 할 것 1.1' 참조). 팀은 애자일 프로세스를 따르는 등 '애자일을 하고 있었지만' 심리적 안정감이 부족했기 때문에 심비안 운영 체제의 긴 리드 타임이 문제가 되지 않았다. 애자일을 위한 애자일도 아니고 린을 위한 린도 아니다. 대신 **더 나은 가치를 짧은 시간 안에 더 안전하고 모두 만족하는** 결과로 개선하는 것이 목표다. 애자일, 린, 데브옵스, 시스템 사고, 디자인 사고, 제약 조건 이론 등은 모두 원하는 결과를 달성하기 위해 상황에 맞게 적용할 수 있는 지식, 지혜, 원칙 및 관행의 집합체인 은유적 도구일 뿐이다.

최근에는 '애자일'이라는 단어 자체가 하나의 결과물로 발전했다. 이는 '애자일 산업 단지Agile Industrial Complex', '애자일 인 어 박스Agile-in-a-box', '틀에 박힌 애자일' 또는 '만병통치약 애자일'로 설명할 수 있다. 경쟁업체가 '애자일 전환'을 진행 중이라는 소식을 듣지 않으려면 속세를 떠나야 하고, 관련성과 경쟁력을 유지하려면 자신도 그렇게 해야 한다고 믿어야 한다. 또한 전통적인 경쟁자가 아닌 '태생적 애자일' 유니콘의 위협도 존재한다. 이들은 시장 점유율을 확보할 뿐만 아니라 관료주의적인 기존 조직에서 벗어나 유능한 인재를 끌어모으고 있다. 전통적인 결정론적 사고방식을 가진, 현대적인 업무 방식에 익숙하지 않은 사람들은 선한 의도로 자신들이 아는 유일한 방식으로 이를 적용하려고 한다. 즉, 재창조를 선언하기 전에 세부 계획, 시작일과 종료일, 마일스톤, 12개월 카운트다운을 통해 하향식으로 이니셔티브를 실행하는 방식의 프로젝트다. 그리고 이러한 유형의 애자일 설치를 기꺼이 판매하려는 사람들이 많이 있다. 1500년경 에라스무스가 "눈먼 자의 땅에서는 외눈박이가 왕이다"라고 썼듯이 말이다.

마찬가지로 클라우드 전환이 그 자체로 BVSSH 성과 개선으로 이어지지는 않는다. 이는 종종 질문에 대한 답을 찾는 과정이다. 어떤 조직이 탄력적 인프라에 상당한 금액을 투자했는데, 1950년대 트랙터 안에 포뮬러1Formula 1, F1 레이싱 엔진이 장착한 것이다. F1 엔진은 성능의 5%로 제한돼 있으며 대부분의 혁신이 비활성화돼 있는 것을 발견했다. 클라우드는 애자일 역량의 원동력이지만 인프라가 가장 큰 장애물일 때 사용할 수 있는 도구 상자 속의 도구일 뿐이다.

기존 업무 방식을 그대로 두고 클라우드를 도입하는 것은 이미 하고 있는 일을 더 많이 컴퓨팅하고 더 많이 저장하는 것 외에는 BVSSH의 성과에 거의 영향을 미치지 않을 것이다. 조직의 애자일 역량이 낮고 새로운 경제 모델에 적응해야 하므로 그 자체로 애자일 역량이 요구되는 가장 가치 있는 활동까지는 여전히 긴 시간이 소요될 것이다. 조직의 재무 또는 PMO 프로세스가 탄력적인 인프라보다 가치 있는 성과를 가로막는 더 큰 장애물일 수 있다. 먼저 성과에 집중한 다음 가장 큰 장애물을 파악하라. 더 이상 사슬에서 가장 약한 고리가 아니라면 강화하는 것을 중단해야 한다. 다음으로 가장 큰 장애물이 무엇인지 파악하고 그것을 완화한다. 반복해야 한다. 영원히….

'피해야 할 것 6.1'에서 살펴봤듯, 고위직에 있는 일부 사람들은 바람직한 행동의 롤 모델이 되지 못하고, 다시 배우려고 노력하지 않으며, 변화를 조직도 업데이트, 스크럼 도입, JIRA 및 젠킨스 설치라고 생각하면서 수동적인 역할만 수행한다. 이는 조직의 행동 규범이 더 나은 결과를 가져오는 가장 큰 지렛대라는 사실을 이해하지 못하기 때문일 수 있다. 모든 것은 사람에 관한 것이다.

목표는 '해야 할 것 1.1'에서 봤듯이 **더 나은 가치를 짧은 시간에 더 안전하고 모두 만족하도록** 제공하기 위해 성과를 개선하는 것이다. 종료일은 없다. 지속적으로 개선하고, 재학습하는 조직이 되고, 균형 잡힌 최고가 되기 위해 새로운 근육 기억을 구축하는 것이다.

BVSSH 성과의 각 요소는 서로를 강화하고 균형을 이룬다. 이러한 결과를 조작하기는 어렵다. 하나를 강요하면 다른 하나가 감소한다. 예를 들어, 직원들에게 더 빨리 일하라고 강요하면 '더 나은, 더 안전한, 모두가 만족하는' 부분이 감소하고 결국에는 가치도 감소한다. 업무 시스템을 개선하고 직원들에게 권한을 부여하고 지원함으로써 선순환을 이룰 수 있다. 일을 더 쉽게 처리할 수 있으므로 더 빨리 끝낼 수 있다. 이는 사람들이 노동의 결실을 더 자주 보게 되고 원인과 결과가 명확해짐에 따라 '모두 만족함'으로 이어진다. 더 행복하고 짧은 시간 안에 달성하면 참여도가 높아지고, 머릿속에 쏙쏙 들어오는 적당한 복잡성, 실패할 확률이 적은 실험을 통해 더 좋고 더 안전한 긍정적인 트렌드로 이어진다. 결과적으로 피드백이 빨라지고, 재작업이 줄어들고, 문제 대응 활동이 줄어들고, '실행' 활동에 소요되는 시간이 줄어 가치의 증가로 이어지고, 이는 더 만족하는 고객으로 이어지는 등 긍정적 트렌드가 생긴다.

이러한 BVSSH 성과를 측정하고 시각화해야 한다. 대시보드의 다이얼이 바로 그것인데, 고유한 사업부 가치 측정값을 제외한 모든 측정값은 조직 수준까지 집계할 수 있고, 가치 흐름 또는 팀 수준으로 세분화할 수도 있다. 중요한 것은 모든 사람이 출발점이 다르기에 절대적인 수치보다는 시간 경과에 따른 추세와 개선에 대한 상대적인 순위에 집중하는 것이다. 목표는 시간이 지남에 따라 개선된다.

3. 리더는 먼저 행동한다

'해야 할 것 4.1'에 따라 리더는 팀을 이끌어야 한다. 리더십 팀은 첫 번째 팀이며, 이상적으로는 임원진, 즉 최고 경영진이다. 일하는 방식을 개선하려면 시간이 지남에 따라 조직의 모든 부분이 참여해야 할 가능성이 크다. 법무, 재무, 인사, 내부 감사, 부동산, 조달 등 어디에서나 장애물이 있을 수 있다. 범위에서 제외되는 것은 없어야 하며, 최고 경영진이 이를 지원하면 더 나은 업무 방식에 대한 거품이 최상단에 형성될 것이다.

이때 리더십 팀의 참여가 필요하다. 왜, 원칙, 결과에 대한 시작 가설을 세우고, 공유된 이해에 도달하고, 시작 가설을 구체화하고, 우선순위에 동의하고, 참여를 유도할 필요가 있다. 옹호자와 비평가가 있을 것이다. 역사는 순풍이 될 수도 있고 역풍이 될 수도 있다. 이해, 지식, 경험, 신념의 수준도 천차만별일 것이다. 이유를 탐구한 후 변화가 필요하지 않다면 변화할 필요 없다. 변화가 필요하다는 데 동의한다면 팀으로서 헌신해야 한다.

더 나은 가치를 짧은 시간에 더 안전하고 모두 만족하도록은 조직의 최우선 과제 중 하나로 명시돼야 하며, 그 방법과 목표에 대한 규범적 규정 없이 지원이 제공돼야 한다. 그렇지 않으면 조직 전체에서 지속되는 몇 가지 가치 중 하나로 전락할 수 있다. 이는 행동에 대한 동기를 부여한다. 사람들은 우선순위를 정할 수 있는 일이 너무 많기 때문에 일하는 방식을 개선하는 것이 우선순위로 명확히 제시돼야 하며, 그것이 인정과 보상으로 이어지고, 보너스, 급여, 승진에 영향을 미치며, 행동에 인센티브를 제공한다는 것을 알면 문이 열리고 순풍이 불게 되며 성과 개선을 가속화한다.

변화는 사회적 활동이다. 6장에서 살펴본 것처럼 고위직에 있는 사람은 행동 규범에 불균형적인 영향을 미친다. 그러므로 신뢰와 역할 모델링이 필수적이다. 현대 업무 방식의 핵심은 높은 연계성과 높은 자율성을 창출하는 것이다. 중첩된 북극성 결과 가설이 제자리에 있고 이해했는지 확인한 다음(5장 참조), 실행 가능한 최소한의 가드레일 안에서 자율성을 제공해야 한다(6장 참조). 팀이 빠르고 안전하게 학습할 수 있는 실험을 실행해 최적의 결과를 달성할 수 있도록 하고, 서번트 리더로서 팀을 지원하며, 심리적 안정감을 조성하고, 조직의 자원을 동원해 장애물을 완화한다. 생성적 문화를 만들고, 정보에 대한 권한을 이양하고, 모든 레벨에서 리더를 육성해야 한다. 이러한 목표를 달성하는 데는 출발점에 따라 시간이 걸린다. 스키를 배우는 것처럼 코칭을 받는 것도 도움이 된다. 즉, 일하는 방식에 대한 리더십 코칭이다. 심리적으로 안전한 환경에서 거울을 보며 반성하고 개선할 기회가 될 것이다.

4. 업무 방식 지원 센터 만들기

성공하려면 '해야 할 것 1.2'에서 살펴본 것처럼 조직 전반의 업무 시스템 개선을 조율하기 위해 서번트 리더의 자격으로 풀타임으로 헌신하는 사람이 필요하다. 일반적으로 여러 분야의 기술을 갖춘 소규모의 애자일한 팀으로 구성되며, 필요에 따라 코치 팀과 핵심 활성화 요소에 초점을 맞춘 팀으로 보완된다. 대규모 조직의 성공 패턴은 각 사업부 또는 가치 흐름에 하나씩 그리고 팀 간 조정을 제공하는 중앙 센터가 있는 연합된 '업무 방식 지원 센터WoW CoE'를 구성하는 것이다.

연합된 WoW CoE는 가능한 한 가장 낮은 수준에서 문제를 해결하는 것을 목표로 BVSSH에 거품을 일으키는 장애물을 처리한다. 이들은 개선 조치를 울타리 너머로 던지는 지속적인 개선 부서가 아니다. '서번트 리더'의 '서번트 역할'은 팀이 더 나은 가치를 짧은 시간에 더

안전하고 모두가 만족하도록 제공할 수 있도록 지원하는 것이다. 팀의 영향력 범위를 벗어나는 최우선 장애를 완화할 수 있도록 조직 내 적절한 인력을 배치하는 WoW CoE는 장애 백로그가 있어야 한다. 예를 들어, 온디맨드 교육 및 코칭을 받을 수 있도록 하는 경우가 이에 해당한다.

'서번트 리더'의 '리더' 부분은 일하는 방식, 코치, 스키 강사, 여정에서 사람들을 안내하고, 내부 및 외부에서 학습을 공유하고, 소통하고, 커뮤니티를 만들고, 보상을 주고, 바람직한 행동과 결과를 인정하는 리더십을 의미한다. 이 주제를 잘 이끌려면 WoW CoE 책임자 또는 공동 책임자가 유사한 여정에서 조직을 이끈 경험이 있는 것이 가장 이상적이다. 여러 분야가 참여하는 팀인 만큼 조직에 이미 네트워크가 잘 형성돼 있고 비공식적으로 일을 처리하는 방법을 알고 있는 사람을 투입하는 것도 도움이 된다. WoW CoE의 구성원은 프레임워크에 구애받지 않는, 즉 프레임워크에 대한 편견이 없도록 다양한 접근 방식을 경험한 사람이어야 한다. 상황에 맞는 최적의 접근 방식을 실험한 다음, 실행 가능한 최소한의 규정 준수 가드레일(5장 참조) 내에서 발전시킬 수 있다.

5. 작은 것부터 시작해 S커브 변화 만들기

2장에서 살펴본 것처럼, 큰 것을 통한 큰 성취가 아니라 작은 것을 통한 큰 성취가 필요하다. 이러한 유형의 일은 새로운 일이며, 무언가를 하려는 사람들(조직)도 새로운 집단이다. 빠르고 안전하게 학습할 수 있는 실험을 실행해 학습 시간을 최소화할 필요가 있다. 잘 작동하는 것은 확대하고 그렇지 않은 것은 빠르게 축소해야 한다. 이를 통해 애자일 사고방식을 애자일에 적용할 수 있다.

사람들은 과거 지식을 버리고 재학습하는 속도가 제한돼 있다는 점을 기억해야 한다. 변화의 속도를 강요할 수 없다. 강요하면 기존의 행동에 새로운 꼬리표만 붙일 뿐이며, '화물 숭배' 행동만 만들어낼 뿐이다. 변화의 속도를 강요하면 혼란의 기간이 길어지고, 퀴블러로스 곡선이 더 길고 깊게 하락하며, 결과를 최적화할 확률이 낮아지고, 조직에 상처가 생겨 어려운 일을 더 어렵게 만들 수 있다. 변화는 순풍이 될 수도 있고 역풍이 될 수도 있다. '해야 할 것 1.1'에서 살펴본 혁신 확산 곡선에 따르면, 인간은 S자 곡선을 그리며 변화를 받아들인다. 이 점을 활용하는 것이 가장 좋다.

크게 생각하고, 작게 시작하며, 빠르게 학습하라. '하나의 법칙'은 프로덕션 환경에서 한 팀 또는 고객과 하나의 실험을 실행하는 것을 의미한다. 효과가 있으면 두 번째 팀, 두 번째 고객 또는 두 번째 트랜잭션으로 넘어간다. 10개 팀과 잘 작동하면 한 번에 5개 팀, 한 번에 10개 팀으로 점차적으로 채택 비율을 높인다. 이것이 바로 S커브의 시작 부분에서 선의 기울기가 상승하는 것이다. 처음이 가장 어렵다. 복잡한 적응 시스템으로서 조직이 어떻게 대응하는지 살펴보아라.

'피해야 할 것 3.1'에 따르면, 일반적으로 통하는 해결책은 없다. 컨텍스트가 중요하며 모든 환경은 고유하다. 소규모로 시작하면 안전하게 학습할 수 있고, 위험 감수 범위 안에서 변화를 유지할 수 있으며, 상황에 맞는 사회적 증거를 생성할 수 있고, 두려움을 줄이며 변화에 대한 장벽을 낮출 수 있다. 시간이 지남에 따라 조직의 정글을 헤쳐나가고 사회적 증거가 생성됨에 따라 채택의 기울기가 높아질 수 있다. 결국 파레토 원칙이 80%에 도달하면 채택 속도가 느려지기 시작해 혁신 지체자Laggards와 같이 더 까다로운 엣지 케이스에 진입하게 된다.

그 여정은 좌절스럽고 지저분하며 험난할 것이다. 개인적인 회복탄력성이 필요할 것이다. 처음에는 힘들겠지만 사회적 증거가 만들어지고 돌파구가 생기면서 점점 쉬워지기 시작하며 결국에는 자체적인 추진력을 얻게 될 것이다.

6. 강제보다는 초대: 타고난 챔피언으로 시작하기

'해야 할 것 3.2'에 따라, 강제보다는 초대가 사람들이 주체성과 통제에 대한 심리적 욕구, 즉 자신의 운명을 통제할 수 있다고 느끼는 욕구를 충족할 수 있도록 하며, 타고난 챔피언인 혁신가들이 스스로를 드러낼 수 있도록 허용한다. 모든 사람이 자발적으로 기여하고 자신의 운명을 개척할 수 있는 동료 참여 모델을 마련해야 한다. 참여를 유도하고 챔피언을 지원하라. 참여를 유도하는 보다 확실한 방법 외에도 자발적인 업무 방식 활동 커뮤니티WoW CoP를 운영하는 것도 좋은 방법이다. 누구나 참여할 수 있는 정기적인 사내 모임으로, 스포트라이트, 데모, 외부 연사를 초청해 학습을 공유하는 자리다. 여기에는 이동성의 법칙이 적용된다. 참석하고 싶을 때 참석하고, 떠나고 싶을 때 떠나라. 어떤 일이 일어나든 옳은 일이며, 누구든 참석하는 사람이 옳은 사람이다. 언제나, 매번, 항상 참석하는 사람들이야말로 타고난 챔피언이다.

챔피언이 더 나은 성과를 내는 데 필요한 코칭과 지원을 제공해야 한다. 가능한 모든 메커니즘을 통해 이점을 확인하고, 인식하고, 소통하면 얼리어답터도 동참하고 싶어 할 것이다. 이들은 빠른 추종자다. 이들은 다른 누군가가 먼저 시도하고 인정받았기 때문에 물에 발가락을 넣어도 안전하다는 것을 알 수 있다. '물이 따뜻하니 들어와요!' 학습과 재학습의 속도와 위험을 감수할 수 있는 범위 안에서 점차적으로 그들을 초대하라. '설득' 또는 '저항'이라는 단어가 어휘에 들어가면 안 된다. 그런 단어가 들어가면 변화가 잘못 진행되고 있다는 의미다. 시간이 걸리겠지만 더 나은 결과를 가져올 것이므로 인내심을 가져라.

강제적인 변화는 두려움과 외적 동기를 불러일으키며, 주체성과 통제에 대한 심리학적 욕구를 충족시키지 못한다. 참가자를 초대하면 열정이 넘치고 험난한 여정을 기꺼이 감수하며 최고 수준의 장애물에 직면할 수 있는 선구자들을 끌어들일 수 있다. 모든 변화에는 필연적으로 지체자가 존재한다. 내 경험에 비춰 볼 때 그들은 이제 눈에 띄고 싶지 않아서 남들보다 뒤처진다는 것이 분명해졌을 때 뛰어들거나 다른 곳에서 일하기로 선택한다. 둘 다 자발적인 결정이며 어느 쪽이든 나쁘지는 않다.

7. 상위부터 말단까지 모두 참여시킨다

방금 살펴본 것처럼 타고난 챔피언을 찾아냈다고 해서 하향식 변화만 강요해서는 안 된다. 마찬가지로 상향식 풀뿌리 변화도 곧 한계에 부딪힌다. 하향식과 상향식 모두 필요하다. '해야 할 것 2.3'에 따라 작은 단위부터 하나 이상의 수직적 분할을 초대하라. 가장 어려운 위치에 있는 사람들은 압박을 받는 중간층이다. 무슨 일이 있어도 성과를 내야 하고, 이제는 계속 성과를 내는 것뿐만 아니라 일하는 방식도 바꿔야 한다는 요청을 받고 있을 것이다. 중간층의 역할은 어렵기에 최고 경영진에서 후원하고 풀뿌리에서 실행하는 변화의 과정에서 놓치는 때가 많다.

토요타 개선 카타 및 코칭 카타는 과학적 사고를 구현하고 결과를 달성하기 위해 실험을 실행하는 훌륭한 접근 방식이다. 특히 코칭 카타는 중간 관리자를 포함한 모든 수준의 리더가 지시하지 않고도 팀의 사고 과정과 장애물 또는 개선에 접근하는 방법을 코치하는 데 큰 역할을 한다.

8. 행동 편향: 소통, 소통, 소통

'피해야 할 것 6.3'에서 살펴본 것처럼 제품 개발의 맥락에서 전통적인 워터폴 접근 방식은 결정론적 사고방식을 갖고 있다. 공장에서 똑같은 위젯을 찍어내는 것처럼 고유한 지식 작업은 알 수 있고 예측 가능하다는 잘못된 관점이 있다. 최소한의 정보만 알고 있는 상태에서 대규모의 사전 설계, 세부 계획, 직원에게 할당된 작업, 마감일 설정 및 결과물 예측이 이뤄지며, 다양한 선택지의 고려는 없다. 대응할 시간이 거의 없을 때 학습이 더디게 이뤄진다. 크게 생각하고, 크게 시작하고, 천천히 배우는 접근 방식에는 변명의 여지가 없다. 1970년대에 제품 개발의 맥락에서 이 접근 방식에 대해 처음 알려진 글에서도 "위험하고 실패를 불러일으킨다"라고 설명했다.[9] 왜 그럴까?

디지털 시대에는 새로운 생산 수단이 등장하고 변화의 속도가 빨라지면서 그 어느 때보다 많은 일이 생겨나고 있다. 제품 개발이 새로운 화두로 떠오르고, 반복적인 업무의 개선이 대두되고 있다. 조직은 복잡하게 적응하는 시스템이며, 조직 앞에 항상 새로운 것이 등장한다. 나비가 날개를 퍼덕이면 수천 마일 떨어진 곳에 토네이도가 발생한다. **더 나은 가치를 짧은 시간에 더 안전하고 모두 만족하는** 결과로 개선하는 것이 새로운 과제다. 이것이 0장에서 살펴본 커네빈의 복잡성 영역이다. 원인과 결과 사이의 연관성을 알 수 없는 미지의 영역이 존재한다. 개입이 가설한 효과를 가져올지 알 수 있는 유일한 방법은 빠른 피드백을 통해 안전하게 실험을 실행하는 것뿐이다.

위험을 감수할 수 있는 범위 안에서 소규모로 시작하는 행동 편향이 필요하다. 그런 다음 실험을 확대하거나 축소한다. 인과 관계를 미리 알 수 없으므로 이것이 원하는 결과에 더 가까워지기 위해 다음 행

9 Royce, 'Managing the Development of Large Software Systems'

동이 무엇인지 결정할 수 있는 유일한 방법이다. 사회 및 조직 심리학의 선구자인 커트 르윈Kurt Lewin의 말을 인용하자면, "시스템을 바꾸기 전까지는 시스템을 이해할 수 없다."[10] 실행을 통해 배우지 않고 장황하게 진단한 후 세부 계획을 세우는 것은 최적의 접근 방식이 아니다. 이는 '피해야 할 것 1.2'에서 봤듯이 새로운 업무 방식에 낡은 사고방식을 적용하는 것이다. 대신 크게 생각하고, 작게 시작하고, 빠르게 배워야 한다.

필요하다고 생각하는 것보다 세 번 더 소통하면 실제 필요치의 3분의 1을 달성한 것이다. 소통하고, 소통하고, 또 소통하라. 변화는 사회적 활동이다. 모든 커뮤니케이션 채널을 마음껏 활용하고 몇 가지 채널을 추가하라. 커뮤니케이션 채널을 사용해 이유, 가치와 원칙, 결과를 강화하고, 바람직한 행동을 인식하고, 스토리텔링을 해라. 고위 리더가 성과 개선에 기여한 팀의 훌륭한 업적을 인정하고 팀원들이 그들의 이야기를 공유하도록 만들어라. 8장에 설명된 ASREDS 학습 루프에 따라 교훈을 얻으면 이를 공유하고 구독을 신청한 모든 사람에게 전파해야 한다. 나는 경험을 통해 실무 커뮤니티 외에도 내부 업무 방식 회의를 운영하는 것이 학습을 공유하고 기준을 높이는 좋은 방법이라는 것도 알게 됐다.

9. 재학습 조직이 돼라! 끝이란 없다

계속해야 한다. 헌신과 회복 탄력성이 필요하다. 진정한 애자일 역량을 위해 지속 가능한 문화 변화를 이루려면 수년이 걸린다. 순풍이 불면 대기업의 경우 3~5년, 역풍이 불면 그보다 더 긴 시간이 걸릴 것

10 Schein, 'Kurt Lewin's Change Theory in the Field and in the Classroom'

이다. 지름길은 없다. 변화의 속도를 강요한다고 해서 실제로 변화의 속도가 빨라지는 것은 아니다. 애자일 역량에 또 애자일 역량을 적용하는 것이 아니다. 그러면 사람들을 뒤처지게 하며, 변화 곡선이 더 크고 깊게 내려가므로 위험성이 높다. 대신 S곡선을 통해 모든 수준의 리더십과 코칭으로 모든 사람이 지속적으로 점검하고, 학습하고, 결과에 맞춰 적응하는 조직 역량을 향해 나아갈 수 있다. 재학습하는 조직이 돼라. 최고가 되기 위해 노력해야 한다.

더 나은 가치를 짧은 시간에 더 안전하고 모두 만족하도록

일하는 방식에는 정답이 없으며, 일하는 방식을 개선하는 데도 정답이 없다. 더 나은 가치를 짧은 시간에 더 안전하고 모두가 만족하도록을 제공하는 데 방해되거나 도움이 되는 '피해야 할 것'과 '해야 할 것'들이 종종 관찰될 것이다. 이를 영감으로 삼아 각자의 상황에 맞는 방법을 찾아 실험해보라. 어떤 패턴을 채택하든, 어떤 길을 선택하든, 개선이 끝나지 않기 때문에 항상 지평선 너머에 있는 목적지는 균형 잡힌 **더 나은 가치를 짧은 시간에 더 안전하고 모두가 만족하게** 전달하는 결과가 있는 곳이어야 한다.

고객 불만 감소, 생산 인시던트 감소, 복구 시간 단축 또는 상황에 맞는 다른 측정치로 측정하든 상관없이 여러분의 조직은 '더 나은' 품질을 누려야 한다.

여러분의 조직은 더 큰 '가치'의 혜택을 누려야 한다. 이것이 바로 조직이 비즈니스를 하는 이유이며, 조직이 전달하는 가치다. 이는 매출, 수익, 리그 테이블 순위 상승 또는 자동차 배기가스 배출량 감소, 범죄율 감소, 병원 입원율 감소로 나타날 수 있다.

여러분의 조직은 원하는 목적지에 '짧은 시간에' 도달해야 한다. 카페에서 커피를 빨리 마시려는 사람들을 위해 업무 흐름이 개선돼 대기열에서 기다리는 시간이 줄어들어야 한다. 더 빠르게 학습하고 최고의 가치를 더 빠르게 전달할 수 있어야 한다.

여러분의 조직은 '더 안전해야' 한다. 여기에는 정보 보안, 사이버, 데이터 프라이버시, 사기 등 거버넌스, 리스크 및 규정 준수[GRC]가 포함된다. 여러분은 고객의 신용 카드 정보가 인터넷에 유출되는 것을 원치 않을 것이다. 상황에 따라 여기에는 물리적 안전도 포함될 수 있다. 문제를 드러내는 것은 취약함을 드러내는 것이 아니라 애자일스러운 것이며, 조직은 속도와 제어력을 모두 갖추고 있어야 한다. 브레이크가 좋을수록 더 빨리 달릴 수 있다.

그리고 조직은 고객, 동료, 시민, 환경을 모두 만족시키는 조직이 돼야 한다. BVSSH의 목표는 더 인간적이고, 더 매력적이며, 더 보람 있는 일터를 만들고, 사회적으로 책임감 있는 방식으로 사회를 개선하고, 우리가 사는 지구를 돌보는 것이다.

여정 자체가 목적이다. 여정을 즐겨라!

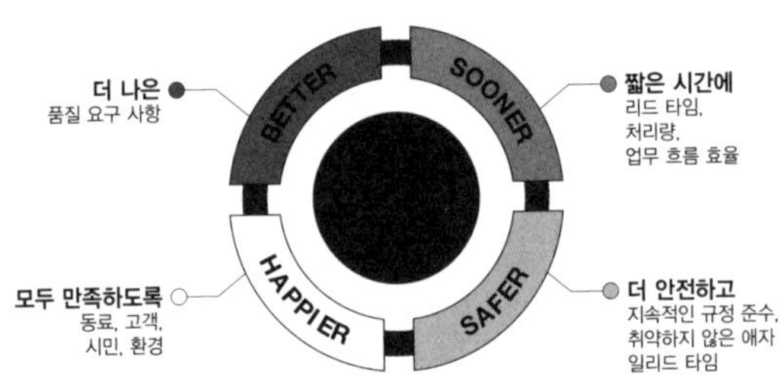

우리는 여러분의 '해야 할 것'과 '피해야 할 것'에 관한 이야기를 듣고 싶다.

우리는 모든 여정의 학습을 공유한다.

자세한 정보는 BVSSH.com을 참조하길 바란다.

RESOURCES

원칙

1장

성과에 집중하라

더 나은 가치를 짧은 시간에 더 안전하고 모두 만족하도록.

전체 조직의 애자일

IT만의 애자일은 국지적 최적화일 뿐이다.

모든 조직, 업무가 대상이다.

2장

작은 것을 통해 큰 것을 이뤄라

크게 생각하고 작게 시작하고 빨리 배우도록 하라.

애자일에 애자일 역량을 적용한다.

변화의 S곡선

사람들은 과거의 지식을 버리는 데 제한된 속도를 갖고 있다.

사람들은 변화를 S곡선 형태로 받아들인다.

확장하기 전에 축소하라

애자일 확장은 업무와 업무 시스템을 축소하는 것이다.

수평보다는 수직으로 애자일을 확장하라

위에서 아래로, 아래에서 위로 연결한다.

3장

천편일률적인 해결책은 없다

조직은 복잡한 적응 시스템이다.

여러분 고유의 VOICE가 있다.

앞에 놓인 길에 장애가 없다면, 이는 여러분의 길이 아닌 다른 누군가의 길이다.

강제보다는 권유를

내적 동기와 권한 위임로 참여를 권유하라.

'저항', '설득' 같은 단어는 여러분의 사전에 있어서는 안 된다.

4장

리더가 먼저 행동한다

리더는 이끈다.

롤 모델은 행동이 필요하다.

용기를 발휘하고 취약성을 드러내라.

심리적 안전 조성

참여를 유도한다.

지능적인 실패를 통해 학습 문화를 조성하라.

경청하고 행동하라.

비난 없는 문화를 조성하라.

창발성의 활용

창발성을 활용해 성과를 극대화한다.

창발적 마인드를 적용한다.

투명성을 유지하며 정보에 권한을 이전한다.

코치 및 서포트는 보고 체계가 아닌 지원 체계로 이뤄지게 한다.

5장

안전한 가치의 지속 가능한 빠른 흐름을 위한 최적화

장기적인 제품, 장기적인 가치 흐름에 대해 고객과 연계된 장기적 다분야 팀

가치 흐름에 따른 집단 정체성

인간은 집단적인 생물이다. 기본적인 정체성은 직무 전문성보다는 가치 흐름과 고객에게 더욱 더 주어져야 한다.

솔루션의 마일스톤보다는 성과 가설

성과 가설과 실험을 통해 긴급성을 유리하게 활용할 수 있다.

전략적 조율을 위한 중첩된 성과

시작을 멈추고 끝냄을 시작하라

모든 레벨에서 WIP를 제한하라.

도로에 차가 적을수록 더 빨리 갈 수 있다.

뒤에서 밀지 말고 앞에서 끌어라

앞에서 끌어야 시스템 자체의 용량 및 업무 흐름의 방해 요소들이 드러난다.

방해 요소는 길 위에 있지 않다. 길 자체가 방해 요소다.

6장

안전에 대한 안전

심리적 안전을 키운다.

부정적 요소의 부재뿐만 아니라 긍정적 요소의 존재도 추구해야 한다.

가치 흐름에 맞춰진 안전 팀

장기적 가치 흐름에서의 장기적 안전 팀

안전한 가치의 지속 가능한 빠른 흐름을 위해 최적화하라

공유된 안전 오너십

현존하는 리스크에 대한 논의를 지속하라

최소 실행 가능한 규정 준수(Minimal Viable Compliance, MVC)

정황과 위험을 고려한 적절한 규모의 리스크 완화

사람, 프로세스, 도구의 순서다

행동, 협업, 대화가 가장 큰 레버리지다.

7장

기술적 우수성에 대한 지속적인 관심

기술적 우수성, 운영 우수성, 우수한 설계, 우수한 설계자는 지속 가능한 비즈니스 애자일 역량의 핵심이다.

레거시에 의존하고 있다면 부채를 갚는 데 더 많은 시간을 할애해야 한다.

업무 흐름을 위한 아키텍트

지속 가능하고 빠른 가치 흐름은 소프트웨어 전달의 주요 목표다.

불연속적 점진주의(다중 속도 병렬)

최고의 가치를 실현하기 위한 '진화'와 주기적 '혁명'을 같이 수행한다.

매일의 지속적인 관심부터 주기적인 혁신적인 아키텍처 변화까지 적용한다.

인간적인 접근을 갖춘 자동화: 사람과 기계의 조화

데브옵스는 똑똑한 사람을 업무에서 배제하는 것을 의미하지 않는다.

자동화와 도구를 신중하게 사용해 우수한 인재를 더 우수하게 만들어야 한다.

문화는 가장 큰 지렛대이며 도구가 반드시 결과 개선을 가져오는 것은 아니다.

8장

빠른 학습을 위한 최적화

암묵적 지식의 협업과 공유를 위해 의도적으로 최적화한다.

학습 거품을 제거한다.

중첩 학습 루프를 만든다

일별, 주별, 월별, 분기별, 연간, 다년간의 중첩 학습 루프를 설정하라.

개인, 팀, 조직 수준에서 학습을 활성화하라.

소통, 소통, 소통

필요하다고 생각하는 것보다 3배를 더 소통하면 실제 필요 소통의 1/3을 달성한 것이다.

ASREDS, CoP, 어워드와 같은 활동을 통해 단절된 거품을 해소한다.

불확실성에 익숙해지는 법을 배운다

선택지의 유지, 실험 장려, 성장 마인드 갖기, 적응하기

학습의 척도

데이터 중심의 피드백 루프를 가져라.

대시보드에 다이얼을 만들어라.

데이터 주도 실험적 사고방식을 지원하고 BVSSH의 측정 가능성을 만들어라.

#BVSSH

용어집

대리인 상태 Agentic State**:** 스탠리 밀그램Stanley Milgram의 대리인 이론에서 나온 개념이다. 대리인 상태는 다른 사람이 자신의 행동을 지시하도록 허용하고 그 행동의 결과에 대한 책임을 명령을 내리는 사람에게 전가하는 마음 상태다.

애자일Agile**:** (1) 원하는 결과를 최적화하기 위해 빠르게 학습하고 빠르게 전환할 수 있는 민첩성을 발휘하는 상태. (2) 업무 및 환경이 급변하고 알려지지 않은 미지의 영역이 있는 독특한 변화에 적합한 업무 방식에 대한 지식의 집합체. 1970년대와 1980년대 일본에서 제조업(예: 제록스, 혼다)의 제품 개발을 위해 시작됐으며 1990년대 초에 제조업에서 얻은 교훈이 소프트 웨어 개발로 옮겨졌다. 원래는 '경량 프로세스'라고 불렀다('중량 프로세스'는 순차적인 대량 배치 폭포수 공정을 의미함). 2001년 애자일 선언문에서 일련의 가치와 원칙으로 명시됐으며, 이제는 비즈니스 애자일 전반에 더 광범위하게 적용되고 있다. 모든 상황에 적용하기보다는 상황에 맞게 적용해 결과를 최적화하는 것이 가장 좋은 활동이다.

피해야 할 것 Antipattern**:** 비효율적이고 비생산적인 상황에 대한 결과로, 순풍이 아닌 역풍으로 작용할 때가 많다. 안티패턴은 어려운 일을 더 어렵게 만들고, 조직을 수년 후퇴시키며, 조직의 상처 조직과 조직적 기억을 만들고, 향후 원하는 변화를 거부하는 항체를 강화할 수 있는 행동과 접근 방식이다. 새로운 업무 영역에는 '모범 사례'가 없기에 대다수 조직에 대한 '피해야 할 것'이 한 조직에 대한 패턴이 되는 일이 매우 드물다. 예를 들어, 현금 흐름이 곧 고갈되는 시나리오는 조직에 매우 위험하고 죽기 아니면 살기 전략이 될 수 있다.

아키텍처 성과 리드 Architecture Outcome Lead**:** 가치 성과 리드 및 팀 성과 리드와 함께 세 가지 역할 중 하나다. 이 세 가지 역할은 중첩된 각 가치 흐름 수준에서 동등한 파트너로 존재한다. 이 역할은 기술적 '방법', 즉 기술적 우수성에 대한 일차적인 책임을 지며, 기술을 통해 더 나은 가치를 짧은 시간에 더 안전하고 모두 만족하게 제공할 수 있도록 보장한다. 중첩된 가치 흐름에 대한 역량 기반 보고 라인이 있으며, 궁극적으로 비즈니스의 CTO에게 보고된다. 예를 들어, 이 역할은 기술 아키텍처가 민첩성과 복원력을 지원하고, 광범위한 아키텍처 원칙을 충족하며, 기술 부채, 안전 및 비즈니스 가치에 관한 비즈니스 위험 기반 대화에 참여해야 한다.

BVSSH: 더 나은Better 가치Value를 짧은 시간에Sooner 더 안전하고Safer 모두 만족하도록Happier. '더 나은'의 대상은 품질이다. '가치'는 고유한 가치이며 지금 하는 일을 하는 이유가 된다. '짧은 시간에'는 리드 타임, 처리량, 흐름의 효율성이다. '더 안전하고'는 것은 지속적인 규정 준수, '거버넌스, 리스크 및 컴플라이언스GRC', 취약하지 않은 애자일 그리고 신뢰를 의미한다. '모두 만족하도록'은 동료, 고객, 시민, 환경을 포함한다. 이러한 성과는 지속적으로 개선해야 할 결과다(개선은 결코 끝나지 않는다). 애자일, 린 및 기타 지식은 이러한 결과를 개선하는 데 도움이 되는 도구들이다.

커네빈Cynefin**:** 다섯 가지 영역으로 의사 결정을 지원하는 데 사용되는 개념적 프레임워크이며, 확실성Clear, 난해성Complicate, 복잡성Complex, 혼돈성Chaos, 무질서Confused의 다섯 가지 영역으로 구성돼 있다.

결정론적Deterministic**:** 행동은 전적으로 초기 상태와 입력에 의해 결정되며 예측할 수 있다고 생각하는 이론이다. 결과와 출력은 미리 결정돼 있다. 위젯을 대량 생산하는 기계처럼 동작을 반복하면 매번 동일한 결과와 출력이 발생한다. 복잡한 시스템은 부품의 합에 지나지 않으며 부품은 상호 교환 가능하다는 믿음이며 인과 관계에는 필연성이 있다. 일어나는 모든 일은 일어날 수 있는 유일한 일이다. 이 영역은 '알 수 있는' 영역이며, 현재와 미래에는 새로 배울 것이 없다.

데브옵스DevOps**:** 개발Development과 운영Operation을 결합한 합성어다. 데브옵스는 흐름에 중점을 둔다. 즉, 제품 개발을 담당하는 사일로화된 팀과 제품 배포 및 운영을 담당하는 팀 간의 기존 장벽을 허무는 데 중점을 둔다. 데브옵스는 좁은 의미의 IT 개발과 IT 운영의 합성어일 수도 있고, 더 넓은 의미의 엔터프라이즈 데브옵스일 수도 있다. 더 넓은 의미의 엔터프라이즈 데브옵스는 조직 전체에 더 나은 가치를 짧은 기간에 더 안전하고 모두 만족하도록 제공하는 것이다. 애자일과 린을 비롯한 다양한 지식을 활용해 비즈니스 및 고객 가치를 제공하기 위해 엔드투엔드에 걸쳐 더 나은 작업 방식을 적용하는 것이다.

도메인Domain**:** 업무 영역은 업무를 수행하는 환경, 정황을 의미한다. 예를 들어, 업무 영역은 긴급한 것일 수도 있고(커네빈의 복잡성과 혼돈성 참조), 결정적인 것일 수도 있다(커네빈의 난해성과 명확성 참조). 업무는 도메인 간을 이동할 수 있다. 예를 들어, 새로운 자동차 모델(새로운 도메인)을 빠르게 만든 다음 동일한 자동차 모델을 대량 생산하는 것(결정론적 업무 영역)을 들 수 있다.

창발적Emergent**:** 행동, 결과 및 산출물을 미리 결정할 수 없음을 의미한다. 이 영역은 '알 수 없는' 영역이다. 학습하는 유일한 방법은 실행하고 피드백 루프를 찾는 것이다. 공간에서 행동하면 공간이 바뀐다. 개인과 집단의 행동은 변화에 따라 변이하고 자기 조직화된다. 행동을 반복하면 서로 다른 결과가 나타난다. 개별적인 부분을 완벽하게 이해한다고 해서 전체 시스템의 행동을 완벽하게 이해할 수 있는 것은 아니다. 전체는 부분보다 더 복잡하다.

흐름Flow**:** 개념에서 수익으로, 필요성 파악에서 필요성 충족으로 이어지는 종단 간 가치의 흐름을 의미한다. 흐름을 최적화한다는 것은 최소한의 노력으로 최단 시간에 가설화된 가치에 도달해 빠르게 학습하고 방향을 전환하고 원하는 결과를 극대화하는 것이다. 흐름 효율성, 리드 타임, 처리량 및 성과를 참조하라.

흐름 효율성 Flow Efficiency**:** 경과된 종단 간 리드 타임 중 부가 가치 창출 시간 비율을 의미한다. 예를 들어, 흐름 효율이 10%라면 90%의 시간 동안 작업이 대기 중임을 의미한다(즉, 너무 많은 작업을 동시에 수행하거나 역할 기반 핸드오프, 관료적인 획일적 프로세스 및 대량 배치, 단계별 게이트 프로세스가 모두 작업 대기로 이어진다).

GRC: 조직의 거버넌스Governence, 위험Risk 및 규정 준수 감독Compliance 기능을 가리키는 약어다. 안전 팀Safty Team을 참조하라.

리드 타임Lead time: 개념에서 수익까지, 요구 사항 파악에서 요구 사항 충족까지 가치 창출에 걸리는 엔드투엔드 시간을 미한다.

린Lean: '린 생산'은 토요타와 GM 합작사인 NUMMI에 고용된 최초의 미국인 엔지니어인 존 크라프칙John Krafcick이 토요타 생산 시스템을 지칭하기 위해 만든 용어다. "린 생산은 대량 생산 대비 모든 것을 적게 사용하고, 공장에서의 인력, 제조 공간, 도구에 대한 투자, 엔지니어링 시간을 절반으로 줄이면서 절반의 시간으로 생산하기 때문에 린 생산이다." 린 생산은 대량 생산의 맥락에서 발전했기 때문에 반복적인 지식이 필요한 활동에 적합하다. 린에는 흐름에 집중, 고객의 관점에서 가치 구체화, 가치 흐름과 그 안의 모든 단계 식별, 풀 기반 작업 시스템(보다 적은 재고를 보유할 수 있도록), 지속적인 개선(낭비 제거 포함), 사람에 대한 존중, 서번트 리더십, 나중에 품질을 검사하기보다 먼저 품질을 구축(라인 중단), '자율화(기계와 사람의 조화)' 등의 개념이 포함돼 있다. 린과 애자일은 2차 세계대전 이후 일본에서 에드워드 데밍Edwards Deming의 연구에 영향을 받은 공통된 뿌리가 있으며, 린은 대량 생산에 적합하고 애자일은 독특한 제품 개발(예: 자동차를 대량 생산하기 전에 새로운 모델을 디자인하는 것)에 적합하다.

OKR: 목적Objective과 핵심 결과Key Results. 성과Outcome참조

성과Outcome: 고유한 변화의 맥락에서 결과는 원하는 미래 상태에 대한 가설로 표현되며, 이를 달성하기 위해 또는 틀렸다는 것을 증명하기 위해 테스트해야 한다. 이는 업무 영역이 새로운 영역이고 미래를 예측할 수 없기에 가설로 취급한다. 성과 가설은 데이터에 기반한 인사이트 또는 믿음에 의해 결정된다. 성과는 활동, 미리 결정된 솔루션 또는 IT 전용 작업이 아닌 원하는 비즈니스 결과로 표현된다. 성과는 '비즈니스'와 IT를 별개의 독립된 관계로 보는 것이 아니라 범위가 모두 '우리의 비즈니스'로 본다. 결과에는 선행 및 후행 가치 측정값(OKR의 'KR')이 있다. 선행 가치 측정값은 가설에 대한 초기 피드백 루프를 제공하며(예: 앱 다운로드, 웹사이트 클릭, 고객 문의), 후행 측정값은 행동 및 가치의 변화를 나타낸다(예: 모기지 판매 증가, 고객 만족도, 다양성, 탄소 배출량, 수익성 등). 성과는 여러 주기에 걸쳐 존재하며 중첩돼 있어 전략을 조정할 수 있다. 예를 들어 분기별, 연간, 다년간 등이 있다. 분기별 결과는 월별 실험, 주간 반복, 일일 스토리(요구 사항)로 구성되며, 전략적 의도에 대한 빠른 피드백 루프를

제공한다. 주기 설정은 (산출물보다는 결과에 초점을 맞춘) 날짜와 정기적 주기를 제공해 점검하고 조정할 수 있도록 한다. 분기별 결과에 대한 12개월 로드맵을 통해 지속적인 계획이 이뤄진다.

해야 할 것 Pattern: 상황에 대한 반응으로, 대개 효과적이고 원하는 결과를 개선해 순풍처럼 작용할 때가 많다. 변화는 사회적이며 사람에 관한 것이기 때문에 패턴에는 기복이 있고, 앞뒤가 바뀌고, 요동치기도 하고, 회전 교차로가 생기기도 한다. '해야 할 것'은 변화를 더욱 '고착화'할 수 있다. '피해야 할 것'과 마찬가지로 이 업무 영역에서도 '모범 사례'와 같은 것은 존재하지 않는다. 결과는 서로 다를 수 있다. 문화와 역사에 따라 특정 시점에 어떤 '해야 할 것'이 '피해야 할 것'이 될 수도 있다. 타이밍과 속도가 중요하다. 사람들은 과거 지식을 버리고 다시 배우는 속도가 제한돼 있다. 대부분 '해야 할 것'으로 시작해 실험하고 빠른 학습을 기반으로 전환해야 한다. 크게 생각하고, 작게 시작하고, 빠르게 학습하라.

제품Product: 수명이 길고, 수명이 긴 가치 흐름에 맞춰 생산되며, 한 명 이상의 고객에게 가치가 있고, 한 명 이상으로 구성된 장기적인 다분야 팀이 작업한다. 제품에는 그에 상응하는 서비스 수준이 있다. 원하는 결과 가설에 대한 실험은 장기 제품에 대한 작업으로 이어진다. 제품은 진화와 혁명과 함께 수명이 늘어난다. 즉, 진화 생물학과 유사하게 비행기가 비행 중에도 계속 업그레이드되는 것처럼 시간이 지남에 따라 진화한다. 제품에는 IT가 전혀 포함되지 않을 수도 있고, 부분적으로 포함될 수도 있으며, 전체가 IT 제품일 수도 있다. 제품의 예로는 내부 감사 보고서, 모기지, 신용 카드, 헬리콥터 엔진, 자동차, 영화, 재생에너지 발전, A에서 B로 상품 배송, 클라우드 컴퓨팅, 운영 체제, 법과 질서 보호 등이 있다. 일부 제품은 고객과 하나의 가치 흐름에 명확하게 맞춰져 있다. 다른 제품은 조직에서 사용되거나, 공유 서비스 가치 흐름에 맞춰 사용되거나, 여러 고객과 연계된 가치 흐름(예: 총계정 원장 및 하위 원장(재무), 채용(HR), 물리적 환경(부동산), 데스크톱 컴퓨팅(인프라) 등)에서 사용될 수 있다.

프로젝트Project: 시작 날짜와 종료 날짜가 있는 일시적인 것이다. 프로젝트에는 평소에는 함께 일하지 않는 사람들이 일시적으로 프로젝트 팀으로 모였다가 해산하는 사람들이 포함된다. 프로젝트는 일반적으로 시작, 계획, 실행, 모니터링 및 제어, 종료와 같은 단계로 순차적으로 진행된다. 역할 기반 인센티브를 통해 역할 기반 사일로 간에 업무가 전달되는 일이 많다. 일반적으로 프로젝트 계획은 초기에(아는 것이 가장 적은 시점에서) 작성되며, 여기에는 시간, 비용, 품질 및 범위에 대한 예측과 함께 미리 정해진 결과물 및 일련의 작업이 제시된다. 일반적으로 원하는 결과보다는 계획에 초점을 맞추고 변화를 엄격하게 통제하고 억제한다. 일반적으로 시작부터 가치 실현까지 리드 타임이 길어 학습이 늦어지고 행동의 인과관계를 파악하기 어려워 가치를 측정하기 어렵다. 일반적으로 프로젝트는 결정론적이며 미래를 알 수 있는 것으로 간주한다. 프로젝트는 1900년대 초 공장의 수작업 노동이라는 두 단계 이전 기술 혁명에서 비롯됐다. 프로젝트는 새로운 업무 영역의 성과에 최적화되지 않는다. 결과, 제품, 가치 흐름을 참조해야 한다.

위험 감수 Risk Appetite**:** 위험을 줄이기 위한 조치가 필요하다고 판단되기 전에 조직이 목표를 추구하기 위해 미리 감수할 수 있는 위험 수준을 말한다. 이는 혁신의 잠재적 이익과 변화가 필연적으로 가져오는 위협 사이의 균형을 나타낸다. ISO 31000 위험 관리 표준에서는 위험 성향을 '조직이 추구, 유지 또는 감수할 준비가 돼 있는 위험의 양과 유형'으로 정의한다.

안전 팀safety team**:** 하나 이상의 가치 흐름에 장기적으로 연계해 거버넌스, 위험 및 규정 준수GRC 주제 전문가SME를 지원하는 장기적인 다분야 팀이다. 예를 들어 안전 팀에는 정보 보안, 데이터 개인정보 보호, 사기, 규정 준수 등을 위한 전문가들이 포함된다. 안전 팀은 가치 흐름의 목표와 목적을 공유하며, 규정 준수 요건을 상황에 맞게 적절히 조정하기 위해 (일률적인 최저공통분모 접근 방식이 아닌) 최소 실행 가능 규정 준수 접근 방식을 통해 적절한 위험 완화에 대한 판단을 가치 흐름 및 GRC 리더십에 책임을 진다. 안전 팀의 구성원은 가치 흐름 내에서 업무의 고유한 컨텍스트에 필수적인 규제 요건과 조직 통제를 결정할 책임이 있다. 팀이 오래 지속되기 때문에 협력 관계가 오래 지속되고 안전 중소기업은 고객의 명시적이지 않은 요구 사항을 이해해 더 나은 결과로 이어지는 안전 혁신(예: 생체인증)을 가능하게 한다. 가치 흐름에 부합하는 팀과 조기에 자주 상호 작용하고 지속적인 규정 준수 접근 방식을 통해 위험에 관한 대화를 계속 이어갈 수 있다.

처리량Throughput**:** 주어진 기간에 생산된 가치 있는 항목의 수를 계산한 것이다. 고유한 변화의 맥락에서 이것은 스토리(즉, 가치의 일부)의 갯수일 수 있다. 리드 타임이 줄어들면 처리량이 증가할 수 있다.

팀 성과 리드 Team outcome Lead: 가치 성과 리드 및 아키텍처 성과 리드와 함께 세 가지 역할 중 하나다. 이 세 가지 역할은 중첩된 각 가치 흐름 수준에서 동등한 파트너로서 존재한다. 이 역할은 '방법', 특히 인력과 프로세스에 대한 일차적인 책임이 있다. 이 역할은 서번트 리더로서 장기적인 다분야 팀을 지원하고, 원하는 결과(예: BVSSH)에 맞춰 업무 시스템을 개선하도록 돕고, 지속적인 개선을 위해 팀을 코칭하고, 장애물 제거를 지원하고, 인적 및 프로세스 위험을 완화하고, 정기적인 공유 학습 및 회고 활동을 촉진한다. 원하는 중첩된 결과를 최적으로 달성하거나 빠르게 전환하기 위해 지속적으로 실험하는 데 중점을 준다. 이 역할은 팀에서 스크럼을 채택한 경우 '딜리버리 리드', '팀 리드' 또는 '스크럼 마스터'라고도 한다. 팀 간 가치 흐름 수준에서 이 역할은 '가치 흐름 결과 리드' 또는 '가치 흐름 딜리버리 리드'다. 더 높은 수준의 가치 흐름에서는 이 역할은 '비즈니스 단위 변경 책임자' 또는 '비즈니스 단위 CIO'다(특히 여러 분야의 팀이 있고 변화가 주로 IT 변경인 조직의 경우).

기술 부채 Technical Debt: 소프트웨어 개발 중에 설계 또는 구현 지름길을 선택함으로써(즉, '나중에 고치겠다'와 같은) 새로운 기능을 추가하는 데 드는 비용과 시간이 증가하는 것을 의미한다. 기술 부채는 비즈니스 위험과 가치 결정(예: 시장 점유율을 확보하기 위한 선점자 우위)을 위해 단기간 의식적으로 떠안기도 한다. 이러한 형태의 부채는 눈에 보이지 않고 잘 이해되지 않을 때가 많다. 이는 후속 변화에 대한 지연, 관성 및 취약성을 야기하며, 부채를 조기에 자주 상환하는 데 드는 낮은 비용보다 장기적으로 훨씬 더 높은 비용(효과적으로 부채에 대한 복리 이자 지불)을 초래하는 경우가 많다. 기존의 대규모 엔터프라이즈에서는 단기적인 인센티브가 있는 프로젝트 중심 팀이 (눈에 보이는) 기능 제공을 위한 고정 마일스톤을 달성하기 위해 작업 중에 (보이지 않는) 기술 부채를 수락하고 부채를 미지급한 채 프로젝트를 종료하는 것이 훨씬 더 쉽다. 수년에 걸쳐 수천 개의 프로젝트에 걸쳐 곱하면 기업의 기술 부채 부담은 상당할 수 있으며 높은 위험을 초래할 수 있다. 상황에 따라 높은 수준의 기술 부채(예: 지원되지 않는 기술 및 유지 관리가 어려운 변경 시스템)로 인해 고비용, 고위험, 전체 시스템 재작성이 발생하고 이러한 주기가 반복되는 일이 흔하다. 이는 '변경'과 '실행' 비용의 증가로 이어져 재량적 혁신 지출을 압박하고 더 적은 가치의 실현을 더디게 만든다. 이는 흐름에 중점을 두고 지속적으로 진화하는 제품을 오래 사용하는 가치 흐름 조직 구성과는 대조적으로, 장기적 팀의 인센티브가 기업의 장기 목표와 더 밀접하게 연계되며, 기술 부채 상환은 지속적인 비즈니스 위험에 대한 논의이고, 결과 최적화와 함께 진행된다.

가치 곡선 Value Curve: 시간 경과에 따른 가치를 그림으로 표현한 그래프

가치 성과 리드 Value Outcome Lead: 팀 성과 리드, 아키텍처 성과 리드와 함께 삼위일체 역할 중 하나다. 이 세 가지 역할은 중첩된 각 가치 흐름 수준에서 동등한 파트너로서 역할을 한다. 이 역할은 결과 및 경험의 백로그에 우선순위를 두는 가치의 '무엇'에 대한 1차적 책임을 진다. 결정적으로 이 역할은 진행 중인 작업을 제한하고 리드 타임을 줄이기 위해 수행하지 않은 작업에 대한 책임이 있다. 이 역할은 두 역할(팀 성과 리드, 아키텍처 성과 리드)과 위험 기반 대화에 참여해 새로운 기능과 프로세스 개선 및 기술 개선의 균형을 유지함으로써 지속적인 속도, 효율성 및 민첩성을 가능하게 한다. '제품 소유자Product Owner'라고도 한다. 이 역할은 종종 비즈니스 가치 흐름의 리더 역할을 한다. 더 높은 수준의 가치 흐름에서 이 역할은 '비즈니스 책임자' 또는 'CEO'다.

가치 흐름 Value Stream: 고객에게 가치 있는 하나 이상의 장기적 제품을 생산하는 장기적 다분야 팀과 함께 장기적으로 지속된다. 가치 흐름은 개념에서 수익으로, 필요성 파악에서 필요성 충족으로 이어지는 모든 단계를 포괄하며, 일반적으로 왼쪽에서 오른쪽으로 가치의 흐름이 수평으로 표시된다. 이 용어는 린Lean에서 유래했다. 가치 흐름은 중첩된다. 예를 들면 은행 → 투자 은행 → 시장 → 주식 거래의 중첩이 있을 수 있다. 가치 흐름은 높은 응집력(한 가지 일을 잘하고, 중복을 피하며, 단순성을 지향)과 낮은 결합력(최소한의 실행 가능한 가드레일 안에서 민첩성을 발휘할 수 있는 능력)을 가져야 한다. 장기적 팀은 가치 흐름에 부합하는 결과를 도출한다. 대부분의 가치 흐름은 고객과 연계돼 있는데, 어떤 것은 HR, 재무, 부동산, 법무와 같은 내부 공유 서비스 가치 흐름 형태로 존재한다. 가치 흐름은 고객 여정(가치 흐름에 걸쳐 있을 수 있음)이 아니며, 고객 페르소나(예: 은퇴한 부부, 어린 학생)에 맞춰져 있지도 않다.

가치 흐름 네트워크 Value Stream Network: 가치 흐름 간의 연결로 형성된 네트워크. 애자일 역량을 높이려면 가치 흐름 간에 최소한의 결합이 있어야 하며, 가능한 경우 시간이 지남에 따라 종속성을 제거하거나 최소화해야 한다.

가치성Valuetivity: 최소한의 산출과 노력으로 일정 기간 실현된 가치의 양을 의미한다. 생산성은 투입 단위당 산출 단위의 비율이다. 신생 영역에서는 생산성을 극대화하는 것이 목표가 아니다. 최소한의 산출물로 가장 빠른 시간 안에 최대의 가치를 창출해야 한다.

VOICE: 가치와 원칙Values and principles, 결과와 목적Outcome and purpose, 의도 기반 리더십Intent-based Leadership, 코칭과 지원Coaching and support, 실험Experimentation의 약어다. 결과 중심의 지속적인 변화에 대한 접근 방식을 의미한다.

업무 방식 Ways of Working**:** 다양한 지식을 활용해 업무에 접근하는 방식. 예를 들어 애자일, 린, 워터폴, 디자인 사고, 시스템 사고, 제약 조건 이론, 자기 관리 조직SMO, 틸Teal 조직 등이 있다. 일하는 방식은 조직의 고유한 상황에 적합해야 하며 더 나은 가치를 짧은 시간에 더 안전하고 모두 만족하는 것과 같이 원하는 결과에 맞춰 조정돼야 한다.

#BVSSH

참고문헌

"787 Deferred Production Cost, Unamortized Tooling & Other Non-Recurring Cost balances," Boeing.com. Accessed May 1, 2020. https://www.boeing.com/investors/accounting-considerations.page/.

Ahonen, Tomi T. "Nokia Final Q4 Smartphones As Expected: 6.6M Total means Market Share now 3% (from 29% exactly 2 years ago)," Communities-Dominate.blogs.com (January 24, 2013). https://communities-dominate.blogs.com/brands/2013/01/nokia-final-q4-smartphones-as-expected-66m-total-means-market-share-now-3-from-29-exactly-2-years-ag.html.

American Psychological Association. "Multitasking: Switching costs," APA.org (March 20, 2006). https://www.apa.org/research/action/multitask.

Andreessen, Marc. "Why Software Is Eating the World," *Wall Street Journal*, August 20, 2011. https://www.wsj.com/articles/SB10001424053111903480904576512250915629460.

Anti-Corruption Digest. "Total WannaCry losses pegged at $4 billion," *Anti-Corruption Digest* (October 2, 2017). https://anticorruptiondigest.com/2017/10/02/total-wannacry-losses-pegged-at-4-billion/#axzz6NR0jbWtl.

Anthony, Scott D., S. Patrick Viguerie, Evan I. Schwartz, and John Van Landeghem. *2018 Corporate Longevity Forecast: Creative Destruction is Accelerating, Executive Briefing*. Boston, MA: Innosight, 2018. https://www.innosight.com/wp-content/uploads/2017/11/Innosight-Corporate-Longevity-2018.pdf.

Badenhausen, Kurt. "The World's Most Valuable Brands 2019: Apple On Top At $206 Billion," Forbes.com (May 22, 2019). https://www.forbes.com/sites/kurtbadenhausen/2019/05/22/the-worlds-most-valuable-brands-2019-apple-on-top-at-206-billion/#231fb04b37c2.

Bajkowski, Julian. "ANZ's boss hits pause button on massive agile expansion," iTnews.com (May 2, 2019). https://www.itnews.com.au/news/anzs-boss-hits-pause-button-on-massive-agile-expansion-524529.

Bass, Bernard. *Leadership and Performance Beyond Expectations*. NY: Free Press, 1985.

Bass, Bernard, and Ronald E. Riggio. *Transformational Leadership*. London: Taylor & Francis, 2005.

Bavel, Jay van, and Dominic Packer. "The Problem with Rewarding Individual Performers," *Harvard Business Review* (December 27, 2016). https://hbr.org/2016/12/the-problem-with-rewarding-individual-performers.

Beck, Kent, et al. *Manifesto for Agile Software Development*, AgileManifesto.org. Accessed May 1, 2020. https://agilemanifesto.org/.

Benefield, Gabrielle. "Rolling Out Agile in a Large Enterprise," Proceedings of the 41st Annual Hawaii International Conference on System Sciences (HICSS 2008). https://ieeexplore.ieee.org/xpl/conhome/4438695/proceeding.

Berger, Eric. "New document reveals significant fall from grace for Boeing's space program," *arcTechnica* (April 10, 2020). https://arstechnica.com/science/2020/04/a-nasa-analysis-of-boeings-lunar-cargo-delivery-plan-is-very-unflattering/.

"Boeing Sets New Airplane Delivery Records, Expands Order Backlog," Boeing.com (January 8, 2019). https://boeing.mediaroom.com/2019-01-08-Boeing-Sets-New-Airplane-Delivery-Records-Expands-Order-Backlog

"Boeing Statement on Employee Messages Provided to U.S. Congress and FAA," Boeing.com (January 9, 2020). https://boeing.mediaroom.com/news-releases-statements?item=130600

Bolton, Michael, and James Bach. "Testing and Checking Refined," Satisfice.com (blog) Accessed May 1, 2020. https://www.satisfice.com/blog/archives/856.

Bort, Julie and Business Insider. "Amazon Founder Jeff Bezos Explains Why He Sends Single Character '?' Emails," *Inc.* (Apr 23, 2018). https://www.inc.com/business-insider/amazon-founder-ceo-jeff-bezos-customer-emails-forward-managers-fix-issues.html.

Bowman, Sharon L. *Training from the Back of the Room!: 65 Ways to Step Aside and Let Them Learn*. San Francisco, CA: Pfeiffer, 2008.

"Brian Eno of 'Scenius,'" Facebook post, posted by Art With Teeth (August 31, 2016). https://www.facebook.com/watch/?v=1045575582215934.

Burgess, Matt. "What is the Petya ransomware spreading across Europe? WIRED explains," *Wired* (July 3, 2017). https://www.wired.co.uk/article/petya-malware-ransomware-attack-outbreak-june-2017.

Burns, James M. *Leadership*. NY: HarperCollins, 1978.

Byrnes, Jonathan. "Middle Management Excellence," *Working Knowledge* (December 5, 2005). https://hbswk.hbs.edu/archive/middle-management-excellence.

Callahan, Patricia. "So why does Harry Stonecipher think he can turn around Boeing?" *Chicago Tribune* (February 29, 2004). https://www.chicagotribune.com/chi-0402290256feb29-story.html

"Capital One data breach: Arrest after details of 106m people stolen," BBC (July 30, 2019). https://www.bbc.co.uk/news/world-us-canada-49159859.

Carrington, Damian. "'Our leaders are like children,' school strike founder tells climate summit," *The Guradian* (December 4, 2018). https://www.theguardian.com/environment/2018/dec/04/leaders-like-children-school-strike-founder-greta-thunberg-tells-un-climate-summit.

Catmull, Ed. "Inside the Pixar Braintrust," *Fast Company* (March 12, 2014). https://www.fastcompany.com/3027135/inside-the-pixar-braintrust.

Centre for Retail Research. "The Crises in Retailing: Closures and Job Losses," RetailResearch.org. Accessed May 1, 2020. https://www.retailresearch.org/retail-crisis.html.

"Chart your Agile Pathway," AgileFluency.org. Accessed February 24, 2020. https://www.agilefluency.org.

Chen, Jui-Chen, and Colin Silverthorne. "The impact of locus of control on job stress, job performance and job satisfaction in Taiwan," *Leadership & Organization Development Journal* 29, no. 7 (2008): 575–582.

Chernoff, Allan. "Study: Deepwater Horizon workers were afraid to report safety issues," *CNN* (July 22, 2010). https://edition.cnn.com/2010/US/07/22/gulf.oil.rig.safety/index.html.

Chua, Amy. *Political Tribes: Group Instincts and the Fate of Nations*. NY: Penguin, 2019.

Clark, Wallace. *The Gantt Chart: A Working Tool of Management*. NY: Ronald Press Company, 1923.

Cockburn, Alistair, and Laurie William. "The costs and benefits of pair programming," in *Proceedings of the First International Conference on Extreme Programming and Flexible Processes in Software Engineering (XP2000)*, Cagilari, Sardinia (2001).

"Columbia verdict reveals bizarre Challenger parallels," *The Sydney Morning Herald* (July 14, 2003). https://www.smh.com.au/world/columbia-verdict-reveals-bizarre-challenger-parallels-20030714-gdh3eq.html.

"command," Online Etymology Dictionary. Accessed May 1, 2020. https://www.etymonline.com/word/command.

"commander," Online Etymology Dictionary. Accessed May 1, 2020. https://www.etymonline.com/word/commander.

Conway, Melvin E. "How do Committees Invent?" Datamation (April 1968). http://www.melconway.com/Home/pdf/committees.pdf.

Coutu, Diane. "The Anxiety of Learning," *Harvard Business Review* (March 2002). https://hbr.org/2002/03/the-anxiety-of-learning.

Coyne, Allie. "ANZ to make the whole bank agile," iTnews.com (May 2, 2017). https://www.itnews.com.au/news/anz-to-make-the-whole-bank-agile-460213.

Cremen, Louis. "Introducing the InfoSec colour wheel—blending developers with red and blue security teams," *HackerNoon* (November 29, 2019). https://hackernoon.com/introducing-the-infosec-colour-wheel-blending-developers-with-red-and-blue-security-teams-6437c1a07700.

DeGrandis, Dominica. "5 Time Thieves and How to Beat Them," *The Enterprisers Project* (January 2018). https://enterprisersproject.com/article/2018/1/5-time-thieves-and-how-beat-them.

DeGrandis, Dominica. *Making Work Visible: Exposing Time Theft to Optimize Work & Flow*. Portland, OR: IT Revolution, 2017.

Dekker, Sidney W.A. "The Bureaucratization of Safety" *Safety Science* 70 (2014): 348–357. https://www.safetydifferently.com/wp-content/uploads/2014/08/BureaucratizationSafety.pdf.

Dekker, Sidney. "Safety Differently Lecture," YouTube video, 26:48, posted by sidneydekker, December 1, 2015. https://youtu.be/oMtLS0FNDZs.

Democratic Staff of the House Committee on Transportation and Infrastructure. *The Boeing 737 MAX Aircraft: Costs, Consequences, and Lessons from its Design, Development, and Certification—Preliminary Investigative Findings*. Washington, DC: The House Committee of Transportation & Infrastructure, March 2020. https://transportation.house.gov/imo/media/doc/TI%20Preliminary%20Investigative%20Findings%20Boeing%20737%20MAX%20March%202020.pdf.

Dewar, Carolyn, and Scott Keller. "The irrational side of change management," *McKinsey Quarterly* (April 1, 2009). https://www.mckinsey.com/business-functions/organization/our-insights/the-irrational-side-of-change-management.

"Digital, Data and Technology Profession Capability Framework," Gov.uk (March 23, 2017) https://www.gov.uk/government/collections/digital-data-and-technology-profession-capability-framework.

Dixon, Matthew, and Brent Adamson, *The Challenger Sale: How To Take Control of the Customer Conversation*. NY: Portfolio Penguin, 2013.

Doctorow, Cory. "The true story of Notpetya: a Russian cyberweapon that escaped and did $10B in worldwide damage," *BoingBoing* (August 22, 2018). https://boingboing.net/2018/08/22/andy-greenberg.html.

Dweck, Carol S. *Mindset: The New Psychology of Success Paperback*. NY: Ballantine, 2007.

Eavis, Peter. "The Lessons for Finance in the GE Capital Retreat," *The New York Times*, April 10, 2015. https://www.nytimes.com/2015/04/11/business/dealbook/the-lessons-for-finance-in-the-ge-capital-retreat.html.

Edmondson, Amy. *The Fearless Organization: Creating Psychological Safety in the Workplace for Learning, Innovation, and Growth*. Hoboken, NJ: John Wiley & Sons, 2018.

Edmondson, Amy, and Zhike Lei, "Psychological Safety: The History, Renaissance, and Future of an Interpersonal Conduct," *Annual Review of Organizational Psychology and Organizational Behavior* 1 (2014):23–43. https://www.annualreviews.org/doi/pdf/10.1146/annurev-orgpsych-031413-091305.

Egan, Matt. "GE Slashes 119-year old dividend to a penny," *CNN* (October 30, 2018). https://edition.cnn.com/2018/10/30/investing/ge-dividend-cut-earnings-culp/index.html.

Egan, Matt. "GE to raise $4 billion by selling chunk of Baker Hughes," *CNN* (November 13, 2018). https://edition.cnn.com/2018/11/13/business/ge-baker-hughes-oil/index.html.

Eoyang, Glenda. "Conditions for Self-Organizing in Human Systems," HSDinstitute.org. Accessed May 2020. https://www.hsdinstitute.org/resources/conditions-for-self-organizing-in-human-systems.html.

Farfan, Barbara. "What is Apple's Mission Statement," TheBalancesmb.com (November 20, 2019). https://www.thebalancesmb.com/apple-mission-statement-4068547.

Feathers, Michael. "Unit Tests Are Tests of Modularity," *Itemis* (blog) (August 21, 2019). http://blogs.itemis.com/en/unit-tests-are-tests-of-modularity.

Feathers, Michael. *Working Effectively with Legacy Code*. Upper Saddle River, NJ: Prentice Hall, 2004.

Field, Matthew. "WannaCry cyber attack cost the NHS £92m as 19,000 appointments cancelled," *Telegraph* (October 11, 2018). https://www.telegraph.co.uk/technology/2018/10/11/wannacry-cyber-attack-cost-nhs-92m-19000-appointments-cancelled/.

Financial Conduct Authority, *FCA Handbook*, Release 47, February 2020, 5.1.8 https://www.handbook.fca.org.uk/handbook/SYSC/5.pdf clause 5.1.8

Floryan, Marcin. "There is No Spotify Model," *InfoQ*, presented at Spark the Change 2016. Accessed May 1, 2020. https://www.infoq.com/presentations/spotify-culture-stc/.

Forsgren, Dr. Nicole, Dr. Dustin Smith, Jez Humble, Jessie Frazelle. *Accelerate State of DevOps 2019*. DORA and Google Cloud, 2019. https://services.google.com/fh/files/misc/state-of-devops-2019.pdf.

Forsgren, Dr. Nicole, Jez Humble, Gene Kim, Alanna Brown, and Nigel Kersten. *State of DevOps Report 2017*. Puppet + DORA, 2017. https://puppet.com/resources/report/2017-state-devops-report/.

Fowler, Martin. "AgileImposition," MartinFowler.com (October 2, 2006) https://martinfowler.com/bliki/AgileImposition.html.

Fowler, Martin. "FlaccidScrum," MartinFowler.com (blog) (January 29, 2009). https://martinfowler.com/bliki/FlaccidScrum.html.

Fowler, Martin. "The State of Agile Software in 2018," presented at Agile Australia, August 25, 2018. https://martinfowler.com/articles/agile-aus-2018.html.

Fowler, Martin. "StranglerFigApplication," MartinFowler.com (blog) (June 29, 2004). https://martinfowler.com/bliki/StranglerFigApplication.html.

Fukuyama, Francis. *Trust: Human Nature and the Reconstitution of Social Order*. NY: Free Press, 1995.

Gates, Dominic, Steve Miletich, and Lewis Kamb. "Boeing rejected 737 MAX safety upgrades before fatal crashes, whistleblower says," *Seattle Times* (October 2, 2019).

https://www.seattletimes.com/business/boeing-aerospace/boeing-whistleblowers-complaint-says-737-max-safety-upgrades-were-rejected-over-cost/.

"GDPR Fines/Penalties," GDPR-Info.eu. Accessed May 20, 2020. https://gdpr-info.eu/issues/fines-penalties/.

Gelles, David. "'I Honestly Don't Trust Many People at Boeing': A Broken Culture Exposed," *New York Times* (January 10, 2020). https://www.nytimes.com/2020/01/10/business/boeing-737-employees-messages.html

Gelles, David, and Natalie Kitroeff. "Boeing Board to Call for Safety Changes After 737 Max Crashes," *New York Times* (September 15, 2019). https://www.nytimes.com/2019/09/15/business/boeing-safety-737-max.html.

Gerndt, Ulrich. *Frederic Laloux "Reinventing organizations": Excerpt and Summaries*. Change Factory, (2014). http://www.reinventingorganizations.com/uploads/2/1/9/8/21988088/140305_laloux_reinventing_organizations.pdf.

Glassman, James K. "World of Investing: The Dividend Makes a Return," *New York Times* (March 6, 2004). https://www.nytimes.com/2004/03/06/your-money/IHT-world-of-investing-the-dividend-makes-a-return.html

Goodhart, Charles. "Problems of Monetary Management: The U.K. Experience," in Courakis, Anthony S. (ed.). *Inflation, Depression, and Economic Policy in the West*. Barnes and Noble Books, 1981: 111–146.

Greenberg, Andy. "The Untold Story of NotPetya, the Most Devastating Cyberattack in History," *Wired* (August 22, 2018). https://www.wired.com/story/notpetya-cyberattack-ukraine-russia-code-crashed-the-world/.

Greenleaf, Robert K. *Servant Leadership: A Journey Into the Nature of Legitimate Power and Greatness*, 25th Anniversary Edition. NY: Paulist Press, 2002.

Gov.uk. *Digital, Data and Technology Profession Capability Framework* (March 23, 2017). http://www.gov.uk/government/collections/digital-data-and-technology-profession-capability-framework.

"Guide: Understand team effectiveness," *re:Work*. Accessed May 1, 2020. https://rework.withgoogle.com/print/guides/5721312655835136/.

Handwerk, Brian. "China's Three Gorges Dam, by the Numbers," NationalGeographic.com, June 9, 2006. https://www.nationalgeographic.com/science/2006/06/china-three-gorges-dam-how-big/.

Harter, Jim. "Employee Engagement on the Rise in the U.S.," *Gallup* (August 26, 2018). https://news.gallup.com/poll/241649/employee-engagement-rise.aspx.

Hawkins, Andrew J. "Tesla relied on too many robots to build the Model 3, Elon Musk says," *The Verge* (April 13, 2018). https://www.theverge.com/2018/4/13/17234296/tesla-model-3-robots-production-hell-elon-musk.

Hearing: "The Boeing 737 MAX: Examining the Federal Aviation Administration's Oversight of the Aircraft's Certification. 116th Congress (2019) (statement of Edward F. Pierson, retired Boeing employee). https://transportation.house.gov/imo/media/doc/Pierson%20Testimony.pdf

Herway, Jake. "How to Create a Culture of Psychological Safety," *Gallup* (December 7, 2017). https://www.gallup.com/workplace/236198/create-culture-psychological-safety.aspx.

Hipple, Kathy, Tom Sanzillo, and Tim Bucley. "GE's $7.4 Billion Loss, Write-off on Baker Hughes: Another Bad Bet on Fossil Fuels," *Institute for Energy Economics and Finacial Analysis* (October 2019). http://ieefa.org/wp-content/uploads/2019/10/GE-Writeoff-on-Baker-Hughes-Sale-Another-Bad-Bet-on-Fossil-Fuels_October-2019.pdf.

Hollnagel, Erik, Robert Wears, and Jeffrey Braithwaite. *From Safety I to Safety II: A White Paper*. Self-published: August 1, 2015. https://www.researchgate.net/publication/282441875_From_Safety-I_to_Safety-II_A_White_Paper.

Holmes, Carson, and Julian Holmes, "I want to run an agile project," YouTube video, 10:00, posted by holmesUPMFMC, June 13, 2011. https://youtu.be/4u5N00ApR_k.

Howland, Daphne. "Digitally native brands set to open 850 stores in 5 years," *Retail Dive* (October 10, 2018). https://www.retaildive.com/news/e-commerce-pure-plays-set-to-open-850-stores-in-five-years/539320/.

Hubbard, Douglas W. *How to Measure Anything: Finding the Value of "Intangibles" in Business*. Hoboken, NJ: Wiley & Sons, 2014.

Hubbard, Douglas. "The IT Measurement Inversion: Are your IT Investment Decisions Based on the Right Information?" CIO.com (June 13, 2007). https://www.cio.com/article/2438748/the-it-measurement-inversion.html?page=2.

Immelt, Jeffery R. "How I Remade GE," *Harvard Business Review* (September-October 2017). https://hbr.org/2017/09/inside-ges-transformation.

Improving the Delivery of Government IT Projects, prepared by the House of Commons Public Accounts Committee (London, 2000). https://publications.parliament.uk/pa/cm199900/cmselect/cmpubacc/65/6502.htm.

"Introduction to Disciplined Agile (DA)," Disciplined Agile website (Accessed February 6, 2020). https://disciplinedagiledelivery.com/agility-at-scale/disciplined-agile-2/.

Isaacs, William. *Dialogue and the Art of Thinking Together: A Pioneering Approach to Communicating in Business and in Life*. NY: Crown Business, 2008.

Janlen, Jimmy. "Improvement Theme—Simple and practice Toyota Kata," Jimmy Jalen's blog, May 14, 2013. https://blog.crisp.se/2013/05/14/jimmyjanlen/improvement-theme-simple-and-practical-toyota-kata.

Jones, Carrie Melissa. "Here is Duolingo's Playbook for Creating Community-Generated Content for over 50 Million Learners," CMXhub.com. Accessed February 12, 2020. https://cmxhub.com/duolingo-ugc-challenges/.

Jones, Daniel T. and James P. Womack. *Lean Thinking: Banish Waste and Create Wealth in Your Corporation*. NY: Simon and Schuster, 1996.

Kanter, Rosabeth Moss. "Ten Reasons People Resist Change," *Harvard Business Review* (September 25, 2012). https://hbr.org/2012/09/ten-reasons-people-resist-chang.

Kay, John. "Obliquity," JohnKay.com (blog) (January 17, 2004). https://www.johnkay.com/2004/01/17/obliquity/.

Kersten, Mik. *Project To Product: How to Survive and Thrive in the Age of Digital Disruption with the Flow Framework*. Portland, OR: IT Revolution, 2018.

Khaleel, Sonia. "Detroit Ranked Last in Report on Best Cities for Jobs," *Metro Times* (January 3, 2020). https://www.metrotimes.com/news-hits/archives/2020/01/03/detroit-ranked-last-in-report-on-best-cities-for-jobs.

Kim, Gene. *The Unicorn Project: A Novel about Developers, Digital Disruption, and Thriving in the Age of Data*. Portland, OR: IT Revolution, 2019.

Kissler, Courtney. "Starbucks Technology Transformation - Courtney Kissler," YouTube video, 28:25, posted by IT Revolution, July 27, 2018. https://www.youtube.com/watch?v=uImY-8iWYWu8.

Kitroeff, Natalie. "Boeing 737 Max Safety System Was Vetoed, Engineer Says," *New York Times* (October 2, 2019). https://www.nytimes.com/2019/10/02/business/boeing-737-max-crashes.html.

Kitroeff, Natalie, and David Gelles. "Claims of Shoddy Production Draw Scrutiny to a Second Boeing Jet," *New York Times* (April 20, 2019). https://www.nytimes.com/2019/04/20/business/boeing-dreamliner-production-problems.html.

Kniberg, Henrik. "Spotify Engineering Culture (Part 2)," Spotify R&D (September 20, 2014). https://engineering.atspotify.com/2014/09/20/spotify-engineering-culture-part-2/.

Kniberg, Henrik, and Anders Ivarsson. *Scaling Agile @ Spotify with Tribes, Squads, Chapters and Guilds* (October 2012) https://blog.crisp.se/wp-content/uploads/2012/11/SpotifyScaling.pdf.

Kruger, Justin, and David Dunning, "Unskilled and Unaware of It: How Difficulties in Recognizing One's Own Incompetence Lead to Inflated Self-Assessments," *Journal of Personality and Social Psychology* 77, no. 6 (Dec 1999): 1121–1134.

Kübler-Ross, Elisabeth, and David Kessler, *On Grief and Grieving: Finding the Meaning of Grief Through the Five Stages of Loss*. NY: Scribner, 2014.

Kübler-Ross, Elisabeth. *On Death and Dying*. London, UK: Routledge, 1969.

Laloux, Frédéric. *Reinventing Organizations: A Guide to Creating Organizations Inspired by the Next Stage of Human Consciousness*. Nelson Parker, 2014

Langfit, Frank. "The End of the Line for GM-Toyota Joint Venture," *All Things Considered* (March 26, 2010). https://www.npr.org/templates/story/story.php?storyId=125229157.

Larman, Craig. *Large-Scale Scrum: More with Less*. Upper-Saddle River, NJ: Addison-Wesley Signature Series, 2016.

Larman, Craig, and Bas Vodde. *Practices for Scaling Lean & Agile Development*. Upper-Saddle River, NJ: Addison-Wesley Professional, 2010.

Larman, Craig, and Bas Vodde. *Scaling Lean & Agile Development Thinking and Organizational Tools for Large-Scale Scrum*. Upper-Saddle River, NJ: Addison-Wesley Professional, 2008.

"lead," Online Etymology Dictionary. Accessed May 1, 2020. https://www.etymonline.com/word/lead.

"leader," Online Etymology Dictionary. Accessed May 1, 2020. https://www.etymonline.com/word/leader.

"Leadership Principles," Amazon website. Accessed February 5, 2020. https://www.amazon.jobs/en/principles.

Leitz, Shannon. "Shifting Security to the Left," DevSecOps.org (June 5, 2016). https://www.devsecops.org/blog?author=54dc6220e4b085335dd9d630.

Leopold, Klaus. *Rethinking Agile: Why Agile Teams Have Nothing to do With Business Agility*. Vienna, Austria: LEANability GmbH, 2018.

MacCormack, Alan D., John Rusnak, and Carliss Y Baldwin. "Exploring the Duality between Product and Organizational Architectures: A Test of the Mirroring Hypothesis," *Working Knowledge* (March 27, 2008). https://hbswk.hbs.edu/item/exploring-the-duality-between-product-and-organizational-architectures-a-test-of-the-mirroring-hypothesis.

Magee, David. *How Toyota Became #1: Leadership Lessons from the World's Greatest Car Company*. NY: Penguin, 2007.

"Manifesto," DevSecOps.org. Accessed February 17, 2020. https://www.devsecops.org/.

Marquet, L. David, Stephen R. Covey. *Turn the Ship Around!: A True Story of Turning Leaders into Followers*. NY: Portfolio, 2013.

Mathieson, Steve. "Take Aim . . ." HSJ.co.uk, June 14, 2001. https://www.hsj.co.uk/news/take-aim-/24372.article.

Maurer, Robert. *One Small Step Can Change Your Life: The Kaizen Way*. NY: Workman, 2014.

McChrystal, Gen. Stanley, Tantum Collins, David Silverman, and Chris Fussell. *Team of Teams: New Rules of Engagement for a Complex World*. NY: Portfolio, 2015.

McFadden, Cynthia, Anna Schecter, Kevin Monahan, and Rich Schapiro. "Former Boeing manager says he warned company of problems prior to 737 crashes," NBC News (December 9, 2019). https://www.nbcnews.com/news/us-news/former-boeing-manager-says-he-warned-company-problems-prior-737-n1098536.

McLean, Iain, and Martin Johnes. *Aberfan: Government and Disaster*. Cardiff, UK: Welsh Academic Press, 2018.

Mezick, Daniel. “The Agile Industrial Complex,” *New Technology Solutions* (December 12, 2016). https://newtechusa.net/aic/.

Microsoft, *Diversity and Inclusion Report 2019*. Microsoft, 2019. https://query.prod.cms.rt.microsoft.com/cms/api/am/binary/RE4aqv1

Milgram, Stanley. “Behavioral Study of Obedience,” *Journal of Abnormal and Social Psychology* 67, no. 4 (1963): 371–378.

Mindock, Clark. “Apple is the first trillion dollar company: What was the first billion dollar valuation?,” *Independent* (August 2, 2018). https://www.independent.co.uk/news/business/apple-valuation-shares-trillion-billion-latest-money-tech-google-alphabet-amazon-a8472026.html.

Moore, Geoffrey A. *Crossing the Chasm: Marketing and Selling High-Tech Products to Mainstream Customers*. NY: Harper Business Essentials, 199.1

National Audit Office. *The Cancellation of the Benefits Payment Card Project*, The Stationary Office: London, 2000. https://www.jfsa.org.uk/uploads/5/4/3/1/54312921/the_full_report_on_the_cancelled_dhss_card.pdf.

National Commission on the BP Deepwater Horizon Oil Spill and Offshore Drilling. *Deep Water: The Gulf Oil Disaster and the Future of Offshore Drilling, Report to the President*. Washington, DC: National Commission on the BP Deepwater Horizon Oil Spill and Offshore Drilling, January 2011. https://www.govinfo.gov/content/pkg/GPO-OILCOMMISSION/pdf/GPO-OILCOMMISSION.pdf.

Newman, Jared. “This app will file an unemployment claim on your behalf,” *Fast Company* (April 14, 2020). https://www.fastcompany.com/90490163/this-app-will-file-an-unemployment-claim-on-your-behalf

North, Dan. “Microservices: Software that Fits in Your Head,” *InfoQ* (August 9, 2015). https://www.infoq.com/presentations/microservices-replaceability-consistency/.

North, Dan, and Katherine Kirk. “Scaling Without a Religious Methodology,” SpeakerDeck.com. Accessed February 3, 2020. https://speakerdeck.com/tastapod/swarming.

North, Dan. “Kicking the Complexity Habit,” presented at GOTO Chicago 2014. http://gotocon.com/dl/goto-chicago-2014/slides/DanNorth_KickingTheComplexityHabit.pdf

“Online Nexus Guide,” Scrum.org (Accessed February 6, 2020) https://www.scrum.org/resources/online-nexus-guide.

O'Reilly, Barry. *Unlearn: Let Go of Past Success to Achieve Extraordinary Results*. NY: McGraw-Hill Education, 2018.

Ostrower, Jon. “Inside Boeing: Sadness, frustration, anger, uncertainty & focus after 737 Max crashes,” *The Aire Current* (May 16, 2019).https://theaircurrent.com/company-culture/inside-boeing-sadness-frustration-anger-uncertainty-focus-after-737-max-crashes/.

Parkinson, C. Northcote. “Parkinson's Law,” *The Economist* (November 15, 1955).

Perez, Carlota. *Technological Revolutions and Financial Capital: The Dynamics of Bubbles and Golden Ages*. Cheltenham, UK: Edward Elgar Pub, 2003.

Perry, Gina. *Behind the Shock Machine: The Untold Story of the Notorious Milgram Psychology Experiments*. NY: The New Press, 2013.

Phillips, Matt. “G.E. Dropped From the Dow After More Than a Century,” *New York Times* (June 19, 2008). https://www.nytimes.com/2018/06/19/business/dealbook/general-electric-dow-jones.html.

“PI Planning,” ScaledAgileFramework.com (Accessed February 6, 2020). https://www.scaledagileframework.com/pi-planning/.

Pink, Daniel. *Drive: The Surprising Truth About What Motivates Us*. NY: Riverhead Books, 2011.

Polanyi, Michael. *The Tacit Dimension*. University of Chicago Press, 1966

Poppendieck, Mary, and Tom Poppendieck. *Implementing Lean Software Development: From Concept to Cash*. Upper Saddle River, NJ: Addison-Wesley, 2006.

"Principles behind the Agile Manifesto," AgileManifesto.org. Accessed May 1, 2020. https://agilemanifesto.org/principles.html.

PWC. *Global Top 100 Companies by market capitalization*. London, UK: PriceWaterhouseCoopers, 2016. https://www.pwc.com/gr/en/publications/assets/global-top-100-companies-by-market-capitalisation.pdf.

"Questions and Answers About Large Dams," InternationalRivers.org. Accessed May 1, 2020. https://www.internationalrivers.org/questions-and-answers-about-large-dams.

"Quick Facts: Detroit city, Michigan; United States," Census.gov. Accessed May 1, 2020. https://www.census.gov/quickfacts/fact/table/detroitcitymichigan,US/PST045218

Radtac. *Nokia transforms their software division using Agile at unprecedented scale*. Radtac. Accessed May 1, 2020. https://www.radtac.com/wp-content/uploads/2016/05/Nokia-and-Radtac-case-study.pdf.

Rafferty, John D. "9 of the Biggest Oil Spills in History," *Britannica*. Accessed June 1, 2020. https://www.britannica.com/list/9-of-the-biggest-oil-spills-in-history.

Reinertsen Donald G., and Preston G. Smith. *Developing Products in Half the Time: New Rules, New Tools*. Hoboken, NJ: Wiley & Sons, 1997.

"Renton rolls out 47th 737 built at new 47-er-month rate," Boeing.com (July 31, 2017). https://www.boeing.com/company/about-bca/washington/737-rate-increase-07-28-17.page.

Report of the Tribunal appointed to inquire into the Disaster at Aberfan on October 21st, 1966. London: Her Majesty's Stationary Office, 1967. http://www.mineaccidents.com.au/uploads/aberfan-report-original.pdf.

Rigby, Darrell K., Jeff Sutherland, and Andy Noble. "Agile at Scale," *Harvard Business Review* (May–June 2018).

"Risk," Prince2.wiki. Accessed February 17, 2020. https://prince2.wiki/theme/risk/.

Ritchie, Rae. "Maersk: Springing Back from a Catastrophic Cyber-Attack," *I-Global Intelligence for the CIO* (August 2019). https://www.i-cio.com/management/insight/item/maersk-springing-back-from-a-catastrophic-cyber-attack.

Robison, Peter. "Former Boeing Engineers Say Relentless Cost-Cutting Sacrificed Safety," *Bloomberg* (May 8, 2019). https://www.bloomberg.com/news/features/2019-05-09/former-boeing-engineers-say-relentless-cost-cutting-sacrificed-safety.

Rogers, E.M. *Diffusion of innovations* (5th ed.). NY: Free Press, 2003.

Rother, Mike. "The Coaching Kata: Managing Through Coaching," University of Michigan website. Accessed February 5, 2020. http://www-personal.umich.edu/~mrother/The_Coaching_Kata.html.

Rother, Mike. *Toyota Kata: Managing People for Improvement, Adaptiveness and Superior Results*. NY: McGraw-Hill Education, 2004.

Royce, Dr. Winston W. "Managing the Development of Large Software Systems," *IEEE* (August 1970), 1–9.

Sahota, Michael. "How to Make Your Culture Work (Schneider)," Agilitrix.com (Marcy 23, 2011). http://agilitrix.com/2011/03/how-to-make-your-culture-work/.

Schein, Edgar H. "Kurt Lewin's Change Theory in the Field and in the Classroom: Notes Toward a Model of Managed Learning," *Reflections* 1, no. 1 (February 1996): 27–47. http://citeseerx.ist.psu.edu/viewdoc/download?doi=10.1.1.475.3285&rep=rep1&type=pdf.

Schwaber, Ken. *SCRUM Development Process*, from OOPSLA '95 Workshop Proceedings, October 16, 1995. http://www.jeffsutherland.org/oopsla/schwapub.pdf.

Senge, Peter M. *The Fifth Discipline: The Art & Practice of the Learning Organization* . NY: Random House, 1990.

Sensenbrenner, Joseph. "Quality Comes to City Hall," *Harvard Business Review* (March-April 1991). https://hbr.org/1991/03/quality-comes-to-city-hall.

Shih, Willy. "Inside Toyota's Giant Kentucky Factory: Japanese Production Techniques, Made in America," *Forbes* (April 17, 2018). https://www.forbes.com/sites/willyshih/2018/04/17/inside-toyotas-giant-kentucky-factory-japanese-production-techniques-made-in-america/#1f51e9d233e4.

Shook, John. "How to Change a Culture: Lessons From NUMMI," *MIT Sloan Management Review* 51, no. 2 (Winter 2010): 63–68. https://www.lean.org/Search/Documents/35.pdf.

Siilasmaa, Risto. *Transforming NOKIA: The Power of Paranoid Optimism to Lead Through Colossal Change*. NY: McGraw-Hill Education, 2018.

Simon, Herbert A. "Rational Choice and the Structure of the Environment," *Psychological Review* 63, no. 2 (1956): 129–138.

Sinek, Simon. "Start with why—how great leaders inspire action | Simon Sinek | TEDxPugetSound," YouTube video, 18:01, published by TEDx Talks, September 29, 2009. https://youtu.be/u4ZoJKF_VuA.

Sinek, Simon. *Start with Why: How Great Leaders Inspire Everyone to Take Action*. NY: Portfolio, 2009.

Skelton, Matthew, and Manuel Pais. "Monoliths Vs Microservices Is Missing The Point—Start With Team Cognitive Load," IT Revolution (blog) (September 17, 2019). https://itrevolution.com/team-cognitive-load-team-topologies/.

Skelton, Matthew, and Manuel Pais. *Team Topologies: Organizing Business and Technology Teams for Fast Flow*. Portland, OR: IT Revolution, 2019.

Smart, Jonathan. "The PMO is Dead, Long Live the PMO—Barclays," YouTube video, 33:33, posted by IT Revolution, July 3, 2018. https://www.youtube.com/watch?v=R-fol1vkPlM.

Snowden, Dave. "Scaling in complex systems," Cognitive-Edge.com (October 1, 2017). https://cognitive-edge.com/blog/scaling-in-complex-systems/.

Snowden, David J., and Mary E. Boone. "A Leader's Framework for Decision Making," *Harvard Business Review* (November 2007). https://hbr.org/2007/11/a-leaders-framework-for-decision-making.

Society for Personality and Social Psychology. "How we form habits, change existing ones," *ScienceDaily*. (August 8, 2014). www.sciencedaily.com/releases/2014/08/140808111931.htm.

Sorscher, Stan. "What will it be, Boeing? Great airplanes that generate cash flow or great cash flow, period?

"Statement from Boeing," submitted to Emily Siegel at NBC News. Accessed May 1, 2020. https://www.documentcloud.org/documents/6571701-BOEING-STATEMENT.html.

Strathern, Marilyn. "Improving Ratings: Audit in the British University System," *European Review* 5, no. 3 (July 1997) : 305–321. https://www.cambridge.org/core/journals/european-review/article/improving-ratings-audit-in-the-british-university-system/FC2EE640C0C44E3DB87C29FB666E9AAB.

Sundén, Joakim. "How things don't quite work at Spotify . . . and how we're trying to solve it," presented at Agile Boston. (October 23, 2016). http://www.agileboston.org/wp-content/uploads/2016/05/Spotify-talk-Agile-Boston.pdf.

Sutherland, Jeff. "Nokia Test 'aka the ScrumButt Test,'" JeffSutherland.com. (March 25, 2009). http://jeffsutherland.com/scrum/nokiatest.pdf.

Sutherland, Jeff. "Nokia Test: Where did it come from?" Scruminc.com. (February 28, 2010). https://www.scruminc.com/nokia-test-where-did-it-come-from/.

Takeuchi, Hirotaka, and Ikujiro Nonaka. "The New New Product Development Game," *Harvard Business Review* (January 1986).

Taylor, Frederick Winslow. *Principles of Scientific Management*. New York, Harper & Brothers, 1911.

Teller, Astro. "A Peek Inside the Moonshot Factory Operating Model," X Company blog (July 23, 2016). https://blog.x.company/a-peek-inside-the-moonshot-factory-operating-manual-f5c33c9ab4d7.

Teller, Astro. "The Head of 'X' Explains How to Make Audacity the Path of Least Resistance," *Wired* (April 15, 2016). https://www.wired.com/2016/04/the-head-of-x-explains-how-to-make-audacity-the-path-of-least-resistance/#.rmrppjtip.

"Ten things we know to be true," Google.com. Accessed May 1, 2020. https://www.google.com/about/philosophy.html.

Terhorst-North, Daniel. "Introducing Deliberate Discovery," DanNorth.net (August 30, 2010). https://dannorth.net/2010/08/30/introducing-deliberate-discovery/.

Terhorst-North, Dan. "Microservices: software that fits in your head," Speakerdeck.com, posted by Daniel Terhorst-North (March 6, 2015). https://speakerdeck.com/tastapod/microservices-software-that-fits-in-your-head.

"The Agile FluencyTM Model," AgileFluency.org. Accessed May 20, 2020. https://www.agilefluency.org/model.php.

"The Architecture Owner Role: How Architects Fit in on Agile Teams," AgileModeling.com. Accessed May 1, 2020. http://www.agilemodeling.com/essays/architectureOwner.htm.

"The Fearless Organization Scan," FearlessOrganization.com. Accessed May 1, 2020. https://fearlessorganization.com/.

"The Kanban Method," Kanban University website (Accessed May 1, 2020). https://edu.kanban.university/kanban-method

"The Pursuit of Success & Averting Drift into Failure - Sidney Dekker," YouTube video, 28:09, posted by IT Revolution, November 19, 2017. https://www.youtube.com/watch?v=pmZ6w-tOmTZU

"The Scrum at Scale Guide," ScrumatScale.com (November 26, 2019). https://www.scrumatscale.com/scrum-at-scale-guide-read-online/#End_Note.

"The Scrum Guide," ScrumGuides.org. (Accessed February 6, 2020). https://scrumguides.org/scrum-guide.html#endnote.

The Standish Group, *Chaos Report 2015*. The Standish Group, 2015. https://standishgroup.com/sample_research_files/CHAOSReport2015-Final.pdf

Thomas, Lauren. "25,000 Stores Are Predicted to Close in 2020, As the Coronavirus Pandemic Accelerates Industry Upheaval," CNBC (June 9, 2020). https://www.cnbc.com/2020/06/09/coresight-predicts-record-25000-retail-stores-will-close-in-2020.html.

Trevitchick, Joseph. "The Air Force's Troubled Boeing KC-46 Tankers Leak Fuel Excessively," TheDrive.com (March 30, 2020). https://www.thedrive.com/the-war-zone/32818/the-air-force-has-revealed-that-its-troubled-kc-46-tankers-leak-fuel-excessively.

Tuckman, Bruce W. "Developmental sequence in small groups," *Psychological Bulletin* 63, no. 6 (1965): 384–399.

Turner, Barry A. "The Organizational and Interorganizational Development of Disasters," *Administrative Science Quarterly* 21, no. 3 (1976): 378-397.

"US refuses to ground Boeing 737 Max crash aircraft," BBC News (March 13, 2019). https://www.bbc.co.uk/news/business-47548083.

Useem, Jerry. "The Long-Forgotten Flight That Sent Boeing Off Course," *The Atlantic* (November 20, 2019). https://www.theatlantic.com/ideas/archive/2019/11/how-boeing-lost-its-bearings/602188/.

Van Hasster, Kelsey. "Road-mapping Your Way to Agile Fluency," *ThoughtWorks* (April 18, 2016). https://www.thoughtworks.com/insights/blog/road-mapping-your-way-agile-fluency.

Varhol, Peter. "To Agility and Beyond: The History—and Legacy—of Agile Development," *TechBeacon* (August 26, 2015). https://techbeacon.com/app-dev-testing/agility-beyond-history-legacy-agile-development.

Wagner, I. "Automotive electronics cost as a percentage of total car cost worldwide from 1950 to 2030," Statista.com, October 23, 2019. https://www.statista.com/statistics/277931/automotive-electronics-cost-as-a-share-of-total-car-cost-worldwide/.

Weinberg, Gerald M. *The Secrets of Consulting: A Guide to Giving and Getting Advice Successfully*. NY: Dorset House Publishing, 1985.

Weinberg, Samantha. *A Fish Caught in Time: The Search for the Coelacanth*. NY: Perennial, 2000.

Westrum, Ron. "A typology of organizational culture," *BMJ Quality & Safety* 13, no. 2 (2004): 1122–1127. https://qualitysafety.bmj.com/content/13/suppl_2/ii22.

"What is Lean?" Lean Enterprise Institute website, Accessed May 1, 2020. https://www.lean.org/WhatsLean/.

Wikipedia. "Agile Construction," Wikipedia.org. Last modified September 13, 2019. https://en.wikipedia.org/wiki/Agile_construction.

Wikipedia. "Boeing 787 Dreamliner," Wikipedia.org. Last modified May 20, 2020. https://en.wikipedia.org/wiki/Boeing_787_Dreamliner.

Wikipedia. "Cargo cult," Wikipedia.org. Last modified May 15, 2020. https://en.wikipedia.org/wiki/Cargo_cult.

Wikipedia. "Deepwater Horizon," Wikipedia.org. Last modified May 26, 2020. https://en.wikipedia.org/wiki/Deepwater_Horizon.

Wikipedia, "Greta Thunberg," Wikipedia.org. Last modified May 16, 2020. https://en.wikipedia.org/wiki/Greta_Thunberg.

Wikipedia. "HealthCare.gov." Wikipedia.org. Last modified July 27, 2020. https://en.wikipedia.org/wiki/HealthCare.gov.

Wikipedia. "List of manufacturers by motor vehicle production," Wikipedia.org. Last modified April 18, 2020. https://en.wikipedia.org/wiki/List_of_manufacturers_by_motor_vehicle_production.

Wikipedia. "List of public corporations by market capitalization." Last modified April 2020. https://en.wikipedia.org/wiki/List_of_public_corporations_by_market_capitalization.

Wikipedia, "Loss aversion," Wikipedia.org. Last modified May 9, 2020. https://en.wikipedia.org/wiki/Loss_aversion.

Wikipedia. "Pixar," Wikipedia.org. Last modified May 19, 2020. https://en.wikipedia.org/wiki/Pixar.

Wikipedia. "Roman roads," Wikipedia.org. Last modified May 31, 2020. https://en.wikipedia.org/wiki/Roman_roads#Milestones_and_markers.

Williams, Neil. "Experiments in roadmapping at GOV.UK," *Mind the Product* (blog) (July 28, 2014. https://www.mindtheproduct.com/experiments-roadmapping-gov-uk/.

Willis, John. "DevOps Culture (Part 1)," IT Revolution (blog) (May 1, 2012. https://itrevolution.com/devops-culture-part-1/.

Wolchover, Natalie. "A New Physics Theory of Life," *Quanta Magazine* (January 28, 2014). https://www.scientificamerican.com/article/a-new-physics-theory-of-life/.

Womack, James P., Daniel T. Jones, and Daniel Roos. *The Machine That Changed the World: The Story of Lean Production*. NY: Harper Perennial, , 1991.

World Economic Forum. "Securing a Common Future in Cyberspace," YouTube video, 3:50, posted by World Economic Forum, January 24, 2018. https://youtu.be/Tqe3K3D7TnI.

Wright, T.P. "Factors Affecting the Cost of Airplanes," *JAS Aeronautical Sciences* 3 no. 4 (1936): 122–128. https://www.uvm.edu/pdodds/research/papers/others/1936/wright1936a.pdf.

"Your 'Deadline' Won't Kill You: Or Will It," Merriam-Webster.com. Accessed May 31, 2020. https://www.merriam-webster.com/words-at-play/your-deadline-wont-kill-you.

#BVSSH

찾아보기

효율적인 디지털로의 전환

피해야 할 것과 해야 할 것

발　행 | 2023년 9월 22일

옮긴이 | 김 성 준
지은이 | 조나단 스마트 · 마일스 오길비 · 졸트 베렌드 · 사이먼 로러

펴낸이 | 권 성 준
편집장 | 황 영 주
편　집 | 김 진 아
　　　　임 지 원
디자인 | 윤 서 빈

에이콘출판주식회사
서울특별시 양천구 국회대로 287 (목동)
전화 02-2653-7600, 팩스 02-2653-0433
www.acornpub.co.kr / editor@acornpub.co.kr

한국어판 ⓒ 에이콘출판주식회사, 2023, Printed in Korea.

ISBN 979-11-6175-783-4
http://www.acornpub.co.kr/book/sooner-safer-happier

책값은 뒤표지에 있습니다.